U0140435

本书受温州大学出版基金资助

国家社科基金
GUOJIA SHEKE JIJIN HOUQI ZIZHU XIANGMU
后期资助项目

认知符号学

美学和文学艺术研究新路径

Cognitive Semiotics
A New Path in the Research of Aesthetics, Literature and Art

马大康　著

ZHEJIANG UNIVERSITY PRESS
浙江大学出版社
·杭州·

国家社科基金后期资助项目
出版说明

　　后期资助项目是国家社科基金设立的一类重要项目，旨在鼓励广大社科研究者潜心治学，支持基础研究多出优秀成果。它是经过严格评审，从接近完成的科研成果中遴选立项的。为扩大后期资助项目的影响，更好地推动学术发展，促进成果转化，全国哲学社会科学工作办公室按照"统一设计、统一标识、统一版式、形成系列"的总体要求，组织出版国家社科基金后期资助项目成果。

全国哲学社会科学工作办公室

这种现代主流哲学始于康德用心灵的结构取代了世界的结构，继之于C. I. 刘易斯用概念的结构取代了心灵的结构，现在则进一步用科学、哲学、艺术、知觉以及日常话语的很多种符号系统的结构取代了概念的结构。这个运动是从唯一的真理和一个固定的、被发现的世界向构造中的多种正确的甚至冲突的样式或世界的转变。

——纳尔逊·古德曼《构造世界的多种方式》

人们不必借助语词就可以"交谈"，我们尚未探索和考察一整套范围极其广阔的行为，因为我们将其视为理所当然。这个广阔的世界运转自如，处在我们的意识之外，和我们的语词并驾齐驱。我们欧洲血统的人生活在"语词世界"里，我们认为这是一个真实的世界。然而，语词交谈固然重要，但这并不意味着不用语词、只用行为的交流就不重要。诚然，语言以特别细腻的方式塑造思维，但毫无疑问，人类最终不得不认真研究语言之外的其他文化系统；它们对我们感知世界、感知自我的方式以及组织生活的方式都产生广泛的影响。我们要习惯面对这样的事实：语词层面的讯息传达的是一种意思，另一个层面传达的意思有时却截然不同。

——爱德华·霍尔《无声的语言》

夫物之所以生，功之所以成，必生乎无形，由乎无名。无形无名者，万物之宗也。不温不凉，不宫不商。听之不可得而闻，视之不可得而彰，体之不可得而知，味之不可得而尝。故其为物也则混成，为象也则无形，为音也则希声，为味也则无呈。故能为品物之宗主，苞通天地，靡使不经也。若温也则不能凉矣，宫也则不能商矣。形必有所分，声必有所属。故象而形者，非大象也；音而声者，非大音也。然则，四象不形，则大象无以畅；五音不声，则大音无以至。四象形而物无所主焉，则大象畅矣；五音声而心无所适焉，则大音至矣。故执大象则天下往，用大音则风俗移也。

——王弼《老子指略》

序

　　假如我们不能深入地了解人类自身的感觉和感受机制，以及认知和体验的实质，那么，文学艺术研究、美学研究都只能是空中楼阁，失去了它的根基。

　　人对外界的感觉、感受既是具身的，又是有中介的。所有生物体对外界的感觉、感受都存在"编码"过程，更贴切地说，应称之为"建模"活动。对于生物体来说，建模活动主要是通过身体行为实现的，因而是具身的。人区别于其他生物体的主要特征就在于人的建模过程远为复杂多样，并成为表达意义的符号活动。随着人与世界交互作用关系的变化，符号建模的方式也随之演化。人同时具有不同类型的建模系统，并通过各种符号活动来把握人的世界，运用这些符号从事文化实践，创造和欣赏文学艺术。符号研究是美学和文学艺术研究的起点和关键。本书就是在人与世界交相作用的视野中，从深入考察建模系统入手，在对人类感觉、感受机制做出解释的基础上，重新讨论文学艺术及审美问题。因此，我们把这种研究方法称为"认知符号学"。

　　青年时代，我曾生活在新疆伊犁。最轻松的工作是在兵团园林队管理果园。那上千亩苹果园一望无际。起初，我看到的是清一色的苹果树林：春天，花蕾绽放，铺展开一片粉色汪洋，汹涌着艳丽炫目的波浪；夏天，郁郁葱葱，蓬勃着生命的绿意；到了秋天，娇艳诱人的果实挤出重重绿叶，粲然地沐着日光，簇拥着挂满枝头，压弯了树枝；冬天，却只剩下光秃秃的枝丫瑟缩在霜雪的严寒中。慢慢地，我知道了数十种苹果的名称，也认识了许多品种：它们有不同形态的枝条和树冠、不同形状的叶子、不同纹理和色泽的树皮，果实就更是千差万别了。我看到的已经不再是一片蓊郁的苹果树林，而是许许多多品种的苹果树。同一双眼睛，同一片果园，却显现出前后不同的"两个世界"。同样，当我们仰望星空，那满天星斗与天文学家所能看到的也迥然而异；我们欣赏的交响乐与乐队指挥所听到的也绝不相同。其间，"语言"命名起着关键性作用。语言就是区分系统。语言命名将尚处于意识阈限之下的感受经验加以筛选、归类、凝聚、概括、抽象和重新组织,上升到意识阈限,将对象按照语言概念做出区分了,我们的感官更加敏锐,感觉更加澄明了。视觉、听觉、触觉、味觉、嗅觉并非纯净无染的,在其背后,还藏匿着一位暗中操纵的角色,那就是语言。"当名辨物。"语言在我们感知世界的过程中承担了"建模"这一中介作用。"简言之,所有对抽象实体的意识——事实上,所有意识,甚至是对具体事物的意识——都是一种语言事件。"①我们通过"语言建模"(言语行为)而"区分"了对象,明晰"意识到"我们的对象世界,并按照语言的结构秩序构建世界。

我们不仅运用语言概念来区分、识别对象,并且通过语言叙述来构建我们的世界。通过神话、传说、史诗和历史叙事,我们才知道一个民族的过去、现在和未来。通过新闻叙事,我们知道了整个世界。通过自我叙事,我们构建了自我,认识了自我。利用语言的相对独立性,我们可以离开物质世界,去畅想未来世界、虚拟世界,建构形而上的精神世界。一方面,我们只能生活在自己的世界,看到、听到、接触、感知和想象不同的各自的世界,因为不同样式的语言及其用法,构建了不同的意义世界;另一方面,语言的社会共享性及其惯例,又让人们可以沟通和交流,致力于重建共识,努力营造一个共同的世界。所以,维特根斯坦说:"我的语言的界限意味着我的世界的界限。"

既然如此,操纵语言也就是操纵我们的世界,操控我们的历史观、世界观、价值观。当殖民者彻底清除某种民族语言,也就势必抹去这个民族的文化记忆;屏蔽某些语词,人们也因此相应地变得麻木愚钝,失去了敏感性;编造奥威尔式的"新话",篡改词义,则在暗中给语言塞进了意识形态,不仅改变了人们对所指对象的感受,而且掌控了对它的判断;扭曲叙事,就于不知不觉间改变了人的自我认知和对历史、对世界的认识。语言自诞生以来,就不断地受到权力的玷污,就连叙事及其连续性、普遍性也仅仅是叙述者傲慢的主观所为,是权力话语的成果。新历史主义、后殖民理论、女性主义、文化批评等等,乃至整个西方现代以来的理论,就是着重从这个角度来展开论辩的。其中确实包含着真知灼见。

然而,事情果真就这么简单?难道我们的感性就完全听命于语言的掌控?假如人感受世界确乎仅仅是由语言"建模"的,那也就势必可以用语言

① Wiffrid Sellars. *Empiricism and the Philosophy of Mind*. Cambridge, Massachusetts, London, Harvard University Press, 1997, p. 63.

透彻地解释，而直觉经验告诉我们，许多感受是无法言说的。难道我们不得不遵从维特根斯坦的规劝，到此为止，放弃言说，保持沉默？这种赋予语言以至高权威的观念，恰恰是语言中心主义、理性中心主义的根源。不断地追问、反思和批判是人之本性。我们不得不继续思考，这一无法言说的状态究竟是怎么回事？或许它只是"私人内心语言"？对此，维特根斯坦早已予以否定。这一否定是正确的。语言只能是共享的，绝不可能成为私人所有，否则，就不再是"语言"。即便西方学者从语言论转向符号论，也仍然没有摆脱语言中心主义，在他们眼中，语言往往是隐藏于一切符号身后的最终解释项。

其实，我们的祖先老子、庄子早就对语言质疑过。在他们看来，与我们的世界、我们的生命息息相关的"道"，就存在于语言之外，是语言不能解释和言说的。能够把握道的，只能是无形之大象、无声之大音，也就是"无"。既然是"无"，又如何能够把握道？这就是本书所要着重提问的。

心理学家洪兰曾为我们讲述过一个真实的故事：一天，她的一位同事遭受抢劫，猛然间的袭击将她吓蒙了。警察向她询问劫犯的外貌，她一无所知，并强调自己没有看到。自此之后，她无缘无故地厌恶一位跟随她的研究生，以各种理由将他推给别的导师。不久，警察抓到几个嫌犯，请这位女教师去指认，她一眼就认出那个劫犯，这才发觉以前讨厌的学生原来与劫犯颇为相像。

从这一事件中，我们可以发现几点。第一，突发事件让这位女教师片刻间丧失了意识能力，她的确没有"意识到"那个劫犯，无法留下和描述劫犯的形象。可是，她的身体状态已经做出了应激反应，也就是有关劫犯的信息已经进入她的身体，只不过还处在意识阈限之下，属于"无意识经验"。第二，当劫犯重新出现在她眼前时，女教师一眼就认出了他。这就是说，只要这些信息存储在她的无意识经验中，她就"知道"这个劫犯，而"知道"并不等于"意识到"。第三，这些无意识经验关联着她的情感反应，直接影响了她的行为，令她莫名地讨厌自己的学生，并撵走了这个学生。

现代认知科学已经证实，脑神经可以接收到大量阈下信息，其中只有少量信息进入意识。此时，人的身体已经"知道"这些阈下信息，它们已经被铭刻在身体内，深藏于无意识经验中，成为人的具身性经验，而人却尚未"意识到"它们，它们尚未成为"意识对象"。相对于人的"意识"来说，它们只是"非对象",是"混沌",是"无"。① 可是,"无"却参与构成我们感受的世界,影响着我们的感觉和感受,影响着我们的情感和行为。"如果我们认识到原初性地讲我们对事物的把握是一种身体性地与物相宜,那么我们就能知道我们是在一种比描述实在或赋予实在以意义更深的层面上来接触周围实在的。"②事实上,我们感受到的世界是由"意识到的世界"与"无意识经验的世界"共同组成的,是两个世界的叠加,是"有"与"无"的交融相生,并且恰恰是"无"构成了"有"的基础和背景。"有"从渺无际涯的"非对象性"之"无"中凸显出来,并与"无"交互相生。在我们的感觉、感受背后,除了语言建模之外,还同时存在着一种被长期遮蔽的要素,一种不可或缺的具身性"建模系统"。唯有把这些要素纳入其中,我们才能真正克服语言中心主义、理性中心主义及二元论,才算真正了解人的感觉、感受机制。

问题是这个"无"的世界总是被"有"的世界所遮蔽。每当我们去思考"无",言说"无",它就蜕变为"有",从"意识之非对象"变身为"意识对象","无"被误解、篡改、疏忽、遮蔽了。我们显然不能效仿拉康用"语言结构"来描述它。

生命只能是活动着的身体,生命的独特性就体现在身体行为中。对于意识对象,我们可以通过观察、分析、认识的途径来把握;而对于无意识经验,对于"意识之非对象",则只能在活动过程经由亲身体验、直觉和悟解。因此,借助于"行为建模"(行为语言),借助于对行为的体验、直觉和悟解,我们才可以"知道"无意识经验,"知道"非对象世界,把握"无"(道)。正是"行为"将生物体与世界连接为一体,相互调适,相互融合,进而让生物体把握世界。行为建模(行为语言)是人类另一种原始、基本的建模系统,一种来自生物体馈赠的"具身性"建模方式。

我们对世界的感觉、感受同时包含着两个基本方面:通过观察、分析、认识,我们把握了对象世界,积累了意识经验;又通过体验、直觉、悟解把握了非对象世界,积淀了无意识经验。双方分别隐含着语言建模(言语行为)与行为建模(行为语言),而后者恰恰是极为重要却又容易被忽视、被遮蔽的建模方式。其他任何符号都是由语言建模与行为建模共同构建的,因此,尽管各式各样的符号都参与构建人之世界,但是,最终都取决于语言建模与行为

---

① 我们在此所说的"混沌"是指"物我不分""无物无我"状态,而非作为"对象"的"浑濛不清"。前者处于"非对象性关系",后者则仍然处于"对象性关系",这是两种完全不同的关系模式。

② 〔美〕休伯特·德雷福斯、〔加〕查尔斯·泰勒:《重申实在论》,吴三喜译,北京,中国人民大学出版社,2020年,第75页。

建模的协同作用:前者构建了对象性关系,后者则构建了非对象性关系。①
我们与世界的关系既处于二元的对象性关系,又处于一元的非对象性具身
关系,总是处在张力状态和过渡状态。唯此,我们才能真正把握生生不息的
自然之"道"。想象就建立在所有经验的基础上,它同时囊括了意识经验和
无意识经验,是两个世界的重组和重构,也就是语言建模(言语行为)与行为
建模(行为语言)的深度协作和交融。

本书的思考核心,就是在人与世界交互作用的框架中,考察人类的感觉
和感受、认知和体验,以及想象,致力于揭示隐含其中的符号活动(建模系
统),并着重探讨言语行为(语言建模)与行为语言(行为建模)不同的施行方
式、性质和功能,以及相互关系。

当我们解答了人类符号活动的独特性和复杂性,了解了人类的感觉、感
受、认知、体验,以及想象背后的符号建模方式,审美活动及文学艺术活动的
根基就找到了,其奥秘也就迎刃而解,并将可以获得新发现,做出新解释。
符号活动性质和方式的多样性,彻底改变了美学和文学艺术研究的理论前
提。本书就以此为基础,融合中西方文化思想的精粹,另行开辟出一条美学
和文学艺术研究的新路径:认知符号学。

---

① 详见第二章第三、四、五节。

目　录

绪　论　认知符号学新视野

关于理论术语"符号"及"符号学"，赵毅衡做了十分细致、精当的辨析。他以开阔的理论视野，梳理、比较了中外学者的定义，在此基础上明确提出自己的观点："符号是被认为携带意义的感知。意义必须用符号才能表达，符号的用途是表达意义。"与此相应，他将符号学定义为"关于意义活动的学说"。[①] 较之于此前的中外学者，赵毅衡对符号及符号学所下的定义更加妥帖、简洁，有效澄清了一些谬误。我们认同这些观点，特别是他在定义中涉及"意义的感知"，更切中符号的实质。不过，在赵毅衡的整体阐述中，他似乎更加看重符号在交流过程中"表达意义"的用途。正是在这里，我们与赵毅衡的观点存在某些不同。我们首先把符号视为人与世界间构建的"关系模式"，是人把握世界、感知世界的中介，也就是说，人类对世界的感觉、感受是经过符号"编码"的。人只能以符号的方式把握世界，人的世界是以符号样式构造的世界。以此为基础，才可能生成表达意义的符号交流用途。从这一特点来看，我们所说的符号学主要是从认知发展的角度来思考符号问题，是在更加基本的层次上看待符号活动，它应该被称为"认知符号学"。西方符号学往往与语言中心主义、理性中心主义，以及二元论相纠缠，我们则着眼于破除种种中心主义和二元论，充分吸纳中华民族的智慧，寻求一条新的符号学路径。

在符号学领域主要存在两条研究路径：一是费尔迪南·德·索绪尔（Ferdinand de Saussure）以语言作为典范来思考符号问题，或者说语言学模式的符号学；二是查尔斯·桑德斯·皮尔斯（Charles Sanders Peirce）以现象学为基础，把符号活动视为符号（再现体）、对象、解释项三元构造的逻辑-修辞学模式的符号学。索绪尔的符号学思想影响巨大，结构主义、后结构主义、解构主义等，都以其为思想基础发展起来并蔚为壮观。自20世纪七八十年代起，皮尔斯的符号学思想得到越来越广泛的认可，并逐渐成为西方符

---

① 赵毅衡：《形式之谜》，上海，复旦大学出版社，2016年，第93～95页。

号学主流。此后,中西方符号学基本上沿着这两条路径,不断深化对原有符号学理论的研究,但更多的是把原有理论具体运用到各个领域,拓展符号学在不同学科中的应用。

与索绪尔、皮尔斯不同,托马斯·阿尔伯特·西比奥克(Thomas Albert Sebeok)走的是另一条路径。虽然西比奥克继承了皮尔斯的符号学思想,但其立足点已经发生重大转变。他不再仅仅把符号置于交流过程中来考察符号表征,也不仅仅把符号活动局限于人的解释活动,而是在更广阔的视野中和更基本的层次上,把符号首先视为生物体与世界打交道的中介,视为生物体与世界建立"模型"来把握世界的方式,也就是说,是从认知发展的角度来考察建模系统的生成。其主要理论立场已经不是现象学,而是认知科学。符号表征和解释的作用则是建立在建模系统基础上的。遗憾的是,在符号学界,西比奥克本人虽然受到极大尊崇,但其核心思想并没有成为符号学的重要遗产。一方面,在批判人类中心主义的思想潮流中,西比奥克所提出的"总体符号学"以被误释的方式得以流传;另一方面,神经科学、脑科学的发展则促成认知科学与符号学分道扬镳、渐行渐远,且冷落了符号在认知活动中的作用。

在西方学界,认知科学已经成为一门热门的前沿学科。随着神经科学、脑科学的发展所取得的显著成绩,特别是脑成像技术的实质性突破,认知科学也从原先借重符号学转而日渐离弃符号学,专注于运用科学实验手段来探究人的大脑,探究"神经元的活动是如何产生出主观感知、思想和情感的"[①]。应该说,这是当代科技带给研究的巨大进步,而同时也是理论思想的退步。神经科学、脑科学固然揭示了大脑运作的奥秘,将原先隐蔽不彰的大脑神秘运行"可视化",以直观方式显现于荧屏上,让人知晓在认知活动中神经元究竟建立了怎么样的关联,但是,对于揭示人的体验、感知、无意识、意识,特别是文学艺术活动、审美活动和文化实践来说,仍然隔着一道难以逾越的巨大鸿沟。

神经科学、脑科学只能为理论研究提供重要的实证性素材,要真正了解人的体验、感知、无意识、意识,以及文学艺术活动、审美活动和文化实践,就不能局限于人脑或人体之内,还必须把人类活动置于更广阔的空间,把理论视野扩大至人与世界相互作用的过程中来考察,了解人与世界之间是如何

---

① 〔美〕杰拉尔德·M. 埃德尔曼:《比天空更宽广》,唐璐译,长沙,湖南科学技术出版社,2018 年,第 14 页。

建立联系、生成意义的。事实上，这种联系并非直接的，而是有中介的，其间，符号建模就起着中介作用。正是符号建模在人与世界之间建立起关系模式，沟通人与世界，使人能够把握世界。这就必须了解符号究竟是如何生成、如何发挥动态建构作用的，由此才能真正了解人的体验、感知、认识、无意识和意识，进而探索文学艺术、审美活动和文化实践的奥秘。在《世间有生之物即为生命》中，埃尔瓦·诺埃（Alva Noë）就指出，体验、感知、意识都不能单纯从大脑内去探索。他说：

> 没有哪种脑部扫描技术，能够揭示意识活动的本质，因为意识的本质并不是发生在大脑里。
> "仅凭大脑就足以作为意识产生的充分条件"等说法就像巫术里的咒语，不足采信。①

要打破这个巫术咒语，就必须重新把人置于世界之中来探索双方的交相建构，并聚焦于相互关联的中介：符号。

在《马克思主义与语言哲学》中，米哈伊尔·巴赫金（Michael Bakhtin）说："意识，只有当它充满思想的、resp（相应的）符号内容，只有在社会的相互作用的过程之中，才能成为意识。""意识是在由有组织的集体的社会交际过程而创造出来的符号材料中构成并实现的。个人意识依靠符号，产生于符号，自身反映出符号的逻辑和符号的规律性。"②巴赫金正确地指出，人类意识的产生绝非单一的个体生命事件，同时是社会性事件。意识是在人与人、人与社会的互动过程发展起来的，它不仅仅属于内在的生理和心理过程，而且属于外在的社会化的符号交互过程，是内外两个过程相互结合的产物。在这双重过程中，符号被塑造了，人的身体和心灵同样受到塑造，人与世界之关系得到了重构，意识只有在此条件下才得以生成。因此，要探索心灵的奥秘和意识的奥秘，以及种种感觉感受活动，就必须把人置于社会和世界中，考察人与社会、人与世界之间的互动，深入考察其间的符号中介。符号是连接人与人、人与社会、人与世界，连接人的内在心灵与外在世界的中介，它既在复杂的交互过程中得到塑造，受到物质载体的影响和权力的干

---

① 〔美〕埃尔瓦·诺埃：《世间有生之物即为生命》，载〔美〕约翰·布罗克曼编著：《思维：关于决策、问题解决与预测的新科学》，李慧中、祝锦杰译，杭州，浙江人民出版社，2018 年，第 111、115 页。
② 〔俄〕巴赫金：《马克思主义与语言哲学》，张杰、征钧、华昶译，载钱中文主编：《巴赫金全集》（第二卷），石家庄，河北教育出版社，1998 年，第 351～354 页。

预,反过来又制约和改变着关系本身,塑造并发展着人自身。就如迈克尔·惠勒(Michael Wheeler)在《重构认知世界:下一步计划》中所主张的:"在原生状态中,具身-嵌入性方法建立在这样一种思想基础上:认知科学需要将认知重新置于大脑中,将大脑重新置于身体中,将身体重新置于世界中。"①符号首先就是"关系模式",它既是人与世界交相作用过程建构的产物,又是人与人、人与社会交互过程重构的产物。符号塑造着人自己的身体,塑造着人的内在世界和外在世界,并决定着双方的相互关系,决定着人的社会化进程,决定着各种感觉感受活动。由此,才可以进而探索文学艺术活动和审美活动,乃至所有文化实践。认知科学所取得的当代成果将仍然为我们所重视,它是我们理论探讨的重要资源和验证理论的实践支点。这正是我们倡导认知符号学的缘由之一。

西比奥克的符号学思想是我们建构认知符号学的基础,同时,吸收皮尔斯、索绪尔、巴赫金的符号学观点并加以综合。这并非随意的理论杂糅。事实上,他们所讨论的是不同层次的问题:西比奥克从最基础的层次上考察生物体与世界交往过程中如何建立关系模型,进而构建起总体建模系统理论;皮尔斯则关注意义问题,着眼于思考人类符号活动"三元结构",即符号(再现体)、对象(意义)、解释项,通过这种结构关系来探寻意义生成;索绪尔专注于语言符号结构及系统的共时分析,他所说的"概念/音响形象"(所指/能指)虽然也可以理解为"对象/符号",但实质上他是将其作为"符号"整体来考察的,对象(意义)和解释项则悬置不问;巴赫金所关心的是符号的社会文化特征,他将符号置于社会生活及交往、对话中来考察符号与意识形态的关系。因此,我们完全可以将各家观点加以改造、熔炼、融合。我们的具体做法是:参考西比奥克的符号学思路来讨论建模活动的发生和演变;以皮尔斯的符号三元结构来定义符号活动;以索绪尔的符号观点来探索语言符号的独特性,进而吸收约翰·兰肖·奥斯汀(John Langshaw Austin)的言语行为理论来阐释语言符号活动的特征;运用巴赫金的视角来揭示符号的意识形态性。与此同时,中国的语言符号观始终是我们思考符号问题的重要参照。

西比奥克从所有生物体出发来思考符号建模问题,整体上阐述了建模系统理论,并提出"总体符号学"的设想。其中,"模拟"是建模发生的基础。

---

① Michael Wheeler. *Reconstructing the Cognitive World: The Next Step*. Cambridge, Massachusetts, MIT Press, 2005, p. 11.

其实,这种强调"模拟"的观点仍然是在二元论的思想框架中来思考符号问题。与西比奥克不同,我们不以"模拟"作为建模活动的基础,而是直接把建模视为"关系模式",是生物体不断调整自身"行为"来适应环境,由此建立了特定的关系模式,我们称之为"行为建模"。这是一个关键性修正,它让我们避开二元对立思维的陷阱,吸收了中华文化思想的精粹,从根本上改变了理论出发点,并且把认知发展置于生命生存的基础上。我们认为,生物体必须借助于行为建模,才可以与自然建立具身性关系,进而把握环绕它的自然。这也就是说,生物体对外界的感受是与它的身体行为相协同的,特别是那些与其生存密切相关的信息,必然引发相对应的行为方式,因而,生物体所感受到的信息就反映于它的身体行为,实际上已经由行为"编码"了,并且整个过程属于无意识的本能。认知科学所发现的感知与运动神经系统密切关联,就证实了这一点。只有在人类意识生成之后,在意识与意识对象的框架里,真正意义的"模拟"才得以发生。正是从这里开始,我们不仅与西比奥克产生了分歧,而且有了许多新发现:我们既注意人类与其他生物体之间建模活动的连续性,更注重人类与其他生物体之间建模活动所存在的本质差异,乃至断裂;探讨了造成这种差异和断裂的根源,更加深入地分析各类符号的成因及其不同特性;由此出发来阐释不同类型的建模系统与感知、体验、直觉、认识、意识、无意识的深刻关联,进而去探究人之世界的建构、文化实践及文学艺术创造。唯有抓住生物体建模活动的发展过程和序列,我们才可能真正了解人与其他生物体之间的连续性,了解人区别于动物之本质,了解文学艺术活动、审美活动及文化实践极其复杂的内在机制,并运用中华民族的智慧,规避西方思想中的语言中心主义,对文学艺术活动、审美活动及文化实践做出全新的阐释。

我们把人类建模活动的发生过程划分为前后相继、相互渗透的三个序列:行为建模、语言建模、其他符号建模。行为建模是所有生物体适应自然的基本方式。生物体以自身的行为关联自然,调整行为以适应自然,并在不断的重复中建构起行为模式,这就是行为建模。它没有必要如西比奥克所说的那样以"模拟"作为基础。在这一漫长过程中,生物体积淀了无意识经验并因此形成本能。行为建模将生物体与其自然环境结合为一体,环境则成为生物体的"生物场""生命场",成为生物体身体的自然延伸。

一方面,人类继承和发展了生物体的行为建模;另一方面,由于人类自身活动的独特性和经验的爆炸性增长,特别是群体交流、交往的需要而出现了语言建模。语言建模是在行为建模的基础上发展起来的,是行为建模所积淀和塑造的无意识经验的筛选、归类、凝聚和抽象,既源于行为建模,又不同于行为建模,双方不能通约。① 从行为建模到语言建模是一个超越性发展。语言是建立在差异性基础上的区分系统。如果说,行为必定是身体行为,无法离开身体而独立,它只能把世界纳入己身来构建一体化的"非对象性关系",那么,语言则因其相对独立性而将人与世界相区分,将万物相区分,在人与世界之间、人与万物之间构建了"对象性关系"。

"话语就像光一样,而颜色正是在光里才能被人看见。"②自此,世界开始以人的对象世界的方式呈现于人面前,一个澄明的世界诞生了。与此同时,人类意识也诞生了。语言对无意识经验的筛选、归类、凝聚、抽象恰恰为实现斯坦尼斯拉斯·迪昂(Stanislas Dehaene)所说的"全脑信息共享"的意识状态创造了条件。语言、意识、意识对象(对象世界)是同步生成的。

语言的相对独立性让人类赢得了对象化能力,也因此赋予语言自身以符号化能力。语言不仅可以把种种事物相区分并设立为意识"对象"来看待,而且试图对事物之意义做出解释,因而该事物也就成为一个表达意义的符号。语言还可以将人类自身之行为(动作、姿态、表情)作为意识对象来解释,并且由于行为构建了无意识经验,也就必然体现着无意识经验而成为无意识经验的表征,成为一种符号活动,我们称之为"行为语言"。这是一种以身体行为本身为"中介"的符号活动,是一种独特的不具"中介性"的"具身性"符号活动。③"语言被看作是把行为潜势变成意义潜势的编码;或者说是表达人类生物体在互动过程中'能做'什么的手段,这一手段就是将'能做'什么变为'能表达'什么。"④从这一角度看,语言建模固然以行为建模为基础,是行为建模所获得的无意识经验的积累、筛选、归类、凝聚和升华,但是,行为作为一种皮尔斯意义上的符号,也就是行为语言,恰恰是在语言(意识)诞生之后,是言语行为将"行为"对象化、符号化的成果。人类就同时享有各式各样的符号活动形式:言语行为、行为语言,以及其他符号活动。

事实上,在言语行为将事物对象化、符号化之际,行为建模早已在物我

① 详见本书第二章第三、四节。
② 〔德〕汉斯-格奥尔格·加达默尔:《真理与方法——哲学诠释学的基本特征》(下卷),洪汉鼎译,上海,上海译文出版社,1999 年,第 545 页。
③ 对于行为本身而言,行为即身体行为,生物体通过行为与世界打交道,也就是身体与世界直接打交道,以实现生物体与世界的融合,其间并不存在"中介"。人类的大量行为也仍旧属于无意识行为。但是,从具有意识能力的人的视角来看,由于行为表征着无意识经验,因而,行为又可以被视为具有"中介性"的符号,视为行为语言,一种特殊的符号活动。在此,我们所说的"行为建模"(行为语言)即针对无意识的本能行为,而非针对有意识的目的性行为。
④ 〔英〕韩礼德:《语言与社会》,苗兴伟等译,北京,北京大学出版社,2015 年,第 78 页。

双方建立了同一性关系,为言语行为提供了一个活动背景。准确地说,在任何事物转化为一个符号的背后,都隐含着两类建模活动:行为建模与语言建模。行为建模将物我相沟通、相融合;语言建模则将物我相区分,将物设立为意识对象,双方构成了一种张力关系。正因如此,所有其他符号活动最终都可以用行为语言(行为建模)与言语行为(语言建模)协同作用做出解释。我们把行为语言和言语行为称为"原生性符号系统";其他符号则称为"次生性符号系统"。于是,我们还应当对皮尔斯的符号、对象、解释项三元关系做出适当修正:其中的"解释项"并非如皮尔斯所说只有一元,而是同时并存着两类性质迥然不同的解释项,即言语行为与行为语言,双方共同构成了不可抵消的张力场。①

言语行为和行为语言是人类最为本己的两类原生性符号活动样式。两者具有不同的性质和施行方式,相互间既存在相关性,又存在断裂。只有把人与世界之整体关系纳入研究视野,我们才能真正理解符号的本质及其特性;也只有把符号视为人与世界关联的中介,我们才能了解人的感觉、感受,了解无意识和意识,并且发现无意识经验与行为建模的关联、意识与语言建模的关联。在人与世界之间存在着两种最基本的关系模式:人通过行为建模与世界打交道,与世界构建了"非对象性关系"(物我相融),并为自身塑造和积淀了无意识经验;人通过语言建模与世界打交道,构建了"对象性关系"(物我区分)及人类意识。这是人类把握世界的两种方式:前者表现为体验、直觉、悟解;后者则表现为感知、观察、认识,并且分析、推理、反思及人类理性就建于其上。人与世界之关系既是一元的,又是二元的。

人与世界之间就同时存在着两种既不相同,又相互交织、相互影响、相互转换的关联方式。无论视觉、听觉、触觉、味觉还是嗅觉背后都同时隐含着这两类建模活动。其他各式各样的符号都建于行为建模和语言建模的基础上,是双重建构的成果,并且可以通过这两类原生性符号系统的二维张力结构加以阐释。自此,人类运用各类符号来把握世界、解释世界,同样也借助于各类符号从事文化实践和创造文学艺术的审美世界。符号活动在人与世界之间搭建了桥梁,我们不仅可以研究符号活动本身,而且可以借助于符号,特别是原生性符号来探索所有人类实践活动,探索人的内在世界和外在

---

① 虽然皮尔斯指出解释项存在子类型,如情绪解释项(emotional interpretant)、精力解释项(energetic interpretant)、逻辑解释项(logical interpretant)等,[J. D. Johansen. *Dialogic Semiosis*. Bloomington, IN, Indiana University Press, 1993, p. 165.]但是,这仅仅是对解释项的分类,我们则明确指出:同时并存着两类性质迥然不同的解释项,及其张力关系。

世界,探索千姿百态的可能世界。

《庄子·秋水》讲述了这样一个故事:庄子见到河中游鱼,不禁十分感慨:"鲦鱼出游从容,是鱼之乐也。"结伴同行的惠子却不赞同庄子的看法,反驳说:"子非鱼,安知鱼之乐?"双方为此争执不下。① 其实,庄子正是借用这个故事来说明,人具有相对立的看待事物的方式。我们则认为,在这两种不同的方式背后就隐含着不同张力结构及倾向的符号活动:行为语言与言语行为间的博弈。人同时享有行为语言、言语行为这两类原生性符号样式,他既可以与鱼儿融为一体来体验鱼儿之乐,又可以将鱼儿作为对象来观察,与对象保持着理性距离。并且这两种方式之间可以相互渗透,侧重点可以自由转换:他既体验着,又认知着,以此来把握他的世界。我们把这种二维关系称作"符号系统结构"或"解释结构",并且认为这是一个张力关系不断变幻的二维结构,时时刻刻处在相互过渡的状态。

文化是人类符号活动的成果。由于各种符号都是由行为语言与言语行为双重建构的,因此,所有文化活动最终都可以用这两者间的协同作用做出阐释。人类文化活动就是创造意义的符号化活动,在其背后始终交织着两类原生性符号系统,也就是行为语言和言语行为的协作,双方构成一个不可抵消的张力场。可以说,这两类原生性符号系统独特的张力结构就是一个民族的"文化基因",双方的张力关系及总体倾向,从根本上决定着该民族文化的特征。

文学艺术活动的独特性则在于:它是行为语言与言语行为的深度融合,并通过想象把所有的经验调动起来重新塑造。

在文学活动中,当作品采取约翰·塞尔(John Searle)所说的"虚构式言语行为",悬置言语意向与现实世界的纵向关联,以横向惯例构建一个想象的虚构世界,②现实生活中的种种压抑就被取消了,沉睡于深层无意识中的潜能得以释放,行为语言记忆赢得了自由喷涌的机缘,并与言语行为发生深度融合。"艺术是由意识程序和无意识程序,有意图的行为和下意识的行为之间的统一所界定的。简言之,语言(logos)和激情(pathos)的统一证明了艺术的存在。"③于是,一个切中人的生命存在和生存经验、令人身陷其内、

---

① (清)王先谦、刘武撰:《庄子集解 庄子集解内篇补正》,北京,中华书局,1987年,第148页。
② 在《表达与意义》中,约翰·塞尔对虚构话语所做的具体分析虽然很精彩,但是,最终他仍然把"虚构"的两种不同含义相互混淆了。详见马大康《现代、后现代视域中的文学虚构研究》第七章第二节,北京,中国社会科学出版社,2014年。
③ 〔法〕雅克·朗西埃:《审美无意识》,蓝江译,南京,南京大学出版社,2020年,第17页。

深感陶醉的审美之境就瞬间呈现了。行为语言记忆的复苏,使人重新回归生存经验之根,回归生命本身。人们所说的诗性、文学性、审美性就源于这种深度融合,实质上就扎根于生命本身。恰如拉尔夫·沃尔多·爱默生(Ralph Waldo Emerson)所说:我们本来就生活在符号当中。诗人具有深刻的洞悉力,能够忽略它们的实际用途,让它们自己发声言说,不再是沉默的、无生机的物体。因此,诗人是用生命创造形式,而不是用形式创造形式。①在文学活动中,行为语言与言语行为既深度交融,又性质相反的独特关系,就已经注定文学本身具有多面性。

其他各种样式的艺术活动也可以同样做此理解。在文学艺术活动中,人与作品之关系既是二元的,又是一元的。文学艺术活动就身处于这种张力关系和过渡状态之中。当我们从认知符号学角度来探析文学艺术问题,它们自相矛盾、亦此亦彼的独特性质,活动过程那种神秘的创造力,以及难以索解的神韵、氛围、移情、通感、先验、共通感、同时性等等,乃至中西方文论不同的思维方式及表述方式,都可以得到更加明确的阐释。

对文学艺术构建一个"可能世界"而言,这个世界与现实世界是相互平行的,文学艺术也因此享有独立性和自主性。但是,由于各种符号,特别是言语行为、行为语言本身就生成于人类社会活动,人际交往的需要迫使它们不得不遵循"社会规约"(文化惯例),这就势必打上社会印记。社会规约就处在历史传承与社会关系的交集点上,构成了一张极其复杂的关系网络,不能不受到复杂多变的社会关系的塑造;反过来,不同的既成规约又区分出不同的社会群体,构建起社会秩序。社会规约最敏锐、充分地体现着特定社会的结构特征,体现着意识形态特性,也深刻揭示出人物行为及个性中的历史内涵。社会规约是文学艺术例证现实社会的枢纽和焦点。正是它成为沟通文学艺术的可能世界与现实世界的内在桥梁,并通过这一桥梁反作用于社会现实。以往关于文学艺术虚构性与真实性、独立性与社会历史性、审美性与功利性、精神性与身体性、理性与感性的论争,终于可以在认知符号学的视野中得以化解。

符号之所以为符号,它必然服从某些规范性,而规范性往往又非单一的,它是多元的,包含着自然与社会的两极。即便是自然符号,也不仅仅服从于自然的规范性,符号在根本上就属于社会所有,是社会交流的成果,不

---

① Ralph Waldo Emerson. "The Poet", dans Joseph Slater Alfred R. Ferguson et Jean Ferguson Carr (éds), *The Collected Works of Ralph Waldo Emerson*, vol. 3, Cambridge, Harvard University Press, 1983, pp. 12-13.

得不打上社会烙印,不得不在某种程度上接受"社会规约"的规训。

> 意义是一种社会行为,受社会结构的制约。我们的表达习惯是指与我们自身相似的人群的表达习惯,而这群人则是定义我们符号社会的参考群体。人在同一城市由一个社会集团转向另一个社会集团,例如,从中等阶层家庭转向工人阶层,或是相反,他知道在这个过程中他不得不逐步学会表达不同的事物。①

迈克尔·亚历山大·柯克伍德·韩礼德(Michael Alexander Kirkwood Halliday)正确地指出符号意义与社会结构的关系,在这里,他所说的"人群的表达习惯"实质上就是我们所说的"社会规约"。社会规约是在社会群体中形成的,它恰恰是社会结构、社会秩序与个人行为的中介,既制约着个人行为和意义表达,反映着特定的社会关系,反过来,又影响、调整着社会结构和秩序。路易·阿尔都塞(Louis Althusser)的"意识形态"、米歇尔·福柯(Michel Foucault)的"文化权力"、古代中国的"礼",主要就是借道于构建特定的社会规约,隐蔽地操纵种种符号活动,重塑人的行为和语言,进而塑造人的思想和身体。特别是当我们注意到行为语言与三重规范性,即生命的规范性、社会规约、智性规范的复杂关系,我们不仅对文学艺术与社会现实的特殊关联、文学艺术可能世界的缤纷多彩、文学艺术本身的历史性,以及文学艺术世界的演变规律有了更加深入的了解,而且可以对人类社会生活形态及文化形态做出一种新的分析。浪漫主义小说、现实主义小说、童话和寓言、荒诞小说、神魔小说和科幻小说……它们所构建的可能世界的特殊性,就根源于三种不同类型的规范性间的结构关系及主导因素的变化。②

认知符号学为探讨文学艺术活动、审美活动和文化实践开辟了一条崭新的思考路径,奠定了更为坚实的阐释基础。西方学界从语言论到符号论的跨越,原本为他们摆脱语言中心主义和二元思维提供了极为有利的契机。可惜,语言的梦魇仍然纠缠着他们。在他们眼中,语言是符号的典范,语言学是符号学的基本范式,并且任何符号都可以单一地用语言做出解释。吉奥乔·阿甘本(Giorgio Agamben)说:

---

① 〔英〕韩礼德:《作为社会符号的语言:语言与意义的社会诠释》,苗兴伟等译,北京,北京大学出版社,2015 年,第 180 页。
② 详见本书第六章第五节。

符号和语义本质上不是两种现实，而是两种先验界限，同时由人类的幼年所界定。符号不过是自然的在人咿呀学语之前的纯语言，人类为了说话所共享之，但幼年的巴别塔却永远避开他。①

正是片面强调符号与语言之连续性这一误释，把他们牢牢地局限于语言囚笼之内。即便他们想突出"身体"来摆脱语言中心主义、理性中心主义和二元思维，在实际上也必定落空。因为他们所说的身体仍然属于"认识对象"，需要借助于语言来做出分析、解释。在他们眼中，语言是可以独立解释一切的万能的"元符号"。这实际上是对身体的阉割，对生命的戕害，对经验丰富性、深邃性的无视。身体只能是处于世界中的身体，生命则首先是活动着、行动着的身体。正是行为建模关联着身体与世界，身体才因此具有了感受性；与此同时，行为建模又创造着生命，塑造着人的身体，塑造着人的内在世界和外在世界。遗忘行为建模（行为语言），势必忽视人的生命性和经验的丰富性。

安妮卡·艾森伯格（Annika Eisenberg）说："超越语言的唯一方法实际上是通过语言。"②我们提出行为建模（行为语言）就是为了超越语言中心主义及二元论，并把"不可感知的"无意识经验转换为"可体验的"身体行为。尽管这仍然离不开语言命名、描述和阐释，但是，我们则是游走于"可言说"与"不可言说"的边缘，试图借用语言来"暗示出"语言之外所存在的意义空间，将语言限制在"可言说"的有效限度之内。恰恰是在中国古代哲人那里，我们看到突破语言牢笼所做的努力和所取得的洞见。③ 这也为我们构建新的认知符号学提供了重要的启示。从这里出发，我们将更清晰地发现中西方文化差异性的根源，以及中华审美文化的独特性。同时，也为萃取和融合中西方文化精华，构建新美学、新诗学和新解释学提供路径。

专书第一章，我们从西方思想的"语言论转向"入手，以中国古代思想为对照，分析、批判了"理论""后理论"所存在的语言中心主义倾向。为了克服

① 〔意〕吉奥乔·阿甘本：《幼年与历史：经验的毁灭》，尹星译，开封，河南大学出版社，2011年，第51页。

② Annika Eisenberg. "Close Listening：Urban Soundscapes in Ulysses，Manhattan Transfer and Berlin Alexanderplatz"，Dara Downey，Ian Kinane and Elizabeth Parker，Ed. *Landscapes of Liminality Between Space and Place*. London & New York，Rowman & Littlefield，2016，p. 34.

③ 正如老子之谓"道"，"行为语言"等命名已经是一种扭曲和遮蔽，但是，这却是我们不得不采用的言说方式，是"强为之名"。

这一弊病,我们提出认知符号学这一研究路径。

第二章,我们极其简略地梳理了符号学主要遗产,讨论了西方符号理论中残存的主要问题,阐述了本书的理论基础:认知符号学。我们认为,符号首先是人与世界的"关系模式",是人把握世界的"中介",并深入阐释了行为建模、语言建模、其他符号建模三种不同类型的建模活动和发生过程,以及与之相对应的行为语言、言语行为、其他符号活动三类不同的符号活动及其相互关系和序列,对不同类型的符号活动的施行方式、特性和功能做出阐述。进而在人与世界交相作用的广阔视野中,以符号为枢纽来阐述人的内外两个世界及其相互关系,阐述体验、认识、无意识、意识的发生机制及相互关系,并以此为基础,对现实世界的构造和审美创造做出粗略阐释。

第三章、第四章是在第二章基础上的具体展开和深入论述。我们并不准备全面探讨文学艺术的主要问题,而是针对文学艺术活动中一些有争议的难题,试图从认知符号学角度做出新阐释:其一,对文学艺术的把握首先是以解释作为开端的,因此,我们从符号结构入手来揭示文学艺术独特的解释方式及其造成这种独特性的根源,试图解答文学艺术活动之谜;其二,讨论不同模态的艺术的特征,以及文学艺术符号的多模态性和多模态整合等问题。

第五章,从历史维度来阐释符号系统整体结构的调整,特别是语言意指方式的分化及原生性符号系统张力关系的变化如何导致文学艺术样式和人的感觉结构的变更。

第六章,符号活动的规范性是一个极其复杂又不可回避的重要问题,权力就是通过对规范性的操纵来介入符号活动的。本书仅对此做出初步探讨,故不得不缩小范围,集中从符号学角度来探讨文学叙事。后现代叙述学已经涉及话语的规范性问题,且对叙述话语与权力、意识形态的关系做出深入研究,并取得相当丰硕的成果。对此,本人的《文学行为论》也已进一步展开讨论,本书不再重复。本章另辟蹊径,着眼于故事和文学可能世界问题。我们认为,符号的规范性正是文学可能世界与现实世界相关联的桥梁,并在分析各类规范性的基础上,深入阐释了社会规约对人物塑造及其作品整体获得历史内涵的关键作用,重新阐释了"典型化"理论,进而从生命的规范性、社会规约、智性规范等三重规范性之关系角度来描述文学可能世界的结构特征。

第七章,结合数字媒介为人类生存方式及符号生产方式、传播方式所带来的深刻变化,来探讨文学艺术活动的嬗变,着重考察媒介技术对符号活动和人的经验结构的影响。

第八章,从总体上来讨论原生性符号系统整体结构的特征与民族文化特征的关系,并认为:原生性符号系统"二维张力结构"是特定民族的"文化基因"。正是这一"基因"从根本上决定着该民族的生活特征、思维特征及文化创造和审美活动的特征。

第九章,在上一章中西方文化比较的基础上,集中对中华审美文化传统做出符号学阐释,对"意象""意境"做出新的解释,从中发掘传统美学思想的精粹,用以纠正和弥补西方美学思想中的欠缺,为理论创新提供新资源。

本研究是《文学行为论》一书的延伸和深化,某些应该属于本研究范围并且相当重要的论题,由于上述专著已经做出比较充分的论述,也就不再重复。

符号学研究领域广阔、内容丰富,且问题复杂,深入研究的难度较大。本书仅仅涉及其中极少一部分最基础的问题,并且主要集中于原生性符号系统,即言语行为与行为语言。但是,这已经为我们打开了一个新的理论视界。

第一章　语言论转向与西方理论话语的症结

"理论"是在西方思想"语言论转向"的基础上兴盛起来的。"后理论"对"理论"的批判性重构并没有放弃语言论，只不过通过更新语言学研究范式来构建小写的、复数的理论。老庄的语言观为我们提供了一个批判"理论""后理论"思想基础和话语方式的"外位性"立场：过分夸大语言的作用，把语言学视为研究人文学科的范式，必定会造成人与世界之复杂关系被简单化、片面化，造成思想的盲视。这正是理论、后理论的症结所在。在人与世界之间并存着两种最基本的符号关系：其一，人通过行为语言来关联世界，建立非对象性关系来体验、直觉、悟解世界；其二，人通过言语行为与世界建立对象性关系来观察、分析、认识世界。人的所有文学艺术活动和文化活动都建立在这两种最原初的符号系统协同作用的基础上。为此，就应该破除语言论的局限性而走向更为广阔的符号学领地。我们的研究就立足于认知符号学，并且着重探讨言语行为与行为语言交互作用的二维张力结构。

第一节　"理论"：语言论转向

一、西方理论的语言论转向

20 世纪以来，随着现代科学所取得的骄人成就，"科学化"也成为文学研究，以及其他人文学科的共同追求。在人文研究领域，语言学则是科学化的典范。文学作为"语言的艺术"，征用语言学的研究范式和成果，特别是索绪尔的语言学理论，自然就成为获取自身"理论"品格的重要途径。俄国形式主义、布拉格结构主义、苏联符号学派等，就是在这一理论背景下发展起来的。自此，文学研究逐步摆脱印象式的"感觉"、非理性的"信仰"，以及浪漫主义的"传纪"的窠臼，回归文学文本本身，把文学文本视作具有"结构"和"功能"的独立的研究对象，以"科学化"的态度和方式来看待文学文本。从总体上说，结构主义诗学就已经明显体现着"科学化"倾向，文学研究真正成为一种"理论"建构,"文学理论"正式登场了。保罗·德·曼(Paul de Man)对"文学理论"做过明确的限定和阐释。他甚至把英美新批评也排除在"理论"之外,并认为,只有始于 20 世纪 60 年代罗曼·雅克布逊(Roman Jakobson)、罗兰·巴尔特(Roland Barthes)那种运用语言学方法的研究,才属于"文学理论"。德·曼说:

> 只有当对文学文本的研究不再基于非语言学的方法,即历史的和美学的方法时,或更精确地说,只有当讨论的对象不再是意义或价值,而是在意义与价值确立之前的生产和接受方式时(这暗示着这个"确立"是有问题的,以至于必须要有一个自主的批判性研究学科来考察它的可能性和地位),才会形成文学理论。

> 理论的出现,这一突破现在经常受人责难,将自身从文学史和文学批评中抽离出来,它是随着语言学术语引入文学的元语言而发生的。①

语言学的研究成果深刻影响着哲学、心理学、文化人类学、历史学及诸人文学科的发展。正如朱莉娅·克里斯蒂娃(Julia Kristeva)所说:

> 语言学恰巧是所有研究人类实践的学科里第一个作为精密科学建设起来的学科,因为我们前面已经看到,它最大限度地限定了自己选择的研究对象。所以,人文科学只需把语言学的方法移植到其他领域就行了。作为起步,第一件事就是把这些领域都当作语言看待……思想再次地透过语言的全景镜头,捕捉着纷繁复杂的现实世界。②

语言学作为研究人类实践的学科中"第一个精密科学",它势必越出语言学自身的藩篱,也越出文学理论的藩篱,成为一种"科学的"研究范例向其他研究人类实践的学科领域渗透和扩散。这一转向催生了"理论"的繁荣,一批"大师"级的理论家,如雅克·拉康(Jacques Lacan)、克洛德·列维-斯特劳斯(Claude Levi-Strauss)、罗兰·巴尔特、路易·阿尔都塞、米歇尔·福

---

① Paul de Man. *The Resistance to Theory*. Minneapolis, University of Minnesota Press, 1986, pp. 7-8.
② 〔法〕朱莉娅·克里斯蒂娃:《语言,这个未知的世界》,马新民译,上海,复旦大学出版社,2015年,第 317~318 页。

柯、皮埃尔·布迪厄①(Pierre Bourdieu)、雅克·德里达(Jacques Derrida)等出现了,他们往往跨越多个学科领域,产生了多方面的重大影响。语言学的研究范式、观念、观点及术语则成为他们不可或缺的重要的理论背景或资源,无论是结构主义、后结构主义,还是解构主义,它们从封闭自主的系统结构到向历史开放的系统结构,或追随语境变化的不稳定结构,乃至与权力息息相关的话语系统,都仍然源于语言学研究范式和观念的变化。因此,所谓"理论"(Theory)就是特指 20 世纪"语言论转向"以来,以语言作为思考问题的出发点或背景,运用语言学的研究范式或原理、观点、术语而建立起来的各种思想体系和解释体系。

二、文化转向与语言论的"殖民"

"文学理论"突破自己的文学领地而进入更为广阔的文化地盘,因此转向了"理论",并由于"理论"巨大的解释力所形成的广泛影响和对诸学科的穿透力,成为各种文化批评背后的理论支撑,成为解释文化批评的"元批评",由此而成为大写的"理论"。这是一个伴随着对语言的性质、结构和功能的认识逐步深化所必然引发的过程。当人们发现人的认识与语言密切相关,人与世界之关系存在着中介,人的世界是充满意义的世界,而权力正是暗中通过语言这个中介潜入其间,语言也就在人类意识和社会生活的所有构成因素中赢得了本体论意义上的优先地位,语言学也必然强势介入各个学科领域,成为各学科借鉴、利用的重要观念、方法和资源。无论性别、身体、主体、身份、阶级、族裔、媒体,还是大众文化诸问题都被纳入语言论的视野,并因此扩张了理论的地盘。与此同时,文学理论朝向文化领域突围,并汇入文化理论,也是自身研究范式具有的特点造成的。当文学理论把研究焦点设定为"文学性""诗性",聚焦于语言结构去探寻原因;当它密切关注语言结构及其表意问题,进而注意到表意过程从来就不是中立的,而是隐藏着权力关系,这就为理论"越界"预留下缺口,也提供了充分的理由。因而,所谓文学理论的"文化转向"只不过是将研究对象从文学扩张至文化,以致冷落了文学,其研究范式并没有与语言论相揖别,相反地,是语言论的深入和拓展,是野心勃勃的"殖民"。不过,在理论自"文学"向"文化"迁徙、扩张的背后,还存在着关于语言与符号之关系问题的认识。

文化并不必然地直接建立在语言的地基上,但是,它却离不开恩斯特·

---

① 又译为布尔迪厄。

卡西尔（Ernst Cassirer）所说的象征符号活动，因为文化本身就是创造意义的活动，必须以符号作为自己的承载。特别是在西方现代社会，符号的生产和传播已经成为不可忽视的突出现象，因此，借鉴语言学的研究成果来解释种种文化现象就成为历史必然。弗雷德里克·詹姆逊（Fredric Jameson）说：

> 用语言作模式或以语言为比喻的更为深层的理由必须在是否具有科学性或是否代表科技进步这些问题以外的其他地方去寻找。实际上，它就在当今所谓先进国家的社会生活的具体性质之中。这些国家给我们展现了这样一幅世界图象（像）：在那里，真正的自然已不复存在，而各种各样的信息却达到了饱和的程度；这个世界的错综复杂的商品网络本身就可以看成是一个典型的符号系统。因此，在把语言学当作一种方法和把我们今天的文化比作一场有规律的、虚妄的恶（噩）梦之间存在着非常和谐的关系。①

当各式各样的符号系统覆盖了社会生活，重新塑造、组织和结构着社会生活，甚至重塑了人化自然，人们已经无法离开符号来生活，也无法离开符号来感知和思维了。

三、语言中心主义与物体"语义化"

西方现代哲学对此有着清醒的认识。纳尔逊·古德曼（Nelson Goodman）曾高度概括了西方现代哲学的发展路径。他说："这种现代主流哲学始于康德用心灵的结构取代了世界的结构，继之于 C. I. 刘易斯用概念的结构取代了心灵的结构，现在则进一步用科学、哲学、艺术、知觉以及日常话语的很多种符号系统的结构取代了概念的结构。"②可是，问题在于符号学由于研究对象相对宽泛和芜杂，其科学性及学术积累远远不及语言学，许多学者甚至以为符号学应该从属于语言学，因此不得不利用语言学的研究成果。索绪尔就认为，"语言学可以成为整个符号学中的典范"③。雅克·

---

① 〔美〕弗雷德里克·詹姆逊：《语言的牢笼 马克思主义与形式》，钱佼汝、李自修译，南昌，百花洲文艺出版社，1995 年，序言第 4 页。
② 〔美〕纳尔逊·古德曼：《构造世界的多种方式》，姬志闯译，上海，上海译文出版社，2008 年，第 2 页。
③ 〔瑞士〕费尔迪南·德·索绪尔：《普通语言学教程》，高名凯译，北京，商务印书馆，1980 年，第 103 页。

德里达则说："尽管符号学事实上比语言学更具有普遍性和完整性,它仍然被确定为语言学的众多分支之一。语言学符号仍是符号学的范例,它作为示范符号和生产样品,即'模型',支配着符号学。"①罗兰·巴尔特同样对此做出自己的阐述:

> 符号学研究的目的在于,按照全部结构主义活动的方案(其目的是建立一个研究对象的模拟物),建立不同于天然语言的意指系统的功能作用。为了进行这种研究,必须一开始(特别是在开始时)就公然接受一种限制性原则。这个原则即相关性原则,它也是借取自语言学的。②

罗兰·巴尔特自己就是借鉴语言学的观念、方法和术语来开展广告、服饰、汽车等符号系统研究的。他认为,没有什么东西能够逃脱意义。一旦物体被人类社会所生产和消费,物体的意指作用就出现了,这就是物体的"语义化过程",并把对此问题的研究称为"物体语义学"。③ 约翰·迪利(John Deely)对这一学术现象做了概括,他指出:"20 世纪中对于符号的主流研究模式,即符号学(semiology),甚至对于总体的符号研究,其实也是大肆强调语言学范式的。"④可以说,语言学不仅为文学研究,还为整个人文学科带来了福音,同时也成为广遭诟病的语言中心主义的总祸根。

第二节 "后理论":语言学新范式

一、对"理论"的反思

20 世纪 80 年代,罗兰·巴尔特、拉康、福柯、雷蒙·威廉斯(Raymond Williams)、阿尔都塞、列维-斯特劳斯等一代理论家相继谢世或进入垂暮之年,也带走了"理论"的黄金时期。但是,在经历过"理论"熏染之后,人们已经不再可能重新回归"天真时代"。对此,特里·伊格尔顿(Terry Eagleton)

---

① 〔法〕雅克·德里达:《论文字学》,汪堂家译,上海,上海译文出版社,1999 年,第 71 页。
② 〔法〕罗兰·巴尔特:《符号学原理:结构主义文学理论文选》,李幼蒸译,北京,生活·读书·新知三联书店,1988 年,第 173 页。
③ 〔法〕罗兰·巴尔特:《罗兰·巴尔特文集:符号学历险》,李幼蒸译,北京,中国人民大学出版社,2008 年,第 190 页。
④ 〔美〕约翰·迪利:《符号学对哲学的冲击》,周劲松译,成都,四川教育出版社,2011 年,第 4 页。

深有感慨地说：

> 如果理论意味着对我们指导性假设进行一番顺理成章的思索，那么它还是一如既往地不可或缺。不过我们正生活在所谓高雅理论的影响下，生活在一个因阿尔都塞、巴特（巴尔特）和德里达这些思想家的洞察力而变得更为丰富、进而也在某种程度上超越了他们的年代。①

"理论"黄金时代的离去，为后来者提供了反思"理论"、批判"理论"、超越"理论"的机会和从容心态，"理论"的诸多弊端也得以显露：宏大的旨趣，热衷于"普遍性"问题，意图解释一切的"元批评""元理论"特征，以及四处扩张的"帝国"姿态；"中心"与"边缘"、"精神"与"肉体"、"理性"与"感性"等二元对立的观念，以及因此残存的理性中心主义、男性中心主义、人类中心主义；理论对语言和文本的专注，似乎造成了理论与社会实践的隔阂，乃至堕落为脱离现实的"自我生产的模式"……诸如此类的问题虽然也为"理论"自身所关注和批判，却并没有真正得到解决，相反地，往往与"理论"联袂而至、相伴而生。特别是理论对它原有的领地——文学和审美的遗忘，因此失去自己的根基。凡此种种，就是"理论"遭受批评的主要原因。

安托万·孔帕尼翁（Antoine Compagnon）把"理论"视为意识形态的"幽灵"。他说："从本质上讲，呼唤理论就是呼唤对立，呼唤颠覆，呼唤起义。理论有一个逃脱不了的宿命，那就是被学术机构化解为某种方法，即所谓被回收。"②一旦"理论"产生巨大影响而占据了"中心"位置，成为各学科共享的"公器"，成为众多学者遵循的学术"范式"或"规则"，甚至成为一种随意套用的"教条"，实际上就已经处于"理论"初衷的对立面。"理论"以同"常识"相对立的姿态来颠覆"常识"，而当它在学界得以风行，就不可避免地被学术机构收编了，它蜕化为某种可随处使用的"方法"或"原理"，甚至进入制度体系之内，变身为另一种"常识"。

在总结当代文学理论的发展历程时，拉曼·塞尔登（Raman Selden）等指出：

> 这一时期（大约从 20 世纪 60 年代到 90 年代）我们可以称为"理论

---

① 〔英〕特里·伊格尔顿：《理论之后》，商正译，北京，商务印书馆，2009 年，第 3～4 页。
② 〔法〕安托万·孔帕尼翁：《理论的幽灵——文学与常识》，吴泓缈、汪捷宇译，南京，南京大学出版社，2011 年，第 9 页。

时期"(Theorsday)，或者如更多人认可的那样，"理论转向时期"(The Moment of Theory)，一个与后结构主义、后现代主义和物质主义政治的副产物共终结的独特的历史文化现象，一个现在看来已被所谓"后理论"(Post-Theory)取代的时期。①

事实上，人们已经没有可能离开"理论"来思考，于是，学者们不再停留于对"理论"的抨击或简单地反对、抵制"理论"，而是在宣告"理论的终结"之际，力图在"理论之后"构建"后理论"，以"理论"作为更多创造的出发点，修正"理论"，弥补"理论"的缺陷，超越"理论"，并为此付出了巨大努力。王宁曾对"后理论"做出这样的概括："西方文学和文化理论进入了一个全球化的时代，这是一个真正的多元共生的时代，一个没有主流的时代，一个多种话语相互竞争并显示出某种'杂糅共生'之特征和彼此沟通对话的时代。"②尽管"后理论"存在缤纷错杂的学术进路，构成了"碎片式"的理论版图，但是，总体上可以概括为以下几种主要策略。

二、对"理论"普适性的拒斥

当"理论"被视为具有普遍意义的范式而得到广泛运用，甚至被移植到各个不同的学科领域，用来解释各种文化现象，并因此成为大写的"理论"，也就必然游离于具体实践之外，意义日渐耗竭，也不断受到严厉批评。人们开始意识到任何理论都有其限度，有其适用性，理论必定要随着现实语境的变化而变化，不应该，也不可能一成不变、千篇一律，否则，势必丧失解释力和生命力而堕落为僵化的"公式"。因此，理论必须理智地为自己设定适用范围，它本身就应该是小写的、复数的、具体的，只能针对具体语境来提出小写的"理论"，各不相同的复数的"理论"，以此取代大写的"理论"。这种对普遍性、确定性，以及由此产生的"语言暴力"的贬斥，甚至促使有的学者走向另一个极端，强调"批评"而否定"理论"。

从某种程度上说，理论觉醒的每一个历史时刻都是某种元批评或元理论。在探讨或重述的某一关键时刻，理论突然意识到自己及其历史。与这一时刻相伴的与其说是一种回溯理论的历史，不如说是一种

① 〔英〕拉曼·塞尔登、彼得·威德森、彼得·布鲁克：《当代文学理论导读》，刘象愚译，北京，北京大学出版社，2006年，第3页。
② 王宁：《"后理论时代"的文学与文化研究》，北京，北京大学出版社，2009年，第3页。

断裂、反思和回顾的批判性考察的时刻，在此过程，理论将自身作为对象，检查和重构它的谱系、概念结构和术语，并为自身设定一种新的身份和文化立场。①

反思、批判理论，确认理论的阐释限度，把理论放入具体的语境中重新加以审视，在实际的使用过程中赋予理论新的身份和文化立场，从而构建小写的、复数的理论，这就是"后理论"。

阿甘本对普遍性观念做出了深入批判。他认为，理论研究应该和普遍的观点相反，其方法和逻辑是无法把自身与语境完全分开的。没有一个适用所有领域的方法，正如没有一种抛开其具体对象的逻辑。他从托马斯·库恩（Thomas Kuhn）提出的"科学范式"出发，分析了福柯的"知识型"及知识考古学，进而提出自己对理论"范式"的理解：

> 一个范式只是一个个例、一个单一的情形，它因其可重复性而能够心照不宣地为科学家的行为和研究实践充当模型。规则的统治，作为科学性的标准，就这样被范式的统治所取代，规律的普遍逻辑则被特例的独一逻辑所取代。当一个旧的范式被一个无法与之并存的新的范式取代时，库恩所谓的科学革命就发生了。②

"规则"是一种强制性的精确规定，它被普遍运用于各种情势，并要求无例外地刻板遵循；而"范式"却仅仅是一个可借鉴的"范例"，一个研究实践可以参考的"样本"，它既是"独一"的、非"普遍"的，与具体语境密切相关，又是可参照、可借鉴的，可以依据新语境做出调整，并在背后制约着思维进路和逻辑方式，甚至在规则缺席时，范式就能够确定常规科学。科学史的演变，其实就体现为科学范式的更替。阿甘本对"范式"的理解和阐释，正为我们分析"理论"和"后理论"提供了一个有效工具。我们不难发现：从结构主义、后结构主义，到解构主义，再到后理论，其实存在一个理论范式变迁的过程。如果说，结构主义是借鉴"语法学"的研究范式去探索普遍的结构规则，后结构主义则将历史维度引入结构，考察结构在历史语境中的变迁，甚至结合运

---

① David Norman Rodowick. *Elegy for Theory*. Cambridge, Massachusetts, Harvard University Press, 2014, p. 75.
② 〔意〕吉奥乔·阿甘本：《万物的签名：论方法》，尉光吉译，北京，中央编译出版社，2017年，第7页。

用了"历史语言学"的方法;解构主义又着眼于"语义学",不仅否定结构的稳定性,而且指出语义本身就随语境变化而变化,语言永远没有一个确定的所指,不存在一个固定不变的意义;后理论则突出强调了"语用学",把自己的视角聚焦于理论在具体语境中的使用。正如"使用"决定语言的"意义",理论在具体语境中的具体使用,就已经确定了理论本身,注定理论本应是小写的、复数的。因此,尽管后理论纷繁错杂,自觉追求"马赛克主义"①,但我们仍然可以发现,其理论范式或隐或显地效仿了语法学、语义学向语用学转换,语言向言语转换的学术进路。从这个角度看,语言学的研究范式,仍然是后理论隐含的"元范式"。

阿甘本自己就极其重视在具体语境中重新思考理论、构建理论。他阐释了福柯知识考古学背后隐含着"历史语言学"这一理论元范式,在自己的实际运用中又融合了"语用学"。也就是说,阿甘本不仅从历史断层中考察概念范畴及语义的断裂和演变,而且注重特定语境中语言的独特用法。他紧扣具体的"用"和"用法",重新考量了"主体""权利""民族""移民""生命"等等。在他看来,"生命"并非一个具有统一内涵的概念,本身就存在不同用法,因此形成了"赤裸生命"和"形式生命"。人的生命总是展示为"形式生命",它存在于具体的生活方式之中,涉及生活本身,并始终保持着某种可能性。生命是永远不能与其形式相分离的,绝无可能从中剥离出某种类似赤裸生命的东西。然而,政治权力却把自己建立在赤裸生命的领域与形式生命的语境相分离之上,从一切语境中生命诸形式的共同整合中分离出赤裸生命,"因此也就为赤裸生命(主权终极的、不透明的承载者)与多种多样的生命形式——这些生命形式被抽象地重新编码为基于赤裸生命的社会—司法的认同/同一性(选民、工人、记者、学生,但也包括艾滋病患者、异装癖者、AV女优、老人、父母、女性)——之间的区分所取代"②。这种区分恰恰为政治权力的施行和治理提供了机会和充分合法的理由。

"难民"问题也是由此造成的。难民被迫离开祖国而成为"无国籍者",并丧失了"公民"的身份,这种"彻底的无名"状态致使难民不再享有"人"的

---

① 在谈到西方后现代文学和文化理论的发展趋势时,阎嘉指出:"应当承认,'马赛克主义'是西方后现代主义的典型特征,也是当今西方思想和文化的基本面貌。在其外在表征上,后现代的'马赛克主义'一方面极力追寻'多元化',以此来对抗主流意识形态的控制或操纵;另一方面则呈现为'碎片化',即不以建构宏大理论体系为目的,往往从一个特殊的角度,或者阐发一种观点,或者对传统理论进行解构,甚至有意打破学科界限,在跨学科的层面上来探讨某个问题。"(阎嘉:《马赛克主义:后现代文学与文化理论研究》,成都,巴蜀书社,2013年,第4~5页。)

② 汪民安、郭晓彦主编:《生产》(第7辑),南京,江苏人民出版社,2011年,第48页。

权利,只能处在"人权之外"。事实上,人权在民族国家的政治司法秩序中首先代表着原籍者的赤裸生命,因为民族国家是把本土或出生地作为主权基础的国家。难民则已经不再居住在出生地,不再是原籍者,他流落于异国他乡,因而不能享有居住地的公民身份。作为赤裸生命的难民,他本应受到人权的庇护,而作为丧失形式生命的非公民,他又被置于人权之外。于是,原本不可剥离、相互统一的赤裸生命与形式生命,在难民问题上分裂为尖锐的冲突,它打破人与公民的同一性、居住地与国籍的同一性。难民这种不被接纳的"边缘人物",把国家—民族—地域旧有的三位一体分裂开来,并转换为质疑对象,因此成为我们时代政治史上的"核心人物"。"生命"在阿甘本的笔下不再是一个空洞的概念,它被具体运用于特定的历史语境中,针对具体的生命现象做出深刻阐释。

"理论向来不是'脱离现实的沉思默想'。"①朱迪斯·巴特勒(Judith Butler)从言语行为理论角度深刻反思了"酷儿"(Queer)政治。她认为,话语具有"述行力",它通过征引制度、律法、惯习来施行权力,因此,被命名、被询唤,也就是被构型。"酷儿"这个词就是作为一种询唤出现的,它已经成为一种言语行为,用来羞辱被命名和询唤而生成的主体;与此同时,它也提出了述行内部的暴力性与对抗性、稳定性与变动性问题。巴特勒所关注的是这个词的"时序性":"一个表示堕落的用语是如何被转化为……意指一系列新的、正面的含义?这是不是一种简单的价值转变,'酷儿'表示一种过去的堕落,或当前或未来的肯定?这种倒置是否保留并重复了与这个词相联系的嫌恶的历史?"②她不仅阐释了词语如何并在何处重复制造了伤害,而且力图通过这个词的"再僭用"(reappropriation)来实施一种转变,挖掘其对抗性,翻越这段创伤史。同时,也指出这个词将可能被修正、消解并变得过时,向抵制这个词的要求做出让步。

三、对"二元论"的批判和消解

尽管理论也对中心与边缘、理性与感性、精神与肉体、现象与本质等二元对立,以及由此衍生的逻辑中心主义、理性中心主义、男性中心主义、人类中心主义保持警惕,然而,却仍然持续不断地生产着各种分裂和对立。一方面,后理论延续了德里达的思路,以解构主义来批判和消解"二元对立",取

---

① Jean-Michel Rabaté. *The Future of Theory*. Malden, Blackwell Publishers, 2002, p. 2.
② 〔美〕朱迪斯·巴特勒:《身体之重:论"性别"的话语界限》,李钧鹏译,上海,上海三联书店,2011年,第 221 页。

消自然与文化、人与动物、男性与女性、正常与反常之间的概念区分，以此消弭各种对立，悬置各种中心。另一方面，诸如认知诗学（cognitive poetics）、具身心智（embodied mind）、肉身哲学（philosophy in the flesh）则更激进地以"具身论"取代"身心二元论"，试图更为彻底地破除二元对立，敉平理论所残留的逻辑轨迹和理性秩序。在各式各样的研究背后，我们可以看到共享的研究范式，即"认知语言学"。

在认知诗学中，"作为认知的主要工具，语言开始成为各种研究的焦点，包括发展研究"①。隐喻理论则成为重要的支撑。"基本概念的隐喻不仅是日常表达的基础，也是许多诗学隐喻的基础，并在一定程度上为诗学隐喻注入活力。"②

乔治·莱考夫（George Lakoff）、马克·约翰逊（Mark Johnson）进而提出"肉身哲学"来挑战西方传统思想。在他们看来，根本不存在笛卡儿哲学中那种心智脱离身体并独立于身体的二元个人，也不存在康德所说的明辨道德命令的绝对自由和超验理性的人。

> 理性并非像传统上主要认为的那样是离身的（disembodied），而是植根于我们大脑和身体的本性以及身体经验（bodily experience）的……特有的理性结构来自我们亲身的细节。允许我们感知和到处活动的神经机制和认知机制是相同的，由此创造了我们的概念系统与推理模式。因此，要了解理性，就必须了解我们的视觉系统、肌动系统（motor system）以及神经联结的一般机制细节。概括地说，理性无论如何都不是宇宙的超验特性或离身性心智。与之相反，理性的形成主要依靠我们人类身体的独特性、大脑神经结构的精微性以及我们在世界上的日常具体活动。③

在《肉身哲学：亲身心智及其向西方思想的挑战（一）》中，莱考夫、约翰逊大量征引隐喻的具身性、认知的无意识性作为例证来印证自己的观点。既然理性扎根于身体，概念只不过是神经结构，那么理性与感性、精神与肉

---

① Karl Leidlmair. *After Cognitivism：A Reassessment of Cognitive Science and Philosophy.* London & New York，Springer，2009，p. 181.

② Masako K. Hiraga. *Metaphor and Iconicity：A Cognitive Approach to Analysing Texts.* New York，Palgrave Macmillan，2005，p. 26.

③ 〔美〕乔治·莱考夫、马克·约翰逊：《肉身哲学：亲身心智及其向西方思想的挑战（一）》，李葆嘉、孙晓霞、司联合等译，北京，世界图书出版公司，2018年，第4页。

体之间就不应该存在分界线,语言也不再具有独立性,由此,理性中心主义,甚至语言中心主义也就势必失去依据。同时,人与动物之间也不可能发生任何断裂,而只存在连续性,于是,人类中心主义也就自然化解了,并为新的"生态批评"提供了理论基础。莱考夫、约翰逊以具身论取代身心二元论,确实对西方传统思想构成巨大的挑战,也必然挖掉各种中心主义的总根子,恰如釜底抽薪,它同时注销权力利用语言的独立性和差异性实施二元区分的任何可能性。相比于现象学提出的"主体间性"、伊曼纽尔·列维纳斯(Emmanuel Levinas)所说的"他性",这种观点更为彻底地根除了种种中心。具身论思想与认知语言学的语言观一脉相承,却似乎与追求差异性的语用学逆向而行。认知语言学在强调语言具身性的同时,又掩盖了语言更为重要、更为本质的特性:相对独立性。

在很大程度上,认知语言学的发展与计算机语言的启示密切相关,认知语言学的具身论就来源于计算机语言的一元性。正如计算机语言直接取决于软件程序,在认知语言学看来,语言"概念"其实就是一种神经结构,它们都不可能离开计算机或人的大脑和身体而独立。计算机语言是计算机与外界相关联的纽带,也是计算机与人相结合的纽带,由此产生了人-机结合的"赛博格"(cyborg),也因此引起"后人类"(posthuman)研究。"后人类视角认为身体是我们要学习操控的假肢……后人类视角对人的配置使人类可以和智能机器严丝合缝地结合在一起。在后人类世界,身体性存在与计算机仿真、计算机控制的机械与生物有机体、机器人工作目标与人类目的之间并没有本质的区别或绝对的界限。"[1]这种具身论的语言观,弥合了人与动物间的裂隙,也填平了人与机器间的鸿沟。实际上,它不但给西方传统思想带来挑战,甚至给人类自身带来严峻挑战。

四、回归文学和审美

理论对文学和审美的遗忘受到哈罗德·布鲁姆(Harold Bloom)严厉批评,他不屑地把理论戏称为"憎恨学派"。在《西方正典》中文版序言中,布鲁姆说:

在现今世界上的大学里文学教学已被政治化了:我们不再有大学,

---

① N. Kathrine Hayles. *How We Became Posthuman: Virtual Bodies in Cybernetics, Literature, and Informatics.* Chicago and London, University of Chicago Press, 1999, p. 3.

只有政治正确的庙堂。文学批评如今已被"文化批评"所取代：这是一种由伪马克思主义、伪女性主义以及各种法国/海德格尔式的时髦东西所组成的奇观。西方经典已被各种诸如此类的十字军运动所代替，如后殖民主义、多元文化主义、族裔研究，以及各种关于性倾向的奇谈怪论。①

当理论的激进姿态不再享有当初的时髦，当人们对理论的热情日渐消退，回归文学和审美，重返安身立命的基地，也就成为部分学者的一种自然选择。

瓦伦丁·卡宁汉（Valentine Cunnigham）认为，虽然理论以自己的阐释激活了文学文本，重新引发对文学经典的兴趣，但是，也正是在理论的肢解下，文学文本变得破碎、零散和断裂。理论压抑了文学文本，以致文本说话困难，结结巴巴、吞吞吐吐，丧失了自己特有的能力。他主张以文学文本为中心，把文本放在优先于理论的位置，甚至扔掉理论的包袱，采用一种"轻触式阅读"（touching reading）："初始用身体亲密接触文本，由此进入对文本所具有的精神和情感的接触，在一系列的接触中，阅读会生成一个有利于构建完整个体的道德教育的场景，它不仅诉诸理性，也深深扎根于情感。"②

对文学文本的重视，促成形式主义以一种新面目重新登场，并在对形式批评与社会历史批评的双向反思和对话中构建"新形式主义"（New Formalisms）。与形式主义强调形式的自律性不同，新形式主义则重视阐释实践，把历史语境和阅读活动引入形式分析，关注"政治与美学、历史与形式、文本整体与互文性、跨文化与跨文本之间的内在张力关系"③，以新的活力展现文学与社会历史的互动影响，并广泛吸收其他理论，重新审视文学形式。在他们看来，文本并没有与它所参与的历史、文化、政治片刻隔绝，文学积极地在互动中转换形式特征。因此，文学形式不再是稳固、自足的结构，文本也不具有意义的内在性，形式本身就是社会历史的产物，是与历史、文化、政治的互动中生成的，并且在阅读活动中构造成形，它既个性化又历史化。新形式主义关注社会历史语境中文学作品的塑形，关注文学形式的社会历史意蕴，关注形式在阅读过程中的实现方式，从而构建一种"新修辞

---

① 〔美〕哈罗德·布鲁姆：《西方正典》，江宁康译，南京，译林出版社，2005 年，中文版序言第 2 页。

② Valentine Cunnigham. *Reading after Theory*. Oxford, Massachusetts, Blackwell Publishers, 2002, p. 147.

③ Verena Theile, Linda Tredennick, ed. *New Formalisms and Literary Theory*. New York, Palgrave Macmillan, 2013, p. 6.

学",或如希利斯·米勒(J. Hillis Miller)所说的"修辞性阅读"(rhetorical reading)。实质上,语言之所以具有修辞功能,原因就在于语言不仅仅是语言本身,它同时还是言语行为,具有现实的"述行力"。玛莎·努斯鲍姆(Martha Nussbaum)所提出的"诗性正义",就是文学独特的修辞功能,它是在修辞性阅读中生成的,扎根于语言述行力的基础上。

> 词语可以通过很多扇门走向非词语的东西,当人们说,语音与意义并不相似,或者,语句与世界中的客体并不相似,他们关上的只是其中最显而易见的几扇,也是其中最不必要的几扇。因为,词语不是通过描写获得它们的力量的:而是通过命名、通过召唤、通过命令、通过谋划、通过引诱,它们才割裂了实存之物的自然性,使人类踏上他们的道路,使他们相互分隔,结合为不同的共同体。除了它的意义或指称物(référent),词(mot)还要模仿许多其他的事情:把它带向实存的言语(parole)的力量、生命的运动、致信(adresse)的姿态、预期的效果,以及受信者(le destinataire)。①

人的存在、人的认识总是与语言交织在一起。人与人之关系、人与世界之关系也难以逃脱语言这一中介。因此,词语的"很多扇门"也就为雅克·朗西埃(Jacques Ranciere)提供了很多路径来实践"平等"。他不仅运用解构的方法来凸显差异、断裂、边缘、偶然性、歧义(mésentente),而且充分利用这很多扇门,利用语言的命名、召唤、命令、谋划、引诱,以不断变化的新的词语使用方式来破除"体制"所包含的等级秩序,改变人与世界的关系,改变实存之物间的关系,重塑共同体的象征秩序,超越先在的身份规定,弥合相互间的区隔,颠覆原有的生存方式、行事方式和话语方式之间的关系体系,重构社会秩序和格局,挑战和调整"感知的分配"(partage du sensible),以不断的行动来实践平等,声张他的"文学的政治"和"美学的政治"主张。

> 所以诗人要做的,就是唤起语言的力量,让人借此对精神世界产生共同的体验,这种力量本来是潜藏的,它藏在任一行文字中,事物的显现中,日常生活的开展中。所以诗人就要把文字和事物翻新,用文字表

---

① 〔法〕雅克·朗西埃:《词语的肉身:书写的政治》,朱康、朱羽、黄锐杰译,西安,西北大学出版社,2015年,第6~7页。

现出事物的语言本性,用文字的可感之力联系起生命的活动。诗人这种命名工作,不是创作艺术作品。他根本不用把作品做得好看。他创作的,是生活的作品。①

对于朗西埃来说,文学和审美就寓于话语行为中,一种不断重建共同体自身差异性、改变既定的社会秩序和感知分配的话语行为,因此,文学和审美就蕴含着积极的政治力量。

至于后理论所钟爱的图像、影视、多媒体、身体诸问题离不开符号学,在他们的理论视野中,仍然可以用语言学研究范式作为基础或参照。

五、"后理论":语言学新范式

从上述对后理论主要策略的简要分析中,我们看到,尽管后理论采取了对理论的批判立场和态度,但并没有因此拒绝语言论,只不过借鉴语用学、认知语言学、新修辞学的研究范式,在更新语言学研究范式的基础上构建自己小写的、复数的理论。人类认识总是与语言相纠缠,只要你从认识论的单一路径研究问题,你就已经陷入语言的陷阱,无法跳出语言学的研究范式。在此,我们并不是说,所有的后理论都必定套用语言学的范式,而是认为后理论始终无法逃避那个如影随形般的范式,总是与语言论发生直接或间接、明显或隐蔽的关联。罗兰·巴尔特说:"人文科学的历史就是元语言的一个历时面……历史是不断更新其元语言的。"②理论、后理论的发展过程,就是理论范式不断自我反思、批判和修正的过程,一个追求解释有效性的过程,由此对诸人文现象做出一次又一次的重新描绘和解释。在其背后就影影绰绰地看到语言学研究范式的嬗替。其中,我们仿佛看到语言学对语言自身持续不断地"再解释",展开了"元语言"的历时面。

后理论仍然继承了理论的癖好,仍然青睐语言论,仍然痴迷于维特根斯坦所说的语言游戏神奇的多样性。从这个角度看,确如简·伊莱特(Jane Elliott)和德里克·阿特里奇(Derek Attridge)所说:"'理论'死了;理论万岁。"③

---

① 〔法〕雅克·朗西埃:《美感论:艺术审美体制的世纪场景》,赵子龙译,北京,商务印书馆,2016年,第76页。

② 〔法〕罗兰·巴尔特:《符号学原理:结构主义文学理论文选》,第172页。

③ Jane Elliott, Derek Attridge, ed. *Theory after 'Theory'*. London and New York, Routledge, 2011, p. 14.

第三节　语言论：症结与救治

一、西方思想的内在逻辑轨迹

理论、后理论与语言论的亲密关系，就源于西方思想的语言论转向。"我的语言的诸界限意味着我的世界的诸界限。"①作为语言论转向的关键人物，路德维希·约瑟夫·约翰·维特根斯坦（Ludwig Josef Johann Wittgenstein）这一观点展示了他极其敏锐、深刻的洞见。它起码包蕴着几层意思。首先，人的思想、人的认识是离不开语言这一中介的。人既不能思考语言之外的东西，也不能说出我们不能思考的东西。由此，人所意识到的世界，也就是"人的世界"必然受到语言的建构，这就引出第二层意思：世界是经由语言建构的。正因如此，我的语言的诸界限就构成我的世界的诸界限。拉康对无意识的深入研究也得出了相似的结论，他说：无意识"是像语言那样结构的"②。既然人的外在世界和内在世界都是经由语言建构的，或者是如语言那样结构的，那么，语言就势必成为内外两个世界最合适的解释者。所以，埃米尔·本维尼斯特（Emile Benveniste）说："语言是其他语言系统和非语言系统的解释项。"③福柯则说："认识和语言是严格交织在一起的……语言从外部强加在个人身上，并且不管个人愿意与否，把个人引向可能是具体的或抽象的、精确的或几乎不具基础的观念。反过来，认识类似于这样一种语言，它的每一个词都已受过检验，它的每一个关系都已被证实了。"④语言是关系集合的体系，它汇聚着人与世界、人与他者、人与自我等所有对象性关系。当人们发现"认识和语言是严格交织在一起"，那么，人的所有认识路径就必然体现在语言自我认识的路径中，理论范式也必然对应着语言学的研究范式，理论更替的背后就隐含着语言学研究范式的转换。对语言的这种信念，使得理论、后理论在构建各自的思想框架时始终不能忘怀语言，总是不断地从语言学中征引新的学术资源。这就是根深蒂固的语

---

① 〔奥〕维特根斯坦：《逻辑哲学论》，韩林合译，北京，商务印书馆，2013 年，第 92 页。
② Jacques Lacan. *Seminar of Jacques Lacan：The Psychoses*，1955—1956，trans. Russell Grigg，W. W. Norton & Company，1993，p. 167.
③ 〔法〕埃米尔·本维尼斯特：《普通语言学问题》（选译本），王东亮等译，北京，生活·读书·新知三联书店，2008 年，第 134 页。
④ 〔法〕米歇尔·福柯：《词与物——人文科学考古学》，莫伟民译，上海，上海三联书店，2001 年，第 115 页。

言中心主义。

从柏拉图开始的西方研究者的思想就已经决定了这一走向。当柏拉图思考"理念"这一本体论问题时,就已经是通过"概念"(名称)来探问"理念",并把世界万物设定为人的认识对象,开启了二元论思维。人与世界之间这种"对象性关系"也预设了从本体论到认识论、现象学、存在论,乃至语言论这一必然的思想进程。

其中,埃德蒙德·古斯塔夫·阿尔布雷希特·胡塞尔(Edmund Gustav Albrecht Husserl)的现象学虽然力图纠正主体与客体相分裂的二元对立思维,并认为意识即关于对象的意识,但是,它以"意识"作为考察对象,就不可避免地落入另一种二元思维的陷阱,只不过把原本自在的"客体"置换为与意识相关的"意识对象",仍然潜存着人的身体与意识(意识对象)间的二元分裂。马丁·海德格尔(Martin Heidegger)的存在论批判了人的主体性,提出"此在在世"这一理论模型,这似乎超越了人与世界相分裂的对象性关系。然而,他最终没有超越西方的思想框架,重新回到语言,把语言视为"存在的家园",并且明确指出:"无论如何,语言属于人之存在最亲密的邻居。我们处处遇到语言。所以,我们将不会惊奇,一旦人思考地环顾存在,他便马上触到了语言,以语言规范性的一面去规定由之显露出的东西。"①

因此,从总体上说,西方主流思想几乎总是围绕着"对象性关系"这一思想框架展开的,只不过思考的焦点从对象的本质开始,继而迁移至认识主体的认识能力,再转向意识与意识对象之关系,以及认识活动中的语言中介,并进而发现所有这些关注焦点及关系都已然包含在语言所预设的种种关系之中,由此去完成一个早已受逻辑规定的命运。此后发生的"符号学转向",似乎为超越这种对象性关系提供了某种契机,但是,由于西方符号学同样是在对象性关系的思想框架中孕育而成的,乃至认为"符号学知识实际上只可能是对语言学知识的一种模仿"②,因而,它仍然无法摆脱自身的局限性。固然,这是一个人类认识不断深化的过程,可是,其思考却只是遵循既定的逻辑轨迹绕了一周,理论视野始终处于被遮蔽状态。不拆除这一思维定式的牢笼,就无法对理论、后理论做出深刻批判,无法实现思想突围。要真正揭开遮蔽,发现理论、后理论的局限,就必须跳出西方思想的框架,采取巴赫金所说的"外位性"立场。中国的思想资源恰恰为我们提供了一个极好的立足点。

---

① 〔德〕M.海德格尔:《诗·语言·思》,彭富春译,北京,文化艺术出版社,1991年,第165页。
② 〔法〕罗兰·巴尔特:《符号学原理:结构主义文学理论文选》,第115页。

二、行为：老庄质疑语言的立足点

老子、庄子并非如西方思想家那样信赖语言，而是时刻保持着对语言的警惕。他们认为语言并不能言说"道"，相反地会扭曲、遮蔽"道"。[①] 与西方哲人不同，老庄开辟了一条在语言之外通向"道"的路径，这就是"大象"或"象罔"。特别是庄子，他利用各种故事，如庖丁解牛、运斤成风、轮扁斫轮、佝偻承蜩、津人操舟、梓庆削木为鐻等等，反复阐述人究竟如何在语言之外把握世界，把握生命，把握"道"。

在庄子看来，庖丁、匠石、轮扁、佝偻者、津人、梓庆，都是得道、知道者。他们得心应手、出神入化的行为，都已经不再仅仅停留于"技"，而是进入"道"的境界了。在这些寓言中，解（牛）、运（斤）、斫（轮）、承（蜩）、操（舟）、削（鐻），种种动作不仅在施行者与行为对象之间建立了关联，并且行为的结构与对象的结构必须相互契合，才能得心应手、运用自如，由此实现施行者与施行对象双方的融合，即庄子所说"以天合天"的境界。从另一个角度看，行为的结构也就是施行者的经验结构。正是在实践过程中，施行者不断调整自己的行为方式，逐步达到行为结构与对象结构契合一致，因此积累了经验，构建了施行者的经验结构，具备了娴熟的技能，掌握了生命的节奏，转化为一种生存本能。也就是说，行为的结构（怎么做）塑造并决定着施行者的经验结构，也塑造并体现着施行对象的结构，并使双方融为一体。在这个过程中，行为结构与施行者的经验结构及行为对象的结构是同步建构的。于是，我们就可以从上述寓言中建立一种同一性关系：施行者的经验结构、行为结构、对象结构三者间建立了同一性（图 1）。通过建立这种同一性，施行者也就把握了对象，把握了生命，把握了道，而行为则是关联双方的关键。

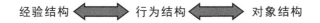

经验结构 ⬌ 行为结构 ⬌ 对象结构

图 1 在经验结构、行为结构、对象结构三者间建立同一性关系，人才能把握对象

---

① 在谈到《老子》所说的"道"时，史华兹说："它是这样一种实在或实在的方面：用人类语言来描述的一切决断（determinations）、关系和过程都是无效的……尽管无法用言语与这种实在进行沟通，但这种实在确实是人类意义世界的根源。'神秘性'所指的并不是缺乏'知识'，而是指具有一种更高的直接知识，它是一种与不可言说的终极本源有关的知识，这种本源为世界上的存在物赋予了意义。因而它指的是充实而不是缺乏，不过这是一种超越于语言掌握能力的充实。"（〔美〕本杰明·史华兹：《古代中国的思想世界》，程钢译，南京，江苏人民出版社，2008 年，第260 页。）

但是,对于这些活动,庄子还设定了先决条件,如梓庆之所谓:

> 臣将为镰,未尝敢以耗气也,必齐(斋)以静心。齐三日,而不敢怀庆赏爵禄;齐五日,不敢怀非誉巧拙;齐七日,辄然忘吾有四枝形体也。当是时也,无公朝,其巧专而外骨消;然后入山林,观天性;形躯至矣,然后成见镰,然后加手焉;不然则已。则以天合天,器之所以凝神者,其是与?①

这也就是"心斋""坐忘"。庄子借孔子的故事做了这样的解释:"一若志,无听之以耳而听之以心,无听之以心而听之以气。听止于耳,心止于符。气也者,虚而待物者也。唯道集虚。虚者,心斋也。"②"堕肢体,黜聪明,离形去知,同于大通,此谓坐忘。"③用现代方式来表述,就是处在一种不看、不听、不感、不想,甚至连自我意识也要悬置的"无意识"状态。只要看、听、感,就必然涉及某物;想,也必定涉及某想象之物。无论是实存之物,还是虚构的想象之物,看者、听者、感者、想者都已经处于意识活动之中,处于对象性关系之中,此际,语言也就势必介入其间。由此,人与世界的关系就被分裂为主体与对象之关系,再也不能契合无间、融合为一了。因此,上述同一性关系也就必定只能是:无意识经验结构、(本能)行为结构、(非)对象结构之间的同一(图2)。这种物我融为一体的状态,只能是"一元"的"非对象性关系"。与此相应,对象也不再作为"意识对象"而存在,相对于人的意识而言,它已经转化为"无"(并非没有),转化为"非对象"。只有当人处在无意识状态,其生命潜能才得到最充分的发挥,并进而实现行为与世界相契合,人与世界相同一,由此建立起"非对象性关系"。这就是"以天合天""同于大通"的至境,即物我相融、无物无我、天人合一的境界和得道体道的境界。语言的介入,意识的介入,任何认识活动的介入,都只能分裂这种融洽关系,将物我相融的非对象性关系转变为物我分裂的对象性关系,造就人与世界间的隔阂,蒙蔽人的良知,遮蔽或扭曲"道"。

从无意识经验结构、(本能)行为结构、(非)对象结构相同一的关系中,我们可以发掘出以下几个观点。第一,拉康对无意识的解释是一种误释。

---

① (清)王先谦、刘武:《庄子集解 庄子集解内篇补正》,第163~164页。
② (清)王先谦、刘武:《庄子集解 庄子集解内篇补正》,第35~36页。
③ (清)王先谦、刘武:《庄子集解 庄子集解内篇补正》,第69页。

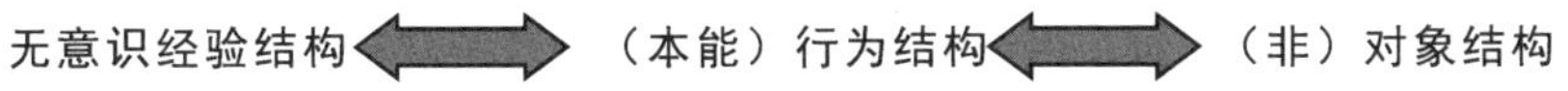

无意识经验结构 ◄━━━━► （本能）行为结构 ◄━━━━► （非）对象结构

图2　只有当行为成为一种本能,无意识经验结构、(本能)行为结构、(非)对象
结构三者才能真正契合无间,融合为一,臻于"以天合天"之境界

其实,无意识并非"像语言结构",而是"行为结构"。① 第二,维特根斯坦的
观点值得商榷。人完全有可能突破语言的界限,直接借助于行为来把握道,
把握生命,把握世界。我的语言的诸界限并不能限制我的世界的诸界限。
在语言构建的世界之外,人还占有着更为广博的无意识世界,一个由生命体
长期积淀的经验世界。第三,既然人的世界有可能处在语言之外,而且这个
语言之外的世界恰恰不是语言所能把握的,相反地,必须排除语言的干扰,
那么,语言并不能有效地解释一切。本维尼斯特将语言视为所有"其他语言
系统和非语言系统的解释项",也就必定会造成误释和遮蔽,甚至成为轮扁
所说的"糟粕"。沿着老庄的思路,我们不难发现:在语言之外,还存在另一
条解释路径,那就是建立在行为基础上的体验、直觉和悟解。人类完全可以
在语言之外,在观察、分析、认识对象性活动之外,直接通过行为与世界实现
融合,建立一种非对象性关系,以此来体验世界,直觉和悟解世界,把握自然
之道。

　　生命首先是活动着的身体。人通过行为来体验世界的方式,必然成为
所有语言活动和认识活动的基础及背景。语言和认识活动就嵌于这一基础
和背景之中。因此,过分夸大语言的作用,强调唯有语言学才是所有研究人
类实践的学科的范例,必定会造成人与世界之复杂关系被简单化、片面化,
造成思想的盲视,这正是理论、后理论的症结所在。不仅如此,所有建立在
语言论转向基础上,把语言视作人与世界之间必不可少的唯一中介,或者建

────────────

① 人能够在无意识中按照语法规则自动生成语言,或如诺姆·乔姆斯基(Noam Chomsky)所说,
语言是"一种装置",其句法具有"深层结构"。脑科学研究也指出:"语法由连接左前颞叶和额
下回的神经束编码,省去了在背外侧前额叶皮质中的对语法进行有意识加工的神经网络。"
(〔法〕斯坦尼斯拉斯·迪昂:《脑与意识》,章熠译,杭州,浙江教育出版社,2018年,第230页。)
从这个角度看,无意识确如拉康所说"像语言结构",但是,这仍然只是属于浅表无意识部分,或
者可称为"前意识"。深层无意识则只能具有"行为结构",这是生物体遗留下来的历史更为久
远的生命结构,是语言无法抵达之处。虽然从根源上看,语法结构立足于行为经验结构,但是,
当行为结构转换生成为语言结构之际,就已经发生了重要变化,成为两种完全不同的结构:前
者遵循语法逻辑、理性(形式)逻辑,后者则按照行为的逻辑、生命的逻辑;前者具有社会意识形
态特性,后者则是自然的建构,具有生物生理特性。造成这种差异的根本原因仍然在于语言:
和语言同时生成的意识,赋予人以反思性,并对语言自身进行反思,进而不断改善语言的交流
功能,强化语言的规约性、逻辑性,并将意识形态夹带其中。

立在对象性关系基础上,把世界仅仅作为人的认识对象对待的西方思想,在我们看来,都必定会对认识世界造成某种程度的遮蔽。

西方分析哲学固然对语言也抱有疑虑,但是,它更像是外科医生,试图通过诊治语言来疗救语言。在它的理论视野中,"那种具体而又普遍得如实体般的逻辑语言只是一种哲学想象而已,是一种要被治疗的哲学假想"①。从某个角度来看,分析哲学似乎重新回到柏拉图时的问题,只不过它所追问的不再是"概念"(名称)背后的"理念",而是转而质疑语言概念本身,质疑概念及命题本身的合理性。中国古代哲人则不同,他们并不完全信任语言,而是力图在语言之外另辟蹊径去寻求人类把握世界、把握生命、把握道的途径。如果说,语言令世界显现为人的认识对象,并由于权力可能随语言潜入其间而操纵了这一显现,扭曲人与世界之本原关系,那么,娴熟的无意识行为则直接关联着人与世界,对双方实施了无缝对接,让人直抵世界,这就有可能校正人与世界的真实关系。因此,尽管语言为认识世界,预测和规划未来提供了条件,而唯有行为才能对此做出切实校验。

其实,人通过行为直接把握世界的能力就来自生物体。对于生物体来说,就存在着无意识经验结构、本能行为结构、世界结构间的同一性。一旦缺乏建立这种同一性关系的能力,该生物体就被自然淘汰了。人的这种同一性就植根于生物体构建同一性关系能力的基础上,是生物体给予我们的珍贵馈赠,正是它构成了人的深层无意识。"有机体与周围环境的相互作用,是所有经验的直接或间接的源泉"②,而行为就是相互作用的中介。人类经验主要就来自行为的建构作用,既来自种族,乃至生物体的行为建构,又来自个体自身的行为建构。首先是行为构建了人之经验,语言的出现只不过在某种程度上改变、重塑和扩展了人之行为及经验。

三、语言及其对象化能力

语言本身就建立在经验的基础上,是经验的筛选、归类、凝聚和抽象。而经验的筛选、归类、凝聚和抽象使它与背景区分开来,凸显出来,由此形成"内涵"和"外延",语言"概念"也就此生成。概念来自原初经验,却又不同于原初经验,不能还原为原初经验。同时,概念必须借助于物质化的声音或其他材料才能获得自己的肉身,这就是索绪尔所说的"概念/音响形象",也就

---

① 王峰:《美学语法:后期维特根斯坦的美学与艺术思想》,北京,北京大学出版社,2015 年,第 40 页。
② 〔美〕杜威:《艺术即经验》,高建平译,北京,商务印书馆,2005 年,第 163 页。

是"语言"。

"语言就是物质的活动,这不仅因为语言应被理解为写作性的物质印记,它脱离了大脑而存在,而且还因为文本与语言的结构都是(用一个德里达避免使用的词来说)被物体化(reified)或叫被转化为世界上的物质的东西或活动。"①如果说,概念的成形已经拉开与原初经验的距离,那么,语言获得自己的物质化肉身则告别了人的身体,把自己与人的身体分离开来,构建为一个差异化的区分系统。由此,语言正式诞生了,并获得了相对独立性、外在性及社会共享性。正是相对独立性、外在性及社会共享性赋予语言神奇力量,当人喊出某物的名字,就已经以语言将该物设立为对象。语言的全部奥秘及独特性就根源于:它将原本内在的概念投射到外在的物质化存在上,由此获得相对独立性、外在性及社会共享性,并以概念为中介,在经验与物质化存在之间建立复杂关联。② 凭借这种相对独立性、外在性及社会共享性,语言终于可以利用其差异性将世界与人相区分,把世界构建为人的对象世界。语言的相对独立性、外在性及社会共享性使它赢得了"对象化"能力,人与世界的对象性关系就建立在语言这一独特性的基础上,而语言自身则成长为各种关系集合的体系,因为从根本上说,人的所有对象性关系都是通过语言的对象化作用而构建的,由此设立万花筒般的关系体系。语言的诞生,开启了人的对象世界的呈现,也因此反身构建了人的意识。意识与意识对象就是在语言生成之际同步生成的。这也就是说,行为所构建的经验尚处在意识阈限之下,只能是无意识经验③;而当它得到筛选、归类、凝聚和抽象,上升到意识阈限,意识就生成了,语言概念也成形了,并借助于物质化的肉身,借助于相对独立性、外在性及社会共享性把世界构建为人的对象世界。自此,人终于可以把世界作为对象来观察、分析和认识,语言则成为人认识世界不得不打交道的中介。

维特根斯坦说:"思想被一个光晕环绕。——它的本质,逻辑,展示一种秩序,实际上是世界的先验秩序:即可能性的秩序。这种秩序必须是世界和

---

① 〔英〕马克·柯里:《后现代叙事理论》,宁一中译,北京,北京大学出版社,2003 年,第 99 页。

② 人类语言与动物叫声的根本区别在于:动物的叫声是与其经验直接相连的,而人类的经验与音响形象之间的联系则是间接的、非必然的,并与概念相联系,由此建立了复杂关联。

③ 近年的脑科学证明:"大多数接收到的信息根本就没有达到意识(即有意义)的层次。"(〔澳〕约翰·哈特利、贾森·波茨:《文化科学:故事、亚部落、知识与革新的自然历史》,何道宽译,北京,商务印书馆,2017 年,第 185 页。)

思想共有的。"①从某个角度来说,对象世界和思想共有的先验秩序恰恰就是语言秩序,是语言构建了对象世界的秩序并规定着思想的秩序。

认知语言学研究就发现了"感知"与"语言"的关系。伦纳德·泰尔米(Leonard Talmy)讨论了视觉感知和语义结构的平行性,他认为,应该"把传统上被视为两个截然不同的系统——'感知'(perception)系统和'概念'(conception)系统——概括为一个统一的'感思'(ception)系统",并进而提出:"人类有一套认知系统,它进化到目前的状态,能够用来习得、展现、传承文化结构。这套认知系统和我们所理解的语言的认知系统类似。"②语言为人类打开了一个清晰的对象世界,以自身的结构来构建人的世界。

> 心理性就在于对他人和自我指明这些价值以便人们能够控制其反应。
>
> 认出这些意义并向他人和该有机体指出这些意义的能力使人类个体获得特有的力量。语言使这种控制成为可能。正是在这种意义上,对意义的控制机制构成了我们所说的"心灵"……心灵的领域从语言中突现。③

人类的反思能力、理性能力、形而上能力就建立在语言的相对独立性、外在性及社会共享性的基础上。语言既拓展了世界,创设了一个澄明的对象世界和形而上的精神空间,可是,又在人与世界之间制造了裂罅,为世界蒙上难以抹拭的语词的雾翳。

四、人与世界的双重关系

语言的相对独立性、外在性及社会共享性不仅把世界及万物构建为人之对象,还把原本不能区分的对象相区分,把人之行为与人之身体强行剥离开来,把行为视为人之对象,在人的无意识经验与行为之间制造了裂隙。于是,行为也就可以被视为无意识经验的表征,成为被解释的对象,行为因此

---

① 〔奥〕维特根斯坦:《哲学研究》,汤潮、范光棣译,北京,生活·读书·新知三联书店,1992年,第62页。

② 〔美〕伦纳德·泰尔米:《认知语义学(卷Ⅰ):概念构建系统》,李福印等译,北京,北京大学出版社,2017年,第13页。

③ 〔美〕乔治·H.米德:《心灵、自我与社会》,赵月瑟译,上海,上海译文出版社,1992年,第118页。

享有符号特征,并可以同时被称作"行为语言"。①　实际上,行为语言依旧是
行为,并享有行为本身的施行方式及功能,只不过行为结构与无意识经验结
构具有同一性而被赋予表征功能,成为表征无意识经验结构的符号性行为。
我们之所以采用"行为语言"这一命名,目的在于突出行为的表征性,突出行
为与无意识经验之间的关联,把行为同时视为一种符号活动,而不仅仅是行
为本身。

我们认为,在语言诞生之际,行为就开始以"行为语言"的面貌出场了。
从此,在人与世界之间同时并存着两种基本关系:其一,人通过行为语言来
关联世界,建立非对象性关系来体验、直觉、悟解世界;其二,人通过言语行
为与世界建立对象性关系来观察、分析、认识世界。人与世界之间就同时并
存着两种最基本的符号活动方式:行为语言与言语行为。两种符号活动分
别具有不同的功能特征:同一化能力与对象化能力。由此建立两种迥然不
同的关系模式:物我一体的非对象性关系与物我区分的对象性关系。分别
形成两种不同的把握世界的途径:体验、直觉、悟解与观察、分析、认识,并分
别构建人的无意识与意识;进而形成两种不同的活动方式——感性方式与
理性方式。这是两种不可或缺、相互协同、相互渗透、相互影响的人类符号
活动方式,人的世界就是通过这两种基本方式建构起来的。正因如此,我们
认为:理论、后理论,乃至西方主流思想的弊病就在于只看重其中一个维度,
而忽略了极其重要的另一维度。我们的救治方案是:重新恢复这两个维度,
重建双方的协作关系。

弗里德里希·威廉·尼采(Friedrich Wilhelm Nietzsche)是发现人与世
界之间存在双重关系的西方学者。他提出酒神精神和日神精神,认为这两
者分别展示了人与世界间两种不同的关系。艺术就同时包含着酒神精神和
日神精神,双方相互并存,又有所偏重。马丁·布伯(Martin Buber)同样认
识到人与世界之间有两种基本关系模型:一是"我与它",是对象性关系,也
是一种日常关系;二是"我与你",即非对象性的原初关系,审美和宗教就属
于这种原初关系。布伯指出:"人执持双重态度,故世界于他呈现为双重世

---

① 　我们提出"行为语言"这一概念,并不减少对维特根斯坦的质疑。因为只有在语言诞生之后,在
语言的区分和解释作用下,行为才可以被视为行为语言,视为一种符号,实质上它却仍然是行
为。并且在语言诞生之前,行为早就已经独立把握世界了。而当人类意识将行为作为意识对
象来看待,并试图解释行为所蕴含的意义时,实质上,行为所表征的无意识经验已经被扭曲了。
严格地说,行为只能靠行为自身来体验、悟解。为了表述方便,在行文中,我们一般省略了行为
与行为语言所包含的语义差异。

界。"①威廉·沃林格(Wilhelm Worringer)则提出"移情"与"抽象"来说明人与自然间两种截然不同的关系。可惜,尼采、布伯、沃林格都还仅仅停留于现象描述,没有进一步对此做出合理阐释,没有发现这两种关系背后不同的符号活动样式,没有发现就是符号活动方式的差异导致人类不同的把握世界的方式,也没有发现它们与人类意识、无意识间的关联。西方学者固然也常常关注迷狂、体验和直觉,但是,这些"非理性"活动并没有得到充分重视和深入阐释,思想也未能获得应有的深化,甚至往往倾向于否定认识论的另一个极端,因此遭到主流思想的排挤。

至此,我们还可以对认知语言学以及认知诗学、具身心智、肉身哲学做出批判。它们的共同基础就是强调语言的具身性,试图否定语言的相对独立性,以"身心一元论"取代"二元论",批判各种中心主义,由此向西方思想发难。可是,问题在于:当他们否定了语言的相对独立性,实际上也取消了语言最根本的特性,即对象化能力。因为唯有语言具有相对独立性,它才可能以其差异性将世界与人相分离,并将世界设立为人之对象。一旦语言失却独立性,它就再也无力构建人的对象世界,势必使人重新陷入蒙昧,使世界陷入混沌之中。于是,人类意识、理性、精神也就失却依据,人重新降落到其他生物体的水准,乃至机器的水准,人已经不复是人了。

语言的相对独立性、外在性及社会共享性,使人类能够不断地创造、积累超越于任何个体的公共的知识和文化,并使人类智慧不再局限于自己的大脑和神经,而是把内在的智慧与外在的知识和文化结合在一起,使人类立于其他动物之上。正是语言所具有的相对独立的特征,赋予人类以超越性。上述具身论固然化解了种种二元对立,化解了种种中心,却是以丧失人的特征为代价,最终必将走向荒谬。当莱考夫和约翰逊说,"我们所谓的'概念',其实是一种神经上的结构,可以让我们在心智上描绘范畴并进行推理",②就已经将自身置于险境的边缘。他们固然尖锐地挑战了西方思想,然而自己也堕入了另一种谬误中。语言的具身性并非直接归属于身体,更非融合于身体,而是借助行为语言与身体发生关联。认知语言学所谓的具身性语言,其实质就类似于计算机语言,性质颇接近于我们所说的行为语言,只不过是分节化了的行为语言。我们的观点则是:人的行为语言是一种特殊的"符号",或者说"准符号",它与身体之间没有边界线,深嵌于身体,本身就是

---

① 〔德〕马丁·布伯:《我与你》,陈维纲译,北京,生活·读书·新知三联书店,1986年,第47页。
② 〔美〕乔治·莱考夫、马克·约翰逊:《肉身哲学:亲身心智及其向西方思想的挑战(一)》,第18页。

身体行为,缺乏独立性,因此只能把世界结构化而纳入己身,并构建无意识,建立人与世界的同一性、一体性关系;而言语行为则以其相对独立性构建人的对象世界,同时构建人的意识,在人与世界之间建立一种二元分立的对象性关系。这是两种交相影响、协同的符号活动。因此,人与世界之关系既是一元的,同时又是二元的,双方相互渗透、相互转换,并构成一个不可抵消的张力场。

　　我们的观点也区别于言语行为理论。虽然言语行为理论把语言与行为相关联,指出言语的行为特性,把言语行为视为言内行为、施事行为、取效行为三个层次的展开过程,但是,从根本上说,它并不能触及深层无意识,并且言语行为对行为语言的干预往往只局限于给行为设定目的、做出指令或限制等很少部分,一般情况较少涉及行为方式。当行为与语言连为一体而成为言语行为,实际上行为就已经失去其本相,成为一种附属于语言、寄生于语言、听命于语言的东西。这种受到语言操控的行为是有意识的"行为操演",是语言可以解释的对象,并非与无意识直接关联且表征着无意识经验的行为语言。言语行为往往是自上而下地对行为语言实施有意识干预,与发自身体本能或经验惯习的行为语言具有迥然不同的取向。因此,行为语言只能特指表征无意识经验的行为(动作、姿态、表情等),它是区别于言语行为的另一种"准符号"活动,两者之间虽然相互关联、相互协作、相互影响,却相互区别。因而,言语行为并不能替代行为语言,不能充分解释行为语言,且会遮蔽、扭曲、重塑行为语言。①

　　要救治理论、后理论,要克服西方思想的局限性,合理合情地探讨和阐释各种人文现象,从而为研究人类实践的学科建立一个恰当的研究范式,就必须破除语言中心主义,引进行为语言,乃至其他种种符号活动,充分认识人与世界之关系的中介并非只有语言一元,而是多元的,即走向多元符号论。符号并非如西方学者所说的那样最终都可以由语言单独予以解释,而是需要提出一种新的认知符号学。以此为基础,构建新的美学、诗学和解释

---

① 现有研究说明,人之行为中有70%属于无意识的。我们所说的行为语言,特指表征无意识的符号性行为。言语行为则往往为人之行为设立目的或规则,发布指令,使人有意识地修正和重塑行为,但是,即便如此,行为的独特样式一般仍然保留着无意识状态(本能或惯习)。人之现实行为同时包含着无意识与有意识双重成分,也就是言语行为对行为语言的干预、矫正、指令,双方可以相互协调,也可能构成冲突,这就造成人之行为的复杂性,是动物的行为不可实现的,以致西方行为主义、新行为主义都无法对人之行为做出正确解释。并且这种受到言语行为干预的行为只能积淀为浅表层次的无意识经验,而非深层次的无意识经验,它们并没有受到实质性影响。

学。事实上,当我们在言语行为之外,提出行为语言这一命题,就已经突破了语言论而进入更为广阔的符号学领地,一个不再单一地接受语言解释的认知符号学新领地。

第四节 走向新的认知符号学

人类的文化活动即创造意义的符号活动。尽管符号有极其丰富多元的样式,但是,所有人类符号活动都以行为语言与言语行为作为基础,可以用这两者协同作用所形成的二维张力关系加以解释。因此,我们开展美学、诗学及解释学研究就应该从行为语言与言语行为协同作用入手,对双方如何共同参与文学艺术活动及文化实践做出描述,探讨双方相互作用的内在机制,揭示文学艺术活动和审美活动,乃至文化实践的奥秘,准确把握它们的意义。在此,我们仅提出一些初步的观点。

一、文明的建构:言语行为与行为语言的协同

人类所有文化活动都离不开行为语言与言语行为,双方相互协作、相互转换、相互交织、相互渗透、相互影响,共同建构起一个不断变化的张力场。在这一张力关系中,双方并不总是处于均衡状态,常常有一方占据着主导地位,发挥主导性作用。

约翰·塞尔曾对人类文明的结构做出深入分析。他从宣告式言语行为入手,来阐释"制度性实在"究竟是如何被建构起来的,从而揭示人类文明发展的内在机制。应该说,塞尔的阐释具有严密的逻辑,极其精辟。他颇为自豪地说:

> 一旦你明白了宣告式言语行为创立制度性实在的力量,即创立政府、大学、婚姻、私有财产、货币等实在以及其他所有的制度性实在的力量,你就可以明白:社会实在与用来创立它的语言一样,具有简明而巧妙的形式结构。①

但是,塞尔所阐述的人类文明的图景,似乎更像由冰冷的理性建立起来

---

① 〔美〕约翰·塞尔:《人类文明的结构:社会世界的构造》,文学平、盈俐译,北京,中国人民大学出版社,2015 年,第 15 页。

的制度的牢笼。

其实,塞尔恰恰犯了语言中心主义的弊病。宣告式言语行为"既有话语向现实适应,又有现实向话语适应"的双重趋向①,在创立制度性实在的过程中固然发挥主导性作用,但是,制度性实在本身却离不开习俗。最初的制度性实在就是习俗。制度性实在并非仅仅依靠宣告式言语行为凭空设立的,而是建立在对习俗做理性反思的基础上;而习俗就是仪式化、结构化的行为,即行为语言。因此,任何制度性实在都离不开行为语言与言语行为双方的共同作用,只不过随着人类理性能力的发展,宣告式言语行为将愈益发挥更加重要的作用。在人类文明演化过程中,习俗不断受到制度性实在的侵蚀和改造,行为及行为语言也不断经受制度性实在的规训和重塑。不过,这仍然只是文明发展的一个侧面。创立制度性实在不能不权衡、协调外在利益与自我目的性的关系,社会文明程度的标志即制度性实在的设立越来越向人本己的目的倾斜,越来越人性化,越来越简化,越来越有利于发挥人的潜能,在其背后就是行为语言起着校正作用。在人类社会现代化、理性化的进程中,审美现代性的出现正是行为语言所做的反拨,是对这一过程的抵制和反抗,对原初经验的回溯,对生命本源的回溯。从中,我们不难发现人类文明的建构过程中行为语言与言语行为交相作用的内在机制。

行为语言、言语行为间的二维张力关系,虽然是相互协作、不断变换的,但是,对不同民族而言,却存在着各不相同的主导倾向,由此生产出特征各异的民族文化。可以说,行为语言与言语行为双方的关系结构就是特定民族的"文化基因",其张力关系的主导倾向从根本上决定着民族文化的独特性。譬如中国人的家庭家族观念,重视人际关系和风俗习惯,赋予"礼教"以非同凡响的崇高意义,将"行"置于优先于"知"的重要地位,习惯于"摸着石头过河"的直觉经验,以及"天人合一"观念;而西方普遍追求的个体性、理性主体,以及逻辑思维倾向、科学精神和契约精神……种种差异都与行为语言、言语行为双方建立的二维张力关系的结构特征密切相关,文化特殊性是由其主导倾向所决定的。即便同样是"家园感",中西方也各不相同。中国人的乡愁是对现实的家园、具体的亲人和乡亲的怀恋之情,这些切实的存在都曾经与我们建立亲密关系,我们永远无法舍弃这种关系,一旦失去,乡愁就萦绕心头无法拂拭;西方人的家园感更倾向于抽象、朦胧的感受,并已异

① J. R. Searle. *Expression and Meaning*: *Studies in the Theory of Speech Acts*. Cambridge, Cambridge University Press, 1979, p. 19.

化为海德格尔式的因主体诞生和技术发展所带来的人与自然相分裂的疏离感，自此，人流离失所了，他再也没有家园，无家可归了。对于中国人来说，家园感的丧失仍然存在回归的可能性，而对于西方人来说，家园已经不可复得，人类重返家园、重建家园的能力似乎业已耗竭，人永远处在流浪状态，只能召唤虚幻的审美现代性加以弥补。

在不同民族之间，行为语言、言语行为本身固然也存在差异性，但是，双方形成的张力结构则在根本上决定着民族文化的独特性。这种二维结构千差万别、千变万化，为各民族创造出千姿百态的文化。由于它们都奠基于行为语言和言语行为，相互之间又存在沟通交流的可能性。①

二、文学艺术：行为语言与言语行为的深度融合

在不同的文化领域，这种二维结构也可能截然不同，譬如科学与文学艺术就存在极其显著的差异性。文学艺术是个特殊的领域。在文学艺术活动中，人构建了一个符号世界并给予人自身以巨大吸引力。不管这个符号世界与现实世界存在多大关联，当人投身其间，他就已经处在非现实关系之中。②此际，对于投身虚构世界的欣赏者而言，现实世界的种种规范已经失去其有效性，种种压抑被撤销，深层无意识得以释放，行为语言获得充分激活，并与言语行为实现了深度融合。③"我们的整个生命两者兼具：无意识和有意识，固定不变和变化更新……通过从无意识变到有意识层面，艺术有了可见的表达。"④可以说，想象就是行为语言与言语行为深度融合的场域。

---

① 相对而言，除了个人的社会化的行为，行为语言更主要来自种族和生物体的遗传，它们有更多共性；言语行为则较多差异性。保罗·埃克曼认为，面部"语法"所展现的跨文化差异要比语言语法所展现的少。快乐、愤怒、惊讶、悲伤等感觉就体现在特定面部形式中，这些面部形式可以被定义为内在状态的症候。（〔美〕托马斯·A. 西比奥克、〔加〕马塞尔·德尼西：《意义的形式：建模系统理论与符号学分析》，余红兵译，成都，四川大学出版社，2016 年，第 49 页。）由于言语行为建立在行为语言的基础上，因此不同民族之间仍然存在可交流性。

② 在此，我们所说的"符号世界"不同于"经符号构建的世界"。后者是说人的世界必然是经由符号建构的，这是人实际生存的生命世界，或曰现实世界；而"符号世界"则指超越于人实际生存的生活世界之上的另一个符号独自构建的世界，或者说，一个"世界模型"或"可能世界"。

③ 关于"文学虚构"问题历来存在许多争论，其主要原因在于混淆了两种不同意义的"虚构"：其一指与事实不相符合，这属于真假判断；另一是指意向性关系的转变，即从现实关系转向非现实关系，这只是态度及关系的转换，其间不存在真假判断。从第一种意义上说，文学既可以是虚构的，也可以是非虚构的，如非虚构小说；从第二种意义上来看，无论文学内容是真是假，却总是已经进入非现实关系，即虚拟意向关系，也是一种想象性维度。详见马大康：《现代、后现代视域中的文学虚构研究》第七章。

④ 〔荷〕皮特·蒙德里安：《蒙德里安论新造型》，蒋煜恒译，重庆，重庆大学出版社，2021 年，第 1～2 页。

如果说,言语行为不断开拓和构建人类精神,引领人去探索无限的精神宇宙,那么,行为语言则深深潜入生命的底层,开掘出那些沉睡的、浑濛的生命经验。文学艺术的世界就是一个想象的世界,一个行为语言与言语行为两种原生性符号系统相互激发、交相生成、深度融合的世界,它充分地发掘了人的潜能,充分地展开了人的生命,展示出无限的可能性,不仅给予人以形而上的精神启迪,并且深深撼动人的身体,渗透人的情感,让人涵泳其间,陶醉其中。行为语言贯通了人与符号世界,并将人的生命结构(行为结构)授予符号世界,因此,文学艺术的符号世界又分享了人的"生命的形式"。

在文学艺术领域,同样存在着民族差异性。柏拉图和亚里士多德都将文学艺术视为对现实的模仿。"模仿"虽然包含着行为语言,而实际上却预设了二元论思维,强调了言语行为的区分作用,其中就蕴含着主体与对象、诗人与世界相分裂的必然趋势。正是这种分裂状态使西方缺少中国那种追求物我相契、物我两忘的圆融诗境和艺境,世界则成为充满着对立和冲突的世界,成为诗人讲述和模仿的对象,由此导致史诗和戏剧的繁荣。在亚里士多德看来,史诗、戏剧就是诗人对对象世界的模仿,诉说着人与世界相对立所造成的喜怒哀乐和不尽灾难。在人与世界相分裂的状态中,西方文学和艺术往往摇摆于主观(浪漫主义)或客观(现实主义)的两端。对于西方文学和艺术来说,人与自然的分裂压倒了融合,言语行为始终占据着不可动摇的重要地位。即便现代主义文学艺术热衷于非理性,突出了行为语言的重要性,元叙述、元小说、元艺术却又以张扬的姿态强调言语行为的反思性。

文学艺术最充分地挖掘了人的创造潜能,最充分地融合了两种最基本的符号系统活动。文学艺术的修辞手法则是调节这两种原生性符号系统关系的有效手段,不断改变符号活动的张力关系,改变读者与这两种符号活动的关联方式及其在文本中的位置,既让读者深入其境,又让读者超然其外。文学艺术活动是多种关系的交织和交融,它为人提供了多样的生存方式和丰富的人生经验。西方学者习惯于将文学艺术作为"对象"来分析研究,实际上,这就已经与文本处在对象性关系的分裂状态中,抑制了行为语言的介入。约翰·杜威(John Dewey)指出:

　　审美经验的仅有而独特的特征正在于,没有自我与对象的区分存乎其间,说它是审美的,正是就有机体与环境相互合作以构成一种经验的程度而言的,在其中,两者各自消失,完全结合在一起。①

文学艺术的生命性、审美性就源于人与文学艺术世界所建立的融洽关系,源于行为语言对双方的贯通融合,当人与文本处在分裂状态,文学艺术"去生命化""去审美化"就成为必然。其实,这并非文学艺术作品本身丧失了生命性和审美性,更多的是学者们的研究态度和方法所造成的后果。

言语行为本身就与意识形态密切相关,言语所具有的施行力就是隐蔽的权力,不仅"言说什么""如何言说"体现着意识形态倾向,语言本身就寄生着意识形态性,充满着巴赫金所说的"对话"和"争论"。从这个角度看,文学艺术和文化实践从来就不是中立的。行为语言则更为复杂。作为人之行为,总是受到社会规约规训的行为,不能不打上意识形态印记,反映着特定的社会历史特征。可是,处于深层无意识中的行为语言记忆,则又是反规训的,它坚守着原初经验,坚守着生命本性,与意识形态保持着距离。当文学艺术实现言语行为与行为语言的深度融合,其意识形态性就表现为极其复杂的状态。在文学艺术活动中,就同时存在着意识形态规训与反意识形态规训的相悖关系。因此,文化政治批评就必须充分考虑这种复杂状态,要结合行为语言、言语行为各自的独特性,以及双方交相作用的独特方式做出阐释。

无论言语行为,还是行为语言都与特定的社会规约(文化惯例)发生关联,但是,文学艺术往往着眼于个体的独特性,着眼于个体独有的言语行为、行为语言与社会规约(文化惯例)间的龃龉,并凸显种种冲突,展现生活的"例外""事件"和"断裂"状态。恰如阿兰·巴迪欧(Alain Badiou)所说的"要了解例外的价值、事件的价值,以及断裂的价值"②,正是在社会生活的断裂层,在言语行为、行为语言与特定的社会规约(文化惯例)相冲突的张力关系中,我们将发现文学艺术与社会历史之间最深刻、最内在的联系,发现社会历史的真谛。

三、走向认知符号学

言语行为与行为语言之间复杂多变的关系,要求文学艺术阐释,乃至文化阐释首先必须深入文学艺术活动本身,深入文化实践本身,坚持把"在地

---

① 〔美〕杜威:《艺术即经验》,第 277 页。
② 〔法〕阿兰·巴迪欧、〔斯洛文尼亚〕斯拉沃热·齐泽克:《当下的哲学》,蓝江、吴冠军译,北京,中央编译出版社,2017 年,第 12 页。

性"和"亲身性"作为阐释的出发点。克利福德·格尔茨(Clifford Geertz)就指出,"无论在任何社会中,艺术从来都不是纯粹从美学内在的观点来定义的",因此,我们"赋予艺术品以一种文化上的重要性的行动,向来都是一件在地性(local)的事情"①。莫里斯·梅洛–庞蒂(Maurice Merleau-Ponty)则认为:"我们得以进入他人和进入作为世界的世界,他人得以进入我们的转变或转向,也就是行为……行动就是把事件当作自己的事件。"②正是在亲身参与文学阅读和艺术欣赏、亲身参与文化实践的过程中,言语行为、行为语言都充分、自然地展开,我们既认识着,又体验着,所得的感知、感受才符合作品的实际状况。理论阐释必须以这种感知、感受作为自己的出发点,而不应该把文本直接视作"对象"来剖析,更不能简单套用理论,把作品作为理论恣意驰骋的疆场,随心所欲地做出强制阐释。

既然我们强调符号系统结构的二维性,语言就应该放弃包办一切的霸主心态,携手多种媒介、多种符号共同参与阐释活动,也就是说,理论必须从语言论转向认知符号论。语言必须抱有谦卑慎重的姿态,要深知语言自身的限度,它无法独立解释一切,必须邀请行为语言及其他符号共同参与。庄子用寓言的方式阐释艰深的观点,就是一个极好的范例。虽然言语行为不能替代行为语言,但是,借助于寓言、隐喻,以及诗性语言等途径,启发读者投身其内深入体会,就有可能逐渐接近真相。海德格尔把诗的语言称为"投射的言说",他指出:"投射的言说是这样一种言说,它准备了可说的,同时将不可言说带进世界。"③叶维廉说得更好:

> 语言之用,不是通过"我"说明性的策略,去分解、去串连、去剖析物物关系浑然不分的自然现象,不是通过说明性的指标,引领及控制读者的观、感活动,而是用来点兴、逗发万物自真世界形现演化的状态。④

语言无力单独阐释世界,却可以通过"投射""点兴""逗发",引领读者亲身参与事件,调动行为语言共同去探索世界的真相。

这种二维的符号系统结构无法避免解释的不确定性,它只是指出以往

---

① 〔美〕克利福德·格尔茨:《地方知识——阐释人类学论文集》,杨德睿译,北京,商务印书馆,2014年,第113页。
② 〔法〕莫里斯·梅洛–庞蒂:《符号》,姜志辉译,北京,商务印书馆,2003年,第87页。
③ 〔德〕M.海德格尔:《诗·语言·思》,第69页。
④ 〔美〕叶维廉:《中国诗学》,北京,生活·读书·新知三联书店,1992年,第57～58页。

解释所存在的武断性、片面性及其根源,特意强调解释的多元性和开放性,并且认为这种多元性、开放性绝非随意性,而是与语境密切相关,与符号活动二维张力结构关系变化密切相关,与文本同解释者之间的往复对话密切相关,从而为文学艺术、美学,乃至人文学科提供一个新的研究基础和解释思路,同时,也为认知科学提供一个新的出发点。

第二章　符号建模与审美创造

在第一章中,我们批判了西方理论话语中的语言中心主义,并在言语行为之外,提出了行为语言这个概念,这实际上已经突破语言论的局限,把我们带进符号学的领域,并且我们不是仅在交流活动中来看待符号,而是首先把符号视为人与世界的关系模式,是人体验、认知、理解世界的中介,即采用认知符号学的研究路径,为此,就必须充分讨论符号的生成及其特性。在这一章里,我们将深入阐述行为语言、言语行为和各种符号究竟是如何生成的,分别具有怎样各不相同的施行方式、性质及功能,它们又是如何协同构造人的世界,以及各式各样的审美世界。

我们吸收并改造皮尔斯、索绪尔、莫里斯(Charles Morris),特别是西比奥克的符号学观点,具体做法是:以皮尔斯的符号、对象、解释项"三元关系"来定义符号活动;以索绪尔的"概念/音响形象"来界定语言符号的独特性;着重采用西比奥克的"建模"观念来描述不同建模系统的生成过程和序列,并认为人类存在一个从行为建模到语言建模,再到符号建模的发生过程。其中,语言的诞生是关键。语言是符号之母。符号是行为建模与语言建模的共同产物。人的世界就是经由行为建模、语言建模及其他符号建模活动共同塑造的。文学艺术的审美世界则是人特意运用各式各样的符号重构的世界,其根本性质最终都可以从言语行为与行为语言的博弈关系中得到阐释。

第一节　西比奥克:拓展符号学领地

一、符号论转向

在 20 世纪与 21 世纪之交,符号学产生了越来越广泛、深入的影响,逐渐赢得了不可忽视的学术地位。约翰·迪利就认为:"符号普遍性观念在今天已经被认为理所当然地成了后现代性的标志,这是符号学与生俱来

的权利。"①苏珊·佩特丽莉②(Susan Petrilli)承接迪利的观点,进一步指出:

> 后现代阶段被称为"符号之道"(the way of signs)……作为身在 21 世纪中的符号行为解释者,"现在"意味着分割现代与后现代的那条界线,意味着知识文化的一个新的、真正全球性的时代的开始。"如果对于后现代意识的出现存在着一个核心观念的话"……"那么,它就是符号观念。"符号观念以及此观念在符号理论中的基础,共同构成了我们现在这一特别视角的关键语境,以对理解的历史做出新的理解。③

用更为宽泛的符号观取代语言观,用复杂、多元的符号作为人与世界间的中介来取代单一的语言中介,以此重新解释人类理解的历史,这将把我们带进理解的新纪元。在符号学研究不断深化的同时,符号学的领地也不断扩张,符号学家进而提出了"总体符号学"的构想。符号活动因此不再仅仅与人类相关,而是被视为生物界,乃至整个自然界普遍存在的现象。其中,托马斯·阿尔伯特·西比奥克起着关键性作用。

二、西比奥克:建模系统理论

如果说,索绪尔着重分析语言结构,以语言为范例静态地思考符号及其特性,并为结构主义奠定了基础,那么,皮尔斯则是从现象学角度动态地描述符号活动,提出了符号、对象、解释项"三元关系",开创了另一条符号学思路。西比奥克继承了皮尔斯的符号学,又以认知科学作为基础,把研究视野转向符号发生过程,不仅深化了符号学理论,而且有效拓展了符号学的领域。

西比奥克的理论视界极为开阔,他的学术研究涉及语言学、符号学、人类学、生物学、文化研究等领域。正是丰富的学术积累,使他能够跨越人文科学、社会科学和自然科学的界限,以宏观视野重新思考符号问题,创造性地提出一个方法论框架"建模系统理论"(Modeling Systems Theory),深刻揭示了符号活动的生物学基础。

---

① 〔美〕约翰·迪利:《符号学对哲学的冲击》,第 67 页。
② 又译为苏珊·彼得里利。
③ 〔意〕苏珊·佩特丽莉:《符号疆界:从总体符号学到伦理符号学》,周劲松译,成都,四川大学出版社,2014 年,第 44 页。

西比奥克是在生物体与环境相互作用的关系中来思考符号活动的。他认为,符号活动是一切生物体所具有的能力,它和生命活动密切相连、交相作用,离开符号活动,生命也就终止了。生物体的符号活动同时就是建模过程。

> 制作模型的能力实际上是符号活动(semiosis)的一个衍生物,可以被定义为一个物种以其独有的方式产制与理解其用以处理和整编感知输入所需的特定模型的能力。①

这就是说,生物体通过物种特有的“建模”方式来处理和编码感知输入,由此体验、理解和把握世界,调节和引导生物体做出合适反应。因此,物种特有的认知形式就体现在该物种的建模行为中。在特定境况中生命的活动过程,是与世界打交道的过程,同时是进行建模的过程,也是符号活动生产意义和体验意义的过程。“符号活动是产生形式(符号、文本等)的神经生物能力,建模(modeling)是沟通符号活动能力与某指涉体的表征(representation,即创造形式的实际行为)的渠道。”②

西比奥克把建模系统分为三个层级:初级建模、二级建模、三级建模。其中,初级建模系统通过“渗透”(自发性模拟)和“模仿”(有意地模拟)来构建形式,它成为人和其他生物体最基本的符号活动方式,其他层级的建模都以此为基础。二级建模系统则是产生指示性(indexical or indicational)建模过程和延伸性(extensional)建模过程的系统。三级建模系统主要指高度抽象、基于象征符号的建模系统。这些不同层级的建模行为并不是相互排斥和取代,而是相互依赖、相互影响、相互协作,构成一个互动的系统。除了其中的语言、元形式、元象征是人类符号活动独有的方式,其他生物体也享有三个层级的建模系统。

在西比奥克的建模系统理论中,我们看到以下几个特点:一是对符号活动的阐释不再局限于交流活动,不再着重思考符号表征,而首先是作为生物体的认知模式来看待,是生物体与世界打交道的独特的建模行为和生命方式。这就从根本上改变了人们关于符号的观念,拓展了符号学的领地。二

---

① 〔美〕托马斯·A.西比奥克、〔加〕马塞尔·德尼西:《意义的形式:建模系统理论与符号学分析》,第4页。
② 〔美〕托马斯·A.西比奥克、〔加〕马塞尔·德尼西:《意义的形式:建模系统理论与符号学分析》,第132页。

是把符号建模视为生物体认知活动的中介,视为交流活动的前提和基础,并对各种类型的建模行为发生的内在逻辑关系做出分析,以此来构建完整的符号建模系统。三是既继承皮尔斯的符号学传统,又不拘泥于某些具体做法:不像皮尔斯那样,从逻辑层面把符号活动划分为符号、对象、解释项所构成的"三元关系",而是探讨生物体如何动态地通过建模来把握世界这一符号活动过程。更为重要的是,皮尔斯的符号学以现象学为基础,研究"现象的形式成分(formal element)"①;西比奥克则采取认知科学的研究视角,结合运用神经生物学,也就是说,他已经不再把符号活动局限在和"意识"密切相关的"现象"领域。正是这些根本性变化,使得西比奥克可以有效开拓符号学视野,把动物的指号过程也纳入其中,进而构建"总体符号学"。

第二节 "总体符号学"质疑

在批判语言中心主义、理性中心主义、人类中心主义的历史语境中,西比奥克提出的"总体符号学"具有极大的号召力,一些学者在"动物符号学"之后,相继提出"植物指号过程""物理指号过程",把西比奥克原本限制在生物界的符号活动延伸至包括物理世界在内的整个自然界。可是,问题在于:这些扩张往往把"总体符号学"嫁接在皮尔斯符号三元关系的根基上,这就导致理论的内在矛盾和谬误。

一、约翰·迪利的谬误

在影响广泛的《符号学基础》中,迪利专章阐述了"物理指号过程"。跟西比奥克以"建模系统理论"改造皮尔斯的符号学不同,迪利仍然沿袭了皮尔斯的做法,以"三元关系"为基础来阐释符号活动。而皮尔斯的符号三元关系又以现象学为基础,即在意识与意识对象的关系框架中来思考符号活动。至于人类以外的生物体有无意识是一个悬而未决的问题,因此,作为符号三元关系中的解释项也就似乎必须由具有意识能力的人来承担。在致韦尔拜夫人的书信中,皮尔斯说:

---

① 〔美〕皮尔斯:《皮尔斯:论符号 李斯卡:皮尔斯符号学导论》,赵星植译,成都,四川大学出版社,2014年,第8页。

我把符号定义为任何被某一他物如此规定之物——我管这个他物叫作它的对象,它还如此规定着施加于某个人的一种效果——我管这种效果叫作它的诠释项:后者须以前者为介质。加入"某个人"这个词是为了"丢卒保车",因为我对人们能否理解我这个更大的构想毫无信心。①

一方面,皮尔斯意图提出关于符号学"更大的构想";另一方面,却又坚持现象学的理论基础而无法突破人类意识活动的拘囿。一旦他不得不在符号活动过程中请出具有意识能力的"某个人",实际上也就把符号活动过程限制于人类活动的圈子内了。为了打破这一局限,构建"总体符号学"的宏大计划,迪利采取的做法就是设法移除"某个人"。

迪利对符号三元关系进行了改造:他以"物"来置换处在解释项位置的"人",以此来排除皮尔斯不得已加入的"某个人"。譬如在关于恐龙化石的符号关系中,作为符号(骸骨)、对象(恐龙)、解释项(合理启动的古生物学训练)三者构成了符号学三角,具有古生物知识的人通过骸骨这一符号来解释恐龙这个对象,这是一个人类经验的实例。迪利则"巧妙"地把"经过古生物学训练的人"置换为"骸骨的地质化石构造",试图以"地质化石构造"作为解释项,直接来解释"骸骨",这就使解释项转换为一个物理事实,而非人的心理结构,于是,人也就从符号三元关系中被去除了,重新建立了物理世界自身的三元关系——这就是迪利所谓的"物理指号过程",如图3、图4所示。

图 3 符号学三角:人类具有的实例②

———————————

① 〔美〕约翰·迪利:《符号学基础》(第六版),张祖建译,北京,中国人民大学出版社,2012 年,第115 页。

② 〔美〕约翰·迪利:《符号学基础》(第六版),第117 页。

图4　符号学三角:环境当中的实例①

　　表面上,迪利似乎合理地把符号学拓展到整个自然界,建立了包括物理世界在内的"总体符号学",然而,其中却包含着一个巨大的逻辑漏洞:"骸骨的地质化石构造"与"骸骨"之间的关系仍然需要"经过训练的人"来发现和解释,人仍然是符号关系中不可移除的因素。只不过符号学三角发生了变化,由原来一个符号学三角增加为相互关联的两个三角。首先,"骸骨的地质化石构造"成为一个新的符号,而原先的骸骨则成为对象,两者的关系必须由"经过地质学训练的人"承担解释项来做出解释,通过对"地质化石构造"(符号)所含信息的解释来理解"骸骨的地质学含义"(对象)。这构成了第一个符号学三角(Ⅰ)。然后,再由"经过古生物学训练的人"(前后可以是同一个人,或者是相互合作的不同人)根据第一个符号学三角(Ⅰ)解释所得的结果进一步来解释骸骨(符号)与恐龙(对象)的关系,构成第二个符号学三角(Ⅱ)。在此三角(Ⅱ)中,骸骨由原先的"对象"转化为一个用以解释恐龙(对象)的"符号"。两项解释相互整合,从而对恐龙(对象)做出更加充分的解释和更加深入的了解(图5)。尽管这些关系是原本就已经存在的物理关系,但是,所有这些关系的发现和建立都需要人的参与,而非仅仅是一个物理过程。人不仅不能移除,还必须接受过必要的专业训练。

图5　符号学双三角:双重解释的整合

---

① 〔美〕约翰·迪利:《符号学基础》(第六版),第117页。

由于皮尔斯的符号学以现象学为基础,他只能无奈地把解释项的责任交托给具有意识能力的"人"。因为对缺乏意识能力的其他生物体或非生物体来说,也就势必不存在"意识对象",所以,不仅不能构成符号、对象、解释项这个三元关系,甚至连主体与对象、符号与对象都无法加以明晰区分,正因如此,他不得不请出具有意识能力的"某个人"。

为了回避这一难题,迪利认为,符号的三元关系并不是理论要点,理论支柱在于解释项,是解释项决定着符号过程。[①] 可是,若所谓的符号(再现体)与对象不能区分,符号就是对象本身,也就立即取消了解释项,因为已经没有解释项存在的必要了。对象可以是实存的、想象的、虚幻的、模糊混沌的、缺席的,乃至形而上的,但都必须设定存在着那么一个区别于符号的对象,这才是解释项得以存在的合法性条件。皮尔斯提出符号三元关系正是符号活动得以生成和存在的必要前提,三者缺一不可。

二、符号的"无限衍义"与人的元符号能力

皮尔斯认为:在符号三元关系中,"解释项不停地变成(新的)符号,如此延绵以至无穷"[②]。依据皮尔斯的符号观,安伯托·艾柯(Umberto Eco)明确提出了"符号无限衍义"(unlimited semiosis)。他说:"一个指号的一切意指都是它的解释项,一个引申意指则是一个基本的直接意指的解释项,另一个引申意指又是这个引申意指的解释项,但是,后一个引申意指超越了直接意指与引申意指的意义范围。"[③]在符号活动过程,解释项本身就是另一个符号,等待着下一个解释项的解释,由此展开永无止境的符号衍义过程。从表面上看,在无限衍生的符号解释过程中,作为解释者的人完全可以被排除在外,似乎是不断出现的新的解释自动填补空缺的解释项位置。实际上,这种延续恰恰需要具有意识能力的人的介入,是作为解释者的人把原先的解释项转变为另一个需要解释的符号,从而展开新的解释。这也就是说,要把原先的解释项转变为被解释的符号,需要一种意识和反思能力,即元符号能力,因此,没有具备意识能力的人的参与,也就不可能实现这种转变。这一解释项的位置只能属于具有意识和反思能力的人,其他动物是无法取代的,更何况是让位给物理事实。动物并不具备元符号能力,它的解释只是一种机械性重复,它以自身的行为对刺激做出直接的反响和回应,解释过程就已

① 〔美〕约翰·迪利:《符号学基础》(第六版),第 37 页。
② 〔美〕皮尔斯:《皮尔斯:论符号　李斯卡:皮尔斯符号学导论》,第 32 页。
③ Umberto Eco. *A Theory of Semiotics*. Bloomington, Indiana University Press,1976,p.70.

经终结。①

福柯也曾指出,如果知觉的一个要素想成为知觉的符号,那么,光是这个要素成为知觉的一部分,还是不够的,它必须以要素的名义区别并脱离与自己模糊地联系在一起的总体印象。"只有当两个早已被人认识的因素之间的替换关系的可能性被人所知时,符号才能存在。符号并不默默地等着能够确认它的人的到来;符号只能被认识活动构成。"②福柯继承了皮尔斯的观点,强调成为符号的必要条件是:同时存在两个要素及被发现的双方的关系。离开有意识能力的人,离开人对关系的认识,也就不可能构成符号活动。

三、莫里斯:信号与符号

但是,对于动物来说,即使不具有意识能力,不能建立意识与意识对象之关系,它毕竟能够对特定刺激做出合适反应,用莫里斯的话说,行为反应本身就已经是"解释"。③ 这种状况虽然在性质上不同于人类符号活动,没有构建符号三元关系,却又类似于符号活动,在具有意识能力的人的眼中,似乎也可以被解释为符号过程。莫里斯继承了皮尔斯对符号所做的定义,为了阐明这两种不同类型的指号过程,莫里斯把"动物的指号"与"人的指号"做了区分。他认为:

> 人的指号—行为和动物的指号—行为之间的继续性和不继续性同样是真实的;人的指号—行为和动物的指号—行为之间的类似性和差异性也同样是真实的。
>
> 在动物—行为中占优势的是信号而不是符号,而语言指号(和后—语言的符号)主要是人类的,或许唯独人类才有的成就。④

---

① 从另一个角度来看,符号三元关系赋予符号活动以无限衍义的可能性,而一旦符号过程是无限衍义的,符号就必然是超主体的、离身的。这个超主体的、离身的符号使符号解释者享有了反思能力,也因此具备元符号能力和伦理能力。这就是说,符号的三元关系就已经内含着元符号能力和伦理能力。如果所有生物体,乃至物理世界本身就享有皮尔斯所说的符号过程,实质上就预设了它们必然具备元符号能力和伦理能力,由此导致极其荒谬的结论。因此,皮尔斯提出的符号三元关系只能适用于人类符号活动,而不能推广至生物界,乃至整个自然界。

② 〔法〕米歇尔·福柯:《词与物——人文科学考古学》,第79页。

③ 我们把"解释项"与"解释"视为两个不同的概念:"解释项"是指符号三元关系中的一个特定位置,而"解释"则可以指生物体对刺激的本能反应,并不存在一个独立的解释位置。

④ 〔美〕C. W. 莫里斯:《指号、语言和行为》,罗兰、周易译,上海,上海人民出版社,2011年,第57~58页。

莫里斯正确地区分了"信号"与"符号",并把符号视为"后—语言"的产物。可惜的是他并没有进一步阐明两种指号行为的性质差异和相互关系,以及造成差异的根源。

四、两种不同的理论框架:现象学与认知科学

随着神经科学、脑科学和认知科学的发展,西比奥克不再停留于现象学的理论框架来思考符号活动,而是直接从认知科学出发,并吸收神经生物学观点,通过考察建模行为来进入符号学分析。一旦放弃了符号分析的现象学基础,采取认知科学的立场,西比奥克也就超越了"意识"这一围栏,把动物的指号行为与人的指号行为相互贯通,成功地构建起他的"总体符号学"。只不过从神经生物学角度还难以解释意识问题,难以解释人类语言符号特殊性的根源。可是,迪利及其他学者一方面承袭皮尔斯的符号观,沿用现象学关于意识与意识对象之关系这一理论框架;另一方面又没有顾及西比奥克采取认知科学的方法避开意识问题,却在现象学基础上强调囊括所有生物体,乃至整个自然界的"总体符号学",那就堕入了自相矛盾之中。不仅"物理指号过程"成为一种错误观点,而且也抹杀了动物信号过程与人类符号过程的性质差异。这种观点固然迎合了批判人类中心主义的思想潮流,却是以误释作为代价。迪利等人把信息过程、信号过程、符号过程的不同性质完全忽略了。

这种误释是有其原因的,其中就存在着两种不同研究视角的混淆:一是从"生物体自身"出发客观研究其指号行为;二是"人类眼中"的生物体指号行为。人类具有特殊的"符号化"能力,人可以发现或设立种种关系,进而赋予对象以符号特征,并通过构建符号三元关系来解释人的世界。在人类的视野中,任何对象,包括动物和物理对象都已经被符号化或再符号化。人就是通过各式各样的具有三元关系的符号活动来把握和解释世界的。人的世界就是被符号化了的世界。然而,对于物理世界本身,或者动物本身来说,却并非如此。在物理世界,物与物之间的关系,能量交换和信息交换等却绝非符号行为;而动物的指号行为本身也并不符合皮尔斯所说的符号三元关系。恰恰是两种不同视角的混淆,把人所观察和解释的现象,直接等同于生物体指号行为的实质,或者物理世界本身的相互关系,这就势必导致简单化地把符号行为授予所有生物体,乃至物理世界,以至于堕入谬误。

与此同时,还存在着两种不同的符号学定义和标准:一是采用皮尔斯的符号三元关系的定义,那么,动物指号行为就并非真正意义上的符号活动,

而只能是莫里斯所说的信号过程,或者仿照赵毅衡的做法,勉强可以将其归入"广义符号学";二是采用西比奥克的建模系统理论,撤销意识与无意识的界限,有意行为与本能行为的界限,对象性关系与非对象性关系的界限,那就可以合法地使用"总体符号学"来涵盖所有生物体。

第三节 从行为建模到语言建模

我们的做法是综合并协调皮尔斯、索绪尔、莫里斯、西比奥克的符号学理论。概括地说,就是以皮尔斯的符号三元关系来定义符号活动,以索绪尔的符号观来阐释语言符号的独特性,以莫里斯的方式来区分人的指号行为与动物指号行为,既肯定它们间的连续性、类似性,又强调其不连续性和差异性,并阐明其质的区别;着重采纳西比奥克的"建模"观念,即以认知符号学作为思考符号系统生成的主要路径,把所有不同类型的指号行为视为逐级发生的建模过程,以此来阐释符号活动的生成、构建及其施行方式、性质和功能。

一、行为建模

为了具体阐明符号问题,我们必须从指号行为的发生过程,即建模过程来展开讨论。西比奥克很重视"模拟"在建模中的作用,在此,我们必须做出重要修正。我们认为,"模拟"并非建模的初始方式,因为模拟首先必须以意识与意识对象的形成为前提,并不能推及尚无意识能力的所有生物体。与模拟不同,建模应该是在生物体展开行为与世界打交道的过程中发生的,恰恰是行为与世界建立关系模式使建模形成了。特定的行为模式与特定的外部环境相关联、相协调、相匹配,建立同一性关系,这就是行为建模。行为建模是生物体以"行为"与外部环境建立相互调适、相互匹配的"关系模型"。那些恰当的行为模式构建了模型,并通过重复而积淀为生物体的生存经验,成为生物体世代遗传的本能。

> 在一定方式之下相互作用的许多事物就是经验,它们就是被经验的东西。当它们以另一些方式和另一种自然对象——人的机体——相联系时,它们就又是事物如何被经验到的方式。因此,经验到达了自然

的内部,它具有了深度。①

　　西比奥克把"模拟",即便是"自发性模拟",视为符号建模的开端,实质上仍然没有逃脱勒内·笛卡儿(René Descartes)所主张的通过内部表象来把握外部实在这一思想影响,犯了二元论的错误。对于生物体,特别是单细胞生物来说,既无必要也无可能首先去模拟对象,然后再做出行为反应,而是接收到有用刺激就直接做出反应,整个过程并不需要意识活动的参与,本身就是无意识的本能过程。

　　"一个生物体并不感知物体的本身,而是根据其自身特有的建模系统来感知,这些系统使得它能够用独有的生物性方式来对世界进行理解与建模。"②种种动物都基本如此。蟋蟀对"鸣唱"毫无听觉意识,它通过触觉直接地关联自己的行动。雌性宝石甲虫有着棕色发亮的鞘翅,底部有一排凸起的小点。只要一个物品具备这几个特点,雄性宝石甲虫就会坚持不懈地同这个物品"交配"。青蛙能够敏锐地感觉到非常小的、快速移动的物体,譬如能吃的昆虫,却忽略了体形大的、移动慢的物体。青蛙的世界是通过自身行为与有用的刺激相关联、相匹配构建起来的,而不是通过模拟而构建的。银鸥幼雏对父母的识别则基于喙的垂直线及水平的红点刺激,当它感觉到父母降落身边,就会发出求食的鸣叫和啄动。用一个木制的鸟喙也能达到同样效果。这就是说,银鸥幼雏并非通过模拟来识别父母,而是简单的有用刺激就可以引起行为反应。当实验者在雄知更鸟眼前放上另一只雄知更鸟胸前的一撮黄褐色羽毛时,这只知更鸟便摆出一副决斗的姿态。即便哺乳动物也是如此。神经科学研究指出:"对于哺乳动物的神经系统,感知分类是通过感知与运动系统的互动实现的,我称之为全局映射(global mapping)。"③生物体的行为与外部世界之间建立了特定关联,把生物体与世界合而为一,相互适应,完成了建模过程。感知必须与行为建模密切联系,经过行为模式(关系模式)的建构才能转化为生物体的有用信息。④ 这一过程并不需要经过有意识的认知和模拟,只不过是一种无意识本能,整个

①　〔美〕杜威:《经验与自然》,傅统先译,南京,江苏教育出版社,2005年,第3页。
②　〔美〕托马斯·A.西比奥克、〔加〕马塞尔·德尼西:《意义的形式:建模系统理论与符号学分析》,第14页。
③　〔美〕杰拉尔德·M.埃德尔曼:《比天空更宽广》,第30页。
④　詹姆斯·吉布森(James J. Gibson)提出了"功能可见性"概念,他认为,生物体并非被动地感知其周边环境;而是采用行动导向和实用的模式接触这个世界。这也就是说,对生物体而言,"行为"恰恰起着感知"编码"的作用。

过程尚处于意识阈限之下。

生物体的行为与外部世界建立起关系模型,使生物体足以应对它所处的种种境况。这些关系模型通过遗传机制获得世代传递,在幼年期借助"游戏"得到激活,又在特定境况中不断修正和重构,以适应变化的环境,并在漫长的历史过程中发生了层级进化。① 在这个过程中,不仅生物体自身的经验受到行为的塑造,外来的刺激也经过筛选和重塑,由此建立相互适应的关系。

> 这里所说的关系首当其冲涉及的是物质环境有限而局部的感觉方面在其彼此之间息息相关而构成的经验客体,而这种构成首先要取决于进行着感知活动的有机体的构成。因此,有机体的兴趣,而不是感觉刺激源的"独立"性质,在感觉认识中如此关键,以至于有机体为了自己的生命和存在,最终要在环境中因兴趣而动,并根据兴趣校准自己的方向。②

在群体性生存的灵长类动物中,建模方式得到了重要发展。譬如在猴子的前额叶皮质中发现了镜像神经元。③ 这种镜像神经元赋予猴子共情能力和模仿能力,但它仍然是一种处于意识阈限之下的无意识行为,或者勉强称之为西比奥克所说的"渗透",即"自发性模拟"。不过究其实,这种所谓的"自发性模拟",实质上仍然是行为本能的激活、修正和扩展,并非真正意义上的模拟。除了人类以外,我们之所以强调其他所有生物体的建模基本上都属于无意识过程,构成了生物体的本能,而非真正的意识过程,就在于生物体一旦享有意识,它就同样可以把自身行为作为"意识对象",并可以认知

---

① 我们不是从席勒(Johann Christoph Friedrich von Schiller)所说精力的"盈余"或斯宾塞(Herbert Spencer)的"剩余精力"的角度来看待"游戏",而是将"游戏"视为生物体最重要、最基本的生存"本能"。生物体正是在幼年时期借助"游戏"来激活所遗传的其他生物本能,游戏快感则是对游戏本能的奖励。

② 〔美〕约翰·迪利:《符号学对哲学的冲击》,第29~30页。

③ 在《人类进化"飞跃"背后的推动力量:镜像神经元及模仿学习》中,拉马钱德兰谈到里佐拉蒂的发现:"当猴子用手做出某个特定的动作时,比如拉、推、拖、抓握,以及将花生捡起来放进嘴里等,特定的神经元就会放电,不同的动作会引起不同的神经元放电……当被研究的猴子看到另一只猴子(甚至实验者)做出同样的动作时,比如品尝花生,相应的镜像神经元也会放电。"(〔美〕约翰·布罗克曼编著:《心智:关于大脑、记忆、人格和幸福的新科学》,黄珏苹、邓园、欧阳明亮译,杭州,浙江人民出版社,2019年,第101页。)镜像神经元是猴子共情能力和模仿能力的生理基础。其实,我们更应该把猴子的无意识模仿视为对行为本能的激活、修正和扩展,较之于其他生物,猴子的本能获得了更为灵活发展和塑造的空间。

自身行为,而对自身行为的认知就是反思,也就有可能生成理性,这恰恰是与事实相背离的。

　　我们不妨进一步来探析行为建模的性质及原因。行为即身体行为,也就是身体本身,它无法离开身体而独立。行为的这一性质也决定了生物体与世界所建立的关系模型(建模)的性质,其本身就是无法与身体相分离的身体行为模式。生物体通过行为这个非中介的"中介"与世界打交道,构建了同一性的关系模式,并以这个关系模型建立自己的世界,一个经过建模构造的、与自身相统一的世界。由于行为只能是身体行为,缺乏独立性,因而,这个关系模型所构建的世界也不可能与身体相分离,不可能外在于生物体,而是将世界结构化并纳入己身,融为一体。也就是说,世界成为生物体身体的自然延伸(马克思)。"要在我和世界彼此还不分明,物还没有在它们的个体性中被经历的层面上,即时地感知世界,就意味着不是处于某物面前,而是'在它的里面,在它的内部'。"①生物体与其世界建立特定关系的过程就是建模过程,并且这个过程本身是一种无意识过程,是生物体将世界纳入己身,构建无意识经验(本能)的过程。生物体以自身行为将内外两个世界连接为一体并建模化了,也因此塑造了相统一、相连贯的内外两个世界,构建了两相对应、相互交融的内在世界和外在世界。② 因此,当行为建模积淀为无意识经验,生物体就可以不必启动身体行为,而凭借无意识经验(本能)结构来直接把握世界。也正是这个原因,西比奥克的建模系统理论才可以合法地将所有生物体纳入建模分析中,同时构建他的总体符号学。

　　由于行为建模将生物体与其世界连接为一体,并非将自身与世界相分裂,因而,它们的关系仍然是"浑融"的,未经分割、没有边界的。世界并非以"对象"的方式展现在生物体前面,而是含蕴着它,孕育着它的生命生存。对于生物体而言,世界还仍然是"非对象",是"无"。但是,生物体却已经以自己的行为建模把握了世界,把握了"非对象",把握了"无"。任何环境的变化、任何外来刺激的变化都能即刻引起生物体的行为回应,生物体就是通过"身体行为"来"体验"世界的,世界则成为它的"生物场"和"生命场"。

---

① 〔意〕苏珊・彼得里利、奥古斯托・蓬齐奥:《打开边界的符号学:穿越符号开放网络的解释路径》,王永祥等译,南京,译林出版社,2015 年,第 346 页。

② 在严格意义上,对于人之外的其他生物体而言,并不存在着有着内外之别的两个世界,生物体与世界之间没有明晰的边界。

二、从行为建模到语言建模

行为建模并非仅仅指动作,而是动作、姿态、表情、发声等相协同的行为,它们共同在生物体与世界之间建立了同一性关系。人类作为一种独特的生物体,继承了长期演化所形成的行为建模,"我们高度发达的辨别和把握未经观察到的情境的能力是分享自其他动物的"①。群体生活、直立行走、生产活动、工具使用,以及脑容量的增加等,都促使人的经验积累高速增长,建模方式发生质的飞跃。群体的扩张更使交流活动愈加重要,发声行为也因其可传播的便利性,开始从其他行为中突显出来,逐渐成为沟通交流的主要中介。② 原先,发声行为只是一种次要的、作为身体行为的"伴随"出现的,而在人际交流需求的推动下,它成为交流活动中的主导性行为,其他诸如动作、姿态、表情等,则降格为交流活动的次要的、辅助性的背景行为。与此相应,发声行为又仍然折射着身体行为,关联着身体与世界,反映着内在的身体感受。并且由于发声行为是一种可以离开身体进行传播的行为,具有既具身又离身的双重性,这就为它逐渐获得相对独立性提供了条件。也就是说,在各式各样初始的行为建模中,唯有发声行为才有可能离开身体,发展为具有相对独立性并投射和凝聚不同脑区的无意识经验的交流媒介。

一方面,作为初始符号建模的发声行为总是情感性的,是传递行动者自身感受的指号;另一方面,发声行为又不仅从属于身体和行动,它总是关涉

① Hilary Putnam. *The Threefold Cord*: *Mind*, *Body and World*. New York, Columbia University Press, 1999, p. 48.

② 在《论文字学》中,德里达颇为赞同卢梭的"语言成为文字的过程就是语言成为语言的过程"观点,以此来颠覆文字与声音的关系,颠覆语音中心主义。(〔法〕雅克·德里达:《论文字学》,第333页。)我们并不否认文字在语言形成过程中的重要作用。与卢梭、德里达的观点不同,我们认为,文字之为文字,首先需要人已经具备意识能力,能够把具体物象作为意识对象或模仿对象,文字才有可能得以产生。而意识的生成是与口头语言同步的,它建立在发声行为的基础上,因此,从逻辑角度看,口语应该具有先在的决定性意义。从现有研究来看,人类语言的产生已经有数万年历史,而目前发现最早的文字只有五千多年历史。当然,这并不否认文字对语言的生成过程所起的关键作用。较之于声音,物质形态的文字具有更确定、更彻底的外在性和独立性,这对于语言获得相对独立性起到重要作用,因此增强了语言的反思性,促使人成长为理性主体,也为文化创造提供了最有效的媒介,同时,反过来通过对语言自身的反思,又有效增强了语言的确切性、逻辑性和表达的规范性。对此,我们不予阐述,而只阐述以声音为载体的口头语言。有人可能会提出质疑:发声行为同样需要意识,才可以被"听见"。需要说明的是,我们所说的生物体的发声行为并非指被"听见"(意识到)的声音,而是指生物体"接收到"的处于意识阈限之下的声波刺激,它同样会引起生物体的行为回应。发声行为具有既具身又离身的双重性,唯有它才可能不断地投射、凝聚无意识经验而逐渐获得相对独立性,进而生成语言和意识。

行为指向的对象及情境,从属于行为建模生成的关系,与对象及情境相统一,映射着身体行为积淀的具体经验。对于人的生存及交流活动来说,发声行为这种表达主观情态的效用毕竟是次要的,而如何表征对象及关系则是主要的。直立行走和使用工具解放了人的双手,有效拓展了人的活动范围和活动方式,增加了行为的复杂程度,使行为日趋精细化、多样化、庞杂化,人类关于世界的经验积累愈益趋于丰富、烦冗。这些经验同时也积淀在发声行为内,并且由于发声行为所具有的外在性,使它成为投射、凝聚无意识经验的稳定载体。于是,发声行为所蕴含的意义也逐渐从身体感受向关于世界的经验转移,并随着经验的爆炸性积累,不得不依从生物体的生存需要而自发地发生筛选、归类、凝聚和抽象,最终形成具有“内涵”与“外延”的“概念”。① 特别是工具的使用宛若在人与世界之间打入了楔子,既关联又分裂人与世界的关系,将直接联系转变为以工具为“中介”的间接关联。发声行为的离身性和概念的形成,以及工具对人与世界一体关系的瓦解,所有这一切都促使发声行为从整体的身体行为中分蘖出来,成为一种享有相对独立性的行为,一种携带着蕴含世界经验的概念的符号化行为,一种依据差异性来区分外物、区分人与世界并在人与世界间建立崭新关系的言语行为。语言即区分系统。当无意识经验被自发地筛选、归类、凝聚和抽象而构建为概念,语言就具备了区分能力。这也就是索绪尔所说的“概念/音响形象”。在语言与意义世界之间存在着解释项,这又构成了皮尔斯所说的符号三元关系,即语言符号活动,一种有别于行为建模的独特的建模方式和符号方式。

有学者把索绪尔的语言二元结构(“概念/音响形象”或“所指/能指”)与皮尔斯的三元关系(符号、对象、解释项)相对立,并认为皮尔斯对符号的定义更优越。其实,这是对索绪尔的很大误解。我们固然可以把索绪尔所说的“音响形象”(能指)看作“符号”,把“概念”(所指)看作“对象”,而索绪尔本人却主要是把“概念/音响形象”(所指/能指)整体作为语言符号来讨论的。这同皮尔斯并不构成对立,不存在孰优孰劣的问题,相反,两种理论恰恰是互补关系,双方处在不同的层次上。皮尔斯的兴趣在于研究人类如何通过

---

① 在《艺术与视知觉》中,阿恩海姆指出:“只有那些极端片面的传统观点,才把概念说成是唯有抽象思维才能得到的产物。实际上,作为认识工具的心灵,它所进行的活动,就是通过把握事物的一般特征,或是运用一种媒介的形式式样去把握某一类事物的特征。这种媒介既可以由一类事物的‘知觉范畴’组成,也可以包括某种再现手段的形状式样,还可以包括由理智得到的抽象概念。”(〔美〕鲁道夫·阿恩海姆:《艺术与视知觉》,滕守尧、朱疆源译,北京,中国社会科学出版社,1984 年,第 230 页。)

符号活动来寻找意义,他所考察的是符号(再现体)、对象(意义)、解释项所构成的"符号活动"过程的特征;索绪尔所说的"语言"(概念/音响形象)则只是皮尔斯三元关系中的"符号"(再现体)这一元,他搁置了对象(意义)及解释问题,专注于语言符号(再现体)本身的结构,特别是语言系统内部结构的共时分析。恰恰是语言符号(再现体)的独特结构,才赋予语言区别于其他符号的独特性质和功能。只有将双方的理论相互结合,我们才可能更加深入地考察各种符号活动的独特性。

索绪尔说:

> 语言现象的二元论存身于下述二元性:即作为声音的声音和作为符号的声音,前者是物理现象(客观的),后者是物理–精神现象(主观的),但绝对不是语音之"物理"与意义之"精神"的对立。有一个领域,内在的精神领域,符号及意义存身于此,相互依存,无法分离;还有第二个领域,外部的领域,那里只有"符号",但却是被简化为一串声波的符号,我们只能将其命名为声音形象(figure vocale)。①

语言这种既是"内在的精神领域"又是"外部的领域"的"二元性",使它赢得了相对独立性,并成为构建意识与意识对象的有效中介,由此建立起对象性关系。本维尼斯特从另一个角度强调了语言的二元性,他说:"语言是特殊的象征系统,由两个层面组成。一方面,它是物理事实:它借助发声器官产生,借助听觉器官被感受。它的这一物质方面可被用来观察、描写和录入。另一方面,它又是非物质的结构,所指(signifié)的交流,通过对事件或经验的'回想'来替代事件和经验。这就是语言,一个双面的统一体。"②语言既是物理事实,又是非物质的精神结构的双面性、二元性的特征,使得它区别于行为建模而享有相对的独立性和外在性,因而彻底改变了生物体通过行为建模与世界相融合的统一关系,成为人与世界设立对象性关系的基础。

西比奥克将"语言"与用作人际交流的"话语"相区分,并认为作为"模塑手段"(modeling device)的"语言"比用于交流的有声有形的"话语"更早。这种观点贬低了交流的作用和话语的作用。其实,从生物体共享的建模行为发展为人类独有的语言,交流恰恰起着极其关键的作用。"语言本质上是

---

① 〔瑞士〕费尔迪南·德·索绪尔:《普通语言学手稿》,于秀英译,南京,南京大学出版社,2011年,第6~7页。

② 〔法〕埃米尔·本维尼斯特:《普通语言学问题》(选译本),第16页。

一项主体间的成就,并且是在主体间的语境中学习的。"①正是交流的需要,发声行为所特有的既具身又离身的双重性优势,让它从各种协同作用的身体行为中凸显出来,从"伴随性"行为转变为"主导性"行为。当语言借助于声音而具有相对独立性的物理性肉身,它就成为不断投射、凝聚人类经验的相对稳定的载体;也只有人际交流对意义确定性、明晰性、可交流性不断提出要求,概念才终于成型;而且只有通过人际交流,语言才可能成为群体共享的符号。可以说,交流的需要令人类经验不断投射在发声行为上,筛选、归类、凝聚和抽象,且不得不接受社会规约而形成群体共享的概念。"名无固宜,约之以命。约定俗成谓之宜,异于约则谓之不宜。名无固实,约之以命实,约定俗成谓之实名。名有固善,径易而不拂,谓之善名。"②于是,语言终于和人的身体相分离而成为人际交流的首要工具。没有交流的需要,没有对交流工具不断使用、规范、改进、完善的动力,也就没有语言的生成和发展。反过来,作为交流的语言的生成,又改造、重塑了人与世界间的建模方式,使世界以一种崭新的"对象"方式呈现于人类意识中。从这个角度说,正是人际交流的需要促成行为建模向真正意义上的语言建模转化,进而改变了人与世界的关系模式。

三、语言、意识及意识对象

语言是一种享有相对独立性的建模方式。这种建模与原先的行为建模之间产生了根本性区别,是对生物体原有建模方式的超越,是人成为人的依据。当语言将经验从一种形态转换为另一种形态的同时,经验本身就已经被重塑、重组和改变了。作为相对独立的建模方式,人的语言不再通过建模把世界纳入己身,构建为一个统一体("生物场"或"生命场"),而是把世界设立为人的对象世界,一个经过语言建模构造的对象世界,一个被"概念"所区分、模塑、规范并按照语言秩序建构的世界,以此来把握世界和生成意义,因此,语言的诞生也同时改造了人的感官感觉。"获得语言,必然会引起使人的整个世界为之改观的重大飞跃,包括人的感官世界。"③当音响形象与概念相结合的语言享有相对独立性、外在性和社会共享性,当语言把特定的感受经验投射于这一物理性的肉身上并加以凝聚,那么,世界就已经以人的"对象"的方式出现了,因而,给世界命名,也就是对关于世界的经验做出筛

①　Wiffrid Sellars. *Empiricism and the Philosophy of Mind*, p. 107.
②　(清)王先谦:《荀子集解》,北京,中华书局,1988 年,第 420 页。
③　〔英〕特里·伊格尔顿:《理论之后》,第 151 页。

选、归类、凝聚、概括和抽象，把万物相区分，把世界设立为"人的对象"。① 相对独立性授予语言自身以"对象化"能力，世界也因此成为人的对象世界，人与世界之间从此建立起对象性关系。"这个客观世界对我来说总是已经现成地在那里了，已经是我的活生生的流逝着的客观经验的被给予性了，而且即使我不再体验它，它也会继续具有习性的有效性。"②

在设立对象世界的同时，人类意识也就诞生了。"意识只有在确定一个对象的时候才开始存在。"③语言、意识、意识对象是同步建构起来的，它们都是建模活动发生超越性演化的成果。皮尔斯说："人类意识的无论哪个要素，在字汇中都不存在与之没有对应的……人类所使用的那个字汇或者符号，就是人自身。"④世界第一次以人的"对象世界"的方式明晰地呈现在人类

---

① 语言正是利用发声行为将种种相关经验筛选、归类、凝聚、概括和抽象。这也就使得大脑不同功能区对外来刺激所产生的各种反响之间建立起关联，引起众多大脑功能区的活跃，形成"全脑信息共享"，由此上升至意识阈限，同时建构了意识对象。缺乏交流的需要，缺乏外在的相对稳定的声音，这种筛选、归类、凝聚、概括和抽象就难以发生。人的视觉（形态、色彩）、听觉、味觉、触觉处在不同的大脑功能区，不同感觉经验首先是共同投射于"音响形象"（名称）这一外在的物质载体上，相互整合，由此建立相关性。与此相应，也在大脑内部形成语义区，并建立相互关联和折返。语言命名构建了人的知觉意识，也构建了知觉对象。人们所谓的"统觉"就建立在语言建模的基础上。因此，探讨人类意识发生问题单独聚焦于脑神经是难以得到正确答案的，而必须将人置于世界之中，在整体关系的互动中予以考察。脑神经就是在与外部世界的交互关系中得以发展的，符号建模也是在关系中建构而成的，意识、无意识都必须在关系中得到解释。"你的大脑不等于你。每个人都有一个大脑，而人是一个与环境相连的生命体，在存在的同时与环境发生着剧烈和频繁的交互。我们不能单纯以大脑来解释关于意识的一切，因为大脑不是意识产生的唯一条件。"（〔美〕埃尔瓦·诺埃：《世间有生之物即为生命》，见〔美〕约翰·布罗克曼编著：《思维：关于决策、问题解决与预测的新科学》，第102～103页。）福柯曾对语言的建构作用做出很好的阐释，他说，语言的基本表达沿着两条直交的轴心，即"横向的表达"和"纵向的表达"而形成。或者通过一个横向的表达，它把共同拥有的某些同一性的个体聚集起来，并把那些不同的个体区别开来，形成了一个逐渐变得巨大的集合的连续的普遍化；它还可以借助于新的区分几乎无限地对这些集合做进一步的区分，于是，并列和从属的所有秩序被语言所覆盖，并且每一个点与它的名词一起出现在那里：从个体到种，从种到属和纲，由此构建起世界的秩序。或者通过纵向的表达把独自存在的东西与那些从未独立的东西（修改、特点、偶性或性质）区别开来：在最深处是实体，在表面则是性质，这就形成了形而上学。（〔法〕米歇尔·福柯：《词与物——人文科学考古学》，第131～132页。）本维尼斯特也阐述了儿童语言的发生过程，他说："在儿童那里，语言的掌握是与象征的形成与物体的构建同时发生的。他通过事物的名称来学习事物，他发现一切都有名称，而学会了名称会使他支配事物。"〔〔法〕埃米尔·本维尼斯特：《普通语言学问题》（选译本），第18页。〕塞拉斯则说："我们现在确定，并非因为我们觉知某类存在才得到关于它的概念，而是觉知那类存在的能力就已经得到关于它的概念。"（Wiffrid Sellars. *Empiricism and the Philosophy of Mind*, p. 87.）

② 〔德〕埃德蒙德·胡塞尔著，〔德〕克劳德·黑尔德编：《生活世界现象学》，倪梁康、张廷国译，上海，上海译文出版社，2002年，第169页。

③ 〔法〕莫里斯·梅洛-庞蒂：《知觉现象学》，姜志辉译，北京，商务印书馆，2001年，第53页。

④ 〔意〕苏珊·佩特丽莉：《符号疆界：从总体符号学到伦理符号学》，第28页。

意识中。由行为建模而积淀的无意识经验的筛选、归类、凝聚、抽象并非有意识的活动，而是应对经验超载不得不然的无意识过程，但是，它恰恰催生了语言概念的生成，催生了意识的生成。语言的相对独立性也使语言自身赢得元语言能力，并在语言的自我意识和自我反思中，日渐增强了规约性和逻辑性。

在《纯粹理性批判》中，伊曼努尔·康德(Immanuel Kant)对人类知识的两个基本来源做了阐述。他认为，第一个是感受表象的能力，即印象的接受性；第二个是通过这些表象来认识对象的能力，即概念的自发性。通过第一个来源，对象被给予我们；通过第二个来源，对象在与那个表象的关系中被思维。

> 我们若是愿意把我们的内心在以某种方式受到刺激时感受表象的这种接受性叫作感性的话，那么反过来，那种自己产生表象的能力，或者说认识的自发性，就是知性。我们的本性导致了，直观永远只能是感性的，也就是只包含我们为对象所刺激的那种方式。相反，对感性直观对象进行思维的能力就是知性。这两种属性中任何一种都不能优先于另一种。无感性则不会有对象给予我们，无知性则没有对象被思维。思维无内容是空的，直观无概念是盲的。因此，使思维的概念成为感性的（即把直观中的对象加给概念），以及使对象的直观适于理解（即把它们置于概念之下），这两者同样都是必要的。①

感性直观建立在行为建模的基础上，是对刺激的接收和经验的内化，可是，一旦缺失语言建模，脱离"概念"，也就失却了筛选、区分、凝聚和综合原初经验并生成"对象"的能力。只有感性直观与知性相协调，才能借助于概念的综合活动来构成对象的统一性，并使对象得以产生和显现。正因如此，康德说"直观无概念是盲的"②。

---

① 〔德〕康德：《纯粹理性批判》，邓晓芒译，北京，人民出版社，2004 年，第 52 页。
② 在《知觉现象学》中，梅洛-庞蒂列举了一个颜色名称遗忘症病人的事例。他指出，不能说出呈现给他们的颜色的名称的病人，同样也不能根据给出的指导语对颜色进行分类。如果要求他们按照基本色调对样本进行分类，他们比正常人做得更慢、更仔细。他们一个一个地比较那些样本，不能一眼看出"一致"的样本。假如把几条蓝带子放在一起，并且最后一条蓝带子是浅色的，他们就把一条浅绿色或浅红色的带子放入蓝带子堆里。"好像他们不能坚持规定的分类原则……不能把感觉材料归入一个范畴，不能一下子把样本看作蓝的本质（eidos）的代表物……说出一个物体的名称就是提取物体特有的和唯一的东西，以便在物体中发现一种本质或一种范畴的代表物。"（〔法〕莫里斯·梅洛-庞蒂：《知觉现象学》，第 229～230 页。）丧失语言运用能力，也就丧失了区分事物、构造明晰的"对象"的能力。

瓦尔特·本雅明（Walter Benjamin）则指出语言与意识密切关联。本雅明把人类思维活动的任何一种表达都视为一种语言。他说："语言的存在不仅仅与所有领域的人类思想表达是共存的，而且与整个大千世界也是共存的。在有生命或者无生命的自然界，没有任何事实或者事物不以某种方式参与着语言，因为任何一种事物在本质上就是传达其思想内容。'语言'一词的这种用法绝不是隐喻上的。我们不能想象任何事物不在其表达中传达其思想本质，这种思考极其有意义；意识明显地（或者事实上）在各种程度上与这样的传达息息相关，但是，这不能改变这个事实，即我们不能想象在任何事物中语言的总体缺场。"①本雅明明确地阐述了意识与语言的相关性。在他看来，语言不仅仅传达思想，而且我们之所以能够意识到任何事物，意识到整个自然界，就因为存在语言。在人所意识到的事物，乃至整个世界中，语言绝不能缺席。

艾瑞克·弗洛姆（Erich Fromm）从功能角度把"意识"定义为"对经验的觉知"，并强调意识与语言的相关性。他说："不管怎样，经验要想被觉知到，只能是在它能够凭借一个概念系统及其范畴而得到理解、得到关联并变得合理有序的条件下才能办到。这个概念系统本身乃是社会进化的结果。"他据此把语言称为"受社会制约的过滤器"。② 语言过滤了无意识经验，重塑和重组了无意识经验，并由此让它进入人的意识，成为被人觉知的对象。对于人的意识而言，尽管世界已经被区分和呈现，而经验却因经过过滤、筛选而变得相对贫瘠了，并从一开始就沾染了功利性和社会性。语言这种"过滤"作用，恰恰为意识形态操纵提供了机会。"命名首先是一种认可，向被命名对象指认其本质，确定其社会命运，并因而也向被命名者提出了一条律令：即成其所是。"③语言命名即权力的施行，对象从此被人所掌控，反过来也制约着人的感官感觉及判断，世界则成为人之世界。

四、语言、意识与"全脑信息共享"

认知科学利用大脑神经实验对人的意识研究做出了重要贡献。在谈到人的意识时，斯坦尼斯拉斯·迪昂提出了"意识是全脑信息共享"的观点。

---

① 〔德〕本雅明：《论语言本身和人的语言》，载陈永国、马海良编：《本雅明文选》，北京，中国社会科学出版社，1999 年，第 263 页。

② 〔美〕弗洛姆、〔日〕铃木大拙、〔美〕马蒂诺：《禅宗与精神分析》，王雷泉、冯川译，贵阳，贵州人民出版社，1998 年，第 119 页。

③ 朱国华：《权力的文化逻辑：布迪厄的社会学诗学》，上海，上海人民出版社，2016 年，第 179 页。

他指出,在脑神经活动超过知觉阈限时,就像突发的雪崩,它似乎在传播过程中积聚力量,就像一个小小的雪块不断聚集着雪,最终形成一场雪崩。这一过程不再限于邻近区域的神经元突触建立点对点联系,更重要的是有着长轴突的一组特殊神经元也建立"折返"(reentry)关系。这些连接不只存在于一个脑半球内部,而且也通过胼胝体跨越了两个脑半球,它们通过相互投射,纵横回环,将皮质连为整体,激活迅速叠加,形成全脑交流系统和信息共享,一大片神经网络瞬间被高度激活,发生了全脑启动。所谓"意识到"某些信息就是这些信息在大脑里达到了一个可以被共享的加工水平。

> 在意识通达中,多亏了工作空间神经元的长轴突,所有这些神经元才可以以大规模平行的方式相互交换信息,以获得一个统一的、同步的解释。当所有的信息汇聚时,意识知觉也就产生了。编码这个意识内容的细胞集群遍布整个大脑,由不同脑区提炼的相关信息的碎片之所以能够整合,是因为所有神经元通过长轴突神经元以自上而下的方式保持着同步。[1]

迪昂所说的"全脑信息共享"固然是极其重大的科学发现,却仍然停留于对意识状态的神经描述,要真正破解意识之谜,还必须做出更加深入的讨论。我们认为,导致不同大脑区域建立长距离联系并使信息相互汇聚的关键因素就是"语言"。在语言形成的过程中,一方面来自不同脑区的阈下感觉经验投射并凝聚于语言,另一方面大脑语言功能区也同步形成,于是,人脑不仅与具有物理性、外在性的语言建立多种关联,而且通过胼胝体在左右两个大脑半球间建立起长距离的内部联系,进而将所有信息汇聚,形成"全脑信息共享",上升到意识阈限。唯有语言才具有关联各种无意识经验、汇聚全脑信息的功能。语言建模过程即意识和意识对象的生成过程。

人的感觉与运动神经系统、语言神经系统密切相关。假如感官所接收的信息只停留在感觉与运动神经交互过程,而没有与语言功能区形成长距离关联,那么,这种感觉就依然是零碎的,尚处于意识阈限之下,行为则属于无意识和本能的。在这种情况下,外来信息并不能形成"意识对象",而只能成为"非对象",它与人之关系是"非对象性关系",它以"非对象"方式为人所接收,与人融为一体,直接启动本能反应。唯有语言才具有对无意识经验的

---

[1] 〔法〕斯坦尼斯拉斯·迪昂:《脑与意识》,第 209 页。

筛选、归类、凝聚和抽象功能，才可能通过大脑内部的语言功能区或外部的语言物质载体或同时利用内外两种渠道而形成全脑信息共享，构建人类意识，同时构建意识对象，构建"对象性关系"，并有意识地干预自身行为。

　　我们的观点不仅可以解释意识与"全脑信息共享"的关系，而且可以很好地解释迪昂的意识理论难以解释的"裂脑人实验"（图6）。受试者因病切除了连接左右脑的胼胝体而成为裂脑人，因此左右脑间的大部分常规传导中断了，这就无法通过内部传导实现全脑信息共享。按照迪昂的理论也就无法产生真正的意识。然而，事实上裂脑人并没有丧失意识能力。实验表明：当图片出现在受试者的右侧视野，由于大多数人的语言功能区处于左半脑，而右侧视野接收到的信息会传导至左半脑，他仍然可以看到图片并做出正确描述，即清楚认识到图片内容；可是，当图片出现在左侧视野，信息则只能传导至右半脑，受试者虽然会用手去触摸，却无法做出描述，还没有形成真正的意识。[①] 我们认为，尽管连接左右脑的胼胝体已经切除，妨碍了在大脑内部建立两个半脑间的长距离联系，但是，由于物理性的语言本身是经由众多无意识经验投射和凝聚的产物，本身就和诸感觉及运动功能区存在相互映射的关系，因此，当左半脑的语言功能区接收到信息，就仍然能够借助于外在的、物理的语言中介，在左右脑之间建立联系，形成全脑信息共享，从而产生意识。可是，右半脑接收到的信息既不能在大脑内部与左半脑的语

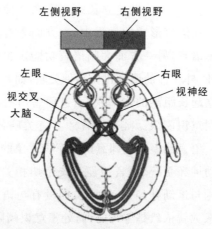

图6　"裂脑人实验"示意[②]

①　Susan Blackmore. *Consciousness：A Very Sort Introduction*. New York，Oxford University Press Inc. 2005，pp.72-73.
②　右侧视野接收的信息通过神经传导至左半脑的语言功能区；左侧视野接收的信息传送至右半脑。胼胝体则是左右脑交互的枢纽。

言功能区建立直接的长距离联系,又不能借助于物理性的语言从外部在左右脑之间建立联系,这就无法形成全脑信息共享,而只能无意识启动触摸动作。语言的诞生与意识形成不仅密不可分,同步发展,而且始终相互支持。语言成为凝聚和调节种种信息的核心要素,成为意识活动及认知活动必不可少的基本条件。

五、语言的超越性

从行为建模到语言建模的跨越是实质性、关键性的。语言作为享有相对独立性的建模方式,它让人类能够超越当下的实际存在,超越实在世界,去构建各式各样的可能世界,构建一个虚幻的世界,乃至构建纯粹的形而上世界。唯有人类才可以超越自我和实在世界,去创造千姿百态的属己的可能世界,并赋予世界以文化特征。语言所撕开的人与世界间的裂罅就是文化生长的空间。也正是随语言诞生而诞生的意识活动,让人在把世界作为意识对象来解释的同时,也把自身行为作为意识对象来解释和反思,可以为行为设置目的来调整和掌控行为,使行为成为有意识、有目的的文化行为;把行为置于目的与理由之间、置于人际互动的社会中来拷问其合理性。"语言是所有反思的初始形式,是任何批评的初始论题。"[①]人类理性就是由此建立起来的。语言建模活动改变了人类行为本身,使行为不再仅仅是一种本能,而同时受制于人类意识和人类理性,进而改变了人的生存状态。语言因为具有这种能够干预人类行为的特征,所以奥斯汀称其为"言语行为"。

人类语言建模的生成并没有废除和取代原有的生物体建模方式,只不过在解释世界的过程中,语言建模占据了较为显著的位置并遮蔽了行为建模的基础作用,事实上,各种不同类型的建模仍然同时并存,协同作用,从而使人类享有多样化的建模方式。这也就是说,在语言建模发生的同时,行为照样参与了建模活动,甚至构成了语言建模的背景和基础。人类对世界的感知和解释就包含着繁复多样的建模方式。

> 我们应该将"观看"作为一个整体……观看是一种行动、一种表演的形式。我们制造了一个世界,在这个世界里我们观看的方式具有意义,并使我们能够随心所欲地进行某些行为……我们的大脑和身体持

---

① 〔法〕米歇尔·福柯:《词与物——人文科学考古学》,第 111 页。

续地互动,从而形成一个系统。①

在人类感知的背后就潜隐着各种建模活动,特别是行为建模和语言建模,它们不仅决定着感知的可能性,而且决定着感知的方式和秩序。

我们提出"人是语言动物"并非重蹈语言中心主义和人类中心主义,而是认为人类同时兼有多种建模方式:语言建模赋予人类以独特性和超越性;行为建模则使人类保有其他生物体所共有的特征,保有对所有生物体及自然界的同情。于是,语言的反思性促使人类不断调整自身行为,以克服种种中心主义的弊病,纾解因此所造成的困境和灾难。

第四节　行为、语言及符号

一、行为语言:一种特殊的"具身性符号"

在语言建模生成后,人的行为不仅发生了变化,并且可以被视为符号活动,视为"行为语言",一种类似于语言的特殊的符号表征方式。

语言的相对独立性使它赢得了区分能力和对象化能力,于是,人的行为也就可以从身体上被强行剥离和抽象出来而成为人的意识对象,成为语言解释的"对象"。由于人的无意识经验是通过行为构建的,建模过程本身就是通过行为与世界打交道的过程,也是获得无意识经验的过程,一旦行为与身体相剥离而成为意识对象,行为建模也就不仅向人的意识展现自己的形式,还必然体现着无意识经验,表征着无意识经验。从这个角度看,它同时可以被视为一种符号活动,视为"行为语言"。经由行为语言,包括动作、姿态、表情等,我们就可以洞悉对方的内在状态。②

---

① 〔英〕尼古拉斯·米尔佐夫:《如何观看世界》,徐达艳译,上海,上海文艺出版社,2017年,第64～65页。

② 必须指出,语言对行为(行为建模)的解释总是不确切、不充分的,甚至在某种程度上是一种扭曲和遮蔽。不仅如此,只要将行为视为意识"对象",实际上就已经把行为与身体割裂开来,行为本身已经受到了改造。对行为的解释需要行为自身的参与,即体验和直觉,这也是金圣叹所说的"无我无人"状态下的"格物",以此来校正意义解释,恢复行为的原本意义。对行为(行为建模)的解释,同时存在着语言和行为两个解释项。因此严格地说,"行为建模"与"行为语言"是两个既密切相关又有所不同的术语,但是,为了行文方便,在下文中我们基本上忽略这种差异,常常依据语境需要分别使用"行为建模"或"行为语言",以体现侧重点的不同。

　　表情运动是身体活动的重要组成部分,是特定个性本质的自发性反映,也是某一时刻所具有的特殊经验的自发性反映。一个人惯有的坚定性和软弱性,自信心和怯弱都可以在他的身体活动中表现出来。同样,身体的运动还可以揭示人在某一特殊时刻的心情——是兴趣盎然的,还是厌倦的;是幸福的,还是悲哀的。①

　　但是,行为语言依然是身体行为,只不过是享有语言(意识)的人将其视为"对象"并意图对它做出解释而成为一种符号活动。实质上,它就是行为建模,是一种特殊的不具"中介性"的"具身性符号",因此,行为语言有着行为建模原有的施行方式、特性及功能。从建模活动发生顺序的角度看,语言建模是从行为建模中分蘖出来的,是行为建模超越性演化和升华的成果;而从符号角度看,则是语言使行为对象化、符号化,促成行为(行为建模)被视为解释对象,视为符号,视为行为语言。而行为语言的具身性则决定着它区别于言语行为的施行方式,严格地说,它仍然是一种"准符号",只能将世界结构化而纳入己身,积淀为无意识经验,并将世界与自身连接为一体。在此,我们也看到行为语言与言语行为之间的根本区别:行为语言是表征着无意识经验的行为,是一种无意识的自然流露,而言语行为则是人有意识地运用语言展开种种游戏,并常常从具体目的出发,对行为实施干预,对行为语言实施规训。

　　二、语言是符号之母

　　不仅人自身的行为可以被符号化,对其他生物体的行为也可如此看待。在人的意识观照下,在人所建立的新的关系体系中,所有的生物体都可以被纳入人的符号视野中,做出符号学解释。原本无意识的本能行为,在人的视野中,就可以用皮尔斯的符号三元结构做出分析。譬如巴甫洛夫关于狗的实验:在给狗提供食物的同时响起铃声。经过反复训练后,只要铃声响起,狗就会去寻找食物。这就是说,狗已经重新建构了关系模型。对于狗自身来说,铃声和食物是一体的,铃声就是食物的一部分,狗对铃声的反应就是对食物的反应。这是一个"刺激—反应"的本能过程,而非"符号—解释项—对象"符号活动过程。但是,在人的视野中,铃声与食物则被区分为相互关联的两个完全不同的意识对象,铃声不过是食物的再现体,是一个符号,狗

————————————

① 〔美〕鲁道夫·阿恩海姆:《艺术与视知觉》,第232页。

对铃声这个符号（再现体）做出反应而去寻找食物，这一行为反应就是对铃声这个符号的解释。这种转变借用莫里斯的术语来说，生物体的建模行为原本属于信号过程，而在人的眼中却被解释为符号过程，是人赋予它以符号特征，人将其符号化了。随着立足点的转移，对同一建模行为做出了不同的解释。如果我们以皮尔斯的符号三元关系来定义符号活动，那么，可以说正是人类语言的诞生，开启了其他符号活动。

事实上，在人将事物设立为对象的同时，人就已经运用语言对该事物做出了解释，赋予该事物以意义，该事物也就成为一个表征意义的符号。因此，语言的对象化能力，也就包含着符号化能力。语言的对象化能力几乎可以将所有事物都设立为人之意识对象，由此，人才可以进而感觉、分析、认识和解释对象。有学者认为，符号应该生成于语言之前。这种观点存在一个误区，即以文字的生成过程（从象形文字到拼音文字）来看待语言的生成。其实，这是两个完全不同的过程。符号的生成有一个必要条件，即具备意识能力。缺乏意识能力，也就无法生成"意识对象"，也就不存在一个被解释的"符号"及"对象"。而人类意识则是随语言的诞生而生成的，别无他途。因而，从逻辑上讲，语言生成于符号之前，语言是符号之母。

同时，人不仅可以发现自然界所存在的各种客观关系，还可以主观设立各种关系。一旦设立关系并利用这一关系借助于在场对象来解释另一不在场对象（或意义），符号三元关系就被建立起来了。其中，被解释的一元被视为符号（再现体），解释所得的另一元成为符号对象，语言本身承担了最有效的解释项，人则进入解释项的位置。譬如"烟"与"火"之间原本就存在自然关联，当我们发现这一关系，从远处看到冒"烟"这一符号时，就可以推测有"火"在燃烧。而"婵娟"与"月亮"两者间的关系完全是虚拟而非自然的，是人用虚构故事强制性地在两者间建立关联，通过"婵娟"的故事来解释"月亮"，于是，"婵娟"也就赋予"月亮"以丰富含义并成为"月亮"的隐喻，构建起符号三元关系。我们还可以继续把"婵娟"作为"对象"来做出进一步的解释（譬如鲁迅的《奔月》），而使符号活动得到不断的衍义和扩展。人发现自然界的客观关系，并建立符号三元关系来展开解释活动，这一类符号被称为"自然符号"；人主观地设立关系，借助于其中的符号来解释另一对象，并获得集体的认可，这一类符号则被称为"规约符号"。

此外，也正是语言诞生、意识（意识对象）的生成，才使借助于"模拟"方式存在的建模活动有可能大量出现。这种以"模拟"方式构建模型来设立关系，本身就已经是符号过程。

三、符号：双重建模的成果

"人类进化的事实不仅再次肯定了此前一直存在的符号演化过程，还延续了一个并存的双轨的符号的演化过程：一条轨迹无须语言（动物指号过程），另一条轨迹关联语言（人类指号过程）。指号过程应该同时被看作兼属自然和文化的普遍现象。"①语言的生成并非取代原有的建模方式，而是与原有的建模方式共同发挥作用。在语言将世界作为对象世界呈现出来之时，行为就已经关联世界，把世界与人自身连接一起，融为一体，把世界与人的关系建模化，把世界"生命化""拟人化"了。这也就是"自然的人化"和"人的自然化"。因此，种种符号的构建过程也就必然是语言建模与行为建模协同发挥作用的过程：语言将某物作为意识对象来呈现和解释，而在其背后，却隐含着行为建模对双方的贯通和体验。离开语言建模与行为建模的双重过程，所有符号的生成和运作都将失去根基。

> 现在，神经系统科学家已经发现，我们拥有一种叫作"镜像神经元"的组织，其功能就是对其他人的行为做出反应……"因为它们模糊了自我和他人之间的界限……因为这种神经元无法识别自我和他人的差异。"共情的性质是固有的。②

可以说，镜像神经元的"共情"能力主要是生物体在发展过程中行为建模的成果。由于人与世界及万物之间存在双重建模，并且世界及万物都已经被生命化、拟人化了，因此，在人意图对世界及万物做出解释时，它们就同时包含着人自己的身影，萦绕着情感的基调，构成一个有意义的符号世界，成为人的精神家园。

四、象征和比兴

在人与世界之间就同时交织和重叠着两种不同方式、不同趋向的原初性符号建模活动：行为建模将世界与人融合为一体，构建非对象性关系；语言建模则将双方分裂，构建一种对象性关系。大量的象征符号就是通过这种双向建构方式生成的。面对崇山峻岭，我们所产生的不是亲近感，而是崇

---

① Thomas Albert Sebeok. "Ecumenicalism in Semiocs", in *A Perfusion of Signs*, ed. Thomas A. Sebeok, Bloomington, Indiana University Press, 1977, pp. 182-183.
② 〔英〕尼古拉斯·米尔佐夫：《如何观看世界》，第 73 页。

高感,这种情感体验的特点就起因于人类行为建模所构成的特定关系模型,体现为行为建模受到阻遏时的惊愕感、敬畏感和由此引发的激情。面对无限的自然力,人深感自己的有限性,并因此激起对无限自然力的向往。当语言建模将山岭作为对象呈现出来,山岭就已然渗透了人所体验的情感色彩,并因此成为一种崇高情感的象征。山岭与人类情感间的关系既是自然关系,是作为自然构成部分的生物体行为建模无意识地建构的;又存在人为的文化关系,是人通过语言建模加以重构,做出重新解释并赋予文化意义的。如果说语言建模凸显了意识对象,那么行为建模则围绕着意识对象形成绵延不绝的韵味、氛围,一种无法言说,却又渗透心灵的感动。

谢林(Friedrich Wilhelm Joseph von Schelling)把"美"称为以有限的形式呈现无限。施莱格尔颇为赞同这一观点,并重新表述为:"美妙是关于无限的一种象征性表征。"他进而自问自答道:

> 那么,无限是如何被带到表面的?它是如何出现的?仅仅是通过象征的方式,以影像和符号的形式……诗歌艺术……仅仅是一种外在的象征化行为:我们要么为某种精神性的东西寻找外壳,要么将外在物与不可见的内在物相联系。①

以有限的形式表征无限,以可见的外在物暗示不可见的内在物,这在施莱格尔看来,其因在于象征化。正如我们所说,象征产生于行为建模与语言建模的双重建构,它将有限与无限、外在与内在结合为一体,由此以有限的外在形式来表征无限的内在精神。

真正能打动人心的比喻不仅仅是语言利用了不同对象的类似性、邻近性、关联性而建构起来的,其中必然介入行为建模,是行为首先在人与本体、喻体之间分别建立关系模型,由于所构建的模型的共通性,两者才构成深层次的比喻关系。② 由此构造的比喻不仅在理智上给人以启迪,还可以撼动人的身体,打入心灵深处,它给予人的感动是言语难以穷尽的。

尽管语言建模基于行为建模,但由于它是经验的筛选、凝聚和抽象并已

---

① 〔以〕马德列·谢赫特:《符号学与艺术理论——在自律论与语境论之间》,余红兵译,成都,四川大学出版社,2015年,第56~57页。

② 按照皮尔斯对符号三元关系的阐释,符号是对象的"再现体",这其实已经说明符号本身就建立在隐喻关系上,人们所谓"隐喻"只不过是将双方的张力关系重新加以强化。这种张力关系就源于行为建模与语言建模间的博弈,行为建模将双方融为一体,语言建模则让双方相互分裂、相互区别。

经被概念化,因而,语言对行为所构建的经验的解释势必是不充分、不明晰和多元的,总是存在模糊、朦胧和言外之意,这正是比喻往往可以做出多种解释的原因。譬如木槿朝华夕落,这一自然现象与人建立起双重建模关系,并成为人的内心情感的表征。然而,这种表征却又有着含糊、多义和不确定性。钱锺书说:

> 正如木槿朝花夕落,故名"日及",《艺文类聚》卷八九载苏彦诗序,"余既玩其葩,而叹其荣不终日",是虽爱其朝花而终恨其夕落也;又载东方朔书,"木槿夕死朝荣,士亦不长贫也",则同白居易《放言》之五,"松树千年终是朽,槿花一日亦为荣",纵知其夕落而仍羡其朝花矣。①

钱锺书以此来说明比喻含义的"两柄多边"。

在谈到赋、比、兴时,钱锺书说,"胡寅《斐然集》卷一八《致李叔易书》载李仲蒙语:'索物以托情,谓之比;触物以起情,谓之兴;叙物以言情,谓之赋。'颇具胜义。'触物'似无心凑合,信手拈起,复随手放下,与后文附丽而不衔接,非同'索物'之着意经营,理路顺而词脉贯"。表面上看,"兴"之"触物"似乎是"无心凑合,信手拈来",其实,在两物之间就存在着行为建模(经验结构)的同构性。这种同构性使表面上不相衔接、不相连属的两物"凑合"到一起,甚至凝聚为一体,产生情感共振,因此才构成诗歌的感物起兴。表面上是无意得之,实质上却有着内在的情感依据。唯此,才可能如徐渭所说:"此真天机自动,触物发声,以启其下段欲写之情。"②

在《兴的起源——历史积淀与诗歌艺术》中,赵沛霖认为,兴的起源植根于原始宗教生活的土壤中,并以客观世界的神化为基础。

> 作为一般的规范化的艺术形式和方法的兴,其起源过程大体经历了以下几个步骤:1.客观自然物象被神化,被赋予一定的观念意义。2.物象与有关的观念内容之间的习惯性联想;这种联想从诗歌角度来看,就是兴象(原始兴象)。3.随着历史的发展,原始兴象逐渐失去了原有的观念内容而变为抽象的形式,即习惯性联想外化为抽象的形式。4.这个形式被不断模仿借鉴,使之逐渐趋于规范化,并成为独立的艺术

---

① 钱锺书:《管锥编》,北京,生活·读书·新知三联书店,2019年,第64页。
② 钱锺书:《管锥编》,第110～112页。

形式。形式一旦取得独立,便开始了按自身规律发展的新的过程,同时反过来制约着内容的表现,影响着人们的感受和理解。①

赵沛霖所说的兴起源于原始宗教,以客观世界的神化为基础,也说明它与原始思维密切相关,依赖原始思维"互渗律"的作用。这种"互渗"关系实质上就以行为建模为基础。正是行为建模把人与世界合而为一,把世界拟人化,并予以神化。行为建模设立了人与世界的一体关系,即使在不同对象之间也可能出现相同、相类结构的模式。随着具体内容的抽象和遗落,这些同构的建模形式就成为诗歌起兴的基础。

张节末对比兴的起源做了更加细致的考察,并认为比兴扎根于古代中国人的自然观。殷人把自然视为祭祀的对象,并赋予自然物以高于人事的神性。当人还匍匐在作为神灵的自然面前时,把自然视为祭祀对象,他是不可能将自然与人事相并列,不可能产生比兴的,否则,就是对神灵的亵渎。商周之际自然观发生了重要转变,自然的神性力量逐步消退,人的地位逐渐抬升。这种变化具体表现在甲骨卜辞与《周易》古经卦爻辞的差异中。《周易》中的自然物已经蜕去神性色彩,在卦爻辞中获得了独立的语法结构,并且与人事"并置"。将自然物与人事并置,就体现了一种比类思维,这恰恰是比兴赖以产生的基础。

> 比类,是中国人脱离"浑沌"(蒙昧时代)以后所设计的一种借助于类比认识世界和认识自己的审美策略,它为古人结构了一个人与自然关系即天人之际的巨型语境,天人关系在此结构中互动地展开……在后来的诗歌语境中,比类被称为比兴。比兴的本质在于:借助于把不同的事物作比类的方法,将世界理解为一个有规律、具德性,感知中可亲的统一体。②

需要补充说明的是:在自然物的神性消退之后,人为什么会出现比类思维?特别是兴象,几乎很难在双方身上找到相比类的直观依据。其实,根源仍然在于行为建模。人通过行为建模沟通并融合了人与自然,将生命的结构授予自然,将自然拟人化、神圣化了。当语言取得越来越强势的地位,这

---

① 赵沛霖:《兴的起源——历史积淀与诗歌艺术》,北京,中国社会科学出版社,1987年,第247~248页。
② 张节末:《比兴美学》,杭州,浙江大学出版社,2020年,第113页。

种融合状态就被肢解了,自然与人相分裂而沦为人的认识对象,也因此褪去神圣的光环。尽管如此,行为建模却已然在自然物与人自身之间建立了同一性关系,正是被行为建模所打上的同一性烙印成为比类思维及诗歌比兴的依据。

相对于人通过对物的意义解释而将物符号化而言,象征和比兴的出现是一个重大飞跃,它不仅造就新的符号方式,而且开创了符号与符号的聚合关系,这就极大地拓展了人的心灵,提升了人的思维,打开了想象的空间,将人引入自由的精神世界,孕育出精神创造力的幼芽,并形成审美活动的初始状态。

五、符号的多种样式和序列

人类通过建模来把握和解释世界,当生产出各式各样的建模类型,生产出行为、语言、符号种种建模方式,所有这些建模方式都加入人类对世界的把握和解释之中,因此,人的世界就是由各式各样的符号建模共同参与构建的。

> 对于一个普通人来说,绝大部分来自科学、艺术和知觉的样式,都以某种方式与那个熟悉的日常世界有所区别,这个世界是他从科学、艺术的传统碎片以及在他自己的生存奋斗中偷工减料地建造起来的。实际上,这个世界最常被当作是真实的:因为,一个世界中的实在,就像图画中的现实主义一样,在很大程度上是一个习惯问题。①

由于符号又是由行为与语言双重建模共同生成的,因此,它们最终都可以从行为语言与言语行为的交互作用中得到解释。

在人类建模的生成过程中,存在着这样一个序列:行为建模、语言建模、其他符号建模。如果我们采纳皮尔斯符号三元关系这一定义,那就不难发现,符号生成的序列则变更为:言语行为、行为语言和其他符号活动。其中,语言的诞生是关键,因为没有人类意识就没有意识对象,也不存在对对象的解释,不存在符号活动;而意识是与语言同步生成的,语言(意识)是符号生成的前提。语言的生成,使行为建模发生了变化,使行为在人的意识中成为被解释的对象,行为终于可以被视为一种符号活动,视为行为语言,并且双

---

① 〔美〕纳尔逊·古德曼:《构造世界的多种方式》,第21页。

方相互携手共同生成所有其他类型的符号活动。人与世界之关系就是由行为建模、语言建模、其他符号建模等所有建模方式共同织就的关系之网，人以这张网来捕捉人的世界，构建人的世界。西比奥克借鉴了波普尔关于"三个世界"的文化理论，进而指出：

> 在波普尔的方案中，世界 1 对应的是本能和感官印象的前意识世界。它在本质上属于带有符号意味的所谓"免疫的"或"生化的"自我；世界 2 对应的是"符号"自我；而世界 3 对应的是人类符号活动的表征终产物——象征、制度、文化行为等等。世界 1 的遗传代码与支配世界 2 与世界 3 意识状态的符号活动代码是可以质性区分的，但正如我们所看到的，在这三个世界之间存在着一种通过延伸建模而形成的互联性。实际上，自我的生物维度、符号活动维度与表征维度相互交织在了一个"建模共生关系"之中，不可能会有一种维度（如文化维度）替换另外的维度（如基因维度）。①

很显然，动物只能享有"世界 1"，人类则享有相互重叠、相互影响的三个世界。

第五节　建模活动与世界的构造

在讨论了行为语言、言语行为和其他种种符号活动的生成及相互关系之后，我们就有可能来探讨人的世界的构造，探讨文学艺术活动和审美活动。

一、世界的构造

西比奥克的建模系统理论一个突出贡献在于改变了符号学的理论基础。我们从中获得的启示是：应该把符号首先视为生物体与世界打交道的"中介"，这个符号中介是通过建模设立生物体与世界的关系模型，以此来把握世界。人类的建模方式得到了最充分的发展，而其中语言的诞生是关键，由此，行为开始被视为行为语言，并协同言语行为共同创建出形形色色的符

---

① 〔美〕托马斯·A. 西比奥克、〔加〕马塞尔·德尼西：《意义的形式：建模系统理论与符号学分析》，第 134～135 页。

号活动。这些经由行为语言与言语行为共同构建的符号，也因语言的相对独立性，及其所具有的物质载体而分享了这一独立品格。人类就是通过所有类型的符号建模来把握和理解人之世界的。世界是由各式各样的符号：行为语言、言语行为，以及其他各种符号活动共同构造的，甚至是被反反复复地重新"再构造"的。同样，人的内在世界也是通过符号建模，即行为语言、言语行为、各种符号活动共同建构的。各类符号活动既构建了人的外在世界，又塑造了人的内在世界。语言及符号的秩序就决定着世界的秩序。

行为语言构建了一个非对象世界和人的无意识经验世界，并将双方融为一体；言语行为则主要构建了与身体相分裂的对象世界和意识世界；各种符号活动又以不同方式将对象世界和非对象世界、意识世界和无意识世界交互建构、相互重叠。并且由于行为建模是最原始、最基本的建模方式，它所构建的非对象世界（无），恰恰成为对象世界（有）身后朦胧的背景，成为人理解世界的语境。人的所有认知活动就嵌于生命活动之中，嵌于身体行为在世界展开的方式（"此在在世"）之中。"有"嵌入在无限深邃之"无"并从中凸显出来。"有"自"无"而生，且"有无相生"。此即所谓"道生一，一生二，二生三，三生万物"①。或者换一种说法："我们对世界的明确思考是通过一种隐蔽的、多数情况下未被表达出来的有关我们在世存在的背景意识而被语境化和被赋予意义的。"②从这个意义上来说，人所面对的世界总是已经被构造了的，你的目光所及、耳朵所闻、身体所触、鼻子所嗅、口舌所味，都已经被各种符号所构造，并且你根本就无法意识到某种符号的存在，早已习惯于这个被构造的世界。

二、先验及时空感

人们所说的"先验"，其实就是种种符号建模，这些建模预先设定了我们的感觉范围、感觉方式和感觉尺度。"在我们能够将使得我们制造符号的某物视为动态对象、本体（noumenon）、固有之物（brute matter）之前，待定的某物已经引起了我们的注意，它先在于感知，早已是符号性的。"③行为建模、语言建模及其他符号建模早就决定着人的感官对世界的感知范围、感知方式、感知秩序和尺度，成为种种"先验"。

---

① 朱谦之：《老子校释》，北京，中华书局，1984年，第174页。
② 〔美〕休伯特·德雷福斯、〔加〕查尔斯·泰勒：《重申实在论》，第71页。
③ 〔意〕苏珊·彼得里利·奥古斯托·蓬齐奥：《打开边界的符号学：穿越符号开放网络的解释路径》，第335页。

　　时空关系就生成于行为和语言双重建模的过程中,是由建模活动模塑而成的。因为建模首先是行为建模,而行为是在时空中展开的,本身就包含着潜在的时空性及时空体验。人以行为展开的模式及尺度来体验时空,也就是以生命运动的节律来衡量时空,只不过这种体验仍然是潜隐的无意识经验。语言建模则将原初的时空经验加以区分、凝聚、综合、抽象,使潜在的时空关系具有可觉知的显现性,其他所有的意识对象都只能生成于这一时空框架中。如果说,行为建模所体验的还是时空一体和时空的绵延,没有时段的区分,没有中心与边缘的等级差别,那么,语言建模则将时间与空间强行区分开来,抽象出来,进而把时间分割为过去、现在、未来不同时段,把空间分割为东、西、南、北、中各个方位,乃至不断加以切分或延伸,打碎或重组,赋予不同的价值,是对行为经验的重塑、重构和重新解释,由此造成时间、空间的"非匀质性"。"我们视觉中的空间,是行为信息的体制化、系统化……而且,我们的行为环境,借克夫卡的话来说,就是通过作用于地理环境的实践使其结构分节化了。"①

　　从根本上说,人的时空感就是行为和语言双重建模的成果。由于这两种建模方式存在性质差异和张力关系,时空感就往往同时保留着相互矛盾的特性:同时性、现时性②与历时性、历史化,空间延展及整合、浑融与空间分割及区隔化、秩序化、等级化。行为建模与语言建模所构成的张力关系及所具有的倾向性,就决定着哪种特性居于显著地位。正因如此,德里达说:"先验的空间问题涉及史前的和前文化的时空经验层次,这种经验为所有主体性、为处于经验的多样性及其时空定向范围内的所有文化提供统一的普遍基础。"③爱德华·霍尔(Edward T. Hall)则从人类学角度加以解说:"我们处理时间和空间的方式,我们对工作、游戏和学习的态度都是由这些行为模式规定的。"④建模过程就是人与世界建立关系的过程,人于是被行为和语言双重建模共同设定在时空关系之中,时空也因此成为感知世界的"先

① 〔日〕中川作一:《视觉艺术的社会心理》,许平、贾晓梅、赵秀侠译,上海,上海美术出版社,1991年,第17页。
② 加达默尔说:"无论如何,'同时性'(Gleichzeitigkeit)是属于艺术作品的存在。同时性构成'同在'(Dabeisein)的本质。同时性不是审美意识的同现(Simultaneitat)……反之,这里'同时性'是指,某个向我们呈现的单一事物,即使它的起源是如此遥远,但在其表现中却赢得了完全的现在性。"(〔德〕汉斯-格奥尔格·加达默尔:《真理与方法——哲学诠释学的基本特征》(上卷),第165页。)在谈到艺术作品的存在方式时,加达默尔所说"同时性""现在性",其实正是行为建模所体现的特征。
③ 〔法〕雅克·德里达:《论文字学》,第421～422页。
④ 〔美〕爱德华·霍尔:《无声的语言》,何道宽译,北京,北京大学出版社,2010年,第3页。

验"结构。恰如康德所说："时间是所有一般现象的先天形式条件。空间是一切外部直观的纯形式，它作为先天条件只是限制在外部现象。相反，一切表象，不管它们是否有外物作为对象，毕竟本身是内心的规定，属于内部状态。"①建模本身就是通过结构化、形式化来设立关系模式，早就成为我们的"内部感官的形式"和"内部状态的形式"，成为人的"内在尺度"。建模过程本身已经内含着逻辑规则，预设了先验性。

就在语言建模将时空关系加以切分之际，权力及不平等也就随之介入其间了。于是，我们将时间区分为神圣时间（仪式时间或节日）与日常时间，区分为起源、过程和末日，并深藏着拂拭不去的莫名的起源崇拜和末日恐惧。在古代中国，每当新帝继承大统，就必须更换年号，以示重新开启新纪元。空间则同样被区分为上与下，中心与边缘，天堂、人间、地狱，神圣场所与污秽之地，富人区与贫民窟。不仅如此，不同的场域也因此赋予不同的功能，打上不同的等级印记。甚至连人的身体也如周作人所说，以肚脐眼为界，划分为洁与不洁。时间、空间的等级关系在分割过程中被意识形态化并制度化了。

三、交互主体性的世界

在谈到"交互主体性的构造"时，胡塞尔说：

> 无论如何，在我之内，在我的先验还原了的纯粹的意识生活领域之内，我所经验到的世界连同他人之内，按照经验的意义，可以说，并不是我个人综合的产物，而只是一个外在于我的世界，一个交互主体性的世界，是为每个人在此存在着的世界，是每个人都能理解其客观对象（Objekten）的世界。②

人类活动是创造意义的活动，即符号化活动，并且人的经验、人的个体性和主体性，就是在符号化活动，在交往过程和对话过程中建构起来的。无论人的世界及自我主体性，都离不开符号建构。因此，人的世界之所以成为"交互主体性的世界"，成为每一主体都可以感受、理解、谈论和交往的世界，就因为这个世界是经由可共享的符号建构的产物。符号作为人类活动的中

---

① 〔德〕康德：《纯粹理性批判》，第37页。
② 〔德〕埃德蒙德·胡塞尔著，〔德〕克劳斯·黑尔德编：《生活世界现象学》，第153页。

介,作为主体生成的中介,为我们构造了共同生存其中的符号化世界,一个可共享的"交互主体性的世界"。

特别是其中源于生物体的行为建模,它们更是所有人类的共同遗产,并成为人类审美活动的生物基础,成为康德所谓审美"共通感"的根基,成为衡量美的最基本的"尺度"。当行为建模在生物体与世界之间设立关系之际,双方就已经体现着与生存息息相关的潜在的价值关系(有利或有害),生物体也已经体验着这种关系。快感、愉悦就是对所构建的有益关系的奖赏。然而,审美价值并不等同于这种天然的价值关系,它需要经过语言建模的重组和重构。语言建模将其从切身的生存关系中分离开来,提升出来,在把它转化为意识对象和审美现象的同时,既保留并凸显了对原始价值的体验,又以语言对其进行了重构和精神升华,审美价值就基于这种双重关系之上。

> 按照莱布尼茨的说法,"我们在我们四分之三的行动中都是自动木偶",而且终极价值,如人们常说的,从来只是最初的和原始的身体配置,即人们所说的发自内心的喜爱和厌恶,一个群体的最根本利益都被放在这些配置中,为此他们准备把自己的和别人的身体都牵扯进去。①

审美总是两种原生性符号活动的深度协作,是行为语言与言语行为的深度协作,符号活动的可共享性则决定着审美活动的可传达性和可交流性。特别是作为生物体遗存的深层无意识经验及行为建模的共通性,则赋予审美活动以跨民族、跨文化的可能性。

与此同时,由于符号建模的多元性、动态可变性,及其交相作用,也就必然推动那种统一的、确定的感知模式的变化和分化,甚至最终解构其稳定性。这又恰恰为文学艺术运用符号活动进行创新提供了契机。

第六节 符号建模与审美创造

一、人的符号潜能与文学艺术可能世界

人类的特殊之处,就在于他们可以不断地生产各种符号,以各种方式对

---

① 〔法〕皮埃尔·布尔迪厄:《区分:判断力的社会批判》,刘晖译,北京,商务印书馆,2015年,第750页。

这个世界做出再构造,以科学的符号、宗教的符号、文学艺术的符号、纯粹抽象的符号,以及种种不同形式、不同指涉性的符号来重塑人的世界,甚至创造各式各样并非实存的无限丰富的可能世界,让这些创造出来的可能世界以陌生的方式凸显于我们眼前,令我们不得不重新审视它,思考它,解释它。除了行为语言之外,符号创造的自由就来自符号所具有的相对独立性。假如丧失这种相对独立性,人就不得不重新匍匐在现实的地面,根本无法实现哪怕是一丁点儿超越。

在日常生活中,人们早就习惯这个被符号建构的世界,以致根本无法觉知隐蔽于感官背后的符号建模的存在,它无声无息、无形无迹地发挥着组织作用。与此不同,文学艺术创作则强化了符号本身的形式特征,强化了被构建的符号世界的形式特征,使符号从已经习惯化的"生活世界"中凸显出来、区隔开来而展示自身,成为感官感知的特殊对象:一个有别于生活世界的形式化的"可能世界"。文学艺术就是人运用符号创造的被形式化的可能世界,它利用或故意误用、僭用各种符号,或以陌生化方式,或强化符号间的张力关系来撕裂符号,充分调动符号活动的潜能,及其符号形式的潜能,赋予符号世界以乌托邦特性,激发重新体验、观照和解释这一可能世界的意愿,从而改变人的习惯和无意识,以崭新的方式看待世界。"作品是用来改变那些看到它的人看待世界的方式。认为世界是个非正义的地方,事实上就是要让人们受到感动,然后去改变它。"①

当人不是不自觉地运用建模活动来把握现实世界、解释现实世界,而是利用各式各样形式化的符号媒介来创造可能世界,他实际上已经处在与现实有别的另一个生存维度,赫伯特·马尔库塞(Herbert Marcuse)称其为"审美之维"。他认为,审美形式是一股"异端的力量",艺术就是通过审美形式把一种既定的内容,即某个现实的或历史的、个人的或社会的事实,变形为一个自足整体。有了审美形式,艺术作品就从现实世界中超脱出来,摆脱了现实的无尽过程,获得了本己的意味和真理。这就是"审美生存之维"。在此,人蜕去日常的"单面性"而获得了"新感性",打破了感官禁锢,这也就是感性解放和审美的革命性。马尔库塞所说的"感性解放",其实就是人的符号潜能被充分释放。当艺术作品借助于审美形式(艺术符号)把给定的内容从现实世界移置出来,区隔开来,作品也就已经存在于一个与现实相异在

---

① 〔美〕阿瑟·丹托:《美的滥用:美学与艺术的概念》,王春辰译,南京,江苏人民出版社,2007年,第92页。

的维度,创设了一个审美的"异在世界"。在这里,现实的社会规约对于审美活动参与者本身来说,已经失去其有效性,他的深层无意识经验及行为语言记忆终于得以复苏和迸发。此际,语言不再是对在场之物直接引发的经验的归类、凝聚和显现,而是对无限深邃的无意识经验的召唤和引诱,对深层的行为语言记忆的召唤和引诱,对不在场之物的暗示和彰显。反过来,得到激发的无意识经验(行为语言记忆)又成为一股内在的激情和巨大动力,促使人以言语行为建构新的可能世界,向着未知开放。在行为语言与言语行为交相生发、交互作用下,人的符号构造潜能得到了充分的调动,创造力得到了充分的发挥,这就是所谓才思泉涌的"灵感"状态。并且由于深层次的行为语言记忆被充分激活,瞬间就贯通了他的世界,沉醉于这一世界,直接参与到"道"的运行之中,"真理"敞开了。从这个角度看,审美世界已经从特定的社会现实中超脱出来,成为一个广大的独立自主的异在世界,一个充溢着生命活力和生存经验的世界,一个人性得以解放、真理得以显现的本己世界。"总之,超越了主客关系,就会从欲念、利害以至整个认识领域里逻辑因果必然性的束缚下获得解放和自由,这就是自由的理论根据。"[①]

同样,维克多·特纳(Victor Turner)从人类学角度阐述了仪式过程中的"阈限"和"阈限人"。他认为相对于日常生活,仪式过程存在着过渡性的边缘阶段,即"阈限时期",身处其中的人则是"阈限人"。他蜕去了原有的角色身份而成为一个不确定的过渡性人物,他不再被分类,或者还没有被分类。

> 阈限或阈限人("门槛之处的人")的特征不可能是清晰的,因为这种情况和这些人员会从类别(即正常情况下,在文化空间里为状况和位置进行定位的类别)的网状结构中躲避或逃避出去。[②]

其实,特纳所说的"阈限时期"的性质,恰如马尔库塞的审美的"异在世界"。身处其中的人已经从既定社会的网状结构中逃逸出来,不再受到角色规范的制约而成为未定的、过渡性的人,一个自由的"人本身",在他身上显现着无限可能性。

审美活动和文学艺术活动就发生在"异在世界"或"阈限空间",发生在

---

① 张世英:《美在自由——中欧美学思想比较研究》,北京,人民出版社,2012年,第23页。
② 〔英〕维克多·特纳:《仪式过程:结构与反结构》,黄剑波、柳博赟译,北京,中国人民大学出版社,2006年,第95页。

人运用符号所构建的非现实的可能世界。当人从现实世界超脱出来而身处于可能世界,所有的行为规范都失效了,所有的压抑都被撤销,蛰伏于深层无意识中的行为语言记忆重新苏醒,所有的符号潜能都得到充分释放,行为语言与言语行为在相互激发、交相生成中实现了深度融合。于是,可能世界也不再是外在于他的世界,而成为人自己的世界,成为不分物我的境界,一个水乳交融的本然境域。两种原生性符号活动的深度融合,重新贯通了人与世界,使人同时占有了深邃、幽暗的内在世界和辽阔、辉耀的形而上空间。经由非现实的"异在世界"或非日常的"阈限时期",人恰恰赢得了最本真的存在,与世界之关系则返回到最丰富的本原关联,也因此进入了一个真理(道)的世界。这就是审美活动和文学艺术活动的发生机制。如果说,言语行为往往是不断地向外探索、构建和拓展新的可能世界,乃至不可能世界,向着未来和未知开放,那么,行为语言则是深入发掘那些深藏不露、取之不竭的无意识经验的宝藏,双方的深度融合充分地发挥了人的生命力和创造力。"'生命'或者普遍生命力,本质上致力于自我繁衍,在实现自身目标后,则致力于自身消解。因此,可以这样讲,作为普遍生命力的生命涵盖了我们所说的'死亡'。"①正是在这个意义上,生命、死亡、爱欲,这些古老而深刻的无意识经验总是成为文学艺术取之不竭的创作"母题"。而当人的符号潜能得以充分的调动和释放,他也就成为一个自由的"人本身",其感性与理性和谐共处并重建"新感性",同时,也必然在身体和精神上获得无限的快感和愉悦。

在《研究报告:知识的结构关联体》中,狄尔泰指出:人与自然之间存在着巨大裂缝,摧毁和谐的因素不仅来自自然,而且来自人自身。"自我状态和客观给定物之间的这些矛盾推动人类去寻找更高的价值统一体。同时,他们也试图通过创造新的、富有想象力的、客观的形式,在自己的情绪中建立这种统一体。人们所创造的艺术品消解了情感的内在规则与外部规律之间的分歧。人们通过新的形式和规则把握直观获得物。"②如果说,语言和意识的诞生分裂了人与自然浑然一体的关系,那么,恰恰是文学艺术重新召唤并充分发掘出行为语言记忆,从而贯通了人与自然,弥合了双方的裂罅。文学艺术植根于人的本性,它通过行为语言来寻求和回归那种原初状态,并协同言语行为构建"更高的价值统一体"。

---

① 〔意〕罗西·布拉伊多蒂:《后人类》,宋根成译,郑州,河南大学出版社,2016 年,第 199 页。
② 〔德〕狄尔泰:《精神科学中历史世界的建构》,安延明、李河译,北京,中国人民大学出版社,2010年,第 50 页。

文学艺术正是人借助语言及符号相对独立性这一特性,来创造一个非现实的可能世界,以此激发和开掘行为语言记忆,敞开一个被遮蔽的幽暗世界,重新发现被掩埋于心灵深处的无意识经验,发现那种沟通并融合身体与世界的原初力量,揭示生命的奥秘和世界的奥秘。"每一个伟大的艺术家所创造的都是一个全新的世界,在这个世界里,一切原来为人们所熟悉的事物都具有了一种人们从未见过的外表。这个新奇的外表,并没有歪曲或背叛这些事物的本质,而是以一种扣人心弦的新奇性和具有启发作用的方式,重新解释了那些古老的真理。"①

二、符号的规范性:可能世界与现实世界之间的桥梁

尽管文学艺术是一个具有超越性的可能世界,一个与现实相异在的世界,或一个"阈限时期",它甚至可以与现实世界相互平行,没有交点,但是,这两个世界都是人类符号活动所构建的,符号建模及其规范性决定着文学艺术世界,决定着所有的可能世界。我们要对各式各样世界进行探讨就必须首先探讨符号活动及其规范性,探讨行为语言、言语行为,以及其他各种符号活动的规范。共同的符号活动规范在文学艺术世界与现实世界之间搭建起内在关联,双方因此可以相互映射、相互阐释。"从性质上来看,符号权力是一种构建现实的权力,也就是说,它通过诉诸人的视界原则和区分原则,通过作用于人对于时间、空间、因果等等的感觉、知觉或认识范畴乃至于分类系统,从而建立符号秩序,并昭示人们事物的法定意义是什么。"②符号之所以能够诉诸视界原则和区分原则施行自己的权力,就因为符号具有自身的规范性,正是符号及其规范性决定着人与世界之关系,决定着人的视界原则和区分原则,决定着人的感觉、知觉及其社会共通性,决定着时间、空间、因果关系和人的世界的秩序,以及文学艺术可能世界的秩序。改变规范性就是对视界原则、区分原则的操纵,对感觉、知觉的操纵,对时间、空间、因果关系的操纵,对人的世界的操纵,权力和意识形态就藏匿在符号规范性的身后,暗中予以篡改和操控。

也正是人的行为之规范性沟通着作品角色与现实人物之间的关系,我们就是借助于对现实规范的理解来解释作品人物的行为;反过来,又通过对作品角色行为规范的解释,来揭示现实生活中特定群体的行为方式和社会

---

① 〔美〕鲁道夫•阿恩海姆:《艺术与视知觉》,第 68 页。
② 朱国华:《权力的文化逻辑:布迪厄的社会诗学》,第 190 页。

权力关系,及其所包含的意识形态含义。① 两个原本相分离的生命是经由行为及其规范性而相互沟通理解的。"他能看到的东西,是内部变成外部的因素,我们得以进入他人和进入作为世界的世界,他人得以进入我们的转变或转向,也就是行为。"②文学艺术之所以能反作用于现实社会,原因就在于:作品借助于细节描写,深刻地展示了角色行为规范,把那些日常生活中业已习惯化、无意识化了的行为规范突显出来,加以解释和批判,事实上,也就已经解释和批判了特定社会群体的行为,解释和批判了隐含其中的纵横交错的社会权力关系和意识形态内容,由此提高人的行为自觉性,校正种种被异化了的行为。古德曼曾精辟地阐述了艺术与现实的关系,他认为,艺术并非模仿现实,也非反映现实,而是"例证"现实。我们则进一步指出:文学艺术之所以能够"例证"现实,其根源就在于文学艺术的符号活动及其规范性就来自人类实践。正是共享的符号规范在文学艺术与社会现实之间搭建了桥梁,使得双方相互映射,相互阐释,使得文学艺术有能力"例证"社会现实。

约翰·塞尔对言语行为做了分类并阐述了虚构式言语行为的特征,他指出:断定式言语行为存在"语词向世界"(word to world)的适应指向,科学话语即属于此类型;指令式和承诺式言语行为存在"世界向语词"(world to word)的适应指向,这是实践性话语所属的类型;宣示式言语行为则同时具有"语词向世界"和"世界向语词"的双重适应指向,譬如宣言等。虚构式言语行为与上述三者不同,它暂时中止了语词与世界的适应关系。③ 我们不妨借用塞尔关于虚构式言语行为的观点:文学艺术的审美世界在某种程度上悬置了符号与世界间的直接适应关系,由此构建了一个自主自由的可能世界。但是,无论行为语言、言语行为还是各种符号活动,其规范性最终又来自人类实践活动,由此造成审美世界与现实世界之间相互关联、映射和例证。

在此,我们发现了文学艺术活动独立性与社会性、自律性与他律性之间的复杂关系:从文学艺术构建一个与现实世界平行的可能世界("异在世界"或"阈限时期")这一角度看,文学艺术活动就是这个可能世界内部的自主活动,不受现实社会的干扰,它享有独立、自由、自律的特点;但是,从这两个世界符号活动的规范性来说,在两个世界中它们又是共通、共享的,都来自现

---

① 详见第六章第三、四节。
② 〔法〕莫里斯·梅洛-庞蒂:《符号》,第87页。
③ John R. Searle, *Expression and Meaning: Studies in the Theory of Speech Acts*, p. 67.

实的符号化实践,具有语境性、社会性、他律性,只能是特定社会、特定语境中的符号活动及其规范,因而是"制度性"的,折射着不可消除的权力关系和意识形态特征,并因此造成文学艺术世界与现实世界之间的关联和映射。因此,文学艺术活动既是独立的、自律的,同时又是社会历史的、他律的。

三、"有意味的形式""生命的形式"和文学艺术的雅努斯面孔

从根本上说,文学艺术的审美世界都是由行为语言与言语行为共同构建而成,因为所有的文学艺术符号,包括文学的、音乐的、绘画的、雕塑的、舞蹈的符号,都基于行为语言与言语行为,是行为和语言双重建模的成果,因此,文学艺术活动首先就体现着这两种迥然不同的建模方式的特征:言语行为令欣赏者把作品置于意识对象的位置来观照、鉴赏,与对象保持着理性距离,品赏作品的每一个字句、每一个章节、每一个音符、每一个旋律、每一个舞姿、每一个笔触、每一种色调、每一种形式、每一种造型……细细捉摸蕴含其中的意义,探寻思想的启迪;行为语言则令欣赏者投身其内,涵泳其间,忘乎其所以然,去领受生命的战栗和情感的陶冶。两种性质迥然不同的原生性符号系统所构成的张力关系,决定着文学艺术活动总是处在过渡性状态和边缘性空间,不断徘徊于过渡性状态和边缘性空间,兼具雅努斯般的两副面孔。

克莱夫·贝尔(Clive Bell)把艺术称为"有意味的形式",他说:

> 在不同的作品中,线条、色彩以某种特殊方式组成某种形式或形式间的关系,激起我们的审美感情。这种线、色的关系和组合,这些审美的感人的形式,我称之为有意味的形式。"有意味的形式",就是一切视觉艺术的共同性质。①

绘画之所以不仅仅是线条和色彩的组合,也不仅仅是形式构建的表象,在表象背后还隐含着迷蒙的韵味,而成为"有意味的形式";同样,音乐也不仅仅是音符的组合,不仅仅是音响、音调、和声、节奏和旋律,而是组成一个有机的整体形式,蕴含着难以言说的感动和无限余韵,其根源就在于它们本身是行为语言与言语行为双重建模的产物。而行为语言与无意识经验密切关联,以及行为语言与言语行为之间存在不可通约性,也就决定着由行为语

---

① 〔英〕克莱夫·贝尔:《艺术》,北京,中国文联出版社,1984年,第4页。

言所构建的无意识经验,只能存在于明晰的意识之外,隐含于艺术形式之中,是语言无法单独予以说明、任何解释都无法穷尽的"意味",它成为某种朦胧的、无限的韵味萦绕着艺术作品。

人之行为即身体行为,生命就是通过行为展示的,生命的特征就铭刻在行为语言之特征上。文学艺术充分地调动了行为语言,因此,文学艺术世界也必然享有苏珊·朗格(Susanne K. Langer)所说的"生命的形式":

> 如果要想使得某种创造出来的符号(一个艺术品)激发人们的美感,它就必须以情感的形式展示出来;也就是说,它就必须使自己作为一个生命活动的投影或符号呈现出来,必须使自己成为一种与生命的基本形式相类似的逻辑形式。①

"生命的形式"只能在生命活动中显现,具体体现于行为语言之中。正是行为语言之"逻辑形式"具体展示了"生命的形式",行为语言的风格展示了个体生命的风格。而情感则是对关系的体验及评价,它"具有这样的功能——用同情拥抱整个宇宙",本身就包含在行为建模中,因而,作为行为语言构成部分的"表情"就直接体现着"情感的形式",以至于"一些深深隐蔽的内容对知识紧闭大门,但却向情感敞开自身"②。行为语言就是身体的活生生的形式,是赤裸生命的形式,是内在情感的具体显现,它不加掩饰地直接展示了内在生命状态,是我们窥探身体和生命奥秘的唯一窗口。从严格意义上说,人们所说的"身体美学"和"生命美学"首先就应该着眼于行为语言,以行为语言为聚焦点。离开对行为语言的探索,所谓"身体美学""生命美学"只能成为没有实质内容的空谈。

铃木大拙对此也有很好的解说:

> 诸如手、脚、躯干、头、内脏、神经、细胞、思想、情感、感觉等所有与身体有关的部分——实际上构成整个人的所有部分——都既是材料,又是工具,借以把他的创造天才表现为举动、行为以及各种形式的活动,实即表现为生命本身。对这样一个人来说,他的生活反映出他从无意识的无尽源泉中所创造出的每一个意象。就此而言,他每一个行为

---

① 〔美〕苏珊·朗格:《艺术问题》,滕守尧、朱疆源译,北京,中国社会科学出版社,1983 年,第 43 页。

② 〔德〕狄尔泰:《精神科学中历史的建构》,第 42～45 页。

都表现了独创性和创造性,表现了他活泼鲜明的人格。①

身体的举动、行为及各种身体活动形式直接表现着生命的样态,而无意识经验则是行为语言积淀和塑造的成果,它成为艺术创造的动力并影响着创造方式,展现出活泼的生命形式和鲜明的人格特征。

在审美活动的双向建构中,意识与无意识的界限已消解,自我与非我的界限遭泯灭,身体与精神的分裂被弥合,对象世界与非对象世界相交叠,文学艺术活动涉及了人的所有符号建模方式,因而,人的所有经验和创造力被充分调动起来,所有生命力被激发出来,并因此展开一个个没有边界、活力弥漫、生机盎然的可能世界。文学艺术活动就身处于这些可能世界,身处于这种亦此亦彼的过渡性状态和边缘性空间,它悖论式地将表面冲突的建模方式协调、交融,赋予人以最为丰富多样的生存方式和最为开阔的生存空间。这就是审美的状态和审美的空间,也是人的生命最为自由、灿烂的绽放。因此,审美活动既具有认识论、实践论色彩的观照、鉴赏和实践,又具有存在论色彩的沉浸、体验和领悟,是两种方式、两种关系间的转换和融合,有着雅努斯般的双重面孔,忽略其中任何一方,都会偏离审美活动的实质。

四、文学性、诗性

文学作为一种语言的艺术,言语行为必定是其主导。但文学世界的建构过程并非单一的言语行为,它同样包含着复杂多元的符号活动。我们所说的"诗性语言",就是一种充分利用种种手段来召唤其他建模方式,特别是行为语言参与创造的语言,是言语行为邀请行为语言共同协作的语言。②

---

① 〔美〕弗洛姆、〔日〕铃木大拙、〔美〕马蒂诺:《禅宗与精神分析》,第 20 页。

② 梅洛-庞蒂说:"词语表象也只不过是在我的身体的整个意识中和其他示意动作一起呈现的我的语音示意动作的样式之一",并进而指出"身体在记忆中的功能就是我们在运动的启动中发现的同一种功能:身体把某种运动本质转变为声音,把一个词语的发音方式展开在有声现象中,把身体重新摆出的以前姿态展开在整个过去中,把一种运动的意向投射在实际的动作中,因为身体是一种自然表达的能力"。(〔法〕莫里斯·梅洛-庞蒂:《知觉现象学》,第 236~237 页。)在此,梅洛-庞蒂不仅指出语言与身体行为的关联性,而且强调唯有在语言激起身体动作后,我们才能展开身临其境的想象力。奥斯汀则将言语行为区分为三个层次:发声行为、发音行为、表意行为。我们认为,其中,发声行为具有双重性:既具有离身性,又具有具身性,而具身性就关联着无意识经验,因此,言语行为同时也依附着某些无意识成分,具有"地质学般"的层次和无限深邃的蕴含,并且这些无意识成分就成为接引深层无意识经验的因素。实际上,发声行为正处在言语行为与行为语言间的交接地带。为了论述方便,在本书中,我们将予以简化,不再对此展开阐述。可参见马大康:《现代、后现代视域中的文学虚构研究》第七章第二节(二),和马大康:《文学行为论》第一章第五节,北京,中国社会科学出版社,2017 年。

　　　　所有的艺术常规都是创造表达某种生命力或情感概念的形式之手
　　段。一部艺术品中的任何一种因素，都可能有助于这种形式在其中得
　　以呈现的幻觉范围，有助于它们的出现，它们的和谐，它们的有机统一
　　和清晰。它可以同时为这样多的目的提供帮助。所以，一个作品的各
　　种因素都是有表现力的，所有技巧都发生作用。认为好的诗人之所以
　　使用特殊词汇，仅仅是因为这个词在他那个时代被看成是恰当的语言，
　　这种看法是不符合历史情况的。①

　　文学之所以成为生命力或情感的形式表达，就因为它充分调动了行为
语言记忆。行为语言本身就是生命力的直接表现，是情感的直观形态，它不
仅展示出生命和情感的力量，体现着生命和情感的节律，而且融贯文学世界
本身，将其构建为有机统一的生命形式；并且对行为语言记忆的激发程度就
体现着对人生经验、人性，乃至生命领悟的深度。同时，它也融贯人与文学
世界，把参与者卷入生命力和情感的旋涡，产生共振和共鸣，并进而引导人
投身于无限的本真世界，重新敞开人与世界间纷繁多样的关联。文学性、诗
性就诞生于言语行为与行为语言协作的过程中，是两种符号活动深度合作、
共同生成的。正是这种极其充分的协作和深度交融，造就在场与不在场、有
限与无限的统一，从而赋予文学作品以无穷意味。诗性语言是一种具有召
唤性的语言，这不仅在于它如伊瑟尔（Wolfgang Iser）所说"召唤读者"，而且
深入读者的深层无意识，召唤沉睡的行为语言记忆，唤醒他的所有生存经
验，引起他的共振共鸣。应该指出，诗性语言召唤行为语言之手法，不仅指
语言本身的词汇、修辞和文体，不仅指语言的"陌生化"，还包括语境和接受
方式等多种因素，乃至苏珊·朗格所说的"任何一种因素"。当言语行为召
唤行为语言共同构建一个文学的可能世界，它也就为人深入体验这个世界
设置了必要条件。恰恰是行为语言的充分参与使人与世界融为一体，让人
沉浸其间，陶醉其内，心灵受到启迪，身体为之震撼，文学性、诗性也因之油
然而生。
　　"词是只有在一种现时的意向使之活跃、使之从惰性的发音状态过渡到
充满活力的身体状态的时候才要说某种事情的形体。"②历来，学者们只专
注于语言本身去寻找文学性、诗性，那势必徒劳无功，因为当你把文本和语

---

① 〔美〕苏珊·朗格：《情感与形式》，刘大基、傅志强、周发祥译，北京，中国社会科学出版社，1986
　　年，第 324 页。
② 〔法〕雅克·德里达：《声音与现象》，杜小真译，北京，商务印书馆，1999 年，第 104 页。

言作为"对象"来审视和研究,把文本、语言与语境及接收者剥离开来,顿时,它们就干瘪了,枯萎了,行为语言因这种分裂状态已经不复存在了,文学性、诗性也因此逃遁。行为语言参与共同建构的文学世界,是一个语言无法单独解释的世界,它满溢着氤氲的氛围和不可穷尽的韵味,一种只能亲身体验、难以言说的氛围和韵味。

> 正如只有当我们为了运用我们的身体而不再分析它,我们的身体才能在物体中间指引我们,同样,也只有当我们为了追踪语言而不再每时每刻要求其证明,只有当我们使词语和书里的所有表达方式有这种它们归之于其特殊排列的意义光环,使整个作品转向它差不多能与绘画的无声光辉合在一起的另一种价值,语言才是文学的。①

五、"美的尺度"和审美生成的前提

黑格尔对艺术家的创作提出了这样的要求:

> 唯一的要求不过是艺术的内容对于艺术家应该是他的意识中实体性的东西,或最内在的真实,而且使他认识到须用某一种表现方式的必然性。因为艺术家在他的创作中也是一种自然物,他的艺术本领也是一种自然(天生)的才能,他的活动不是和它的感性材料完全对立的概念活动,只有在纯粹思考中才和材料结合在一起,而是还没有丧失自然的面貌,和对象密切结合,相信那对象,以最内在的自我和那对象同一起来。这时主体性就完全渗透到客体(对象)里,艺术作品也完全从天才的完整的内心状态和力量产生出来,这样的产品是坚定的,不摇摆的,把全副雄强气魄都凝聚到自己身上的。这就是艺术完整的基本条件。②

黑格尔对艺术家的创作活动做了生动描述,指出艺术创作虽然和意识对象密切相关,却又不是一种概念活动,艺术家已然成为"自然物",他们与对象相同一,"完全渗透到客体(对象)里"。这就明确阐述了艺术活动不仅需要对象的感知和认识,不仅与言语行为相关,它们同样离不开行为语

---

① 〔法〕莫里斯·梅洛-庞蒂:《符号》,第 94～95 页。
② 〔德〕黑格尔:《美学》(第二卷),朱光潜译,北京,商务印书馆,1979 年,第 376 页。

言,需要通过行为建模将创作主体与对象相结合,相渗透,相同一,融为一体。唯此,才创造出完整的生气灌注的艺术作品。

关于达尔文的进化论,以往人们关注的是其中的自然选择理论。在《美的进化》中,理查德·普鲁姆(Richard Prum)则重新发掘了被人遗忘的性选择观点。他认为,自然选择与性选择是各自独立的进化机制,两者共同发生组合作用,从而实现无数多个可能的平衡点,造就了生物多样性。达尔文曾推测,最极致的美可能只是一种性魅力。那么,这种对美的偏好就会成为生物性选择的重要标准并推动生物进化。"性选择理论认为,每一种复杂的装饰器官都是与同样复杂的审美能力协同进化的结果。极致审美往往是由极高的审美失败率(也就是被潜在配偶拒绝)导致的。"①普鲁姆详细调查、分析了侏儒鸟的求偶舞蹈、园丁鸟为爱搭建求偶亭等例证,以此说明雄性在求偶过程中复杂的炫耀行为,对于自身的生存能力只具有负面作用,却有利于性吸引,并因此成为自然适应选择之外的另一种引起异性感官愉悦的美的选择。

> 我把这种由生物个体的感官判断和认知选择驱动的进化过程,称为"审美进化"。对于审美进化的研究与性吸引的两个方面相结合,即欲望的客体和欲望本身的形式,生物学家将它们分别称为"炫耀特征"和"择偶偏好"。②

普鲁姆正确地指出了审美活动的生物学基础,但是,他把生物炫耀行为直接等同于审美,却犯了简单化的错误。我们的观点与普鲁姆有所不同:一方面,无论动物的形体、毛羽,还是"舞蹈"和"鸣唱"等炫耀行为都属于一种本能,这些炫耀行为固然对异性构成刺激、兴奋和吸引,对尚无意识能力的生物体而言,却仍然处在意识阈限之下,尚未构成审美现象,仍然是一种本能反应,并非对美的赏识,"快感"则是对有益于生命体的行为模式的奖励;另一方面,这些实例又说明性选择促进了生物行为建模的演化,成为它们改变自身行为模式及形态的动力,那些能够引起刺激、兴奋、吸引和快感的炫耀行为模式恰恰为人类审美提供了生理基础,乃至在日后成为人的"美的尺度"。人对美的赏识之所以具有康德所说的"共通感",之所以具有"内在尺度",就因为它建立在这一长期进化而形成的生物生理基础上,建立在行为

---

① 〔美〕理查德·O.普鲁姆:《美的进化》,任烨译,北京,中信出版社,2019年,第49页。
② 〔美〕理查德·O.普鲁姆:《美的进化》,第 XVI 页。

建模所具有的共通性质上。因而,美的尺度从本质来说,即"生命的尺度",它具体体现在生命活动的基础上,体现在生命生存给予正面评价(快感)的行为建模的基础上。但是,只有在语言建模和意识能力形成之后,炫耀行为才转化为意识对象和观赏对象,成为身体快感和精神愉悦的根据,成为名副其实的审美活动。语言建模将身体行为所享有的直接快感,投射于语言所创造的可能世界,升华为无利害的精神愉悦。对于审美活动来说,行为语言与言语行为两者都是不可或缺的符号活动,双方共同构成了张力关系。审美能力是人类独有的。人类之所以能够超越其他生物而具有审美能力,就在于其感官背后隐含着远为复杂的符号建模方式,即行为建模和语言建模。原生性符号系统的张力结构是审美生成的前提。

西方学者往往把视觉、听觉作为审美活动的主要感觉,而相对贬低味觉、嗅觉,其原因就在于视觉、听觉是一种有间距的感觉,它相对容易把事物作为"意识对象"看待,以语言建模把对象突出出来,使其显现为一个审美对象。相比较而言,味觉、嗅觉则缺乏距离感,它过分强调了具有直接性、具身性的行为建模,削弱了构建一个审美对象的可能性。唯有当我们有意识地去辨识滋味和气味,创造出恰当的心理距离,它们才有可能转化为审美对象。这就是说,审美活动中,言语行为与行为语言、意识与无意识,双方不能偏废。只不过西方学者更突出语言建模及意识的作用,而中国学者则强调行为建模及无意识经验的作用,在中华审美传统中,"滋味"因此具有重要的地位,某种意义上成为审美活动的发祥地。

六、重新解读黑格尔的艺术发展"三阶段说"

在审美活动中,两种不同建模方式(行为建模、语言建模)及不同关系模式(对象性关系、非对象性关系)间的博弈,成为文学艺术发生演变的无法遏止的主要动力。黑格尔把艺术区分为象征型、古典型、浪漫型三个发展阶段,并认为它们体现了理念与感性形式的三种关系。"象征型艺术在摸索内在意义与外在形象的完满的统一,古典型艺术在把具有实体内容的个性表现为感性观照的对象之中,找到了这种统一,而浪漫型艺术在突出精神性之中又越出了这种统一"①,进而因艺术走向脱离物质、脱离感性形式的哲学而终结。丹托对黑格尔的观点做出了自己的阐释,他指出:由于精神最终超越感性形式而形成"艺术的自我意识",于是,"艺术随着它本身哲学的出现

---

① 〔德〕黑格尔:《美学》(第二卷),第 6 页。

而终结"。① 尽管黑格尔以理论演绎方式对艺术发展三阶段做出的主观概括遭到后人批评,却在某种程度上揭示出艺术历史的总体走向。

其实,在艺术发展演变的背后,恰恰隐蔽着符号活动方式及其规范性的变更,特别是行为语言与言语行为双方博弈关系的变化。在艺术演化过程中,言语行为越来越占据了重要地位,而行为语言则日趋下风,由此造成艺术发展的阶段性现象,使艺术从体验、鉴赏变身为对艺术自身的意义阐释,乃至对艺术过程的自我思考、自我阐释,走向艺术的哲思化、理论化,造成"艺术的终结"和"美学的终结"。一旦言语行为在原生性符号系统结构中夺取强势地位,也就势必加速艺术祛魅和美学终结的进程。在这一总体演化走向的同时,也不时招致行为语言的抵抗,我们不难看到:种种强调无意识心理的现代艺术的身影,以及身体美学的兴起,艺术世界与日常生活世界之间的隔阂日渐消失,美学的扩张及日常生活的审美化。因此,所谓"艺术的终结""美学的终结"并非如黑格尔所预言的那样,艺术将越出感性形式并趋向于抽象概念而走向哲学,而是如丹托所说的艺术成为对艺术自身及艺术过程的哲学思考,对"什么是艺术"这一观念的质疑,对艺术界域的挑战和破除,也就是说,行为语言与言语行为在相互博弈中张力关系及主导倾向发生了重大变化,艺术将以不同的面目存在着,终结的只是传统艺术和传统美学时代。自此,艺术以全然不同的面貌更加自由地展现着自身,在行为语言与言语行为之间构成了一种崭新的张力关系,并日益深切地介入到日常生活世界。

行为语言与言语行为双方张力关系的变化,是艺术演变的根本动因,至于各种符号建模自身所享有的规范性(惯例)的变化,则处于相对次要的地位,主要展示为艺术风格的流变,以及意识形态操纵。

数字媒介时代,符号被超量地生产、复制和传播,身体的在场方式、关系模式及建模方式也发生重大变化,这一切都使我们的世界日渐成为一个审美化的虚幻世界,人的感性方式和文学艺术的存在方式也必将出现新的变化。

---

① 〔美〕阿瑟·丹托:《艺术的终结》,欧阳英译,南京,江苏人民出版社,2001年,第98页。

第三章　符号、文学艺术及其解释

在《逻辑哲学论》中，维特根斯坦把所有东西区分为"可以言说"和"不可言说"两类，他说："可以言说的东西都可清楚地加以言说；而对于不可谈论的东西，人们必须以沉默待之。"又说："可显示的东西，不可说。"[①]后人则以"不可言说"来概括艺术的特征，却并没有如维特根斯坦那样保持沉默，而是认为艺术是对不可言说的言说，并反反复复地对艺术做出解说。

那么，为什么说艺术是不可言说的？既然艺术是不可言说的，为什么它自己又能言说？艺术的言说是什么样的言说？人类又是如何理解艺术的言说，如何通过艺术来达成一种特殊的交流？要真正了解其中的奥秘，我们首先就应该深入探析符号及艺术符号的特性。

我们认为，人类最原初的符号活动即言语行为和行为语言，我们称之为"原生性符号"，其他符号则是"次生性符号"。所有符号活动都同时存在两个最终解释项，即行为语言、言语行为，由此决定着体验、直觉、悟解与观察、分析、认知两种迥然不同而又交相影响的解释方式。艺术符号则强化了行为语言这一解释项，因而它才可能对"不可言说的"做出独特的言说，而它自身又是言语行为所不能单独言说的。艺术的"氛围""神韵"是行为语言解释的成果。机械复制技术阻断和取消了行为语言的介入，也就从根本上消解了"氛围"和"神韵"。

第一节　两种不同的解释路径：言语行为与行为语言

一、两种符号方式的功能区分

卡西尔把符号活动视为人区别于动物的根本特性，他认为，人类文化的全部发展都依赖于符号化的思维和符号化的行为，自此，"人不再生活在一

---

① 〔奥〕维特根斯坦：《逻辑哲学论》，第3页，第42页。

个单纯的物理宇宙之中,而是生活在一个符号宇宙之中。语言、神话、艺术和宗教则是这个符号宇宙的各部分,它们是织成符号之网的不同丝线,是人类经验的交织之网……他是如此地使自己被包围在语言的形式、艺术的想象、神话的符号以及宗教的仪式之中,以致除非凭借这些人为媒介物的中介,他就不可能看见或认识任何东西"①。

关于人类符号的发生,卡西尔沿袭了约翰·戈特弗里德·赫尔德(Johann Gottfried Herder)的观点并指出,在人与动物之间存在一个从"反应"到"应对"、从"情感语言"到"命题语言"的发展演变过程。不过,这一观点还是过于表面化,并没有揭示符号发生的真正根源,因而,也不能从根本上揭示不同类型符号之间的差异性和关联性。

任何生物体都必须通过自身的活动,即"行为"与世界打交道,由此建立关系模型。正是在行为展开的过程中,生物体建构起自身的经验并把握了世界。行为建模是生物体与世界相关联、相适应、相契合的关键。那些能够使双方相互适应、契合的行为被不断重复而模式化,塑造并决定着生物体的无意识经验结构(本能),也塑造并体现着世界的结构,因而,行为的结构同时反映着生物体的经验结构和世界的结构。② 人类继承了生物体所给予的珍贵馈赠,又进而发展了语言建模。人类语言是在行为建模所获得的经验的基础上筛选、归类、凝聚、概括、抽象而成的。莫里斯就十分强调行为对符号生成的关键作用,他说:"指号—行为是行为的一部分,它随着行为的发展而发展。它既受它在其中出现的那些行为的控制(不论是个人的或社会的行为),它也反过来影响这些行为。"③认知语言学也认同行为的重要性:

> 在我们的知识中,有相当大一部分不是静止的(static)、命题式的(propositional)和句子式的(sentential),而是植根于各种模式的知觉互动 (perceptual interactions)、身体活动和对物体的操纵(manipulationsl of object),并由此获得结构。④

"归类"即"区分"。从根本来说,语言就是区分。无意识经验经过自然

---

① 〔德〕恩斯特·卡西尔:《人论》,甘阳译,上海,上海译文出版社,1985 年,第 33 页。
② 在人类的经验结构中,行为具有基础性的塑造作用,这也是我们十分强调"实践",并把"行"置于"知"之前的根源。
③ 〔美〕C. W. 莫里斯:《指号、语言和行为》,第 223 页。
④ 〔德〕德克·盖拉茨主编:《认知语言学基础》,邵军航、杨波译,上海,上海译文出版社,2012 年,第 266 页。

归类而凝聚成相对独立的语言概念,并投射于具有外在性的物质载体上,此际,人类就已经在运用语言命名对人与世界的浑融关系做出区分,并进而对万物做出有意识的区分,把世界及万物转变为人的认识对象,世界因此成为澄明的世界,人则成长为具有意识能力的真正意义上的人。"一切感官都只不过是心灵的知觉方式,而只有通过区分特征,心灵才能形成明确的观念;与区分特征一道,便产生了内在的语言。"①区分构建起语言自身的差异性系统,并赋予语言以神奇的力量。

"无名,天地始;有名,万物母。"②语言概念的形成就意味着人与世界的区分、万物的区分,意味着意识和意识对象的生成。人类开始了有意识、有目的的认识活动和实践活动,世界成为人的认识对象,于是,人不再被动地适应世界,而是主动地改造世界,语言则成为人与世界之间不可或缺的中介。这并不是说行为建模不再重要,而是说在语言生成之前,行为建模虽然建立起生物体与世界间的关系并因此为生物体积累了丰富经验,行为的结构虽然决定着经验结构和世界结构,但是,这种经验仍然属于无意识经验;也不是说生物体不能感受世界,而是说生物体对世界的感受还处在意识阈限之下,世界并非作为它的"意识对象"而存在,尽管生物体能够对世界做出迅速反应,但这种反应只是本能的直接反响。一方面,生物体通过行为建构了关于世界的无意识经验;另一方面,经验又促成生物体对世界做出直接的行为回应,行为建模把生物体与世界连接、融合为一体了。从这个角度看,对于生物体来说,行为建模并非真正意义的"符号中介",在生物体与世界融为一体的"非对象性关系"中,原本就无所谓"中介"。语言概念的出现,是以无意识经验的归类、凝聚、抽象为基础的,它上升到某个特定阈限,展示出明晰的意识对象,同时构建起人类意识。这也正如现象学所说,意识总是关于对象的意识。意识与意识对象是在语言生成过程同步生成的。

在语言诞生之前,由于行为建模已经将生物体与世界相联系、相融合,即以行为建模来构建无意识经验的结构和塑造世界及万物的结构,因此,当无意识经验归类、凝聚为语言概念,世界及万物以意识对象的方式出现时,它们都已然被行为建模所结构化,并被赋予了生命的结构,万物也因此享有灵性而成为神灵。因此,语言在方生之际,总是同神话纠缠在一起。这就是卡西尔及诸多学者将神话视为语言生成的"中介"的原因,也是维科将原始

---

① 〔德〕J. G. 赫尔德:《论语言的起源》,姚小平译,北京,商务印书馆,1998 年,第 50 页。

② 朱谦之:《老子校释》,第 5 页。

语言视为诗性语言的原因。

语言的相对独立性拆解了生物体与世界原本一体的浑融关系,赋予人类自由运思的权利。人类不仅可以离开实存而做形而上思维,更为重要的是可以对一切做出拆分,乃至把人之行为与身体强行剥离开来,抽象出来,把行为作为观察对象、解释对象、反思对象和控制对象。阿甘本就指出:"人从来就处于不断的区分和断裂之中,同时又是区分和断裂的成果。"①于是,人类行为享有了与动物全然不同的模式,他不再仅仅凭借本能行事,人之意识及自我意识已经介入其中,成为行为有力的监管者和掌控者,行为也因此被推延。一方面,本能和无意识经验推动人的行为,直接影响着行为方式;另一方面,意识则为人之行为设定理由和目的并监控着行为,规训和重塑着行为。人类行为就同时受到这两方面因素的影响。就在对行为的自我监控和反思中,人类理性逐渐成长起来了。作为符号活动的言语行为的诞生,成为人类诞生的最重要的标志。

认知心理学研究也印证了这一过程:人类脑神经的发展存在一个特定的次序:"与所谓基础功能有关的脑区先发展,例如感觉和运动行为区,这和皮亚杰的观点一致。联结区域,即促进信息整合的脑区发展得稍慢一点。参与自上而下行为控制的区域最后发展,例如额叶和前额叶皮质。"②自上而下的行为控制,是因为语言生成的同时促成意识形成,于是,行为不再仅仅是一种本能反应,而同时受到自上而下的意识控制。人的个体发展的次序也体现了人类整体发展的轨迹。

二、作为解释项的行为语言

皮尔斯提出了符号"三元构造",他说:

> 我将符号定义为任何一种事物,它一方面由一个对象所决定,另一方面又在人们的心灵(mind)中决定一个观念(idea);而对象又间接地决定着后者那种决定方式,我把这种决定方式命名为符号的解释项(interpretant)。由此,符号与其对象、解释项之间存在着一种三元关系。③

---

① Giorgio Agamben. *The Open*: *Man and Animal*. California, Stanford University Press, 2004, p. 16.
② 〔美〕凯瑟琳·加洛蒂:《认知心理学》,吴国宏等译,北京,机械工业出版社,2017 年,第 229 页。
③ 〔美〕皮尔斯:《皮尔斯:论符号 李斯卡:皮尔斯符号学导论》,第 31 页。

　　语言的出现使令行为有可能与人（施行者）拆分，在行为与施行者及无意识经验之间建立分立的关系，同时也对行为之意义做出解释，这才在行为、施行者及无意识经验（即行为所反映、表征的对象）、语言解释项之间构建起三元关系。语言对具有特定模式的行为的解释，也就意味着对施行者无意识经验或内在状态的解释。自此，行为被视为表征无意识经验或内在状态的中介，成为符号，或称为"行为语言"。"肢体动作是一个传递信息的交流系统，也因而可以被看作是一种语言或能指系统。"①可以说，唯有在语言（意识）生成之后，人之行为才可能与人相分离，才获得语言的解释，才成为其意义可以被意识认知的行为语言。行为与语言之间存在着极其复杂的交互作用关系：一方面，语言以行为积淀的无意识经验作为基础，是无意识经验累积、筛选、归类、凝聚、抽象的成果；另一方面，只有在语言诞生之时，行为才可能被区分和抽象出来并得到语言的解释，生成为名副其实的符号活动：行为语言。于是，人类同时兼有了两种最重要、最基本的符号活动方式：言语行为和行为语言。在这里我们也看到动物与人类的实质性差别：动物的行为只是行为，是直接关联生物体与世界的本能行为，它将生物体与世界相同一，相融合；而人类的行为则同时成为人自身的对象并得到解释而成为行为语言，成为一种符号活动。从这个角度看，动物只具有指号过程，而没有真正意义上的符号活动。②

　　由于语言是对行为所积淀的无意识经验的筛选、归类、凝聚和抽象，一

---

① 〔法〕朱莉娅·克里斯蒂娃：《语言，这个未知的世界》，第 322 页。

② 对于动物群体来说，动物的行为所具有"交流功能"，还只是处在意识阈限之下，因此并非意义明确的"符号"，我们可以沿袭习惯勉强称它为"信号""指号"。其实，用"信号""指号""交流"，乃至"刺激—反应"模式来说明动物的行为是不合适的。动物的行为本身就已经将世界与生物体融合为一，动物只是在世界中生存，在群体中生存，世界及群体只不过是其生命的延伸。而"信号""指号""交流""刺激—反应"则建立在二元论模式上，不过是用人类分析的眼光来看待动物行为的结果。我们并非无视生物体的感官感觉，包括视觉、听觉、触觉、嗅觉、味觉，而是认为，对于生物体而言，这些感觉最终都密切联系着生物体的行为，归结为生物体的行为方式，并由此积淀为生物体的本能经验，只不过这些感觉尚未构成"意识对象"罢了。由于各种感官感觉都密切关联着生物体的行为，归结为生物体的行为方式，因此，生物体被结构化了的行为，也就成为视觉、听觉、触觉、嗅觉，还是味觉共同的结构。无论视觉、听觉、触觉、嗅觉还是味觉都必然最终转化为生物体的行为，并成为一种行为结构。人的行为结构则是度量各种感知的尺度，因此成为"人的尺度"。就如米德所说："刺激与反应之间必有某种联系；如果有机体要对环境做出反应的话，环境必定在某种意义上存在于有机体的动作中。"（〔美〕乔治·H.米德：《心灵、自我与社会》，第 217 页。）柏格森则说："我们所理解的知觉，标志着我们对事物可能施加的行动，因此，从反面说，知觉也标志着事物可能对我们施加的行动。身体做出行动的力量（其标志是神经系统的复杂程度更高）越大，知觉覆盖的范围就越广。因此，我们与被知觉……从来就不表示别的，而仅仅表示一种虚拟的（virtual）行动。"（〔法〕亨利·柏格森：《材料与记忆》，肖聿译，北京，华夏出版社，1999 年，第 43 页。）

定程度上已经遗失了原有的丰富、生动的内涵,也由于行为事实上不可能与身体相分离,行为与身体之间不存在分界线,因此,语言对行为所做的解释总显得力不从心,总是或多或少扭曲、遮蔽了行为语言的本义,总是遗留着列维纳斯所说的"不可简约的他性"。王阳明说:

> 人心天理浑然,圣贤笔之书,如写真传神,不过示人以形状大略,使之因此而讨求其真耳;其精神意气、言笑动止,固有所不能传也。后世著述,是又将圣人所画,模仿誊写,而妄自分析加增,以逞其技,其失真愈远矣。

不仅文字无法真实传达人的精神意气、言笑动止,口头语言也同样无法完整地对它做出解释。语言的有限性总是遮蔽了浑濛、无限的无意识经验。因而,对行为语言的解释总是离不开行为自身共同参与解释并做出意义校正。"此须自心体认出来,非言语所能喻。"①行为语言最终只能由行为自身的体验来把握。

"任何语言都只能是一种省略性的表达,为了理解它与直接经验相关联而具有的意义,需要有想象的飞跃。"②事实上,行为语言并没有因言语行为的出现而与身体真正分裂,它仍然与身体紧密结合在一起,深深嵌入了身体;也没有因此丧失行为原有的功能,它仍然具有关联人与对象、融合人与对象的能力。于是,作为"解释项"的行为语言又重新将自身同作为"解释对象"的行为相互弥合,将被语言对象化的关系复原为非对象性关系,把被解释的符号化之行为作为解释者自身的行为来体验和悟解,以此把握意义。

简言之,语言不仅分裂了人与对象,让人置身于对象之前和之外,甚至扭曲人与对象之关系。"只要我们站在外部,我们就是局外者。因为这个原因,我们就永远不能知道事物本身;而关于我们所能知道的一切——无非就是我们永远不能知道我们真正的自我是什么。"③唯有行为语言才能让人与对象重新融贯一体,让人重新生存于事物之内,以此来体验和把握事物。从这个角度看,正是行为本身而非言语行为,才是对行为语言与无意识经验之关系的最佳解释项。虽然这种把握仍然处在意识阈限之下,但它始终是语

---

① (明)王守仁著,王晓昕、赵平略点校:《王阳明集》(上),北京,中华书局,2016年,第11页,第22页。
② 〔英〕怀特海:《过程与实在——宇宙论研究》,李步楼译,北京,商务印书馆,2012年,第24页。
③ 〔美〕弗洛姆、〔日〕铃木大拙、〔美〕马蒂诺:《禅宗与精神分析》,第29页。

言解释的校验者。一旦语言解释的意向在某种程度上或触及或切近或暗示或引发了行为语言的解释，也就在瞬间灵光闪现、豁然开朗，这就是所谓的"顿悟"，一种仿佛了然于心却又无法言说的心灵启示。因此，铃木大拙这样解释"顿悟"："它乃是意识层面与无意识层面之间的边缘地带。一旦触及这一层面，人的寻常意识中即充满来自无意识的信息。正是在这一瞬间，有限的心灵意识到自己植根于无限之中。"①所以说，被符号化的行为就同时存在两个迥然不同又交相影响的解释项：其一是通过言语行为，把行为作为"对象"来观察、分析和认识；其二是借助于行为语言本身，把行为重新作为"非对象"来体验、直觉和悟解。

第二节　原生性符号和次生性符号

一、原生性符号和次生性符号

人类不仅用语言来解释自己的行为，同时可以运用语言来解释其他一切事物，进而把其他事物转变为人的符号。正如前文所述，作为生物体的人在日常活动中首先通过行为与世界打交道，协调自身与世界的关系，以行为的结构塑造着自己的无意识经验，同时也塑造着世界，令世界享有了生命结构，并在生物体与世界之间建立起亲密无间的同构关系。然而，当语言分裂了人与世界及万物的关系，当双方转换为一种对象性关系，那种由行为所构建的结构关联却依然存在，对象也早已受到行为建模的塑造，因此，语言对诸事物的解释，也就同时隐含着对人的内在的无意识经验的解释。这就在事物、人的内在经验、语言解释项三者间建立起三元结构，事物则成为表征人类内在经验的符号。由于行为建模在构建人与事物关系之时，直接体现着利弊关系，因而，当语言把这种关系显示出来并加以解释，同时也就揭示了双方的价值关系。只要语言对事物做出的解释获得社会认同，赋予相对稳定的意义，事物就转化为具有社会共享性的符号。所有事物都具有符号潜质，只不过在人类活动过程中，人们常常有意识地把这种潜质发掘出来并加以利用，或重新赋予它新的意义，由此生成新的符号活动。只有被语言所建构和解释，客观事物才成为人之对象而被明晰地感知并被赋予意义，才显现出明晰的特征，才可能成为符号；离开语言，其他任何符号也就不可能

---

① 〔美〕弗洛姆、〔日〕铃木大拙、〔美〕马蒂诺：《禅宗与精神分析》，第 56 页。

存在。

在语言构建起诸符号的三元关系的同时，原先关联人与世界的行为建模也因此可以被"视为"行为语言，转变为另一个解释项，共同参与到解释过程之中，以此来体验世界及万物，悟解世界及万物，同时体验和悟解人自身的心境。"昔我往矣，杨柳依依。今我来思，雨雪霏霏。"在诗歌中，依依杨柳、霏霏雨雪等自然景观极其具体、生动地传达了旅人截然不同的心境。"菡萏香销翠叶残，西风愁起绿波间。还与韶光共憔悴，不堪看。"香消叶残、萧瑟秋景又恰恰成为表现主人公李璟万般愁绪的符号。人与情景之间的移情共感，就起因于行为语言所起的建构作用和解释作用。行为语言不仅在人与自然景象之间搭建了桥梁，建立了同一性关系，使双方相互融合，而且成为体验、解释这种情境及关系最为有效的途径之一。正是由于行为语言和言语行为共同建构和解释的结果，人与万物之间才能交相投射和映照，并建立起错综复杂的关联。"个体实际上成为宇宙的参照，事物在一定意义上被表达为鲜活的肌体功能。这是一种名副其实的小宇宙理论。"[①]如果说，我们把直接由人自身滋生且寄生于人自身的符号活动，即行为语言和言语行为称为"原生性符号"，那么，人通过行为语言和言语行为赋予其他事物以符号特性，由此转化而成的符号则属于"次生性符号"。或者换一种说法：符号化的实质就是赋义活动，原生性符号是人给行为（言谈举止）自身赋义，而次生性符号则是人利用原生性符号为其他外物赋义，它以原生性符号为前提。

文学作品中大量的比兴，其内在依据就在于人的心理与自然物象在行为建模过程被赋予了行为的结构，建立起同构关系，因而，这些由自然物象生成的符号，就可以用作起兴和比喻，以此来解释和传达特定的人类情感。特奥多尔·立普斯（Theodor Lipps）所说的"移情"和卡尔·谷鲁斯（Karl Groos）所说的"内模仿"都起因于人与对象之间行为与语言的双重建模，其间，行为建模起着相互贯通的作用。

除此之外，描摹自然的图像、仿拟自然的声响也都由于语言解释项所构建的三元结构而成为符号，这些都属于次生性符号系统，并且也都同时交织着行为语言的解释。可以说，语言的诞生是符号生成不可或缺的前提。"形式与意义就像必然且同时给定的相连属性一样，与语言的运用密不可

---

① 〔法〕爱弥尔·涂尔干、马塞尔·莫斯：《原始分类》，汲喆译，上海，上海人民出版社，2000年，第80页。

分。"①正是在语言诞生之后，符号开始大量繁衍了。语言永不止息地区分世界和解释世界的功能，创造着不计其数的符号，由此生成的各式各样的符号系统始终伴随着人类活动，影响着人类活动，乃至决定着人类活动的不同方式。自此，人类活动成为一种创造意义的文化活动。

二、符号活动的最终解释项：言语行为与行为语言

符号一诞生，它就天然地具有解释功能，因此在语言之外，各种符号也参与到解释世界、建构世界的活动之中，于是，世界被符号化了，并因此展现出或千媚百娇、婀娜多姿，或凶神恶煞、狰狞冷酷的身影。在此，我们所谓"世界被符号化"，并非仅仅如让·鲍德里亚②(Jean Baudrillard)所说的后现代社会高度发达的符号生产能力和传播能力，致使过量生产的符号覆盖和遮蔽了现实，而是认为现实本身就是由各式各样的符号系统塑造的，人唯有通过符号的构造和解释，才能感知感受世界，符号化是人类把握世界的唯一途径。人则陷身于符号的包围之中，符号成为人不可或缺的空气和水，连人自身也成为符号动物。

> 所有的高级心理机能都是中介过程(mediated processes)，而符号则是用来掌握并指导这些高级机能的基本工具。中介的符号(mediating sign)被结合进高级心理机能的结构中去，作为整个过程的一个不可缺少的部分，事实上是一个核心部分。③

尽管符号自身具有解释功能，可以作为元符号来解释其他符号现象，但是，从终极根源来看，最终解释项则始终离不开行为语言和言语行为。所有符号的最终解释项都只能是行为语言和言语行为，因为行为语言和言语行为是原生性符号系统，是人类最本己的符号，其他种种次生性符号都是借助于原生性符号才得以生成的，人们只有将各种符号系统还原为最本己的语言才能真正理解它们，因为解释"就是真正地让首先是陌生的东西成为自己的"④。

---

① 〔法〕埃米尔·本维尼斯特：《普通语言学问题》（选译本），第 193 页。
② 又译为让·波德里亚。
③ 〔俄〕列维·谢苗诺维奇·维果斯基：《思维与语言》，李维译，杭州，浙江教育出版社，1997 年，第 63 页。
④ 〔法〕保罗·利科：《从文本到行动》，夏小燕译，上海，华东师范大学出版社，2015 年，第 165 页。

至此，我们应该对皮尔斯的"符号三元结构"做出必要的修正和具体化：在符号（再现体）、对象、解释项（观念）三元关系中，解释项已经不再是含义模糊的"观念"，而是同时并存着两个解释项，即言语行为和行为语言，两者共同参与了解释，形成一个关于意义解释的张力场。只不过无意识领悟往往被有意识认知所遮蔽，行为语言所做的解释被言语行为的强势解释所遮蔽，然而，前者仍然在暗中引导或影响着意义解释。由于言语行为与行为语言双方的张力关系是不稳定结构，它随个体不同，或背景环境不同，或个人心态不同而变化，由此产生无数意义纷争，以致始终缺席一个权威的解释者；且由于行为语言的解释较之于言语行为有着潜隐性和模糊性，也就必然导致符号解释的不确定性，使解释不得不成为"无限衍义"的过程。如同它们身着隐身衣，我们并没有意识到这两种原生性符号系统的介入。行为语言、言语行为作为所有符号的最终解释项，也注定了人类同时享有两种既相互交织又截然不同的解释方式：体验、直觉和悟解；观察、分析和认知。

第三节　文学艺术符号及其解释：对不可言说的言说

一、不可言说的艺术符号

科学和艺术分别属于特定的不同符号系统，这两者间的差异似乎是极其明显的，但是，假如我们从符号特征角度做出比较，将仍然有助于加深对艺术的理解。

皮尔斯提出的符号三元关系就内含着不断衍义的过程，作为三元关系中的解释项本身就是元符号，可以转化为一个被解释的符号而获得新的解释，因此，对符号的解释是没有止境的。较于一般符号，艺术符号的阐释则更具有不确定性。安德鲁·鲍威尔（Andrew Bowie）说："难以阐释的模型是艺术品，它展示了为何阐释的必要性，总是不断提出新的阐释任务，并且又生成着赋予这个世界意义的新方法。"①可是问题在于，艺术的阐释不仅不断衍义，没有终极结论，而且从某种意义说，艺术是不可言说的。

类似于维特根斯坦，格尔茨持有相同的观点。他认为，艺术向来是以难以谈论而著称，连文学这种文字构成的艺术亦然，更不必说以颜料、声音、石

① Andrew Bowie. *From Romanticism to Critical Theory*：*The Philosophy of German Literary Theory*. London，Routledge，1997，p. 89.

头或者任何非文字构成的艺术了。

> 它好似翼然独存于自己的天地中,超乎言语可及的疆域之外。它不仅难以谈论,而且似乎完全没有必要被谈论。如我们常说的,它为它自己说话:一首诗绝不表示什么别的,它所表达的就是它自己;倘若你一定要问爵士乐是什么,你永远也没法晓得它到底是什么。①

文学艺术这种无法谈论的根源究竟在哪里? 其实,就藏身于符号本身,特别是文学艺术符号的独特性、复杂性之中。

符号之所以作为符号,解释项是其三元结构中不可缺少的一维,并且如同本维尼斯特所说,语言必然是它的解释项。但是,问题在于本维尼斯特忽略了另一个解释项,这就是行为语言。其实,在语言产生之前,行为建模早就已经把生物体与世界相关联,是生物体把握世界的唯一方式。生物体通过行为建模将世界结构化并纳入己身,构建无意识经验,以此把握世界,只不过在生物体与世界"一体化"的状态下,任何习惯意义上的"解释"都毫无必要存在。而当语言分裂了人与世界,设置了人与世界间的对象性关系,行为建模则依然是一种贯通双方、弥合双方的力量,它以自身的建构把世界结构化,重新融为一体来悟解世界,行为建模也因此成为一种独特的解释方式,成为行为语言。如果说,言语行为通过将世界对象化,进而观察世界、认识世界,那么,行为语言则弥合人与世界间的裂隙,把对象性关系转化为非对象性关系,以此来体验和领悟世界。这也就是海德格尔所说的人通过"此在在世"来领悟世界。因此,解释并非仅仅是运用语言来做口头或书面解释,领悟就已经内含着解释。乔治·米德(George H. Mead)就指出:"从根本上说,意义不应该被想象成意识的一种状态……一个有机体在任何特定社会动作中对另一有机体的姿态做出的反应便是该姿态的意义。"②对对方的某种姿态做出自己的行为回应就已经是对该姿态意义的领悟,就可以被视作解释。莫里斯说得更明确,他说:"任何一个机体如果对于它某个东西是指号,那么,这个机体就叫作解释者(interpreter)。一个解释者由于指号的原因想用某个行为—族的诸反应—序列来做出反应的这种反应倾向,就叫作解释(interpretant)。"③很显然,米德、莫里斯把行为(姿态也是一种行

① 〔美〕克利福德·格尔兹:《地方知识——阐释人类学论文集》,第110页。
② 〔美〕乔治·H. 米德:《心灵、自我与社会》,第69~70页。
③ 〔美〕C. W. 莫里斯:《指号、语言和行为》,第18页。

为,或者说是行为的初始状态)看作解释,其实就已经拓宽了解释,强调了行为语言这一特殊的解释功能。那么,对于人来说,就应该同时囊括言语行为与行为语言这两个解释项。人总是运用言语行为、行为语言同世界打交道,运用这两者来构造所有其他符号,人对世界和符号的解释关联着行为语言和言语行为双重解释。

弗洛姆把语言称为“社会过滤器”。他指出,语言只允许极少部分无意识进入意识,并且以语言自身的方式歪曲了经验,使意识成为虚假意识。人自以为看见了某种对象,感受到某种东西,然而,除了记忆和思想之外,他根本没有任何体验。“一旦我用一个词表达了某种东西,异化作用便立刻发生,充分的体验便立刻被这个词所替换。充分的体验实际上仅仅存在于用语言加以表达前的那一瞬间。”①语言无法独立解释人的体验,它必须中止独白,撤除语言概念及各种社会压抑,将语言限制在“表达前的那一瞬间”,让自己成为一种召唤,进而接引行为语言共同参与解释。唯此,才能触及无限丰富的无意识经验,才能真切体验生命存在,才能完整、透彻地解释符号的意义及意味。因此,弗洛姆认为,人不仅仅是用他的大脑、用他的思想去捕捉客体,而应该用全部身心拥抱真实,让自身就成为那朵花,那条狗,那个人,完全生存于真实之中。于是,客体不再是客体,它不再与我相对峙;也不再有隔开我与“非我”的幕帘。我赋予对象以生命,对象也赋予我以生命。我直接进入对象本身,仿佛从里面来看它。这一过程就意味着重新接触现实并把握真理,意味着醒悟,意味着揭开面罩,意味着走出洞穴,意味着把光明输入黑暗。海德格尔所说“艺术敞开真理”的作用,应该就扎根于此。

对于任何符号活动,人类最终都同时运用两个解释项,即以言语行为为基础的观察、分析、认识和以行为语言为基础的体验、直觉、悟解,这是同时并存、相互激发、相互交织、相互影响的两个解释项,只不过在不同的解释活动中有所偏重而造成不同的解释结构和不同的解释结果。人类在其所有活动过程中总是运用这两种原生性符号系统不断地领悟着,同时也不断地认识着。

在科学解释活动中,言语行为显然发挥压倒性的主导作用。科学并不排斥行为语言,直觉对于科学发现就具有不可忽视的作用。但是,科学之所以为科学,就在于它首先是一种对象性活动,是对对象的观察和分析,运用逻辑展开推论和假设,并通过实验做出验证,这就强调了言语行为的主导地

---

① 〔美〕弗洛姆、〔日〕铃木大拙、〔美〕马蒂诺:《禅宗与精神分析》,第130页。

位,压制了行为语言。科学所谓的"本质"恰恰就以"类概念"为前提,试图从类概念所属的所有个别现象中寻找共同性,并加以概括抽象和语言描述,乃至做出"定义"。它通过反复的实验和观察,力求做到对世界解释的可靠性、精确性、连贯性,这一"求真"过程就是塞尔所说"心灵向世界适应"(mind-to-world),同时是"语词向世界适应"(word-to-world)的过程①,也是不断地排除、洗涤、澄清行为语言所留下的模糊、朦胧的魅影的过程。整座科学大厦就建立在语言区分功能的基础上,它充分地利用了语言的区分功能,以此来划分和造就各个不同的学科领域,设定研究对象和范畴,构建研究范式和学科理论体系。②

艺术活动则不同,其主要目的在于感动人,这不仅仅是一种理智上的启迪,更是对心灵的震撼,是将欣赏者引入艺术意境中,陶醉于艺术情境内,甚至进入一种"忘我"和"与物俱化"的境界。在此之际,行为语言起着核心性解释作用。如果说,言语行为总是无法摆脱概念的纠缠,它告诉我们的是经过分割、相对确定和有限的对象,那么,行为语言则让我们与世界相互融合,展开未经分割、未经确定和无限的世界。当艺术活动协同、整合了两种原生性符号活动,它也就以确定的、有限的对象暗示出不确定的、无限的整体世界。

安德烈·马尔罗(André Malraux)曾深入阐述了画家知觉的"风格化",他说:

> 一个走过的女人在我看来首先不是一个有形体的轮廓,一个生动的模特儿,一个景象,而是"一种个人的、感情的和性的表达",是某种完全显现在步态之中,甚至在脚跟撞击地面之中的身体方式,就像弓的张力存在于木料的每一根纤维中,——我拥有的走路、注视、触摸、说话标准的一种十分引人注目的变化,因为我是身体。③

画家的知觉首先要捕捉的是人的行为语言,包括动作、姿态、表情……这不仅仅因为行为语言表达了人物最为个人化的特征和最为内在的精神,

---

① 〔美〕约翰·R.塞尔:《意向性——论心灵哲学》,刘叶涛译,上海,上海人民出版社,2007年,第7～10页。
② 人类利用语言的区分功能,对人的身体器官做出分类、对动植物做出分类、对天体做出分类、对物质做出分类,由此构成了医学、生物学、天文学、化学等学科的基本框架。
③ 〔法〕莫里斯·梅洛-庞蒂:《符号》,第64页。

还在于只有画家以自己的身体方式去体验和感悟，才能真正领会绘画对象，才能揭示作品人物行为举止的丰富内涵，才能唤起欣赏者的行为语言记忆和无意识经验。正是行为语言将欣赏者与欣赏对象相互融合，使艺术直接闯入欣赏者的心灵乃至身体，深深打动欣赏者。欣赏者就是在经受感动的同时悟解了艺术蕴含的真谛。

艺术对世界的解释主要是一种切身的体验和领悟，它不依仗分析、归纳和推理，更需要欣赏者投身其中，涵泳其间，倾心以待。此际，世界便向你敞开了，真理也自行显现。即便如贝托尔特·布莱希特（Bertolt Brecht）那样十分注重运用"间离手法"突出艺术认识功能的艺术家，也仍然不否定亚里士多德式的"共鸣"的价值，他说：

> 从历史的角度来看，通过这种方法（指"共鸣"）可以更接近人，可以更了解人的本质。我们今天确实想离弃这种方法，但这决不意味着是彻底地脱离这种方法，也不意味着把一个艺术时代当作谬误而一笔勾销以及全然摈弃这个时代的艺术宝库。[1]

艺术毕竟不是教科书，假如艺术一味地让欣赏者游离于作品之外，冷静地观察和分析、批判和思考，它实质上也就取消了自己的生命。艺术就是通过强调行为语言的同化作用，将人自身的结构赋予艺术世界，令艺术世界同样享有人的生命的结构，由此引起众多生命的共振和共鸣，相交融合，妙悟天开，不仅深化对作品世界的悟解，而且打开了一个似曾相识却又尚未知悉的崭新天地，一个语言难以穷尽，更无法单独言说的世界。

二、行为语言与言语行为的博弈

总体来说，西方现代化就是一个不断理性化的过程，而在艺术领域却充斥着非理性和抵制概念化的冲动，采取各式各样的手法来弱化言语行为的权威地位，强化行为语言，强化身体感受。譬如抽象艺术对具象的摒除就是对概念化的背弃，因为具象就内含着"是什么""像什么"这些问题，也就意味着概念化。抽象艺术则借助于"不是什么"的点、线、面、体和光、色来回避概念化，解放无意识经验，唤起行为语言记忆，激发内在情感。康定斯基

---

① 〔德〕贝托尔特·布莱希特：《论斯坦尼斯拉夫斯基体系》，李健鸣译，载《布莱希特论戏剧》，北京，中国戏剧出版社，1990年，第268页。

(Wassily Kandinsky)曾因意外面对尚未完成的倒置的绘画,无暇辨认画面内容,而被特有的色彩感所深深吸引和打动,由此引发抽象画的灵感。① 无标题音乐也如此,它刻意逃避语言解释而直接诉诸人的情感。在艺术创作中追求"狂欢化",则是另一种对行为语言及无意识的强化方式。凡·高那燃烧的"向日葵",音乐中的摇滚乐,都是利用"狂欢化"来破除理性的局限,放浪无意识经验,追寻狂野的、本原的生命力。即便当前的观念艺术离不开语言概念和理论思维,但是,它仍然有一个限度,一旦丧失对人的心灵和肉体的震撼,放弃行为语言这一解释项,也就注定衰亡,走向丹托(Arthur Danto)所说的"艺术的终结"。至于其中的行为艺术,则直接着眼于身体行为本身,着眼于展示行为语言的意蕴。正因为艺术对世界、对人自己的解释注重行为语言,因此才能深刻揭示人与世界原本一体的复杂关联,打开人的心灵黑箱,探索深潜于无意识中的经验世界。

既然艺术符号同时隐含着行为语言和言语行为,以此来解释世界以及人自身,并且行为语言是其最具生命特征和人文特征的重要方面,那么,我们又怎能仅仅凭借言语行为来解释艺术呢? 语言言说总是如同隔靴搔痒,不能切中肯綮。尽管言语行为立足于无意识经验的基础上,与行为语言保持着千丝万缕的关联,但毕竟是对无意识经验的筛选、概括和抽象,它无法复原行为语言的丰富性、生动性、生命性,无法回归对肉体的依恋,无法进入物我一体的无限世界。相较行为语言,言语行为显得抽象、空洞、间接、苍白。仅仅用言语行为来解释艺术,我们只能被拒斥于艺术殿堂的门外,根本不可能"登堂入室"——这就是艺术不能被言说的原因。"一旦与身体分离,语言便开始衰退,变成虚假的、空洞的、卑微的、轻飘飘的",唯有"沉默可以阻止或抵制这种趋势"。②

艺术往往可以对浑濛整一的世界做出独特解释,对无意识世界做出自己的解释,是对不能言说的言说,而它自己则又是语言所不能单独言说的。在谈到艺术形式的作用时,宗白华说:

> 形式之最后与最深的作用,就是它不只是化实相为空灵,引人精神飞越,超入美境;而尤在它能进一步引入"由美入真",探入生命节奏的核心。世界上唯有最生动的艺术形式……如音乐、舞蹈姿态、建筑、书

---

① 据说,马蒂斯为康定斯基的抽象绘画铺设了道路,但是,这一偶然事件无疑触发了他的灵感。

② 〔美〕苏珊·桑塔格:《沉默的美学》,周颖译,载《沉默的美学:苏珊·桑塔格论文选》,海口,南海出版公司,2006 年,第 65 页。

法、中国戏面谱、钟鼎彝器的形态与花纹……乃最能表达人类不可言、不可状之心灵姿势与生命的律动。①

行为语言直接表达着生命之节奏，本身就体现着生命之形态和生命之自由。正因行为语言是艺术活动极其重要的建构力量，艺术形式才可能"探入生命节奏的核心"，才能充分表达"人类不可言、不可状之心灵姿势与生命律动"。

三、诗性语言：召唤行为语言记忆

甚至连语言文字建构起来的文学作品也同样是难以言说的。从文学发展史来看，早期的文学是口头文学。《毛诗序》说："诗者，志之所之也，在心为志，发言为诗。情动于中而形于言，言之不足故嗟叹之，嗟叹之不足故永歌之，永歌之不足，不知手之舞之，足之蹈之也。"②这就是说，早期的诗歌总是伴随着咏唱和舞蹈，只有在咏唱和舞蹈（行为语言）的共同参与下，诗歌才具有如痴如醉的充沛表现力。文学的书面化，强行地把诗与歌舞相分离，为了尽量维护文学的表现性，诗人在语言运用上不能不拈断髭须、绞尽脑汁。叶燮对此做了精彩的阐述：

> 诗之至处，妙在含蓄无垠，思致微渺，其寄托在可言不可言之间，其指归在可解不可解之会，言在此而意在彼，泯端倪而离形象，绝议论而穷思维，引人入于冥漠恍惚之境，所以为至也。

叶燮所说"可言不可言之间"的"寄托"，"可解不可解之会"的"指归"，既是语言无法言说的，却又不得不借语言言说之。唯一的途径就是利用修辞手法或逻辑悖论来造就语言自身的张力，以此激发、召唤行为语言记忆，唤醒无意识经验，超越"意中之言，而口不能言；口能言之，而意又不可解"的尴尬境地。因此，真正的诗人就应该具备一种语言本能："惟不可名言之理，不可施见之事，不可径达之情，则幽渺以为理，想象以为事，惝恍以为情，方为理至事至情至之语。"③

---

① 宗白华：《论中西画法的渊源与基础》，载《艺境》，北京，北京大学出版社，1987年，第111页。
② 郭绍虞主编：《中国历代文论选》（第一册），上海，上海古籍出版社，2001年，第63页。
③ （清）叶燮、沈德潜著，孙之梅、周芳批注：《原诗　说诗晬语》，南京，凤凰出版社，2010年，第35～38页。

在《语言学与诗学》中，雅各布森阐述了语言的多种功能，即指称的（referential）、诗的（poetic）、交际的（phatic）、元语言的（metalingual）、情绪的（emotive）、意动的（conative）等。在语言的不同用法中，其主导功能会发生变化，文学则凸显了诗的功能。

> 诗的功能并不是语言艺术的唯一功能，而是它的主要的和关键性的功能。而在其他的语言行为中，它只能作为一种附加性的和次要的成分而存在。这样一种功能，通过提高符号的具体性和可触知性（形象性）而加深了符号同客观物体之间基本的分裂。①

当语言的指称功能萎缩，符号与客观世界的裂罅加深，文学作品也就与现实语境相对疏离了。这种疏离状态取消了种种现实规范对无意识经验的压抑，释放了无意识经验，唤醒了行为语言记忆。其实，文学语言并不仅仅是言语行为，它同时召唤着行为语言记忆，是双方相互激发、感应和生成；文学也不仅仅作用于人的心智，它潜入深层无意识，直接撞击着人的心灵。人们所说的文学语言的诗性功能，实质上就是召唤行为语言记忆的能力。

在谈论文本写作时，高概（Jean-Claude Coquet）把"述体"区分为"形式述体"和"身述体"，并认为一个述体不能只是一个形式述体，就像纸上的符号一样带着书写的标志，它还必须有一个与形式述体有关的实质述体，即身述体。"意义空间是通过身体才得以建立的……它的作用是首先承担身述体所为，知晓在身述体中发生的事情，尤其是能够分析只属于身述体尤其是激情领域的东西。"②高概所说的"形式述体"即运用言语行为实施写作的符号化过程，而"身述体"则是身体的敞开，即无意识经验的唤醒，也就是行为语言的展开。两者相互交织，共同构建文学文本。

具身心智（embodied mind）理论的一个重要观点就是：

> 我们的概念体系以知觉系统和肌动系统为基础，概念体系通过神经利用这两个系统，更重要的是概念体系被这两个系统所塑形。
> 因为概念和理性都源于且利用感觉运动系统，心智也就不可能从

① 〔俄〕罗曼·雅各布森：《语言学与诗学》，滕守尧译，载赵毅衡编选：《符号学文学论文集》，天津，百花文艺出版社，2004年，第180页。
② 〔法〕高概：《话语符号学》，王东亮编译，北京，北京大学出版社，1997年，第80页。

身体中分离出来而独立存在。①

　　莱考夫和约翰逊正确地指出：概念体系与感觉系统、运动系统密切关联，心智与身体密切关联。实际上，这种关联根源于言语行为与行为语言之间的关联。他们的谬误在于否定语言的相对独立性，过分强调身心一元关系，意图以此来取代二元关系。言语行为总是牵扯着行为语言，心智总是难以摆脱身体，只不过在语言的科学运用中，行为语言受到了压制，而在文学领域则得到充分的张扬。"话语仿佛是某个事件的'剧本'。话语完整含义的生动理解应该是'复现'说话者相互关系的这个事件，仿佛重新'表演'这个事件。"②当行为语言成为文学作品重要的建构力量，当作品似乎就直接从肉体滋生出来，仅仅凭借逻辑性的语言又怎能独自阐释文学？

　　海德格尔曾对凡·高的《农鞋》做出极富想象力的精彩阐释。这些文字阐释虽然为我们打开诗意的想象空间，却远远没有穷尽绘画的内涵。即便对弗里德里希·荷尔德林(Friedrich Hlderlin)诗歌的阐释也是如此。任何语言阐释所揭示的意义都是有限的，它无法言说文学艺术所蕴含的无限的意味，总是以这样或那样的方式扭曲、遗漏和遮蔽了不在场之物和意外之物。语言阐释既是去蔽，又是遮蔽。

四、艺术逃避阐释

　　人总是处于热切地寻求意义，却又难以用语言来穷尽意义的尴尬境地。卡罗琳·布鲁墨(Carolyn Bloomer)就指出，人具有一种赋予事物以意义的天然倾向，他总是寻找外来刺激的意义，并试图给出语言命名；而一旦得到了命名，结论也就已经做出，这往往为他提供了宽慰和结束的强烈感受，思维也随之终结。因此，"伟大艺术家的成就之一，就是他在作品中提供了一些变更着的结论，这在微妙的平衡中举足轻重"。如果作品含意太单调明了，寻找意义的过程就很简单，人们往往会草草地经历一次"看—分类—掉头而去"，并迅速地转向别的作品。如果作品含意隐晦曲折、艰涩难懂，人们也会对它敬而远之。

---

①　〔美〕乔治·莱考夫、马克·约翰逊：《肉身哲学：亲身心智及其向西方思想的挑战(二)》，李葆嘉、孙晓霞等译，北京，世界图书出版有限公司，2018年，第581页。
②　〔俄〕巴赫金：《生活话语与艺术话语》，吴晓都译，载钱中文主编：《巴赫金全集》(第二卷)，第93页。

真正伟大的艺术作品的特征就是它向你提供足够的刺激,让你做出一些零碎的结论,但又不足以使你一目了然,下了结论就扭头离去。有时候你听人说:"我喜欢这一幅,因为我每看一次,都能发现一些新的东西。"……这里所谓的新东西不仅仅是艺术家已经表达的含意,更多的是他所含而未发、由观众自己从以往的经验中得出的含意。艺术作品具有的含意越是长久地保持这种能牵动你以往经历的弹性,你就能不断地从作品中体会到闪烁着的新的含意。①

艺术作品总是隐含着两个解释项:言语行为与行为语言,两者不仅解释方式不同,且不能通约。每个人每一次进入艺术欣赏,由言语行为与行为语言构成的张力结构都会因情境变化而变化,这就注定解释无法取得确定的结论。

如果把艺术作品的意义仅仅限定为语言命名或命题,那么,由于言语行为无法取代行为语言这一解释项,无法透彻地解释行为语言及无意识经验,也就注定这种解释不仅不能穷尽含意,还往往偏离了作品的真实意义。言语行为的解释只能不断地探测和接近行为语言所获得的体验,却不能代替行为语言。行为语言含义的模糊性和不确定性注定了解释是一个持续不断、永无止境的过程。同时,这也说明,伟大的艺术作品并非如布鲁墨所说的那样取决于纷繁杂乱,也不仅仅因为艺术解释原本就是皮尔斯所说的"无限衍义",而在于艺术家应该运用各种手法尽量充分地激发行为语言记忆,潜入深层无意识经验,潜入生命的深邃底蕴,以使作品具有无限生长的阐释空间。

与布鲁墨的看法不同,苏珊·桑塔格(Susan Sontag)则反对艺术阐释的学者。她认为,那些热衷于艺术阐释的学者是通过把艺术的内容与形式相分离,把艺术作品消减为作品的"内容",然后对内容予以阐释,以此来驯服艺术作品,控制艺术作品。这种阐释行为,在她看来是"反动的"和"僵化的",所以,桑塔格说:"阐释是智力对艺术的报复。不唯如此。阐释还是智力对世界的报复。去阐释,就是去使世界贫瘠,使世界枯竭——为的是另建一个'意义'的影子世界。"②而阐释者就像实施大规模劫掠的"吸血鬼"。桑塔格所说固然有理,问题在于:即便艺术简化为"内容",又是否可以言说?

---

① 〔美〕卡洛琳·M.布鲁墨:《视觉原理》,张功钤译,北京,北京大学出版社,1987年,第13页。
② 〔美〕苏珊·桑塔格:《反对阐释》,程巍译,载《沉默的美学:苏珊·桑塔格论文选》,第5~6页。

可以控制？我们认为，这同样是不可能的。艺术最终总是同时讲述着两种语言，用行为语言和言语行为来共同解释世界，唯有如此，它才有可能以独特的方式对"不可言说的"做出自己的言说，并不再如"吸血鬼"那样令世界贫瘠和枯竭。因而，艺术的"内容"（实际上，艺术的内容与形式并不能剥离）也照样无法仅仅用言语行为来阐释。艺术总是在逃避语言阐释，任何企图单独运用言语行为的阐释都是对艺术作品的阉割，更何况作为整体存在的艺术。"言之者失其常；名之者离其真。"①这也是中国古代文人对文学艺术的共同看法。

所有符号活动都存在着两个最终解释项，特别是对于艺术符号来说，行为语言往往是更为重要的解释项，这就决定着艺术是不能简单地用言辞来言说的。

第四节　氛围、神韵的符号学根源

一、氛围、神韵与行为语言

对机械复制技术给艺术所带来的影响，本雅明提出了深刻的见解。他认为，艺术作品原本是独一无二的，这一特征体现着原作此时此地的历史性和本真性。艺术作品保留着物质结构在时间中发生的变化，以及不断变换的占有关系。更为重要的是作品从属于特定的传统，与传统息息相关，而机械复制技术却把艺术作品从历史语境中剥离出来，从它对仪式的依赖中解放出来，击碎了艺术作品极其脆弱的核心。在艺术作品可技术复制的时代中，枯萎的是艺术作品的"氛围"（aura）。本雅明把氛围定义为："一定距离外的独一无二显现——无论它有多近。"②他指出：从历史源流来看，最早的艺术作品起源于礼仪——起初是巫术礼仪、后来是宗教礼仪，"本真的"艺术作品的氛围浓郁的存在方式就扎根于礼仪功能，并与礼仪的膜拜价值联系在一起。艺术作品作为礼仪的构成部分，它同样分享了神圣性，本身就不是供人近距离地欣赏和把玩的，而是让人虔诚膜拜的，即便近在咫尺，仍旧遥不可及、高不可攀，由此引起某种朦胧的心灵感应，产生无法言说的氛围。

① （魏）王弼著，楼宇烈校释：《王弼集校释　上》，北京，中华书局，1980 年，第 196 页。
② 〔德〕本雅明：《可技术复制时代的艺术作品》，载《经验与贫乏》，王炳钧、杨劲译，天津，百花文艺出版社，1999 年，第 265 页。

无论这个根基历经怎样的流变漫漶,即便在追逐美的最为世俗化的形式中,也可以辨认出它来。但是,随着机械复制技术的发展,艺术不再是独一无二的存在,它彻底脱离了原初语境,其展览价值得到迅速提升,膜拜价值则萎缩了,艺术作品的氛围也因此枯竭。

本雅明以艺术与礼仪相结合来解释"氛围"的见解是极其敏锐的,但我们不妨再做些补充说明。巫术礼仪最重要的特点就是利用迷狂充分调动了人的行为语言记忆。与言语行为的施行方式及区分功能不同,行为语言主要是将人与世界相联系、相融合,在这个过程中,人把自身的行为结构授予世界及万物,使世界及万物同时分享了生命的结构并具有了灵性,世界因此成为神灵的世界。巫术礼仪则是人意图假借神灵的力量为自己驱灾祈福的一种仪式,其根基就是行为语言。随着人类认识能力的发展,神灵被祛魅了,这是一个言语行为不断发挥区分功能及解释功能的理性化过程;而行为语言的同化能力却依然存在,它让人重新投身于世界之中,与世界融为一体,体验着神灵遗留下的无尽氛围。对这种状态,杜威同样称之为"灵韵"(氛围),他说:

> 一部艺术作品的范围是由被有机地吸收进此时此地的知觉之中的过去经验因素的数量和多样性来衡量的。这些因素的数量和多样性给艺术作品提供其实体和暗示性。它们常常来自于一些过于隐秘而无法以有意识记忆的方式来辨识的源泉之中,因此,它们创造出一种艺术品出没于其中的灵韵(aura)与若隐若现(penumbra)。①

在杜威看来,"灵韵"来自无法以有意识记忆辨识的隐秘的经验源泉,也就是说,这些经验是过往沉积的无意识经验,是由行为语言所建构的,它融入了当前的艺术知觉,成为若隐若现、无法用意识和语言辨识的氛围。

其实,"氛围""灵韵"就根植于人类运用行为语言对世界做出建构,这种建构强化了人与世界间的亲密关系,既把生命的结构授予世界,又积淀了丰厚的无意识经验,而人却无力用语言解释来穷尽其意义。于是,世界呈现为氛围氤氲的精神家园,而人自身则成为诗意的存在。中国古代文人所说的"气韵""神韵""韵味"也同样依赖于行为语言,借助于行为语言的建构作用来实现人与世界的贯通,并在涵泳、沉浸中体验画意、诗意,品味那种不可言

---

① 〔美〕杜威:《艺术即经验》,第135页。

说的气韵和氛围。

郭若虚很赞赏谢赫提出的"六法"，并认为"六法精论，万古不移"，但其中骨法用笔、应物像形、随类赋彩、经营位置、传模移写都是可以后天学习的，唯有气韵生动则是一种天赋："如其气韵，必在生知，固不可以巧密得，复不可以岁月到，默契神会，不知然而然也。"①郭若虚强调气韵扎根于人的天性，即强调气韵关联与生俱来的无意识经验，它与行为语言记忆密不可分。一旦激发这种无意识经验，绘画就获得了生动的气韵，这是一个"不知然而然"的灵感突显过程。

言语行为与行为语言虽然相互关联、相互激发，却不能通约，因而，言语行为并不能透彻解释行为语言，不能透彻解释由行为语言所构建的无意识经验。气韵、神韵、氛围就生成于言语行为意欲解释无意识经验而又未能解释之际。气韵、神韵、氛围只能存在于语言和意识之外，它逃离了语言意义的相对确定性，逃离了意识对它的辨识，仅仅是隐秘的无意识经验在语言的光照下的瞬间浮现，成为一种只能体会、品味、领悟，难以把握、认知、稍纵即逝的言外之意、韵外之致。从单纯的语言解释和意识辨识的角度来说，气韵、神韵、氛围只能处在遥不可及、无法抵达的彼岸，是无从把握的"空无"；而在中国古代文人心目中，气韵、神韵、氛围等言外之意、象外之境、韵外之致则正是文学艺术极为重要的价值所在，是心灵寄托的家园。

机械复制技术不仅把艺术作品从原初语境中剥离出来，改变了艺术作品独一无二的存在，更重要的是它在人与世界之间插入了另一物质"中介"——机械。假如说，作家艺术家面对世界之际，行为语言得到充分的调动，直觉得到充分的发挥，他深切体验着世界，感受着世界，并将体验、感受所得融入了他们的构思和创作，成为作品独特氛围的主要来源，那么，机械与世界的关系则永远是物与物的关系，在这种关系中根本不可能生成氛围。行为语言让作家、艺术家们与世界构建起生命与生命相连的共生关系，并以行为语言来贯通、体验这种关系，而机械复制技术则只能构成对象性关系，构成物与物的关系，构成冰冷、僵化、分裂的关系，而非生命与生命相契合的关系，机械已经从根本上截断了行为语言的介入，因此，只能展览一个个碎

---

① （宋）郭若虚：《图画见闻志叙论》，载俞剑华编著：《中国画论类编》（上卷），北京，人民美术出版社，2016 年，第 59 页。

片化的缺乏生机、丧失氛围的世界。① 与此同时,机械所展现的事物与人有意识的观看也迥然不同,它无法如人那样通过语言来建构意识对象,并对外来刺激予以过滤,而氛围、神韵恰恰需要行为语言与言语行为的协同作用,并且需要调用双方的性质差异:一方面,无意识经验总是不断逃离语言的解释;另一方面,没有语言的介入,人甚至无法意识到迷蒙的氛围、神韵的存在。氛围、神韵就生成并呈现于行为语言与言语行为的夹缝和张力关系中。因此,氛围、神韵只能是作家、艺术家们直面他们的世界之际生成的,是特定语境中行为语言与言语行为共同建构的,它萦绕并渗透于作品,氤氲混沌,可悟而不可解。因此,机械复制技术在失去独一无二的存在之时,也必定丧失氛围和神韵。

在比较绘画与摄影时,斯坦利·卡维尔(Stanley Cavell)阐释了机械复制技术给艺术所带来的影响。他指出:

> 当绘画想与真实相联系之际,它追求一种在场意识——既确信世界相对于我们而存在,又确信我们相对于世界也存在。在我们的意识与世界相分裂的同时,我们的主观性也介入我们与世界的在场之间……摄影则利用我们在世界上的缺席来维护这个世界的在场。一帧照片将真实展现给我,但对于真实而言,我并不在场。②

摄影所给予我们的是一个"过去的世界",它以我们不在场的方式向我们呈现这一世界,以机械的自动性取代了人的主观性,造成人及其身体的缺席。正是身体的缺席,使人与世界之间失去了最直接的关联,行为建模和语言建模都失去了可能性。机械复制技术不仅剥夺了艺术原有的韵味,也丧失了人的生命气息和勃勃生机。

不过,在电影艺术中,又存在一种"复魅"。电影运用声、光、色和蒙太奇组接,以及俯冲与上升、中断与孤立、延伸与压缩、放大与缩小等辅助手段来营造一种特殊的观感,接连不断地把一个个画面迎面掷向观众,轰炸着观众的视觉无意识,由此产生了电影的"震惊"效果。"震惊"与"氛围"是两种截

---

① 照片作为一种符号,其解释过程固然也同时存在两个最终解释项(行为语言与言语行为),但符号本身已经失去艺术品所具有的那种氛围和神韵。所谓"艺术摄影",只不过是在拍摄和制作过程中仿照绘画额外做了加工处理。

② Stanley Cavell. *The World Viewed : Reflections on the Ontology of Film*. Cambridge, Mass, Harvard University Press, 1979, pp. 22-23.

然不同的解释方式的成果。氛围是作家、艺术家们带到作品中的原生性的
东西,是他们的心灵体验,是他们对世界的独特悟解,需要欣赏者全神贯注
地静心捉摸、咀嚼品味,从作品中求索和再造这种若隐若现、若有若无的气
息;而震惊则是电影用接连不断的图像以迅疾的速度对观众心灵的轰击,是
即刻产生的效果,甚至是心灵活动的瘫痪和骤止。

> 我们不妨就放映电影的银幕与展示绘画作品的画布作一比较。后
> 者邀请欣赏者静思玄观;在画布前,欣赏者可以神游八极。而在电影画
> 面前,他却不能如此。一个画面还没有看清楚,它已经过去了,不可能
> 盯着它细看……观看电影画面时,人的联想活动立即就被画面的变化
> 打断了。由此产生了电影的震惊效果(Chokwirkung)。①

因此,震惊也可视为一种解释,即行为语言和言语行为同时丧失把握能
力之后所做的无可奈何的解释。

二、"震撼""原型"与"本能行为模式"

卡尔·雅斯贝斯(Karl Jaspers)从另一个角度来阐述机器与艺术蜕变
的关系。在谈到 20 世纪 30 年代的精神状况时,雅斯贝斯强调了技术和机
器所带来的重大影响。他认为,机器的统治不仅限制了人的潜力,而且扼杀
了个体性。人就像一个个零件,成为一架机器的组成部分,时而占据这个位
置,时而占据那个位置,只不过被看作一个功能。人已经被降落到物的水
准。他们不再是历史实体的有机部分,不再为历史注入他们自己的个体自
我,已经丧失存在感了。与此相应,艺术也不能不随技术和机器时代的到来
而变化。

> 在过去的时代中,艺术作为造型艺术、音乐和诗,使人全身心地受
> 到震撼,以致正是凭借这样的艺术,人才在其超越存在中实现了自己。
> 如果这个世界已经毁坏,艺术却通过对其变形而成形,那么问题就发生
> 了:创作者是在哪里发现这一真正的存在的,而这一处于休眠状态的存
> 在竟只能通过创作者进入意识并得到发展? 今天,艺术似乎都受生活
> 驱使而向前,失去了它们赖以歇憩或者其价值能够保证其表达的圣

---

① 〔德〕本雅明:《可技术复制时代的艺术作品》,载《经验与贫乏》,第 287 页。

坛……能够在艺术中显示出来的共同的世界精神,现在也感觉不到了。①

艺术之所以令参与者全身心震撼,不仅因为行为语言本身就展示着生命的力量,还因为参与者借助于行为语言与艺术世界相贯通,与自然相贯通,同时,更因为激发了参与者深层无意识,唤醒了沉睡的行为语言记忆而回归生命的源头,回到这个未经玷污、充满温馨的家园。这也就是卡尔·古斯塔夫·荣格(Carl Gustav Jung)和诺思罗普·弗莱(Northrop Frye)所说的"原型",一种最深层次的无意识经验。荣格又把原型称作"集体无意识"或"本能行为的模式",它具体显现为"原始意象"。这些并非个人获得而是通过遗传享有的"本能行为模式",就成为先天固有的直觉形式,成为知觉和领悟的"原型"。那些能够跨越时代而享有永恒价值艺术作品,其奥秘就在于:"创作过程,在我们所能追踪的范围内,就在于从无意识中激活原型意象,并对它加工造型精心制作,使之成为一部完整的作品。通过这种造型,艺术家把它翻译成了我们今天的语言,并因而使我们有可能找到一条道路以返回生命的最深的源泉。"②当艺术将我们带回生命最深的源泉,陷入感情激扬的旋涡,我们的全身心就受到强烈震撼。这是一个远离人的意识和语言的场所,在此翻腾着盲目、炽热的波涛。而当它渐行渐远之际,却遗留下缕缕永难平息、无法言说的余韵。这种原始时期,乃至前人类时期馈赠予我们的"本能行为模式"及"原始意象",势必可以超越民族和时代的界限,获得永久的价值。

问题在于技术和机器对人的统治,拆解了人与人、人与物之间的本源关系,人堕落为机器中的部件,成为物本身,成为孤立、零散的砂砾。与此相应,行为语言也因这种分散状态而丧失其融合作用,行为建模被悬置和压抑了,人之世界分崩离析了,世界成为一片毫无生机和绿意的荒原。艺术也必定随这种变化而失去存在的根基,丧失"价值能够保证其表达的圣坛"。

三、双重关系:言语行为与行为语言、对象性与非对象性、"有"与"无"

格诺特·柏梅(Gernot Bohme)曾细致阐释了"氛围"在感知生成过程中

---

① 〔德〕卡尔·雅斯贝斯:《时代的精神状况》,王德峰译,上海,上海译文出版社,2013年,第132～133页。

② 〔瑞士〕荣格:《论分析心理学与诗歌的关系》,载《心理学与文学》,冯川、苏克译,北京,生活·读书·新知三联书店,1987年,第122页。

的作用。他以蚊子为例来做现象学分析：当一只蚊子在嗡嗡声中逼近我时，最初，我甚至还没有把这种声音辨别为嗡嗡声，更不用说认出那是一只蚊子，只是它发出的嗡嗡声导致我感受到一种正在逼近的气氛，一种朦胧的、弥散的气氛。它以不确定的方式在空间扩散，就像一种逼近的威胁，微微搅扰起我的情绪波动。然后，这种最初的触动会被聚集，进而识别出是一只蚊子，并转变为一种搜寻的目光。在此之际，那种浑融的氛围塌陷消散了，主观感受与客观对象相分裂了，感知对象得到澄清和定位，物种得到识别，不确定性转换为确定性——那是一只正在逼近的蚊子。在柏梅的现象分析中，我们可以看到，感知背后行为语言与言语行为的建构作用：刚开始，轻微的声息还不足以引起人的注意，却已经扰动了他的身体，引发身体回应，并构建了一体化关系，只是这种身体回应还处在意识阈限之下，体现为不确定性的弥漫的氛围。随着这种感受得到聚集，终于激发了人的注意，这也就是说，言语行为明确介入了，语言不仅分解了主体与对象，将意指指向对象，进而将对象识别为一只蚊子。在这个过程中，我们看到行为语言与言语行为双方的协同作用：从开始以行为语言为主导，逐步转换为以言语行为为主导。氛围正生成于这个转换的边界。而一旦言语行为占据主导地位，对象就被区分出来，它被识别了，明晰地显现了，氛围则被解构，塌陷了。柏梅认为，感知生成过程只能用现象学去求索，而无法用符号学去解释。问题在于：在柏梅的眼中，符号只是一种"标记"，但当我们把符号首先视为"关系模式"，这一感知现象发生的机制就可以得到更加深入的阐释。

柏梅继而分析了特奥多·施托姆（Theodor Storm）的诗歌《黄昏》：

> 沙鸥向潟湖飞去，/黄昏已然逼近；/在潮湿的沙洲上/映着西沉的日影。/一群灰色的鸟儿/正掠过水面飞翔；/雾中的海上岛屿，/仿佛是梦幻一样。/我听到沙泥起泡，/发出神秘的微响，/听到寂寞的鸟叫——/一切总是如此。/晚风又轻轻吹过，/然后又归于寂静；/声音又再响起，/越过幽暗的海面。

柏梅指出，施托姆的这首诗歌描写了某种"气氛化"的黄昏中的暮色："景观是弥散的，物质性的东西逐渐被推向了边缘，分离直至消失。与此相反，这个气氛化的黄昏是通过无有之物……比如风、光线、声音构成的。黄昏降临，它以某种方式把一切都遮蔽和包裹起来，让它们消逝或者沉睡。黄昏就有了它自己的特征——消逝。"①在这首诗歌中,西沉的日影、轻轻的晚风、黄昏中的潟湖、潮湿的沙洲、雾中的岛屿、孤独的沙鸥、寂寞的鸟叫、神秘的微响……它们不再是一个个孤立的意象,而是相互交融回响,失去了边界,凝结为一片暮色中的沉寂,并与诗人融为一体。它们化为无形无边无限的某种氛围,轻轻触摸和扰动着诗人的心扉。这首诗既以语词召唤出丰满、多彩的意象,又消解着它们的间距,堆积和挤压着它们,模糊和解构语义的边界,并让人的身体陷入其中,诱导行为语言(无意识经验)来营造朦胧、神秘的氛围。与日常感知往往从不确定性趋向确定性不同,文学艺术总是要充分发掘深层次的行为语言记忆,为作品注入丰沛的生命体验,并力求挽留住这一独特氛围,让人沉溺其间。

任何艺术都立足于行为语言和言语行为这两种原生性符号的协作,不可缺少任何一方。笪重光在《画筌》中说:

> 山之厚处即深处,水之静时即动时。林间阴影无处营心,山外清光何从著笔? 空本难图,实景清而空景现;神无可绘,真境逼而神境生。位置相戾,有画处多属赘疣;虚实相生,无画处皆成妙境。②

在中国画中,静与动、实与虚、有画与无画、阴影与清光、实景与空景、真境与神境,所有这些相反的特点都充分利用了人类感觉背后的双重建模,即行为语言与言语行为,以两者产生的张力关系来推动各种转换,造就活泼的生机,在双方交相作用中,共同生成语言无法单独言说的妙境。在谈到谢赫"六法"中的"气韵"和"生动"时,伍蠡甫说:"山水画所说的'气韵',则发展为画家对大自然生动形象的感受以及从而形成的画家本人的情思、意境,于是山水画之以气韵为先,就意味着画中须有'我'在。"③山水画中之"我"并非以有形之笔描绘我之形貌,而是渗透着我之情思、我之胸襟、我之气象,而这恰恰是行为语言所构建的,是行为建模将我与山水融贯为一了,因而山水之中势必透露出我的生命之跃动。

法国汉学家朱利安④(Francois Jullien)在中西对比的语境中深入阐释

---

① 〔德〕格诺特·柏梅:《感知学:普通感知理论的美学讲稿》,韩子仲译,北京,商务印书馆,2021年,第68页。
② (清)笪重光:《画筌》,载俞剑华编著:《中国画论类编》,第809页。
③ 伍蠡甫:《漫谈"气韵、生动"与"骨法、用笔"》,载《中国画论研究》,北京,北京大学出版社,1983年,第24页。
④ 又译余连。

了中国画的独特性。他指出,中国文人画家并不是借助于手的简单执行来重绘眼睛所感或心灵所思,而是"根据动态的自行舒展,画笔之冲奔对应着生灵之飞跃,其笔触的交互孕育呈现出其渐进过程。所以,当相应的身体语言不再受强迫,甚至不再被引导,而是仅靠着对立-互补游戏便彻头彻尾地更新笔触,将'道'的内在性具象化……此时的画家才将主宰他的艺术"①。朱利安直接把绘画笔触与身体语言相联系,他认为,正是这种独特的绘画方式,使中国画成为气象万千并氤氲着无穷韵味的"非客体"。在中国画中,那种融贯物象景象的行为语言,把画境构建为一个可游可居的心灵安顿之所,一种体道得道的生命方式。

在谈到艺术作品意义的开放性时,艾柯说:

> 一件艺术作品,其形式是完成了的,在它的完整的、经过周密考虑的组织形式上是封闭的,尽管这样,它同时又是开放的,是可能以千百种不同的方式来看待和解释的,不可能是只有一种解读,不可能没有替代变换。这样一来,对作品的每一次欣赏都是一种解释,都是一种演绎,因为每次欣赏它时,它都以一种特殊的前景再生了。②

任何艺术作品其意义都是开放的,即便做出千百种解释,也仍然无法穷尽。其原因不仅在于符号本身不断衍义,也不仅因为不同欣赏者的前理解不同,或者所处语境不同,或如克里斯蒂娃所言存在着"文本间性",还在于语境的变化会影响欣赏者的态度和进入作品的方式,作为解释项的行为语言和言语行为就会得到不同程度的调动,形成不同的张力结构,因而做出迥然不同的解释。由行为语言与言语行为两个解释项所构成的张力场的变化,往往赋予艺术作品以无穷意味。

赵毅衡曾提出"解释旋涡"这一观点,他说"两套元语言互不退让,同时起作用,两种意义同样有效,永远无法确定",这种冲突就会造成"解释旋涡"。他列举了历史剧中扮演者的明星脸:虽然我们可以辨认出扮演者,但是,这并不妨碍观赏,"因为我们解读出的元语言旋涡,已经成为我们的文化程式,成为惯例,观众对演出的解释,一直跨越在演出与被演出之间,二者不能相互取消……表现与被表演的含混,两种解释之间的旋涡,正是表演艺术

---

① 〔法〕朱利安:《大象无形:或论绘画之非客体》,张颖译,郑州,河南大学出版社,2017年,第410页。

② 〔意〕安伯托·艾柯:《开放的作品》,刘儒庭译,北京,新星出版社,2005年,第4页。

的魅力所在"①。赵毅衡以文化程式和惯例来解释不同元语言相互兼容是合理的,不过还可以做进一步阐述。从根子上看,这两套元语言正是行为语言和言语行为。如果说,言语行为的区分功能创造了对象性关系,拉开了欣赏者与演出者的距离,让欣赏者清醒地意识到历史人物与扮演者的差别,那么,行为语言则令欣赏者与历史人物相融合,与历史情境相融合,把对象性关系重新转换为非对象性关系,这种忘我状态致使他无暇去分辨角色与演员,也不可能区分角色和演员。他就直接生活在历史情境中,并且自己就成了历史人物,成了角色和演员,融为"这一个"。同时,戏剧场景也因此具有双重性:既是观赏"对象",又是"非对象",是观赏者所居所游、忘身其中、浸染其间的家园。所有距离也都顷刻崩塌,一种身临其境的感受深深打动了他。这是一种任何言辞都无法表白的深沉感受,一旦意图用言辞去解释,转瞬间它就隐遁了,散逸了。

艺术符号解释项的复杂构成,要求我们对解释必须保持谨慎的态度。固然我们无法离开言语行为来解释,但种种解释都为自己设定了限度,都无法越过语言自身的藩篱,我们只能利用语言迂回地去暗示,去启发,去接近,去超越,或者直接采纳保罗·利科(Paul Ricoeur)的建议:"理解不再显现为简单的认知模式,而是为了成为一种存在方式,一种存在和存在者(beings)相关联的方式。"②

---

① 赵毅衡:《符号学原理与推演》,南京,南京大学出版社,2016 年,第 234 页。

② 〔法〕保罗·利科:《诠释学与人文科学——语言、行为、解释文集》,孔明安、张剑、李西祥译,北京,中国人民大学出版社,2012 年,第 4 页。

第四章　多模态符号·具身性·审美活动

人必须将世界建模化，才能感知感受世界，这个过程离不开符号中介，因此，视觉、听觉、触觉背后都潜隐着最基本的原生性符号活动，即言语行为与行为语言的共同作用。言语行为的具身性主要根源于行为语言的肉身性，根源于两种原生性符号活动（行为语言、言语行为）相互关联。① 审美及文学艺术活动则是两种原生性符号活动（行为语言、言语行为）间的深度协作和融合。两种原生性符号系统间的张力结构及倾向性决定着不同时期、不同民族、不同类型、不同模态艺术的主要特征。媒介变革和技术创新，首先是通过改变两种原生性符号活动（行为语言、言语行为）的张力关系，进而改变视觉、听觉、触觉等感觉的感受方式，以及相互关系，才引起诸模态艺术活动特征的变化。只有了解这两种符号活动（行为语言、言语行为）的不同性质、施行方式和功能特征，我们才能真正把握视觉、听觉、触觉诸模态符号活动的实质，把握各种艺术活动的规则。

第一节　两种原生性符号系统的分裂与纠缠

一、感官感觉与建模活动

21 世纪以来，随着多媒体的普及，多模态符号（Multimodal Symbol）研究逐渐成为我国学界关注的热点之一，其研究主要集中在第二语言教学和对广告、图像、动漫、影视做出语义释解。虽然这些研究取得了不少成绩，但由于对各种感觉感受活动缺乏深入探讨，或简单地将语言范式套用于多模态符号活动，也就不能真正把握不同模态符号的性质和功能特征，更不能把握各类艺术活动的感性实质，以致影响相关研究的理论深度和语义释解的贴切性。

───────────────

① 我们并不否认言语行为本身就享有某些具身性，但是，它最本质的特征是相对独立性。

要了解视觉、听觉、触觉等多模态符号的性质,首先就必须探讨视觉、听觉、触觉等各种感觉感受的工作机制。梅洛-庞蒂说:"任何知觉习惯仍是一种运动习惯,在此,一种意义的理解还是通过身体完成的。"①其实,人的眼、耳等感官之所以能够感知外部世界,就因为在看、听的过程,首先把世界"建模化"了,凡是不能被建模化的,人就不可能把它纳入己身,也就无法看到、听到和触及,它们就会被排除于感觉感受之外。这也就意味着:人的所有感知感受的背后必然存在着发挥建模作用的符号,而最基本、最原初的符号就是行为语言和言语行为。人不仅依赖这两种原生性符号活动(行为语言、言语行为)来交流,而且依赖这两种符号活动(行为语言、言语行为)的建模作用来构造和感受世界,建构心灵和塑造身体,依赖它们来思维和行动。事实上,就因为这两种符号活动(行为语言、言语行为)能将世界和心灵建模化,在双方建立关联,人才可以用它们来实现交流。这又提示我们,要深入理解多模态符号活动,以及各种艺术活动,就必须首先探讨这两种原生性符号活动,即行为语言和言语行为。

二、两种原生性符号不同的施行方式、特性及功能

行为语言,包括动作、姿态、表情、声音(音调、韵律、节奏等)的意义表达②,是在行为建模被对象化、符号化的过程中凸显的,而行为建模在前人类就已经存在,是生物体在不断重复的行为过程中,把行为结构化而积淀为身体经验的成果,由此形成群体共享的意义。从这个角度说,行为语言即"结构化的行为"或"建模化的行为",它以"身体经验"(动感)为存在方式。言语行为则是对行为建模所积淀的无意识经验的筛选、归类、凝聚和抽象,是原初经验的概括、提炼、整理和提升,这是一个"概念化""抽象化"和"对象化"的过程,它以"概念/音响形象"为存在方式,并因此具有相对独立性、外在性和社会共享性。唯有人类才能独享具有相对独立性的言语行为。人类就同时拥有两种最基本的原生性符号活动,即行为语言和言语行为,由此获得区别于其他生物体的根本特性。

是否具有概念性和相对独立性,决定着言语行为与行为语言的根本差

---

① 〔法〕莫里斯·梅洛-庞蒂:《知觉现象学》,第 202 页。
② 在此,声音特指节奏、韵律、音质、音调等,而非索绪尔所说的与概念联系在一起的"音响形象"。动作、表情不包括手语和"表情包"等。手语实际上就是言语行为,而表情包则是对人的表情的抽象化和模式化,存在一个概念化过程,性质更接近于象形文字,它们已经脱离人体而成为具有相对独立性的符号。

异。行为语言作为结构化的行为，它仍然牢牢地扎根于人的身体，本身就是身体行为，不能离开人的身体而独立，在身体与行为之间没有确定的边界。克里斯蒂娃曾谈到肢体语言的"前在性"，她认为：

> 这种前在性不是相对于某种声音（所指—能指）的一种概念的前在性，而是相对于意识、思想的某种展示、指示、动作指示的前在性。在符号（这种前在性是空间的而非时间的）和任何意指问题（以及表意结构）之前，人们能够想到某种指示实践，某种肢体动作，它不是为了表意，而是为了把"主体"、"客体"和实践囊括在同一空间里（没有义与词、所指与能指的二元对立），我们不妨说囊括在同一符号文本中。①

与行为语言不同，言语行为的概念化、抽象化和对象化过程则是与人的身体相抽离的过程，它因此获得了相对独立性。言语行为虽然无法最终离开人，但是，它毕竟完全不同于行为语言，总是超越人而享有相对独立性。正是这种因概念化、抽象化、对象化而获得的相对独立性，使言语行为跟行为语言存在着裂罅，跟行为语言的性质、施行方式和功能特征发生了分歧。

人以自己的行为关联世界，以行为语言的结构把世界建模化并纳入己身，构建人与世界的一体化关系，以此来把握世界，并且其把握方式是整体性、融合性、无意识的；与此同时，言语行为也以自身的结构来重塑世界，把世界设立为人之对象，进而认知世界，其施行方式是具有相对明确的区分性及意识性的。由于行为语言缺乏独立性，它固然可以通过把世界结构化来把握世界，却不能把世界与人区分开来，不能建构一个独立的"对象世界"，世界与人之间仍然是浑整合一的。于是，被行为语言建模化并与人相融合的世界也因此享有人的行为结构，获得了人的生命形式和情感形式。人的直觉、移情和体验能力就建立在行为语言的基础上。言语行为则不然，它以其相对独立性和差异性把世界建构为与人相分裂的世界，建构为人的"对象世界"，同时，也把万物相区分，让一个千姿百态的世界展现在人的面前。

几乎所有民族的神话都赋予语言以创世功能，就因为语言的诞生澄清了原本混沌的世界。语言在建构人之对象世界的同时，也构建了人类意识。意识即关于对象的意识。与此相反，行为语言因不能构建人的对象世界，也

---

① 〔法〕朱莉娅·克里斯蒂娃：《肢体动作，实践或交际？》，载《符号学：符义分析探索集》，史忠义等译，上海，复旦大学出版社，2015 年，第 30～31 页。

就无法构建人的意识,而只能构建无意识经验。① 这也是动物只具有本能的原因。

三、感官感觉的融合与分裂

一方面,由于言语行为的概念是无意识经验的筛选、归类、凝聚和抽象,言语行为与行为语言有着共同的经验源泉,都是在行为建模的基础上发展起来的,因此也就势必相互关联、相互纠缠、相互影响,并主要由大脑中的胼胝体相互协调。譬如在我们谈话或演讲时,说话者所关注的是自己的话语内容,他的意识专注于言语行为,而行为语言,包括面部表情、手势动作、身体姿态则处在无意识状态,然而,这却构成话语交流不可或缺的语境,两种符号活动,即言语行为与行为语言相互协作、相互阐释、密切配合,共同达成意义交流。"人的整个躯体,眼睛、耳朵、手、脚、姿势都参与了话语的完成。所以,对班巴拉人来说,说话就是把身体的一部分拿出来:说话,就是分娩。"②若在交谈时,我们仅单纯使用言语行为,一种概念化的言语运作,排除所有的行为语言,如手势、动作、姿态、表情、腔调等,交谈就会变得极其僵硬,甚至产生误解而无法继续。或者我们刻意关注自己的行为语言,有意识操控行为语言,往往反而会显得忸怩作态、过于做作,甚至被认为"虚伪"。对行为语言的省思和有意干预,恰恰极容易妨碍无意识心理的自然流露,扭曲行为语言的本相。

弗雷德里曼·普尔弗穆勒(Friedemann Pulvermuller)曾利用躯体特定区域图来研究语言与行为之间的关系,他发现:

> 移动四肢会激活运动皮质上与所移动身体部位相关联的区域,而听到和这些动作相关的动词也会触发很多相同(或紧密相邻)的大脑区域的活动。当人们听到诸如"踢"这样的词时,动作系统中的腿部区域就会被激活,而手臂和手的区域则会被"拾起"这个词带动起来。动作词语也和脸部有关联,比如"舔"会激活参与控制舌部动作的大脑区域。最令人震惊的是,普尔弗穆勒发现在语言处理过程中,运动神经很快就

---

① 裂脑人实验证实了人类行为与无意识直接关联,话语则与意识相关。详见 Susan Blackmore. *Consciousness: A Very Short Introduction*, p. 72-73.

② 〔法〕朱莉娅·克里斯蒂娃:《人类学与语言学:所谓的原始社会对语言的认知》,载《语言,这个未知的世界》,第 58 页。

会参与进来,仅仅听到一个词后的几百毫秒之内就会有反应。①

言语行为与行为语言总是紧密协作。

另一方面,言语行为与行为语言之间存在着根本性差异。言语行为与身体相对分裂,以及语言概念的离散性和语言组织的线性、逻辑性,则注定它无法穷尽行为语言的意义,无法取代与身体没有明确边界的行为语言,这就是我们经常遭遇言不尽意、词不达意的困窘的缘由。两种符号活动(言语行为、行为语言)既相关又不同的双重特征,决定着双方既相互沟通又不能通约的复杂关系。

在人的各种感官感觉背后就隐含着言语行为与行为语言所构成的不同的张力关系,其张力关系的倾向性就决定着不同感官感觉之间的差异性和分歧;而张力关系的可变性又决定着不同感官感觉相互转换和融合的可能性。

麦克卢汉(Herbert Marshall McLuhan)认为,人的各种感官感觉原本是以触觉为基础并密切关联的,书面文化出现后,致使视觉逐渐与听觉-触觉相分离,并从听觉-触觉互动的感官网中超脱出来。相对而言,视觉方式是冷静、理性和中立的,而听觉-触觉则有着强烈的移情作用和深度的介入。

> 我所谓的听觉想象是对音节和节奏的感觉。这种感觉深入到有意识的思想感情之下,使每一个词语充满活力:沉入最原始、最彻底遗忘的底层,回归到源头,取回一些东西,追求起点和终点。它当然要通过意义发挥作用;或者说它并非不依傍普通感觉上的意义;它融合古老湮灭的、陈腐的、当前的、新颖而令人惊奇的、最古老和最文明的心态。②

麦克卢汉的观点来自他对媒介实践和前人经验的总结,虽然某些观点显得主观武断,其中却包含着极其重要的启示。

对此,我们不妨做进一步的理论阐释:对于生物体来说,所有感官感觉是相互交融的,都扎根于行为建模;而对于人类而言,触觉则是一种最原始、最基本的感觉方式,它直接依附于身体,依赖于身体行为所引起的触摸,因

---

① 〔美〕西恩·贝洛克:《具身认知:身体如何影响思维和行为》,李盼译,北京,机械工业出版社,2017 年,第 87 页。

② 〔加〕埃里克·麦克卢汉著,〔美〕弗兰克·秦格龙编:《麦克卢汉精粹》,何道宽译,南京,南京大学出版社,2000 年,第 327 页。

此,在触觉的背后,行为建模起着压倒性作用,并成为其他感官感觉的基础和纽带。触觉背后这种原生性符号系统独特的张力关系也决定着触觉的特征,其感觉虽然相对缺乏区分性、明晰性,却又是极其敏锐和无间距的,蕴含着广阔、深厚的无意识经验,同时具有较强的包容性。视觉是从原本相互纠缠、浑融的感觉中分离出来的。按照麦克卢汉的说法,视觉从听觉-触觉互动中分离出来的主要原因在于文字书写,特别是拼音文字及印刷术。相较于口头语言,文字具有更为显著的物质性、外在性和独立性。拼音文字则是一种更加抽象性、任意性的文字,无论字母的字形和读音都没有相对应的意义,这就愈加强化其独立性特征。正是这种独立性赋予拼音文字以更强的区分能力和对象化能力,从而强化了人的视觉和意识,并使享有间距感的视觉从各种感觉相融合的状态中凸显出来。印刷术则有力推进这种分离的普泛化和定型化。因此,在视觉背后的原生性符号系统张力结构中,语言建模占据着明显的强势地位。这不仅加深了人与对象世界的分裂,也因此拉开了人与语言的间距,拉开了人与人、人与自身镜像的间距,造成了原子化的个人,造成了各种感官感觉的分裂。这正是视觉获得相对冷静、理性、中立特征的根源,也是各种感官感觉相分离的根源。相比而言,口头文化则具有双重性:其发声行为既由身体所发出,是一种具身行为,却又有着离身性特点。这种双重性使得听觉既容易接近触觉,并具有移情、融合的特征,在某种程度上包含着较多无意识,同时,又分享了区分性和敏锐性,其特征介于视觉与触觉之间。很显然,触觉、听觉、视觉背后原生性符号系统结构的张力关系及倾向性,就决定着三种不同感官感觉的不同特征[①],也决定着张力关系经过调整,就可以为不同感官感觉提供重新融合的可能性。

在《肉身哲学:亲身心智及其向西方思想的挑战(一)》中,莱考夫和约翰逊提出人的身体与心智的关系,他们说:"第一,心智天生是亲身的(embodied)。第二,思维多半是无意识的(unconscious)。第三,抽象概念大部分是隐喻性的。"[②]行为语言本身就嵌入于人的身体,既是身体操演,又是经验结构和意义表达,从这个角度看,心智本质上就是具身性的。而言语行为的具身性,则起因于言语行为就包含着发声行为,特别是言语行为总是关

---

① 触觉具有极丰富、原始、亲近融合的感性特征;视觉具有理性及批判性特征,常常和"发现""揭露""暴露"相关;听觉则是"领受""倾听""谛听""洗耳恭听",因此,听觉是一种介于触觉与视觉之间的感觉。它们之间的性质差异就同其背后原生性符号系统张力结构的差异密切相关。

② 〔美〕乔治·莱考夫、马克·约翰逊:《肉身哲学:亲身心智及其向西方思想的挑战(一)》,第3页。

联着行为语言,起因于两种原生性符号系统间的协同作用。这种协同作用使人的意识与无意识相互贯通,心智与身体相互贯通,语言概念则可以象征行为语言记忆,象征人的无意识经验。实际上,象征往往就是以词语之"此"来暗示、映射混沌经验之"彼",暗示、映射行为语言记忆。至于在各种隐喻中,源域与靶域间的隐喻关系,就基于共同的行为语言记忆之上,享有共同的经验结构。我们所有的身体经验都是通过行为建模来构建的,言语行为则是以它为基础的,是对无意识经验的筛选、归类、凝聚、抽象和重构,因而,言语行为的具身性就扎根于行为语言本身的肉身性,言语行为的隐喻性就扎根于行为建模结构的可转换性,扎根于两种原生性符号系统的关联性。正因如此,兰艾克说:

> 归根结底,我们所建构的世界植根于我们作为灵肉之躯的经验之中,我们的身体通过感知和动觉活动等物理过程与周围环境发生互动。这在认知语言学中名曰"具身性"(embodiment)。但显而易见的是,我们的精神生活超越了当下具身经验的界限。[1]

身体感知、动觉活动与周围环境的互动,必须借助于行为建模,由行为建模将周围环境结构化,才能接纳为人自身的经验;而言语行为则让我们从这种具身的无意识经验中获得了超越,它把这种原初经验加以筛选、归类、凝聚、整理、提升、展开,以言语行为的结构,过滤和重塑原初经验,使人类精神不再局限于具身经验的界域。当我们把握了行为语言和言语行为的根本特性,再结合不同媒介的具体特点,就可以更为准确地把握各种模态的符号活动。

钱锺书所说的"通感"就起因于这种双重建模,并扎根于行为建模的类同性、类似性。

> 在日常经验里,视觉、听觉、触觉、嗅觉、味觉往往可以彼此打通或交通,眼、耳、舌、鼻、身各个官能的领域可以不分界限。颜色似乎会有温度,声音似乎有形象,冷暖似乎会有重量,气味似乎会有体质。诸如此类,在普通语言里经常出现。[2]

---

[1] 〔美〕罗纳德·W. 兰艾克:《认知语法导论》,黄蓓译,北京,商务印书馆,2016 年,第 502 页。
[2] 钱锺书:《七缀集》(修订本),上海,上海古籍出版社,1994 年,第 65 页。

只有行为建模的结构类同或类似,不同感官间才可以相互挪移、转换和贯通。这也就是鲁道夫·阿恩海姆(Rudolf Arnheim)所说的"异质同构"。"同构"恰恰起因于行为建模的结构类同性,起因于符号解释结构的类似性,只要结构同形或解释相类,不同感官之间就可以相互挪移,不同物象可以相互转换,并且在人的情感与物象之间形成同构关系。可以说,所有的符号都同时根源于行为建模和语言建模的双重过程,是行为建模与语言建模的共同成果。无论是一个音符、一个形状,还是一抹色彩,都已经经过行为和语言的双重建构而与人密切相关,并因此具有情感表征的符号功能。

再深入一层来说,不同感官的感觉原本就是相互协同的,它们共同扎根于行为建模的基础上,只不过是随着人类实践目的的分化及理性的发展而发生了分工,从根本上看,也是语言区分作用的成果。这就决定了不同感官感觉之间天然地存在内在关联,并因此可以相互转换、挪移、贯通而形成通感,其依据就在于具有相似结构的行为建模,在于人的身体性感受:动感。柏梅认为,通感具有"本有的身体性察觉的品质"。"通感既不凌驾于其他的感觉之上或者说是一种并列的感觉;它也不是在各个感觉资料之间结构性的交叉网络,以此而产生某种隐喻,或者是通过隐喻而产生的。通感是气氛的特征。它同那些特定的感觉资料的关系在于,这些感觉能够在它们生成中实现相互替代。"[1]身体性是通感的基本品质。身体通过行为建模设立浑融一体的关系,生成一种弥散、暧昧的感受"气氛",由此成为通感的前提条件,也是不同模态艺术相互整合的前提条件。

四、语言与自觉自为的文化行为

在所有人类文化活动中都同时交织着这两种原生性符号系统。卡西尔说:"符号化的思维和符号化的行为是人类生活中最富于代表性的特征,并且人类文化的全部发展都依赖于这些条件,这一点是无可争辩的。"[2]文化即人类象征符号活动及其成果。对于人类而言,最原初、最基本的原生性符号活动就是行为语言和言语行为,其他各式各样的符号活动都以这两种原生性符号为基础。文化只能是人类独享,其原因就在于人类同时具有两种有着质的差别的原生性符号系统。正是其中的言语行为构建对象世界和人类意识这一功能,使人能够把自己的行为分离出来并抽象为意识对象来认

---

① 〔德〕格诺特·柏梅:《感知学:普通感知理论的美学讲稿》,第102、107页。
② 〔德〕恩斯特·卡西尔:《人论》,第35页。

识和反思,从而使人类行为摆脱本能的拘限,成为可自主调控的行为,成为有意识、有目的的行为,成为自觉自为的文化行为,也同时让人成长为理性主体。自此,人类某种程度上摆脱了自然的全面掌控,开始以自己的文化创造来主动地应对自然、改造自然,不再被动地追随自然、适应自然,不再匍匐在自然跟前,并且进而自觉地把改造与适应相互结合起来。

第二节　审美活动:言语行为与行为语言的深度交融

一、想象:言语行为与行为语言深度融合的场域

如果说,在一般文化活动中,言语行为与行为语言是相互协作的,那么,在审美及文学艺术活动中,两种原生性符号活动则实现了深度融合。

审美活动是行为语言与言语行为深度融合的活动。想象是所有意识经验与无意识经验的重组、重构,它既是言语行为与行为语言深度合作的场域,又是言语行为与行为语言的深度融合的成果。想象不仅向我们呈现出可以直观的生机勃勃的生动形象,而且让我们身临其境,与想象对象融为一体,进入不知我之梦为蝴蝶、蝴蝶之梦为我的境界。这恰恰需要两种原生性符号的深度协作,是两种原生性符号活动间的张力关系造就的。离开言语行为,行为语言固然可以将世界建模化,可以将人与世界相融合来直接把握世界,而对于人的意识来说,世界仍然是"无",它无法以明晰规定的"对象"方式呈现出来,无法构成可直观的生动的现象世界,无法成为一个可欣赏的审美世界。

康德认为,想象力是介于感性与知性之间的先天综合能力。费希特进而指出:"想象力是这样一种能力,它翱翔于规定和不规定、有限和无限之间的中间地带。"①想象力之所以兼容并融合性质相反的能力及特性,就根源于言语行为与行为语言双方的充分协作和融合。一方面,唯有行为语言得到充分激发,才能突破语言概念的樊笼和人类理性的局限,释放无限深厚的无意识经验,从而改变语言概念的概括性和抽象性,回归行为语言的直接性、鲜活性、丰富性和身体性,把长期积淀的原初感性经验融汇于意识观照之中;另一方面,行为语言又必须借助于言语行为的协作,才能够构建形象鲜明的感性对象。正是言语行为将人与世界相区分,将万物相区分,才为人

---

① 〔德〕费希特:《全部知识学的基础》,王玖兴译,北京,商务印书馆,1986 年,第 135 页。

类构建可直观的感性对象提供了先决条件。譬如对于鸟类来说,它们美丽的羽毛、悦耳的叫声和优美的舞蹈并不能成为审美对象,只不过是以身体信息激起异性的本能反应,凭借行为建模就足以完成。人类则在行为建模之外具备言语行为能力,才终于有可能将原本与世界相连的一体关系拆解开来而获得自由,把万物作为可观赏的审美对象,超越本能而享有自己的精神创造和审美活动。

人类的行为语言既承袭了生物体的本能行为,又在社会生活中受到社会规约的塑造,社会规约实质上成为规训和压抑原初本能行为的有效力量。由于社会规约具有极强的语境性,其本身就是适应特定语境所生成的,只能在特定语境中存在,因而,当言语行为不是去陈述和指涉某个现实对象,也不是促使实施某件现实事件,而是建构一个虚拟的符号世界①,一个与现实相平行的想象世界,它对无意识经验(行为语言记忆)的激发就达到一个新的深度。因为符号世界的虚拟性导致现实的社会规约失却了有效性,它弱化和悬置了社会规约对无意识经验的压抑,这就不仅让表层无意识中个体的行为语言记忆得以自由涌现,还使原本处在深层无意识中的行为语言记忆也复苏了,使那些长期积淀和被压抑的生命经验找到了喷涌的决口,投射并凝聚于言语行为构建的虚构世界,于是,一个湿漉漉、水灵灵的浸透着原初体验和感受的世界,一个深不可测的审美世界被打开了。这已经不再是日常琐碎的个人经验,而是种族,乃至生物体长期积累的原初经验,是浑融的生命体验,其中充满着生命的能量和狂欢的激情。人类瑰奇的想象就孕育于言语行为与行为语言的深度融合,同时,想象也成为双方交相生发、通力协作的场域,并共同将参与者卷入到悬浮于现实世界之上的想象旋涡中。就在两种原生性符号系统协同构建审美世界之际,行为语言则将人自身的肉体性、生命性、情感性授予世界,使世界洋溢着人性色彩和神秘灵韵。

在《意象图式的认知心理现实及其相互转换》中,吉贝斯(Gibbs)和科斯顿(Colston)指出:

> 意象图式在本质上是想象的和非命题式的,其作用是将身体感知和运动层面上的经验结构组织起来。意象图式存在于所有的感知形式

---

① 约翰·塞尔依据语词与世界的关系,把虚构话语视为放弃语词与世界的适应指向。这就是说,文学"虚构"实际上是指暂时悬置语词与世界的适应指向,而不是指话语世界与现实不相符合。正因放弃这种指向,使得话语构建的世界成为悬浮于现实之上的另一个"虚构"世界。详见 John R. Searle. *Expression and Meaning : Studies in the Theory of Speech Acts*, pp. 58-75.

(perceptual modality)，在我们的经验中，必须有意象图式，才能做到感觉运动协调（sensorimotor coordination）。因此，意象图式是视觉、听觉、动觉、触觉同时作用的结果。①

意象图式是"想象的"，且关涉"身体感知和运动层面"这一特性，说明它只能是言语行为与行为语言相互协作的成果，实质上这已不是单纯的言语行为。言语行为与行为语言间的亲缘关系，就注定意象图式势必以"身体感知和运动层面上的经验结构"为基础，以行为语言记忆为基础，同时，也是以言语行为对这种经验结构的重组、重塑和建构、拓展，离不开视觉、听觉、触觉与动觉经验的整合，离不开言语行为与行为语言的协同作用。在这两种原生性符号活动相互塑造、相互交融、相互生发的过程中，意象图式就诞生了。原本朦胧、混沌的经验被组织为明晰的意象图式，而概念化的语词则获得了充沛的生命气息和生动的情感形式，这既是行为语言被对象化、概念化的过程，又是言语行为的具身化、具象化、感性化过程。

爱德华·巴罗（Edward Bullough）曾提出作为审美原则的"心理距离说"。他指出："距离的产生是由于通过把客体从我们实用的需要和目的的范围中抽取出来的办法使客体及其影响脱离我本身的结果。只有这样，对客体的'直观'才有可能。"②很显然，巴罗的"心理距离说"与康德的"审美无功利"密切相关。在这里，我们所强调的是言语行为的双重作用：言语行为将世界与人相区分并加以符号化，于是，符号化的世界就悬浮为可供人生存的属人的世界；与此同时，言语行为又将指涉转向这一符号世界，悬置、取消了与本原世界的适应指向，将人移置于非现实关系之中，使人从"实用的需要和目的"中摆脱出来，从现实境况中超升出来，使无意识潜能得到充分的激发，使深层的行为语言记忆被唤醒而重新构建了人与符号世界的亲密关系，消除各种隔阂，最终使客体蜕变为想象世界中的生命对象，转化为令人陶醉的审美境界，从而为审美直观奠定了基础。

言语行为与行为语言的不同特性决定着审美活动的双重性。一方面，行为语言将生命授予世界，将人性、灵性、情感和具身性授予世界，让世界成为洋溢着肉体温热、生命节律和诗意氛围的人的世界，让人温馨地生存其

---

① 〔德〕德克·盖拉茨主编：《认知语言学基础》，邵军航、杨波译，上海，上海译文出版社，2012年，第268页。
② 〔英〕爱德华·巴罗：《作为艺术中的因素和作为审美原则的"心理距离"》，孙越生译，载〔美〕麦·莱德尔编：《现代美学文论选》，孙越生等译，北京，文化艺术出版社，1988年，第423页。

间,涵泳其间,深入体验,与无限的世界浑融一体。行为语言记忆虽然是"过去"经验的积淀,却已经过滤了具体内容而遗留下行为的结构,成为一种经验类型,它是生命的能量,因而又是面向"未来"开放的力量。另一方面,言语行为则创造了人与世界间的距离,把世界呈现为人的对象世界,成为可观照、可把玩、可鉴赏的符号化的审美对象,并且不断拓展和塑造这一审美世界,向着过去和未来无限延伸。言语行为不仅展示对象世界,追寻世界的意义,还为人类创造出一个个虚拟的未知世界或未来世界,创造出一个个形而上的精神空间,让人在自由自在的精神遨游中获得深刻启迪。两种原生性符号活动交相激发、生成和深度融合,促使人同时向肉体和精神两个向度探索,向形而下世界和形而上世界探索,向过去和未来探索,使人成为永远向无限开放的独特存在。

二、艺术活动及审美的过渡性、边缘性

在《哲学导论》中,张世英把审美意识视为人类精神发展的"最高阶段",他指出:

> 人的精神意识发展的最高阶段是审美意识。它是高级的"天人合一"境界。审美意识的天人合一以原始的"天人合一"和"主体—客体"关系的诸阶段为基础,它依存于前此诸阶段,包含前此诸阶段,而又超出前此诸阶段。审美意识的天人合一是原始的"天人合一"的回复,但又不是简单的重复,而是经历了"主体—客体"关系之后的回复。①

张世英既强调审美具有"天人合一"的特征,又认为它并非简单重复原始的"天人合一",而是同时包含了"主体—客体"关系,是一种更高级的"天人合一"。这就准确揭示了审美活动的独特性。如果进一步深入阐释,我们就不难看到,在其背后存在着两种原生性符号的深度协作。我们所不能苟同之处在于:审美并非一种局限于"意识"的现象,因此,"审美意识"本身就是一个不恰当的概念范畴;并且认为,审美活动并非终于天人合一,而是始终交织着行为语言与言语行为、意识状态与无意识状态、对象性关系与非对象性关系、天人合一与主客二分,始终是一种过渡性、边缘性的活动。

巴赫金就明确强调审美活动的双重性。在谈到作者和主人公的关系

---

① 张世英:《哲学导论》(第三版),北京,北京大学出版社,2016年,第23页。

时,巴赫金指出:审美活动的第一个因素是"移情",我应该体验主人公所体验的东西,站在他的位置,渗入他的内部,仿佛和他重合为一,真正从内心体验到痛苦之人的生活状态。但是,在移情之后,就必须回归自我,回到自己的外位于主人公的位置,从这个"外位性"位置出发,才能从认识上或审美上加以把握。如果不返回自我,那只能是一种病态现象。审美活动的真正开始,是在我们返归自身并占据了外位于痛苦者的自我位置之时。形式应该利用外位于主人公意识并从外部规定主人公整体的因素。这些因素此刻的功能已经不再是传递信息,它们创造了一种新的功能,起着完成的作用。并且移情和完成这两种因素在时间上不是先后接续的关系,在实际过程中却是彼此紧密交织、相互融合的。因此,巴赫金说:"作者实际的创作行为(以至于一般的行为)总是在审美世界的边界(指价值边界)上,在给定现实的边界上(给定现实是审美的现实),在躯体边界上,在心灵边界上进行,在精神中进行;但精神尚不存在;对精神来说,一切尚待来临;现有的一切在它看来都已成过去。"①不仅创作如此,审美欣赏同样如此。在其背后则是行为语言与言语行为的协同作用。

　　行为语言沟通、融合着人与世界,人的直觉、移情和体验能力就建立在此基础上;言语行为则总是以其区分功能分裂人与世界,赋予人以观察能力、认识能力和反思能力,不断改善人的实践能力。两者间构成了独特的张力关系,审美活动就处在这一张力场中,它成为拥有两面性的门神"雅努斯"(Janus),兼具两种迥然不同的功能。这也就是王国维所说既"入乎其内"又"出乎其外",或如尼采所说的"酒神精神"与"日神精神"相互交融,是马丁-布伯的"我—你"与"我与它"两种不同关系的交织。言语行为为人创设了观照对象,创设了他者,创设了主体与对象之关系;与此同时,行为语言则将自我生命和人性授予对象和他者,弥合双方的鸿沟,使其转化为另一个"我",并消除了对象的"异己性"和"对象性",使主客体关系转化为"主体—主体"关系,转化为"我—你"关系,并且可以进而复归为一种"物我无间""无物无我""与物俱化"的境界,一种"体道""得道"和"领悟存在"的至境。马里奥·佩尔尼奥拉(Mario Perniola)则称其为"仪式思维",他认为,仪式思维中包含着过渡性状态和同时性经验。"实际上,过渡似乎常让我们处于一种临时状态和一种不确定状态,这种状态就让存在中的静态与动态不可理喻地重

---

① 〔俄〕巴赫金:《审美活动中的作者与主人公》,晓河译,钱中文主编:《巴赫金全集》第一卷,石家庄,河北教育出版社,1998 年,第 303 页。

合在一起。"①两种原生性符号系统间的协同与博弈关系，造就了静态与动态、确定性与不确定性、理性与感性、精神与身体、历时性与同时性、明晰性与浑融性、有限性与无限性之间相互过渡的临时状态，并将两种相反特征不可理喻地重合在一起。

需要指出的是，西方所说的"主体间性"关系与中国的"无物无我"关系既相似，又不同。相似之处在于双方都隐含着两种原生性符号的合作和共同建构；不同之处在于西方更关注言语行为的作用，人的主体性就是由言语行为建构起来的，并且主体总是不可避免地隐含着客体，只不过以平等的态度相对待，体现着弥合鸿沟的意图②；而中国的传统则更重视行为语言的作用，恰恰就是行为语言消弭了人与物之间的异质性，创造了物我混一、无我无物、天人合一的境界。

三、"身体美学"与行为语言

审美活动亦此亦彼的特征就植根于两种原生性符号系统的不同特性，只是不同时期、不同民族、不同种类的文学艺术存在着不同的张力结构；同时，不同学者对两者关系的认识也存在不同的倾向性。康德把"反思判断"与"感官判断"相区别，把"感官判断"排斥于审美欣赏之外，这种美学观同他的文化立场密切相关。康德无法脱离贵族的文化立场和审美趣味，不得不更加注重审美活动的精神维度，注重言语行为所创造的形而上意义的价值，贬斥以行为语言为主导的身体快感。现象学美学、存在论美学、生命美学则对康德美学过分尊崇理性提出了质疑，试图以强调非理性、强调生命体验、强调交互性来对抗或缓解审美活动中言语行为的专横态度。直至理查德·舒斯特曼（Richard Shusterman）提出身体美学，才正式公开地向言语行为在审美活动中的霸主地位宣战。他力图以身体来颠覆语言中心主义和理性中心主义，重新在审美活动中恢复行为语言的合法性和首要性。

① 〔意〕马里奥·佩尔尼奥拉：《仪式思维》，吕捷译，北京，商务印书馆，2006年，第34页。
② 本维尼斯特把"主体性"与言语活动及人类体验联系起来思考，他说："任何人都以个体性的方式，作为与'你'和'他'相对的'我'而存在。这一行为会被看作是'本能'的，但在我们看来，它实际上反映了话语所固有的一种语言对应结构……一旦代词'我'出现在一个陈述中，或隐或显地示现出代词'你'，以便和它一起对立于'他'，一种崭新的人类体验就设立起来，并揭示出构建这一体验的语言工具……只要有一个人说出它们，他就担负起它们，而代词'我'就从聚合的一个要素，转变成一个独一的称呼，而且每次都产生出一个新的人。这是一种本质体验的现实化，人们无法想象一门语言会缺乏表达这种本质体验的工具。"人的"主体性"就是这样在言语活动中建构起来的。〔〔法〕埃米尔·本维尼斯特：《普通语言学问题》（选译本），第142~143页。〕

在《生活即审美：审美经验和生活艺术》中，舒斯特曼抨击了西方语言中心主义。他认为，绝大多数分析哲学和大陆哲学所推进的"语言转向"，完全忽略和明确拒斥"生活艺术"这一维度。他进而指出：

> 尽管人类身体在某种意义上是由语言和解释的实践所塑造的，但它通常也被等同为一个更为直接的、非解释的经验的场所。当哲学是如此彻底地被构想为通过语言来研究实在的时候，身体的非语言经验就往往会遭到忽略，虽然不是遭到嘲弄地否认。[1]

从维特根斯坦那里，舒斯特曼吸取了这样的美学观念："身体被看成一个构成了作为一切可以被语言和艺术表达之物的那个紧要、无声且神秘之背景的东西的中心性例证和象征：一个在反思性的思想或再现中可以被有意识地把握的一切东西的非反思性的源泉。"[2]不过，与维特根斯坦有所不同，舒斯特曼的美学更加突出了身体的重要地位，他把向来处在西方美学背景中的隐蔽的身体凸显为前景。审美性即生命性，它显现为活泼的身体。因此，身体作为美学的发祥地，并非在于孤立、静止的肉体本身，而在于活力弥漫的身体，在于活动着的身体，并具体展现于身体行为：正是行为语言体现着生命的形式。

舒斯特曼对身体的重视，并非片面强调身体本能和无意识行为，而是倡导"身体训练"，倡导通过持续的训练以便掌握如何正确解读身体感觉的信号。这种训练实质上就是对行为语言的阐释和掌控，并希望通过操控行为语言来重塑人的身体。舒斯特曼固然恢复了身体及行为语言的本体论中心地位，却并没有因此否定言语行为的作用。对身体及其感觉的解释就需要言语行为介入，只不过它放弃了原有的强势姿态，采取语言游戏的方式，把语词从形而上学的用法中重新带回日常生活中来。于是，言语行为不再蛮横地凌驾于身体及行为语言之上，凭借概念和理性强行对身体及行为语言做出裁决，恣意地按照理性来干预、剪裁和扭曲身体及行为语言，而是谦卑地窥探身体感觉，包容各种身体感觉，强化身体感觉的可见性和正当性，以拓展身体感觉。

正因为在张扬行为语言的同时没有贬黜言语行为，舒斯特曼就为出台

---

[1] 〔美〕理查德·舒斯特曼：《生活即审美：审美经验和生活艺术》，彭锋等译，北京，北京大学出版社，2007年，第12页。

[2] 〔美〕理查德·舒斯特曼：《生活即审美：审美经验和生活艺术》，第173页。

"身体政治"提供了理论基础。因为只有言语行为介入其中并做出解释,只有身体及其感觉获得可见性,身体与政治的关联才得以展露。舒斯特曼说:

> 如果身体—种族—政治性纯洁的诱人形象作为深层的偏见潜伏着,煽动着对异族群体的恐惧和仇视,那么一个化解难题的策略也许就是使得所有人类,包括他自己的身体那不纯和混杂的本性显得鲜明生动而且可以看见。身体美学的训练可以使我们对身体构成的不纯混合有这样一个深刻的、活生生的意识,它还提醒我们:身体的边界并不是绝对的而是多孔的。①

当人们意识到身体,包括自己的身体并不是纯洁、纯净的,它没有封闭的边界,而是多孔的、开放的、混杂的,意识到自身的行为语言所遵循的社会规约并非至高无上、天经地义,而是与"他人"(他族、他群)享有的规约同时并存、相互关联和渗透,那还有什么理由固执地怀抱种族偏见和仇视呢?身体训练的政治和伦理意义还在于通过训练,使人的两种原生性符号活动在更深层次上得以协调和融合:当人的身体、生命和行为语言赢得了自身权力,那些桎梏身体、生命和行为语言的意识形态规训就丧失了合法性基础,并会随着身体解放而崩塌,从而让生命绽放出更加丰富多彩的样态。对不同身体的尊重,将促成不同种族、不同群体之间真正的谅解和包容,最终实现全球化的身体同在和精神并立。

四、直观:重返原初经验

在《德国观念论美学中的直观理论》中,陈剑澜清晰地阐释了谢林的审美直观论:谢林认为,艺术家的使命在于把普遍精神客观地表现出来。他凌驾于两种活动之上,即能够让无意识活动通过有意识活动起作用。"在一切创造中,甚至在最普通、最寻常的创造中,无意识活动与有意识活动都是共同起作用的,但是,只有以两种活动的无限对立为条件的创造,才是审美的唯独天才能进行的创造。"②无意识与有意识两种相反相成的活动相互协同,也就是行为语言与言语行为交相作用。

实质上,审美活动中所谓的"现象学直观"并非全然排除中介,而是尽量

---

① 〔美〕理查德·舒斯特曼:《生活即审美:审美经验和生活艺术》,第179~180页。
② 陈剑澜:《德国观念论美学中的直观理论》,《北京大学学报(哲学社会科学版)》2021年第6期。

弱化言语行为的强制性干扰,削减语言概念所裹挟的私货和偏见,突出行为语言这一中介。一方面,行为语言非概念、非独立和直接性的特点,使它成为一种不是中介的中介或没有阻隔的中介,这就在某种程度上让我们摆脱了言语行为给世界所带来的扭曲,摆脱了概念化及各种观念形态所造成的分割、阻隔和偏见,力图重新返归原初经验,与世界建立起一种貌似"无中介"的直接关系;另一方面,言语行为又将零碎的无意识经验重新凝聚和综合起来,将已出场与未出场的结合起来而成为可意识、可感受的对象,从而实现现象学直观。因此,现象学直观并不是无中介的直观,没有行为语言这一中介将世界结构化,人就不能把世界纳入己身,不能把世界转化为自己的经验;同时,也不能没有言语行为,没有语言也就没有现象在意识中的显现,离开这两者任何直观都没有可能。但是,现象学直观必须着重借助于行为语言,以这种非独立的中介来建立人与世界的直接关联。言语行为则需要尽量清洗隐含的各种习惯观念,以谦卑的姿态照亮无意识经验,凝聚所有相关的经验,使经验得以自然显现。

"如果形式被视为一种静态的现实,那么一件艺术作品便不是形式而是一个活动计划,是一种内含张力和动力的形式,这动力从内部勾勒出形式的轮廓并赋予它以活力。"①在审美活动中,行为语言与言语行为之间存在既协作又博弈的复杂关系。人类文化及审美活动就基于这两种原生性符号活动及其系统结构上。两种原生性符号活动不同的性质、施行方式和功能特征所构成的独特的张力关系及倾向性,就决定着不同时期、不同民族、不同类型的文化及文学艺术的特征,并创造出形态各异的人类文明。

第三节　不同模态艺术活动的特性

在讨论了审美活动中的言语行为、行为语言及其关系之后,我们就可以来讨论各种模态的符号活动及文学艺术问题了。从根本上说,各种模态的符号活动及文学艺术活动的特征的不同,就取决于言语行为与行为语言的张力结构。媒介变革和技术创新,首先是通过调节和改变两种原生性符号系统的张力关系,进而改变视觉、听觉、触觉和动觉,才引起诸模态符号活动及艺术活动特征的变化。

---

① 〔法〕让·莫里诺:《形式的生命·导论》,载〔法〕福西永:《形式的生命》,陈平译,北京,北京大学出版社,2011 年,第 26 页。

一、音乐:最纯粹的"身体之物"①

音乐作为听觉模态的艺术活动,它与人的行为语言(发声行为)最为接近,其音调、音质、音色、强度、节奏本身就从属于行为语言的施行特征。差别在于音乐按五音阶或七音阶对声音加以切分,并重新组合为有规则、有旋律、有和声、有调式的乐篇。这个过程实质上就是对声音的提炼和抽象并按照音乐"语法"来重组重构,是语法化、程式化、意象化过程,意图使它与身体相分离而具有相对独立性,是"发声行为"转换为"发音行为"的过程。"情动于中,故形于声;声成文,谓之音。"②这种独立性虽然使音乐享有言语行为的某些特性和施行方式,却并没有被概念化,只是成为单纯的音响形式,这就最大限度地维护了音乐与行为语言的切近性。音乐在兼具两种原生性符号活动特性的同时,充分地持存了行为语言的特性,弱化乃至排除了言语行为的概念作用。音乐的节奏就是行为语言本身的节奏,是身体和生命的节奏。中国古代典籍《乐记》早就强调了这一点:"夫乐者,乐也,人情之所不能免也。乐必发于声音,形于动静,人之道也。声音动静,性术之变尽于此矣。"③正因如此,在古人看来,唯有音乐是不可以作伪的。

在谈到音乐时,舒斯特曼说:"除了吉他、提琴、钢琴,甚至还有鼓之外,我们的身体就是制作音乐的最初乐器。同样除了唱片、收音机、磁带或 CD 之外,身体是对于欣赏而言基本的、不可替代的媒介。""身体就是音乐最终的必备乐器。"④较于视觉的相对理性、中立,听觉和触觉更偏向于身体和感性。维也纳一位音乐家卡尔·奥尔夫(Karl Orff)就禁止已经识字的儿童进入他的音乐学校学习。他认为,识字儿童已经获得视觉偏向,使他几乎没有希望开发出音乐中需要的听觉-触觉能力。⑤

罗兰·巴特则认为,音乐欣赏是听众的身体与演奏家的身体间的直接交流。布迪厄进而指出:

> 艺术也是"身体之物",而且最"纯粹"、最"代表心灵"的艺术,音乐,也许就是最有身体特征的。音乐与"心灵状况"相连,而"心灵状况"也

---

① 在此,我们不讨论包含歌词的歌曲,而是指单纯的乐曲。歌曲则可以视为两种不同模态符号的相互作用和耦合。

② 胡平生、张萌译注:《礼记》,北京,中华书局,2017 年,第 714 页。

③ 胡平生、张萌译注:《礼记》,第 756 页。

④ 〔美〕理查德·舒斯特曼:《生活即审美:审美经验与生活艺术》,第 174 页。

⑤ 〔加〕埃里克·麦克卢汉著,〔加〕弗兰克·秦格龙编:《麦克卢汉精粹》,第 205 页。

是"身体状况",或者如人们所说是情绪,它让人狂喜,支配人、鼓动人并打动人:与其说它存在于言语之中,不如说它存在于言语之外,存在于身体的动作和运动中,存在于节奏中。皮亚杰在某处说,节奏如同一切支配趣味的东西一样,表现了处于身体与精神连接处的功能的特征,如狂热与减缓、渐强与渐弱、紧张与放松……对音乐引起的快乐的最确切展示是能够再现一种经验的独特形式的展示,这种经验与食物趣味一样,与身体和身体经验相当紧密地结合在一起。①

就因为音乐最紧密地扎根于行为语言,是最纯粹的"身体之物",所以,音乐可以直接侵入人的心灵,激发人的情感,弥漫人的灵魂,渗透人的身体,并且超越国界,成为全人类都可以共同欣赏的艺术。

同这种极强的情感体验和心灵交流相反,对音乐意义的阐释则只能是模糊的、不确定的、无限的。尽管不同的人,乃至不同民族可以由音乐引发共振和共鸣,却几乎难以确切地言说其概念意义,特别是无标题音乐更是如此。狄尔泰就称音乐是"体验的表现",甚至认为"标题音乐意味着器乐的死亡"。② 音乐之所以具有强大的魔力,能以它的不可言表的意义触及人类经验的深处,触及人的灵魂,就因为其原生性符号系统的张力结构更倾向于行为语言,或如尼采所说,音乐较普通语言具有更高的普遍性和一目了然的明晰性,是一种绝非抽象概念的"普遍语言",一种无形体的内在灵魂。因此,音乐才能够超越语言:"仁言不如仁声之入人深也。"③

二、中国画:笔墨、空白、气韵

与音乐的听觉符号不同,绘画依赖于视觉符号,但它同样建立在言语行为与行为语言协同作用的基础上。假如我们将中西方绘画做一番比较,不难发现,中国画的内在精神显然更接近音乐。中国画不强调观察、研究和模仿自然,并不特别倚重视觉对象。画家虽然游历山川,却不面对自然做写生,不模仿自然,他们为的是饱览胜景,洗涤胸襟,熏染精神,开拓气象,心会神融,领略意境和真谛,获得切身体验,并以笔墨、线条来表达这种体验和领悟到的意境和真谛。整个过程所追求的是人与自然的融洽,"神遇而迹化"(石涛),而不是把自然作为观察和模仿的"对象",不仅体验所得的意境和真

---

① 〔法〕皮埃尔·布尔迪厄:《区分:判断力的社会批判》,第134~135页。
② 〔德〕狄尔泰:《精神科学中历史世界的建构》,第205页。
③ 杨伯峻:《孟子译注》,北京,中华书局,2010年,第283页。

谛必须借助于行为语言来顿悟,而且笔墨、线条本身就展现着生命的样态和律动,是人的行为语言的自然延伸,是生命活动在画作上烙下的印迹。在中国画中,笔墨、线条并非仅仅是一种技巧,也非仅仅是视觉表象,更重要的是其本身就是行为语言,体现着生命的灵动和气息,或者借用麦克卢汉的概念,体现着一种"独特的感情混成体"。所谓"意到笔随",即强调无意识经验与创作行为的统一性,与笔墨的统一性,也就是行为语言的融贯性。画家运用笔墨、线条来表达人与自然相融合的意境,以有限的形式来体现自然之道,从而赋予绘画以人的生命,使艺术诗意盎然,成为可赏可玩可居可游的心灵家园。

中国艺术突出行为语言,因此,不仅在创作之前从身体出发凭借直觉来捕捉形象,在创作过程又凸显了创作行为本身的力量感,同时,这种力量也充分渗透于艺术作品中,体现为勃发的生命力及丰沛的气韵,具体显现为艺术形式上的"势"。无论绘画还是书法,都十分强调"势"。朱利安就敏锐地注意到"势"在中国古代思想中的重要性。在概括阐述"势"在战争、政治中的重要作用的基础上,朱利安进而针对中国艺术指出:从一开始,古代中国的美学观并没有把艺术活动视为模仿自然,而是将艺术活动视为内在生命现实化(actualisation)的过程,以使潜在力量以一种个别的形态得以表现。这个潜在的力量既启动了书写的字及所有部件之间的张力,也主导着绘画中各个形象所蕴含的冲力和运动,产生了动人心弦的效果。

> 因势善于呈现形势,故总能立即使观者感受到生命的悸动。这是最重要的关键,因为它使具体的形状能超越形象的限制,并且不论通过哪一种表现载体,势总能达到艺术的基本作用,即超越。有了势,可见的形状便能暗示无限:有形的世界因此具有了精神向度,并且视觉可察的极限也因此具有了一切不可见的姿态。①

"势"即行为语言之势,创作活动之势,又是艺术形象之势,它体现着生命的形式和力量,透露出勃勃生机和运行不止的精神意蕴,展示了中国艺术的独特风貌。

与西方艺术强调质料与形式之关系不同,中国画则强调形神关系,而神即气或生命力,也就是道的显现,并且在形神关系中,中国画更注重传神,为了追求内在的精神意蕴,体现自然之道,宁可放弃外形的准确性,以实现"离

---

① 〔法〕余连:《势:中国的效力观》,卓立译,北京,北京大学出版社,2009年,第64页。

形得似"的目的。

由于道、气、神不是可见可触的具体形象，而是"无"，往往很难直接显现于笔墨线条，只能于形外求之，因此，"空白"对于中国画具有特别重要的意义。如果说，笔墨线条密切关联着行为语言，体现着生命的样态，却又因其具体形态而影响和限制着意义表达，那么，唯有摆脱笔墨线条的局限性，才能进入无限流动的境域。"计白当黑"即强调画面"留白"的意匠经营，强调白与黑之间的互相激发，有无相生。"空白"并非空无所有，而是充溢着淋漓生气，并且恰恰因其"空白"，使得画的意蕴摆脱了笔墨、线条有限性的拘束而向无限时空生成，向深不可测的生存经验和生命本身生成。可以说，"空白"的意义就生成于行为语言与言语行为的张力场中，是双方交相激发、生成的成果。中国画所钟爱的"神"和"白"（无）排斥任何概念性、确定性、有限性，它往往是言语行为，乃至绘画语言拙于言说的，而只能运用有限的绘画语言，"引而不发"，以此激发无意识经验，激发行为语言记忆，在两种原生性符号的张力关系中生成意义，以此言说不可言说的"无形之物"，从中获得启悟。因此，"离形得似""计白当黑"就基于言语行为与行为语言所构成的张力关系的基础上，基于行为语言的独特功能，以及由此构建的非对象性关系的基础上。在中国画中，"黑"与"白"，"实"与"虚"，"有"与"无"相反相成，由此，"神韵"得以滋生，"人之道"和"天之道"得以展露。

> 中国传统艺术强调虚与实的阴阳相生，也重视白与黑、素与绘的阴阳相生。在绘画中，大量的留白给人以发挥想象的空间，而最美的图画通常都是画在素白的底子之上。如此，也是阴阳相生的艺术规律之作用……中国艺术与美学中的阴阳、黑白等之关系，迥然不同于西方哲学、美学的主客二分之思维模式，它是一种阴阳互补、交混融合、无极而太极、产生生命律动的情状。①

艺术活动中的阴阳交织和互补，就根源于两种原生性符号共同协作、交相生发，并肯定了行为语言的作用，它本身就显示着生命活动的节律和样态，滋生出无穷的生命意味，是生命力的体现，是自然之道的体现。凡此种种都说明，在中国画背后的原生性符号张力结构中，行为语言发挥了更加基

---

① 曾繁仁：《礼乐教化与中和之美——中华美学精神的继承与发展》，《山东大学学报（哲学社会科学版）》2016 年第 4 期。

础性的作用,正是它铸成了中国画的独特性。

清代张庚《浦山论画》中说:

> 气韵有发于墨者,有发于笔者,有发于意者,有发于无意者。发于无意者为上,发于意者次之,发于笔者又次之,发于墨者下矣。何谓发于墨者?既就轮廓以墨点染渲晕而成者是也。何谓发于笔者?干笔皴擦力透而光自浮者是也。何谓发于意者?走笔运墨我欲如是而得如是,若疏密、多寡、浓淡、干润,各得其当是也。何谓发于无意者?当其凝神注想,流盼运腕,初不意如是而忽然如是是也。谓之为足则实未足,谓之未足则又无可增加,独得于笔情墨趣之外,盖天机之勃露也。然唯静者能先知之,稍迟未有不汩于意而没于笔墨者。①

按照元代杨维桢的说法,气韵生动即传神。神、气、韵虽无形,却可以借助于有形的笔墨来传达,但是,这还只能属于下者、次者。最高境界的传神则是无意为之,无意得之,并超越于笔墨形象之外。"独得于笔情墨趣之外,盖天机之勃露也。"正是画家以虚静之心,默契神会,使作画过程沉积于无意识经验中的行为语言勃然而发,不期然而然地在笔墨象形之外完满传达出氤氲神韵。

亨利·福西永(Henri Focillon)十分强调艺术活动中物质的重要性。他认为,形式在获得物质形态之前,只是心灵的视象,只是对空间的一种思考,它注定要与重量、密度、光和色彩紧密联系在一起。"没有物质艺术就不能存在;没有物质艺术将不成其为艺术。无论艺术怎样否定物质,都一再证明它逃脱不了这种崇高的、不容置疑的奴隶般处境。"②艺术确实无法最终告别物质,但是,中国画却最大限度地摆脱了物质的限制,摆脱重量、密度、光和色彩的限制,摆脱视觉表象的限制,摆脱各种确定性的限制,凡是对身体和心灵构成拘限的枷锁都要予以解脱,它以行为语言本身来展现生命之舞,以行为语言来融贯人与自然,言语行为仅仅是以非概念的方式来凸显生气灌注的赤裸的生命形式。中国画对物质性、确定性、有限性的超越和对"神""白"的痴迷,对无限的追求,正充分体现自己的艺术特征。超然物外而不役于物是中国画主要的艺术追求。

在中国画坛并非没有模仿写实之作,但这些作品却处于非主流地位,文

---

① (清)张庚:《浦山论画》,载俞剑华编著:《中国画论类编》,第225页。
② 〔法〕福西永:《形式的生命》,第93页。

人写意画则主导着评判标准。因为文人掌握了话语权，他们把自己的审美理想视作评判绘画的准则。

三、西方艺术：眼与手、视觉与触觉

西方艺术有着另一番面貌。古希腊艺术十分强调"观察""模仿"的重要性，而这首先就要把艺术作为"对象"看待，要弄清绘画对象"是什么"和"怎么样"，实质上经历了"概念化"过程。整个活动与言语行为紧相伴随，以言语行为的施行方式为主导范型。中世纪绘画因沦为宗教的仆役而不得不注重叙事性，这就更加突出言语行为的强势地位。至文艺复兴时期，透视法、色彩学、人体解剖和写生则把画家的理性认识能力推向极致。"在那个时候，没有人会怀疑在这个意义上——人们甚至在获准到人体写生课上试笔之前先要学习和实习如何画'一个人'——一切艺术都是'概念性的'。"①绘画对观察、模仿、叙事，特别是概念性的强调，就是对言语行为主导地位的强调。

然而，恩斯特·汉斯·约瑟夫·冈布里奇（Ernst Hans Josef Gombrich）还注意到绘画的另一个侧面。他发现，原始艺术和儿童艺术所使用的是一种"象征的语言"而不是"自然的符号"，为了解释这一事实，他提出了大胆假设："肯定存在着一种不是以看为基础而是以知为基础的专门的艺术，一种运用'观念性形象'工作的艺术"，并进而认为，"所有艺术都源出于人的心灵，源出于我们对这个世界的反应而不是视觉世界本身，正因为所有艺术都是观念性的，才使得一切再现都因其风格而成为可辨认的"②。冈布里奇把"看"与"知"做了区分，并认为原始艺术和儿童艺术的立足点不是"看"而是"知"，是一种观念性的"预成图式"。这个看法显然是合理的，也是极其敏锐的。但是，问题在于"预成图式"又是怎样建构起来的？冈布里奇则归因于"习惯"和"传统"。假如我们继续不断地发问：习惯和传统又来源于哪里？它是怎样形成的？为什么儿童就已经分享了习惯和传统？最终仍然不能不重新回到原始人（或儿童）最初的"看"上，仍然不能摆脱"看"的优先性。

我们不妨从另一个角度做出解释。如果说，生物体只存在本能的"直觉"，一种主要以行为建模来编码的"直觉"，那么，在人类"看"的背后则同时隐含着两种原生性符号系统，即行为建模与语言建模，这是两种具有不同性质的建模方式，它们共同制约着人类之"看"，并且双方之间张力关系的变

---

① 〔英〕冈布里奇：《艺术与幻觉——绘画再现的心理研究》，周彦译，长沙，湖南人民出版社，1987年，第150页。
② 〔英〕冈布里奇：《艺术与幻觉——绘画再现的心理研究》，第82页。

化,往往就导致"看"的方式变化。只不过对于现代人和成年人来说,语言建模起着更为显著的作用,而原始人和儿童则因语言刚刚得到发展,行为建模就发挥着更为重要的建构作用。行为建模恰恰是"象征的语言"的重要基础。语言建模与行为建模相互间不能通约的关系,使语言以象征方式来召唤潜伏的行为语言记忆出场,召唤不可言说的无意识经验出场。这也是焦万尼·巴蒂斯达·维柯(Giovanni Battista Vico)所说的原始人的诗性语言,儿童就是以这种语言方式来表达,以幼稚的绘画语言来表达无意识经验。

艺术家的"手"受到福西永特别的重视,他认为,艺术家的手简直就是"活的生命体",它既是最原始的,又是最高度分化的。习性、本能和行动的意志全都贮藏于手中。艺术家不仅用手进行创造,首先是用手,用手的触觉来认识世界,这是一种视觉无法替代的感知。

> 手的行动确定了空间的凹陷和占据物的充盈。表面、体积、密度和重量并不是视觉现象,人最初是通过手指间以及掌心的触觉了解到这些现象的。人并非以目光丈量空间,而是用手和脚。触觉的感知使得大自然充满了神奇的力量。

手的触觉是人类最初接触世界的方式,也是婴儿最初探索世界的方式。这种无距离的直接触摸和感知,必定充分地调动了行为语言,甚或可以说,它就是初始的行为建模。艺术家用手及其触觉来感受世界,掌握世界,创造世界,通过手的训练和习惯用材料去冒险,本身就是行为建模的过程。与触觉相比较,视觉所存在的距离则使自己更容易被语言建模所介入,突出"是什么"这个概念。视觉背后就隐藏着言语行为及理性的强势身影。因此,福西永主张:艺术家应该将孩童的好奇心延长,远远超过儿童期的界限。他触摸着,感觉着,以手计量重量、丈量空间,塑造流动的大气,想象着它的形式,抚摸着万物的皮肤,并以触觉的语言谱写视觉——"暖"调子、"冷"调子、"硬"线条、"软"线条。福西永引用了伯纳德·贝伦森(Bernard Berenson)的观点:"绘画就是促使我们运动着的肌肉通过内在的冲动来模仿画面所表现的运动,从而获得活灵活现的立体感和体积感——利用能够暗示物质、重量和生命力的所有东西。"福西永还对此观点做出修正,指出"触觉只是创造的开端"。① 艺术家是用手来探险,让手摆脱思想的刻意指引,让触觉摆脱被

---

① 〔法〕福西永:《形式的生命》,第148~151页。

动的感知,在内部冲突的临界线上,努力去寻求未知的生命形式,以一种无意识行为来取得跟理性的巧妙技法完全不同的"偶然效果"。

我们认为,福西永强调手及触觉,实质上就是对行为语言的重视。即便在西方绘画中,行为语言的作用仍然是不可估量的。当画家不只用自己的视觉,而同时用他的触觉和动感来从事绘画,铺展开来的画面就成为交织着流动变幻的张力关系和跃动着勃勃生机的生命的形式。[1] 然而,我们仍然会从西方绘画中发现视觉与触觉间的裂罅,视觉的强势冲动往往会脱颖而出。在儿童成长过程中,理性化的视觉日渐从触觉统感中分裂出来,并愈加成为压倒性力量。这就是艺术家主张保持童心,并常常想从原始艺术中寻找灵感的缘由。因此,艺术的起点并非冈布里奇所说的"预成图式",而首先是触觉经验,是由行为建模构建的无意识经验,它是幼儿乃至所有生物体接触世界的窗口,"预成图式"只不过将这种无意识经验加以整理并纳入理性框架,使经验凸显为可观照的对象。

皮特·蒙德里安[2](Piet Cornelies Mondrian)说:"尽管艺术来源于物质,却在同物质做斗争。"[3]与中国画追求超越物质的取向不同,西方绘画则是在同物质做斗争中努力克服物质的异质性,驯服物质,驾驭物质,让物质融化于画家的无意识经验,服从于画家的独特感觉,物质始终是西方绘画不可或缺的构成。

四、艺术史:行为语言与言语行为相博弈的历史

西方现代绘画史就存在着两种不同的原生性符号系统间的博弈。

自古希腊开始,言语行为的施行方式在西方艺术中就占据着不容置疑的重要地位,其权势在绘画发展过程中越演越烈。"我们意识到的世界已经被我们填装到概念的容器中了,因此,我们意识到的世界包含着种种本质的概念成分。"[4]直至现代主义时期,为了应对摄影技术的崛起,并摆脱概念的束缚,突破既成的绘画格局,无意识及行为语言才受到充分重视,赢得了应有的重要地位。从某个角度看,现代西方美术史就是为抵抗工业化威胁而

---

[1]　在视觉、听觉、触觉、味觉的背后,言语行为与行为语言构成的张力关系是不同的。视觉、听觉作为有距离的感觉,在其背后言语行为占有主导地位;而触觉、味觉则相反,行为语言占据主导。正是这种差异导致触觉、味觉更多享有"具身性"特点。因而,当艺术活动将各种感官感觉融合在一起,就造成不同张力关系的不断调整和变化。

[2]　又译为蒙特里安。

[3]　〔荷〕皮特·蒙特里安:《蒙特里安论新造型》,第46页。

[4]　〔美〕H.G.布洛克:《现代艺术哲学》,滕守尧译,成都,四川人民出版社,1998年,第4页。

展开种种"反击战"的历史,是以张扬行为语言来挑战言语行为霸权的历史,是破除传统绘画"概念化"和"重新概念化"的历史。各艺术流派的画家尝试多种途径、运用多种媒介和技术手段来贬黜习以为常的"概念化",发掘无意识经验,为"重新概念化"提供了可能,为现代绘画开拓出自由创造的崭新空间。"印象派"捕捉转瞬即逝、色彩缭乱的景象,"表现主义"重视"歪曲自然"的变形,抛弃美与和谐,其实质就是为了逃避传统的概念化和理性化的束缚。

在西方传统绘画艺术中,色彩和光线具有非常重要的作用:一方面,它不仅构建具有立体感、真实感的形象,制造感觉幻象,还赋予形象以生命的光耀;另一方面,色彩、光线本身瞬息变幻的不确定形态,特别是它最早与生物体发生了直接关系,又使它可以逃脱概念的束缚而与无意识经验及行为语言建立复杂关联。因此,在绘画艺术中,无意识经验及行为语言就常常借助于色彩和光线获得最直接的表现。然而,由于这一过程仍然要通向更高层级的具象化,仍然不得不服从于绘画整体的形式化、概念化、理性化,并因此受到压制。

冈布里奇说:

> 如果美术中至关重要的并不是对自然的模仿,而是通过对色彩与线条的选择去表达人的感情,那么就有理由提出这样的问题——为什么不能抛弃一切题材,而完全依赖色调与形的效果使美术变得更为纯粹呢?音乐无须借助于言词也能取得伟大成就,这个例子常常给画家和批评家提供了一个启示,从而激起了他们创造一种纯粹的"视觉音乐"的幻想。[1]

康定斯基的抽象画就犹如"视觉音乐"。当康定斯基不再关注绘画所模拟的现实物象,不再注意画面上的题材究竟讲述"什么",抹去了现象世界的固有轮廓,避免了绘画内容的"概念化",画面的色彩却分外耀眼地吸引了他,令他深感震撼。其间,正因"画什么"的概念化意图被悬置,绘画仅仅成为"以一定的秩序组合在一起的色彩所覆盖的平面"[2],于是,潜隐于无意识经验中的行为语言记忆被充分调动,诱人的色彩完全成为它自身以及它的

---

[1] 〔英〕冈布里奇:《艺术的历程》,党晟、康正果译,西安,陕西人民美术出版社,1987年,第365页。

[2] 〔德〕沃纳·霍夫曼:《现代艺术的激变》,薛华译,桂林,广西师范大学出版社,2002年,第111页。

"内在回声",成为一种似乎永恒持存的"国际语言",突然间攫获了他。"在这里客观形式的抽象生命减弱到最低限度,这使抽象单位的显著主导作用将画面的内在共鸣确凿无疑地激发出来……这里对象本身或其外表并不重要,重要的则是它的内在共鸣和生命。"①它如巴勃罗·毕加索(Pablo Picasso)的"立体主义"肢解对象,重构空间,设置不同视角间的共时性关系,以此揭示观念世界中"神秘的内在结构";保罗·高更(Paul Gauguin)对"原始主义"情有独钟;"达达派"对推翻一切、重返童年的期盼;"超现实主义"醉心于自动书写和表现无意识梦境……凡此种种,都显示出对语言中心主义、理性中心主义的叛离,对无意识经验及行为语言的回归,对本真的生命力的青睐。要摆脱概念化、理性化的纠缠,就必须突破意识樊笼,进入无意识领域,唤醒行为语言记忆,重新赢得生命力和创造力。

在谈到前卫艺术对"格子"的偏爱时,罗莎琳·克劳斯(Rosalind E. Krauss)指出:格子的特性之一就是对语言的隔绝。"格子增强了寂静感,并把它表达成变形的语言。完全静滞的格子缺乏中心、级序和变形的特征不仅凸显了其反指涉特征,更为重要的是,还凸显了其反叙事特征。不受时间和事件影响的网格结构不允许语言投射在视觉领域,因此带来了最终寂静的效果。"②当艺术家决绝地层层剥离"再现"因素,绘画就仅剩余下了格子。"格子"放逐了自然物象,放逐了语言所指及其意义,似乎成为毫无依凭的纯粹的原创,并以超然的中立态度彻底去除了功利性,确保了艺术的自治。这种对再现物象的放逐,并没有让画家背叛现实,反而解放了艺术,最真诚地表达了真实感受和直觉,"表达了最深层的现实"。因此,在蒙德里安看来,"新造型实现了所有绘画想要达到的目标,但不能以被掩盖的形式来表达。彩色区通过其位置、大小和颜色强度,在图像上只表达相互关系,而不表达形式",如图 7。"新造型把相互关系带入美学平衡中,从而创造了新的和谐。"③这种不断排除绘画所指内容的做法,最终导致极简主义的"空白画布":绘画不再注重所指涉的现实内容,也无关乎符号形式,它仅仅是媒介本身,并因此和杜尚的"现成品"形成相互呼应的共同趋向。在上述种种事例中,我们看到两种原生性符号系统间的博弈及张力关系的变化。

① 〔俄〕瓦·康定斯基:《论艺术的精神》,查立译,北京,中国社会科学出版社,1987 年,第 83 页。

② 〔美〕罗莎琳·克劳斯:《前卫的原创性》,载《前卫的原创性及其他现代主义神话》,周文姬、路珏译,南京,江苏凤凰美术出版社,2015 年,第 124 页。

③ 〔荷〕皮特·蒙德里安:《蒙德里安论新造型》,第 9～10 页。

图 7　蒙德里安的"格子"

五、现代艺术的悖论：以理性态度颠覆理性主义

然而，悖谬的是西方现代艺术中强调非理性和无意识经验，恰恰是建立在对感觉的深入研究和理性探索的基础上，是有目的的刻意追求，而非自然而然的无意识流露。在印象派绘画中，我们就看到其中的矛盾：印象派注重光和色，故意模糊形象轮廓，目的就是突出行为语言，逃避概念化；但是，画家们却又以科学的理性态度去探究自然物的光和色，力图画出光、色在视网膜上表现出的面貌，以"天真无邪"的目光重新看待光和色，这种观察研究的方式实际上又以语言的二元区分作为前提，是有意识地发现并展示无意识心理，由此构成内在矛盾。并且这一矛盾正是借助于：以理性的态度颠覆理性主义，以科学的方法超越科学主义而获得统一。现代艺术的重要人物保罗·塞尚（Paul Cézanne）在他给别人的信中写道：

> 作为一个画家，我在大自然面前正变得越来越富有洞察力，但是，对我来说，要实现我的感觉总是异常困难。我无法获得在我的感官面前展开的东西的那种强度。我无法拥有使大自然生动有力的那种色彩的华丽的丰富性。在这里的河边，母题十分丰富，同一个主题从不同的角度看就能唤起人们最高的研究兴趣，它是如此多样，我想我可以在同一个地方待上几个月，只需要向右侧或左侧稍微转转脑袋。①

塞尚就是在深入研究和理解感官感觉特性的基础上，有意颠覆"探照

① 〔美〕乔纳森·克拉里：《知觉的悬置：注意力、景观与现代文化》，沈语冰、贺玉高译，南京，江苏凤凰美术出版社，2017 年，第 279 页。

灯"式的注意力,去除中心的不确定序列,创设了一个"生理场所",覆盖以轻微变化和位置不定的观念,产生出一种持续震颤的不稳定状态,形成了晚期风景画的"神秘位移"。

立体派绘画则将三度空间转化为平面,用剖析开的立体的各个侧面把画面堆满,把原本历时性的视点转移变换为同时性的拼合画面,让不在场的东西强行出场,从这个角度来说,绘画不仅背离了模仿现实的传统习惯,而且背离了理性认知。立体派以同时展现物体的各个侧面来取代所谓的视点,以不同平面间的相互作用及光线、质感、模式间的矛盾来取代透视幻觉,这种变化并非来自直觉,而是根源于对事物的深刻的认知。就如毕加索自己所说,人们不能只画看到的东西,而必须画出对事物的认识。这也就是说,在其背后又取决于画家的理性认识。它固然打破了关于自然物的传统概念,打破了绘画的传统模式,却重新对物的造型和结构模式进行了"再概念化",以求"最为精准地反映出人的智性力量"①。

被誉为"后现代艺术之父"的马塞尔·杜尚(Marcel Duchamp)以自己的作品平静地拆卸各式各样既成的艺术观念和艺术法则,拒绝任何种类的绘画,拒绝重复自己,甚至自己与自己作对,孜孜不倦地寻找另外一种表达方式,以自由不羁的灵魂颠覆感知习惯。一方面,他用"现成品"来瓦解艺术与非艺术的边界,用观念超越视觉,用机器人及计算取代感性美和趣味,用纯粹的偶然对抗稳定性和逻辑的必然,他不像毕加索那样把"艺术是什么"的问题转换为"艺术不是什么",而是一位热衷于拆除艺术与非艺术之间藩篱的"反艺术家",把作品推向无美、无实用、无合理性的边缘,以此来"否定"所有的美学,嘲弄艺术活动本身,质疑价值判断和自我"个体",消弭二元思维。另一方面,他最感兴趣的又是一些涉及科学的现象,像一位工程师,一位试验者,不断尝试种种摆脱艺术束缚的试验,追求独特的效果,在其方法论中仍然藏匿着二元观。这种矛盾构成了杜尚特有的幽默,他自己就坦诚地反讽道:"我感兴趣的是把科学范畴内的严谨、准确引到绘画中来……我这样做倒不是由于爱科学,相反,这是友好地、轻微地、戏弄地,让科学贬值。结果表现出来的是嘲弄。"②

当艺术自身成为思考、挑战并打破艺术边界的元艺术,它也就成为地道的"观念艺术",或称"概念艺术"。正如赫伯特·里德(Herbert Read)所做的概括:

---

① 〔美〕罗莎琳·克劳斯:《前卫的原创性及其他现代主义神话》,第 93 页。
② 〔法〕卡巴内:《杜尚访谈录》,王瑞芸译,北京,文化艺术出版社,1997 年,第 34 页。

自康斯泰勃尔以来,艺术受到了科学的冲击——广泛意义上的科学,包括康斯泰勃尔研究过的气象学、大多数印象派画家研究过的色彩学,以及后来传播了原始人艺术知识的人种学。整个时期的特点是知识的系统传播,而艺术的变化则归功于艺术家们对这种知识的某个方面的吸收。①

现代艺术以反概念化为鹄的,而最终却走向了"概念艺术"。其实,造成这种悖论的原因正在于语言强大的力量:语言的诞生同时就孕育着人的反思性和理性,这是一个不可逆的过程,即便在艺术领域中出现非理性的短暂篡权,也只是理性反思充当了总导演。

对视觉及认知、对言语行为、对理性的重视,使西方人不断反思、批判既有的艺术观念和范式,质疑、颠覆艺术传统,由此造成西方现代艺术风格、艺术流派更替频仍,花样翻新。相对而言,中国画强调行为语言,强调艺术经验,这势必强化对艺术传统的依恋和守护,直至现代以来受到西方绘画的冲击,才出现重大革新。

六、艺术"去人性化"和"身体的表达"

西方现代艺术固然重视发掘无意识经验,却并非一视同仁地对待所有的行为语言,而常常是有着严格选择的。奥尔特加·伊·加塞特(Ortega Y. Gasset)就提出"艺术的去人性化"主张。在他看来,艺术不能笨拙地追求逼真,不能建立在无意识的情绪感染上,相反地,必须抹去现世的痕迹,把事物无限推远,令它变形和改观,排除日常的感情,逃离凡常的人性,预防观赏者的沉溺和滥情。"剔除了其中人性化现实的一面之后,画家早已破釜沉舟,断了通往正常世界的后路。他将我们封闭在一个神秘的空间里,迫使我们面对一些在现实中不可能面对的东西。这样一来,我们就必须另创一种全新的方式来面对世界、体验事物。我们必须别出心裁,才能适应那些奇妙形象。这种新的感受方式,这种去除自然形态后创出的新方式,恰恰就是我们所说的理解艺术、享受艺术。其中也有感动和激情,但是这些激情和感动所属的心理范畴显然不同于我们生活中的人类基本情感,它们只是次要情感,是新生的极端事物在我们艺术感十足的内心所激发出来的。它们是绝

---

① 〔英〕赫伯特·里德:《现代艺术哲学》,朱伯雄、曹剑译,天津,百花文艺出版社,1999 年,第 65 页。

对的美学感受。"①

日常现实所激起的行为语言记忆及无意识经验，其实早已受到社会秩序和规约的规训和扭曲。当人投身于日常生活，浸淫于日常生活，他所体验到的就只能是那些浅表的情绪，表现出来的也只能是受到异化的人性。加塞特所反对的正是这种日常的廉价情绪和异化人性。因此，艺术应该运用陌生化的形式，阻止观赏者与现实对号入座，抵制肤浅庸俗的诱惑，拒绝直接的沉浸式参与，排除那些受到日常经验扭曲的体验，让人以一种崭新的姿态来鉴赏，重新唤醒蛰伏的深层行为语言记忆，激发遥远、深沉的无意识经验和经过时间过滤的普遍情感，那种足以直接吸引人并撼动灵魂的更加博大、深刻的生命体验。艺术应该把对"内容"的关注转向"形式"本身，这些经历过漫长时间过滤和抽象的形式恰恰体现着人本真的"生命的形式"。可以说，加塞特的"艺术去人性化"，并非反对人性，也非反对以体验作为把握方式的行为语言，而是对那些原初的生命性和更深层、更纯粹的行为语言记忆的召唤。现代艺术拒绝日常的交流和人性经验，却开启了另一种审美交流和审美经验，一种回归原初境域的更加健全的人性对话。这仍然没有超出康德的美学追求：建立"无利害关系"来实现"无目的的合目的性"。

在《间接的语言和沉默的声音》中，梅洛-庞蒂阐述了身体表达对于艺术活动的首要性。他说：

> 身体的表达活动始于最细微的知觉，在绘画中和在艺术中扩大……艺术的准永恒就是具体化存在的准永恒，我们在我们的身体和我们感官的活动——因为它们把我们置于世界——中找到了得以理解我们的文化活动——因为它把我们置于历史——的东西……一般地说，表达的连续尝试建立了一种惟一的历史，——正如我们的身体对任何可能物体的把握建立了一种惟一的空间。②

身体、生命就是通过行为语言来把握世界并表达意义的。梅洛-庞蒂所说的身体表达活动就是我们所说的行为语言，身体表达的首要性和基础性也就是行为语言的首要性和基础性。行为语言构建了人与世界关系的最初模式，因此在根本上影响着人看待世界的方式，并成为影响各种艺术表达的最为内在的因素。借助于这种因素，艺术不仅可以直接诉诸观赏者的心灵，捕获心灵，甚至以"野性"的"暴力"方式冲击着另一生命。艺术就是以自己

---

① 〔西〕奥尔特加·伊·加塞特：《艺术的去人性化》，莫娅妮译，南京，译林出版社，2010年，第20页。
② 〔法〕莫里斯·梅洛-庞蒂：《符号》，第84～85页。

的生命对其他生命的召唤。然而,随着言语行为诞生,人与世界的原初关系发生了变化,并被新的概念化倾向所遮蔽,使行为语言被迫沦为一种潜在的力量。现代绘画则意图重新挖掘这股潜在力量,返归原初的融洽关系之中。

七、从"去概念化"到"重新概念化"

当然,行为语言的抗争不可能最终摒弃言语行为,现代艺术终究难逃"观念艺术"的罗网,同时,它也已经不再有可能重返传统。观念艺术把锋芒直指既成的"艺术概念"本身,意图对既成的艺术概念做出解构和重构,使现代艺术变身为阐释艺术的"元艺术""元语言",变身为批判艺术概念的"理论"。"一旦'概念化'起效,'概念艺术'便立刻在艺术领域呼风唤雨,直抵唯理论范畴。在概念艺术领域,毕达哥拉斯的梦想不会因为备受赞扬而无法将该艺术表征为视觉隐喻和现实的图解表现。"①这是不同艺术观念间的冲突和嬗替,在破除既成的艺术概念之后不得不施行另一种方式的"重新概念化"。

"在今天的艺术家看来,'边界线'就是对艺术的限制和障碍,也是他们集中攻击的靶子。"②表面上,行为语言似乎在艺术活动中成功地发动了一次次哗变,冲破了既有的艺术概念,实质上,却只能蜷伏于概念化的淫威之下。艺术活动已经成为一场关于艺术边界的严肃的研讨、论争,乃至攻坚战,为了这种争辩,愈加贬抑了行为语言的作用,牺牲了艺术本应享有的生命性和感染力,蜕变为一种理论思考和智力游戏,这只不过更换了一件概念外衣,概念化仍然占据着要路津。于是,两种原生性符号系统开始以陌生方式构建起一种崭新的张力关系。西方学者出于习惯思维,往往把艺术从传统向现代的转变命名为"再现"到"表现",这种看法仍然拘囿于语言中心主义和理性中心主义,仍然站在主客体分裂的立场来阐释,仍然忽视了行为语言在艺术活动中融合沟通的重要性,这也就常常曲解了艺术,遮蔽了艺术活动中更为重要的一对关系:行为语言与言语行为之张力关系。

行为语言、言语行为是人与世界建立联系的共同中介,无论听觉、视觉、触觉、动觉,乃至想象,其背后都潜隐着这两种原生性符号活动,它们的特性、施行方式和功能特征都制约着听觉、视觉、触觉、动觉及想象。正因如此,无论哪种模态的符号活动及艺术活动都必然建立在行为语言、言语行为交相作用的基础上,受制于两种原生性符号活动共同建构的独特的张力场,

---

① 〔美〕罗莎琳·克劳斯:《进行中的勒维特》,载《前卫的原创性及其他现代主义神话》,第209~210页。
② 〔美〕H.G.布洛克:《现代艺术哲学》,第254页。

其特征随双方张力关系的变化而变化,同时随媒介和技术的变革而变化。而两种原生性符号系统整体结构这一共同基础,则为各种不同模态的符号活动及艺术相互对位、耦合或相互转换提供了无限可能性,也为"通感"的发生机制提供了理论阐释。但是,这也告诉我们,如果不重视行为语言、言语行为不同的性质、施行方式和功能特征,仅仅把诸模态符号活动及艺术视为"符号对象"来分析和阐释,仍然简单套用语言学模式,势必压制、扼杀了行为语言,分析和阐释也必将落入谬误。

第四节　符号的多模态性及多模态符号间的整合

在新媒体时代,数字媒介为多模态符号整合提供了极其便利的渠道,甚至在日常生活世界就充斥着多模态符号整合的景观,对这些现象,我们将在第七章再予以阐述,在此仅仅讨论传统艺术中的多模态问题及其整合。

一、语言艺术潜在的多模态性

早在古希腊,亚里士多德就依据媒介对艺术做出区分。他很强调"模仿"在艺术创作中的地位,并认为,模仿所用的媒介不同,所取的对象不同,所采用的方式不同,也就创作出不同类型的艺术,进而指出:可以用颜色和姿态来制造形象,模仿事物;也可以用声音来模仿;或者用语言来模仿;或者借人的姿态的节奏来模仿……

在文学艺术活动中,媒介主要作为作品的载体,虽然与特定的感觉模态相关联,不同媒介往往具有不同的感觉模态,但两者却有着不同的含义和所指。譬如文学作为语言艺术,语言文字是其媒介,可是从某种意义上说,其本身就具有潜在的"多模态性":其一,文字本身就具有视觉特性;其二,语言的声韵又具有听觉特性;其三,语言所生成的语象、意象也具有某种不确定的视觉性;其四,语言的概念意义又是另一种模态;其五,最重要的是语言本身就和不同脑区的感觉经验相关联,是各种感官感觉经验的投射和凝聚,具有潜在的多模态性。在《宋书·谢灵运传论》中,沈约就对诗歌写作做出规范:"夫五色相宣,八音协畅,由乎玄黄律吕,各适物宜,欲使宫羽相变,低昂互节:若前有浮声,则后需切响。"[①]"五色相宣,八音协畅"就同时强调视觉,特别是听觉对于诗歌创作的重要性。

---

① (南朝梁)沈约著,陈庆元校笺:《沈约集校笺》,杭州,浙江古籍出版社,1995年,第484页。

　　五四新诗中,郭沫若所提倡的"裸体诗"有意剥除诗歌的形式美,废弃诗歌形式及声律的规整,弱化诗歌原有的多模态性来凸显语象、语义,直白地让情感喷薄而出,它固然对传统诗歌构成尖锐挑战,却影响了诗歌的表现性,遗落了诗歌醇厚的韵味。闻一多提出诗歌的"音乐美、绘画美、建筑美",则分别从不同感觉模态角度对诗歌创作提出了要求,以此纠正新诗的偏颇。《死水》就是一篇典范之作。《死水》共五节,每节四行,每行九字,宛若排列整齐的建筑,构成了视觉美。每行四个音节,其中,三个两音尺,一个位置移易变化的三音尺,每节二四押韵,各节变韵,由此建构节奏匀整、流动舒展的音乐美。从诗歌意象来看,漪沦、翡翠、桃花、罗绮、云霞、绿酒、珍珠……色彩斑斓、柔美靓丽。在诗人笔下,一沟死水恰如新酿的绿酒,漂满珍珠似的白沫,小珠相互挤压碰撞,在欢笑声中结成了大珠,却又被偷酒的花蚊咬破。这种细腻的感觉、奇幻的比喻描绘了一幅生动诱人的画面。在诗歌中,闻一多充分调动了各种感官感觉,把视觉、听觉、触觉、动觉相互交织,给读者极大的审美享受。可是,诗歌的主导语义却是要表达对死水(社会)的极端厌恶和愤懑,这就和诗作的音乐美、绘画美、建筑美构成冲突,极其和谐的审美形式恰如层层包裹紧紧围困住诗作的内蕴情感:那种读者似乎可以隐约感受得到的四处奔突,却又无法找到"喷火口"的愤激情感。

　　一方面,构成《死水》的视、听、触、动诸感觉共同汇聚为柔美的情感氛围和生命形式,而情感和生命的结构本身就是行为语言的结构。虽然视觉、听觉、触觉、动觉的模态各不相同,而其背后的行为语言结构却相似,正因如此,它们才可以极其和谐地融为一体,交相协作,形成共鸣,将读者带入一个优美温馨的境界。另一方面,《死水》语义主旨所要表达的却是憎厌的情绪,两种情感形式背后所具有的结构模式又大不相同,甚至相互对立,于是,两者间也就势必形成不可调和的张力关系,铸就了诗歌的独特美感。同时,这种张力也体现出闻一多的古典审美观与其现代思想的内在矛盾。

　　同样,英国诗人罗杰·麦格夫(Roger McGough)的视觉诗"40-Love"和美国诗人爱德华·埃斯特林·卡明斯(Edward Estlin Cummings)的"in-Just"也都充分利用了印刷字体和分行排列的视觉效果,以及诗歌声韵的听觉效果,借助于多模态整合来凸显诗歌意义。

　　在《论文学作品》中,罗曼·英加登(Roman Ingarden)把文学作品视为"意向性客体",他认为,文学作为意向性客体,只能在读者的阅读过程中生成,并展现为多个审美层次:字音和建立在字音基础上的更高级的语音造体;不同等级的意义单元或整体;不同类型的图式化观相、观相的连续或系列观相；文学作品中再现客体和它们的命运等。这些不同层次都具有自身的"审美价值质"，文学作品的形式美就是由每个层次的形式因素共同发挥作用而形成的。于是，"审美价值质就成了五颜六色的光线，照亮了再现客体，通过我们的审美思考去体验它，使我们感到被一种特殊的气氛所笼罩，使我们陶醉、欣喜若狂。读者的这种激动和振奋的根源就是体验到了复调价值质的一种主体的对应物，它们大都是属于客体的东西，是文学的艺术作品的层次属性的体现"①。从文学作品作为具备"复调价值质"的"意向性客体"的角度来看，文学语言这一媒介就享有潜在的"多模态性"。

事实上，这个"意向性客体"却并非由言语行为独自构建的，而是利用种种修辞手法召唤行为语言记忆，汇聚种种不同功能区的无意识经验，在双方相互协作的过程中所构建的"想象的客体"。由此生成的视、听、触等多种感官感觉虽然不同于具有物质性的各种模态，但是，它们在感觉经验上却是相似的，我们对于"想象的客体"的经验就来自日常的感官感觉经验。因此，英加登所说的文学作品的"复调性和谐"实质上就隐含着不同模态间的整合，而作品之所以能够构成"复调性和谐"，原因就在于各模态背后的行为语言（行为建模）具有结构同型（"异质同构"），正是这种结构同型使不同模态的感官感觉可以相互转换或相互整合，并形成"复调性和谐"。文学作为语言的艺术，语言文字是其媒介，它主要是运用言语行为来实现其审美目的，然而，在实际的创作和阅读过程中，言语行为却必须充分调动各种模态的感官感觉经验，并且它们所隐含的行为语言往往享有相似的结构。不同模态所隐含的行为语言结构的类似性，正是文学语言获得自身协调风格和深长韵味的基础，也是诗歌作品运用大量"通感"的基础。② 同样，象征主义诗人夏尔·皮埃尔·波德莱尔（Charles Pierre Baudelaire）所谓芳香、色彩、音响之间相互感应的"应和论"，就扎根于行为语言的结构同一性。

作家则可以利用各种手法来凸显某种模态的感觉经验，或突出声韵的优美，或强调意象的饱满和生动，或触及读者的触觉和嗅觉……传统诗歌往往十分重视声律美，但是，西方"意象派"诗歌则着眼于意象创造，要求诗人

---

① 〔波〕罗曼·英加登：《论文学作品》，张振辉译，开封，河南大学出版社，2008年，第348页。

② 哈里·麦格克和约翰·麦克唐纳曾做了一个实验：他们制作了一个人正在演讲的视频，这个人的嘴型是说"ga"，而实际发音是"ba"，观看者的大脑便面临一个冲突，并无意识地将两条信息整合为折中音节"da"。来自不同感官的信息发生冲突时，信息的整合不得不采取折中。据此，他们认为"即使是多种感觉的信息都可以无意识地联结在一起，而我们意识到的只是结果"。这被称作"麦格克效应"（McGurk effect）。〔法〕斯坦尼斯拉斯·迪昂：《脑与意识》，第73～74页。）如果信息冲突较尖锐，就会给整合带来困难，或造成不和谐效果。

直接处理"物",不要"描写"而是"展现",让诗歌变得更接近"骨头",以此强化意象结构。"一个意象是在瞬息间呈现出的一个理性和感情的复合体。""正是这种'复合体'的突然呈现给人以突然解放的感觉;不受时空限制的自由的感觉,一种我们在面对最伟大的艺术品时经受到的突然长大了的感觉。"①

二、行为语言与"力场"结构

语言文字本身就潜在地具有多模态性的独特品格,而其他媒介的艺术符号往往凸显出某种独具的模态,譬如音乐、绘画、雕塑、舞蹈等,它们各自分别强调听觉、视觉、触觉或动觉。对于这些艺术符号之间的多模态整合,就首先必须考虑各种符号背后言语行为与行为语言的张力结构,特别是行为语言本身的结构。因为在艺术符号的背后,总是同时隐含着言语行为和行为语言,它们共同参与艺术符号的解释过程,共同决定着解释的方式:或观察、分析、认知,或体验、直觉、悟解,并由于行为语言与言语行为双方侧重点不同而具有不同的解释结构。这种二维解释结构赋予符号活动以极大的灵活性,它可以通过对立双方的结构调整,为不同模态的符号之间提供相互整合的可能性。但是,其中起着基础性作用的则是行为语言。因为所有符号活动都以行为语言为基础,是在这个基础上生成和发展起来的。不同模态的艺术形式之所以可以相互整合,就取决于行为语言结构的共通性或相似性。这种共通性、相似性构成了不同模态艺术的共同基调,成为相互整合的前提。其中,节奏发挥了极其重要的组织作用,因为节奏是行为语言最为核心的结构要素。它不仅成为音乐、舞蹈、诗歌等时间艺术的重要构成,还是绘画、雕塑、建筑等空间艺术不可缺少的,正因如此,建筑历来被称为"凝固的音乐"。

在《艺术与视知觉》中,阿恩海姆提出"异质同构"说,他分析了绘画、雕塑、戏剧和舞蹈等,并指出:在绘画和雕塑中,那种永恒的平衡是由活动的力量建立起来的,这些力量或相互排斥和吸引,或向着某一特定方向推进,它们的形状、大小、位置和方向就确定了力的作用点。空间本身的结构状态就成了这些力的特殊参照构架。戏剧和舞蹈则是在舞台上展示了活动力,当演员在舞台上表演时,力的扩张就变成真实的物理力的扩张。同样,人的知觉组织和情感也是一种"力场"结构。因此,阿恩海姆认为,在事物、艺术式

---

① 〔美〕庞德:《论文书信选》,载黄晋凯、张秉真、杨恒达主编:《外国文学流派研究资料丛书:象征主义·意象派》,郑敏、张文锋、裘小龙译,北京,中国人民大学出版社,1989 年,第 132~133 页。

样、人的知觉组织活动以及内在情感之间，存在着根本的统一性，它们都是力的作用模式。一旦这些领域力的作用模式达到结构上一致时，就能激起相似的审美经验。

> 一切视觉形状都是力的式样，这一点同样也适合于动觉形状。
>
> 我们必须牢牢记住动觉经验的"动力性质"。这个"动力性质"是这两者之间的共同性质，正是这个共同的性质，才把这两种不同的媒介联系在一起。[①]

阿恩海姆明确地把视觉形式与动觉经验联系在一起，认为双方具有共同的"动力性质"。其实，阿恩海姆所说的"力场"结构就根源于行为建模的结构。正是行为建模直接构成了动觉经验，因此，也就必然关联着视觉形式、听觉形式、触觉形式，以及其他感觉形式，并体现着情感形式。形式所具有的"力场"结构，就因为它以行为建模为基础，体现着行为的"动力性质"，体现着行为语言的结构。因此，不同媒介和模态的艺术形式，只要享有共通或类似的行为语言结构，它们就具有"同构"关系，可以相互转换、对位和整合。[②] 行为语言的结构同一性，就决定着不同媒介、不同模态艺术符号"力场"结构的同一性，决定着不同模态艺术形式之间相互转换、对位和整合的可能性。

三、"语图合体"：汉文化中的多模态整合

譬如中国画、书法、诗歌之间历来就有着姻缘关系。汉至魏晋时期，草书渐趋成熟，由此赋予书写以流动变化的丰富形态，使它可以淋漓尽致地表现书写者的个人性情，因而书法在实用功能之外又兼具极其丰富的艺术表现性，并随着魏晋时期的审美自觉，书法也就享有了显著的审美品格。绘画则因具有线性传统（画者，画也）而受到书法性用笔的影响，展现了笔迹的韵律。对此，高建平做了细致的分析。他指出，古代中国画的审美因素中存在两个系列：其一是笔和墨，这种笔法直接来自文人书法；其二是形、色、景、境、丘壑等。作为宫廷画院的画师和民间画匠讲究"形"这一系列。随着文

---

① 〔美〕鲁道夫·阿恩海姆：《艺术与视知觉》，第564～565页。

② 在谈到诗与乐相配关系时，钱锺书说："夫洋洋雄杰之词不宜'咏'以靡靡涤滥之声，而度以桑、濮之音者，其诗必情词佚荡，方relevant相得而益彰。不然，合之两伤，如武夫上阵而施粉黛，新妇入厨而披甲胄，物乖攸宜，用违其器……情'词'既异，则'曲''调'虽同而歌'声'不得不异。'歌咏言'者，此之谓也。"（钱锺书：《管锥编》，第106～107页。）

人加入画家群体,也就把笔墨的法则和追求带入画作了。"文人画家重视笔墨。中国绘画从魏、晋、南北朝、唐,到宋、元、明、清,一波接一波的文人绘画潮流,促成了笔墨的地位越来越高。而形、景、境、丘壑作为古典绘画不可缺少的因素,时退时进地坚守着自己在绘画中的阵地,但又始终作为对立面,作为须被克服的因素处于被动地位。"①尽管带"院气"或"匠气"的画家在数量上占多数,但是,由于文人具有文化资本和话语权,注重笔墨的绘画风尚也就成为具有代表性和影响力的价值取向。文人画家群体的出现不仅提高了笔墨的地位,而且改造和重塑了形、色、景、境、丘壑这一系列,赋予它以神韵、气氛、意境等精神性内涵,并渐次洗落绘画的金碧青绿而代之以水墨。对于文人水墨画而言,对光、色等视觉效果的追求已经让位给对意境的体验。这就为绘画接纳诗歌铺垫了基础:因为文人画家本身就是诗歌作者,而且绘画与书法、诗歌有了共同的精神追求和相似的感觉结构。

汉字作为"心画"这一独特的形态构成,使它日后终于有可能将绘画、书法、诗歌联系在一起,并成为连接三者的枢纽。一方面,书、画相互映衬的笔墨、线条原本就体现着共同的"力场",可以创建极其和谐的画面感;另一方面,文字又是诗歌的语义载体,这就极其自然地在画面中引入了诗歌意境,进而愈加丰富并提升了画面的境界。唐志契《绘事微言》就以书法比拟山水画,他说:"山水原是风流潇洒之事,与写草书行书相同,不是拘挛用工之物。"②宗白华说得更明白:

> 中国特有的艺术"书法"实为中国绘画的骨干,各种点线皴法溶解万象超入灵虚妙境,而融诗心、诗境于画景……在画幅上题诗写字,借书法以点醒画中的笔法,借诗句以衬出画中意境,而并不觉其破坏画景……中国画以书法为骨干,以诗境为灵魂,诗、书、画同属于一境层。③

从更深层次来看,笔墨、线条就是行为语言的延伸,笔墨、线条的结构就是生命本身的结构,它通过运笔的轻重、顺逆、偃仰、正欹、徐疾、强弱、渴润、淡浓、虚实来展示蓬勃的生命样态,以及生命的力量和风姿,并且由于本身就扎根于行为语言,其意义是相对模糊的和不确定的,感受方式则侧重于动觉和触觉,侧重于体验和直觉。诗歌的载体虽然是语言文字,可是,由于中

---

① 高建平:《中国艺术:从古代走向现代》,北京,中国文联出版社,2019年,第105~106页。
② (明)唐志契:《绘事微言》,载俞剑华编著:《中国画论类编》,第732页。
③ 宗白华:《论中西画法的渊源与基础》,载《艺境》,第113页。

国古代诗歌注重比兴及言外之意,同样凸显了行为语言在解释过程中的重要地位,其解释方式排斥认知而强调体验、感悟,意义则追求含蓄。无论绘画、书法还是诗歌,由于它们的解释项具有相似的结构,即在行为语言与言语行为构建的张力关系中侧重点相同,解释结构相类,因此就很容易相互整合,进而相互阐发、相互生成。它将创作者或欣赏者深深卷入其中,浸淫其间,营造一个可以投身其内的生存空间,一个可居可游的精神家园,一个诗意盎然的境界。所谓"诗中有画,画中有诗",也就是强调诗、画对"意境"的共同追求,对吸引人投身其中且与之相融合的生动境界的共同追求。"情性所至,妙不自寻。遇之自天,泠然希音。"①可以说,中华文化对"道""气""神"等"非对象"的重视和独特理解,就决定着民族文学、民族艺术对体验、直觉、悟解的重视,对非对象性的浑整关系的重视,对行为语言的重视,对浑濛的整体感受的重视,而不仅仅滞留在孤立、理性的视觉感官上,从而为画、书、诗的融合提供了共同的旨趣并奠定了基础。

图 8　黄宾虹《简阳道中图》

譬如黄宾虹《简阳道中图》(图 8),画面留白几近半幅,这些留白并非空无,反而意义充盈,只不过这意义并非语言所能言说。它敞开怀抱来接引书写、诗歌、鲜红的钤印,与绘画相互映照,本身就成为画面的构成部分,共同参与到意义生产之中。那森森流水、点点树影、隐隐远峰、霭霭山岚,似有若无,浑濛流溢,相互过渡,相互映衬,画面被建构为有层次、有深度、有灵韵的世界,并且正是在有无之间,将整个自然,乃至作者、观者都包容其中。对于

---

① （唐）司空图:《诗品·实境》,载郭绍虞主编:《中国历代文论选》(第二册),第 206 页。

画、书、诗来说,各自的意义越含蓄、朦胧,相互生成的机缘就越多,相互阐释的余地越大,意义衍生力越强。如果说,诗歌具有言外之意、声外之韵,而绘画则有着象外之境,那么,双方交相生发就构建了幽邃深远、余味曲包的境界。它直击人的心灵深处,却又难以捉摸、不可言说、浑然天成。一般说,不同模态的符号,假如各自的解释项的整体结构,即作为解释项的行为语言和言语行为之间的张力关系差异很大,它们往往就很难整合,因为由结构差异造成解释方式相互抵牾,往往会破坏艺术整体的接受。假如解释项过于侧重言语行为,也会带来整合的困难。比较而言,言语行为的意义相对明确,强行实施整合,很可能使意义相互抵消、相互解构,而非相互生成、相互增益。这就要求不同模态的符号之间必须做出或主导或辅助的明确的功能区分,以便构建"复调性"的作品。

赵宪章对语言与图像的关系做了深入研究。他指出,古代中国经历了"语图一体,以图言说""语图分体,语图互仿""语图合体,语图互文"三个演化阶段。在口传时期,真正意义的文字尚未出现,图像则成为记录和表达意义的载体,图即言。文字出现之后,语言与图像终于分流,但是,双方却又相互效仿,或以文字来解释和补充图像,或制图像以使文字更加通俗和直观。宋元之后,以纸张的普及和印刷术的发明为标志的"后文本时代"导致文人画的繁盛,加之庄禅思想对审美观念的影响,语言与图像的关系又发生了重大变化,这也就是"语图合体"和"语图互文"的开始。

"语图合体"是中国画从写实走向写意的必然选择。这是因为,由于写意的叙事功能大大弱化,虚拟和玄想成为它的审美倾向,也就必然求助于语言表达;另一方面,文本文学历经图像艺术的长期熏染,也受其色彩、笔法、构图和意象等审美元素的启发和影响,在语言文本中展现绘画的效果也成了中国诗文的审美需要,即追求所谓"诗中有画"的文学时尚。于是,语言艺术和图像艺术彼此需要、相互吸吮,"语图合体"的历史体态自然生成。相对"文本时代"的"语图分体"及其"语图互仿"而言,宋元之后的"语图合体"及其"语图互文",由于是在同一个文本界面上相互映衬,也就收紧了语言和图像的空间距离,从而使二者的联系更加密切,甚或密不可分,直至融为一体。①

---

① 赵宪章:《文学和图像关系研究中的若干问题》,载《文体与图像》,北京,人民文学出版社,2014年,第147~148页。

赵宪章以文人画趋向写意,弱化了叙事功能,而诗歌则追求诗中有画,双方相互需要,进而相互融合来阐明宋元以来"语图合体"及"语图互文"的历史根源,显然是合乎逻辑和历史实际的。在文人画中,不仅诗、书、画往往是同一作者,更重要的是诗歌、书法、绘画对意境的共同追求,使诗、书、画的充分融合具备了坚实的基础。"搜求于象,心入于境,神会于物,因心而得。"①由象入境,神会自然,正是诗人、书法家、画家赢得审美境界的共同路径。需要进一步说明的是:语图之所以能够成功地融合,还在于古典诗歌与文人画之间存在着内在契合,这就是它们的符号整体系统具有相似的张力结构:双方都强调含蓄的意境,强调融入诗境、画境,强调体验和悟解,也就是说,无论古典诗歌还是文人画,都强调行为语言在解释过程中的重要地位,由此造就行为语言与言语行为间的张力结构相似。这种结构的相似性为双方相互融合、相互生发提供了基本条件。

正是行为语言在解释过程中发挥了重要作用,消弭了人与作品之间的主客二元对立,有效增强了作品意义的不确定性、未完成性、再生性和包容性,使绘画成为"'可行、可望、可居、可游'的妙品。对它的凝视使我们的意识'陷入'其中而不能自拔,不仅'忘记了自己是有身体的看者',也忘记了在我们所见的'下面'还有生活世界"②。中国文人画创造了一个可行、可望、可居、可游的艺术空间,一个诗意氤氲的境界,它敞开自己的怀抱来迎迓、接纳文字书写、诗歌、钤印等种种其他模态和样式的符号。同样,也使吟哦者、创作者、欣赏者沉湎于意境之内,体验自然和生命之道,品味不竭的韵味。正因如此,在同一个文本界面,诗歌与绘画所蕴含的意义不是相互抵牾、相互消解,而是相互阐释、交相辉映。

比较而言,西方绘画即便强调直觉和非理性,也仍然难以突破概念和理性的拘囿,难以脱离画面的结构(语法),特别是透视法出现之后,绘画结构更具有确定性。这种确定性结构同时为画面带来完满性和排他性。一旦画家确定了透视结构,就已经给出稳定的绘画框架,无法再接纳其他新元素。"甚至在相似的关系中,对其他形式的些微点靠近或疏远都会影响整个结构。"③任何新元素的增添或变动都必须重新调整结构,否则,就可能打破结构,破坏画面的整体感。中国画所凸显的是行为语言,虽然画面也讲究布局的意匠经营,笔墨讲究节奏感,相较于西方绘画的结构,却不受严格的结构

① (唐)王昌龄:《诗格》,载郭绍虞主编:《中国历代文论选》(第二册),第89页。
② 赵宪章:《语图叙事的在场与不在场》,载《文体与图像》,第238页。
③ 〔俄〕瓦·康定斯基:《论艺术的精神》,第41页。

语法限制,具备更大的自由度、包容性和未完成性。只要不破坏画面布局的均衡和笔墨的节奏,就可以无限增加新元素,这就是中国画中的长卷采用散点透视并可以无限延伸的原因,也是中国画可以不断接纳新元素的原因。①在中国画界历来就有文人雅集共作一画的趣事:有人画山石,有人作花草,有人绘鸣禽,有人题诗,只要内在精神相互贯通,就能各擅其长,相映成趣,相得益彰,并成就一幅好画和一则颇具行为艺术意味的艺界事件(图 9)。

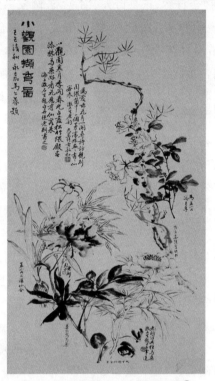

图 9　张大千等《小观园撷秀图》②

---

① 罗伯特·劳森伯格也曾花费多年时间利用三维拼贴创作了巨幅《四分之一英里画作》,但作品却像充满着混杂、紧张和内在冲突的"混合物"和"赘生物",像"日记"式展开的一个个生活片段的随意组合,呈现出一个分裂的、碎片化的世界,完全不同于中国画中的长卷对画面和谐、统一的追求。

② 图 9 由张大千、马孟容、马公愚、陈运培(天罡)、张泽(善孖)、孙玉声(漱石生)等合作完成。马公愚《赏花小记》云:"小观园盆栽之盛为海上冠,所莳月季花名种尤伙。数日前,曾展览于中华公记,观者无不赞叹。然此花开时先后不齐,是日尚未悉数陈列。主人杨守仁、吴莲洲两君引以为憾,特于昨午邀文艺界同仁赴园参观,藉窥全豹……余侪既饱餐秀色,主人复饷以盛馔,饮以醇醪。酒半酣,善孖忽离取素纸,画芍药一枝,伯兄孟容继之写月季、仙合各一,刚叔补以飞白竹及异种芍药,大千添仙客来、疏松以足成之,所绘皆园中物。玉声赋一绝句,倩刚叔书其上,曰:'小观园里月季开,春光占尽松竹隈。殿春添株芍药好,看花应有仙客来。'……赏花诸人列坐其次,意态奇肆……"(上海,《申报》,1929 年 5 月 22 日。)

四、"形象的背叛":西方艺术中不同模态间的紧张关系

汉文化的这一特征,往往是西方艺术所欠缺的。这不仅因为拼音文字不像象形文字那样具有视觉表现性,更重要的原因在于:对于西方人而言,语言中心主义往往是难以摆脱的梦魇。在他们看来,语言具有解释所有其他符号的优先权。即便作为视觉艺术的绘画,在其背后往往已经隐蔽地站立着一位强势的解释者:语言。因为当视觉与触觉相分裂,并从统觉中分离出来而成为相对冷静、理性的感觉,就与语言纠缠不清。语言总是试图去说明视觉形象,指涉现实对象,尽管语言的解释仍然是多义的,却已经将出现在画面内的其他语言文字视为累赘而予以排斥。因此,一般情况下,西方绘画与文字各自独立,绘画题词始终处在画面之外,并不与画面融为一体。在西方绘画符号背后,所隐含的言语行为本身就占有重要地位,它不需要额外的文字再来加盟。文字只能作为一种标记来表明画作的所有权;或是一种分类、一个提示和引导,要求欣赏者持有某种观赏态度,并作为一种"画外音"做出别出心裁的注释;甚至文字与绘画构成相互冲突的关系,以语言的强势来取消画作的合法性。因为相对于绘画符号,言语行为是一种原生性符号,它具有先天的解释权威。

> 人们确信,语言在和图像的相互协调以及配合中,或者在和视觉领域的冲突矛盾中能够使自己得到最大程度的发展。坚持这种信念就可以知道,在"图像行为"那里,事情也涉及对于语言的表达上——在清楚明确、技巧手法、混乱无序以及无法解释等诸方面的增强。①

罗兰·巴特指出,视觉形象具有多义性,它以能指暗示出一连串漂浮的所指;而文字则是"寄生讯息",它以相对确定的方式来固定这些所指含义。可是,当画面的意义与标记的文字发生抵牾,文字就会以自己的解释来颠覆画面意义。譬如雷内·马格利特(René Magritte)的《形象的背叛》(图10),画面展现的是一只大烟斗,而题写的文字却是法文:"这不是一支烟斗。"

对马格利特的《形象的背叛》,周宪做了细致阐释。在做了层层深入的

①〔德〕霍斯特·布雷德坎普:《图像行为理论》,宁瑛、钟长盛译,南京,译林出版社,2016年,第42页。

图 10　马格利特《形象的背叛》

分析之后，他总结说：从中，"我们可以看到再现范畴丰富的美学意义，首先，再现是一种艺术表现方式，所以再现物不能等同于被再现的事物本身。艺术的再现所营造的是一个艺术的、想象的世界，而非我们真实的生活世界。第二，再现会唤起欣赏者的真实感，这种感觉与面对真实事物时的体验是相近的。唯其如此，艺术才作为一种替代不在场的事物而发展开来……第三，再现物和被再现物虽然有所不同，但是它们却有复杂的美学关系……这表明艺术虽不是现实本身，却以其独特的表现方式呈现了现实的某些方面，揭示了真实性，所以艺术才具有某种真理性功能"[①]。在此，周宪着重是用这幅画来阐释"再现"这一美学范畴。沿着这一思路，我们还可以做出另一种解读。在《形象的背叛》中，图像自身并不需要任何文字参与解释，高度逼真的图像似乎就是真实烟斗的模仿，再现并指涉现实生活中的事物，而文字的意义与写实风格的图像又不相吻合，非但没有与图像构成互补关系，没有进一步说明绘画的内容，没有直接融入画面而构成统一的境界，相反地置身画面之外，刻意制造文字意义与图像内容的矛盾，以针锋相对的态度强势否决图像原本应有的意义，迫使观赏者不得不重新思考绘画与现实的关系，思考图像与题字的关系，思考双方意义流动生发的不确定性，思考艺术的本性……绘画并不指涉现实，不是模仿和再现现实，它与现实无关；文字也不是意义确定的最终解释者。"在可看与可说之间有一个间隔，而两者被隔离、被一种不可缩减的距离分隔。"[②]双方在冲突中相互取消意义，又相互生成意义：艺术只是艺术，艺术又反对艺术，它充满着悖论，它不断地破坏种种

① 周宪：《美学是什么》，北京，北京大学出版社，2015 年，第 177～179 页。
② 〔法〕吉尔·德勒兹：《在哲学与艺术之间：德勒兹访谈录》，刘汉全译，上海，上海人民出版社，2020 年，第 130 页。

艺术规则和艺术语言,不断地背叛艺术传统,其意义也背叛了自身的形象,逃脱了语言解释的控制。艺术成为面貌易变、意义多元的"怪物",它有着质疑现实,质疑艺术自身,质疑艺术功能,质疑语言表达,乃至质疑一切的超然的游戏态度和无限的超越性。马格利特的绘画是对亚里士多德"模仿论"的颠覆,是对西方绘画再现传统的挑战和嘲讽,他以独特的方式解构了图像与现实的稳定关系。

杜尚则在尿壶表面签上"R. MUTT, 1917",签署的文字暗示人们改变观看方式,剥除了日常用品的功能性,展现出它的非功能的特征,以使承担着特定"职能"的生活用品变身为被观赏的单纯"艺术品"。毕加索的剪贴画《酒瓶、玻璃杯和报纸》采用了报纸标题的印刷字体"LE JOUR",又用了手写字体"VIEUX MARC"。一方面,这些字母以其语词概念指涉熟悉的现实经验;另一方面,它们又从作为"语音符号"的实际意义中超脱出来,参与到抽象线条的结构中,成为一种构图元素和自由的绘画代码。两种意义具有迥然相异、相互撕扯的指向。

立体主义的拼贴画是一种极其大胆的多模态整合。它以报纸、邮票、羽毛、布条、玻璃、木屑、金属片等各种材料来取代绘画颜料,将日常事物直接组合进画面,同时诉诸不同的视觉和触觉。

> 一个童车轮子、一块金属网、一段绳子和一团棉花是与色彩享有同等特权的因素。一位艺术家是通过对材料的选择、分配和变形来行使他的创作权力的。其中材料的变形会因材料在画面的分布而发生,并将由裂解、扭曲、覆盖、堆砌所支持。在 MERZ 绘画那里,箱盖、一张牌或者一块剪报变成了一个平面;一段绳子、画笔或铅笔的一划变成了一根线条;一块网、堆砌或是粘上的防油纸变成了一块釉面;一团棉花变成了一种温和。①

与中国画将诗、书、画相互结合,以浑融、静谧的方式建构极其和谐的审美世界不同,拼贴画虽然强制性地把具有不同模态的材料整合在同一画面中,改造了它们的性质,重塑了它们的实际面貌,扭曲了原有的物理功能,构型为想象的"最终的物体",但是,杂乱的材料仍然会固执于日常的物质特性,由此造成感官感觉与想象世界的内在紧张,展示出纷繁多重的意义,以

---

① 〔德〕沃纳·霍夫曼:《现代艺术的激变》,第135页。

至于"材料的多样性变成了未加修饰的、异质的'对生活的真'的一种譬喻，成为与'合乎法则的美'辩证对立的一极"①。

如果说，蒙德里安从功用中解脱出来，试图对客观形式拥有自己的立法权，将它们平等地交给形式美的创造原则来处理，努力展示一种"简略之美"和"普遍的平衡"，以此成为现实的塑造者；那么，杜尚并不追求同质的"关系之美"，而是有意识地显露作品与现实新的"多样的连接"，对人类一切交流媒介的多义性加以反讽性思索，不仅打破艺术与非艺术的边界，而且毁弃实用物体的价值等级和分类准则，以此剥夺人们习以为常的理性基础，沉溺于挑战艺术"常识"的嬉戏之中。沃纳·霍夫曼（Wermer Hofmann）对19世纪与20世纪之交的艺术做了这样的概括：

> 我们从预先形成的关于创造过程和创作技巧的观念中解放出来，这种自由引导我们越过单个艺术种类之间的边界，从绘画以至于雕塑，从画面艺术以至于编辑排版、拼贴画、摄影和摄影剪辑，从抽象艺术以至于画在长长的画卷上的绘画作品，从画卷作品以至于电影，以至于浮雕，以至于拾到的东西（objet trouvé），以至于现成艺术品。当艺术之间的界限变得不那么清晰，画家转向诗歌，诗人也转向绘画。每个地方都反映出界限的毁灭，安全阀一下子打开了……②

至于戏剧本身就属于多模态符号整合，但是，这种整合仍然要求各种模态的符号相互协调，要求符号背后的言语行为与行为语言的张力关系，即诸模态符号的风格特征相互适应。艺术从源头上就是多模态符号的结合。古希腊悲剧就有唱诗队，戏剧表演集语言符号、身体符号、音乐符号于一体。中国古代也是诗、乐、舞一体的。艺术是从原始仪式中逃逸和流亡出来的，它天然地具有多模态融合的特征，只是在后世逐渐分化和专门化。数字时代的来临，则为艺术的多模态符号重新整合提供了良好条件。

---

① 〔德〕沃纳·霍夫曼：《现代艺术的激变》，第136页。
② 〔德〕沃纳·霍夫曼：《现代艺术的激变》，第160页。

第五章　符号结构与感觉重构

在第二章中,我们曾专门阐述了符号建模系统,并且认为所有符号都是由行为建模与语言建模共同建构的,因此,最终都可以由这两者的关系结构加以解释。只有深入了解这三种不同类型的符号系统,特别是言语行为和行为语言的施行方式、性质和功能,以及相互关系,才能对文学艺术做出合理解释。本章将从符号系统张力结构以及惯例的变化出发来阐述文学艺术的嬗变,以及对人的感官感觉的塑造。

第一节　符号·仪式·文学艺术

一、符号活动及其惯例

人与世界的关系模式存在三个序列:行为建模、语言建模及其他符号建模。与此相应,人类具有三种类型的符号活动:行为语言、言语行为,以及其他符号活动。三种不同类型的符号具有不同的施行方式和特性:言语行为构建了人与世界的"对象性关系",这种二元关系可以通过观察、分析、认识来把握世界,人类精神和理性就建于其基础上;行为语言则构建"非对象性关系",这种一元关系只能借助于体验、直觉、悟解来把握世界,构建无意识经验,塑造身体,且直接体现着生命形式和情感形式;由于其他符号是由行为建模与语言建模共同构建的,因此兼有相反相成的性质,并且最终可以用言语行为与行为语言的张力关系予以解释。人的感觉、感受背后就潜藏着符号建模过程,并运用各种类型的符号来把握世界,以及构建文学艺术的可能世界。

各类符号活动都在不同程度上依赖文化惯例(社会规约),否则,符号就丧失社会交流功能。这种惯例并非有明确条文规定的规则,而是在符号实践过程中形成的范例。在文学艺术活动中,符号惯例虽然在源头上与生活实践分不开,却直接借鉴自艺术圈公认的文学艺术典范构成的范例。每个文学家、艺术家都以自己的方式来理解典范,择取和分享惯例,并与惯例构成张力关系,由此来继承文学艺术传统。当文学家、艺术家以独特的方式来挑战既成惯例,改造惯例,以致造成某种断裂,进而获得部分文学家、艺术家的承认,形成新的文学艺术共同体,逐步更新了符号惯例,一种新的文学艺术风格和流派就诞生了。但是,当文化惯例的更新不仅涉及作品风格,而是针对文学艺术的基本观念和制度,也就是说,这种改变不是停留于符号惯例层面,而是深入符号背后的言语行为,通过宣示行为来再造文学艺术观念和制度,变更言语行为范式,调整言语行为与行为语言的张力结构,改变感觉、感受背后的"建模"方式,它将转移人的注意力,重构人的感觉配置,重塑人的感官,制造文学艺术发展过程中的重大事件。

二、艺术与仪式

在《古代艺术与仪式》中,简·艾伦·哈里森(Jane Ellen Harrison)指出:

> 艺术源于一种为艺术和仪式所共有的冲动,即通过表演、造型、行为、装饰等手段,展现那些真切的激情和渴望。表现俄西里斯的艺术和仪式,植根于同一种人所共有的强烈愿望,即大自然的生命力必将死而复生。正是这种共同的情感因素导致艺术和仪式在一开始的时候浑融不分。两者在一开始都涉及对一种行为的再现,但是,并非为了再现而再现,只有当激情渐渐冷却并被人们淡忘,再现本身才变成目的,艺术才变成了单纯的模仿。

哈里森追溯了艺术与仪式的共同根源,认为它们都源自渴盼生命死而复生的强烈愿望,两者有一种"浑然不分"的共生关系。这也就说明:艺术不但与仪式有共同根源,而且艺术本身就从属于仪式,是仪式的有机组成部分。正因如此,在对仪式做了具体分析之后,哈里森进而提出:"艺术并非直接源于生活本身,而是源于人类群体对于生活需求和欲望的集体诉求活动,即所谓仪式。"①

原始仪式在最初的人类智慧和文化发生过程中享有极为关键的重要地

---

① 〔英〕简·艾伦·哈里森:《古代艺术与仪式》,刘宗迪译,北京,生活·读书·新知三联书店,2008年,第13、134页。

位。王小盾对大量的考古和文献材料做了深入研究。他认为,上古人类是以仪式活动作为中心的,这种仪式化、制度化的行为极大地影响着人类,滋养着人的智慧和各种其他活动。"那些早期智慧的成果,都可以说是巫师的贡献。比如神话,是巫师在仪式上的讲述;早期的天文学,是巫师所主持的交通神灵等活动的结晶;采用各种花纹装饰起来的彩陶器和青铜器,是巫师和祭司在仪式上的道具——道具上的各种符号也是巫师们创造出来的。"①

《吕氏春秋·古乐》记载:

> 昔古朱襄氏之治天下也,多风而阳气蓄积,万物散解,果实不成,故士达作为五弦瑟,以来阴气,以定众生。昔葛天氏之乐,三人操牛尾,投足以歌八阕:一曰《载民》,二曰《玄鸟》,三曰《遂草木》,四曰《奋五谷》,五曰《敬天常》,六曰《建帝功》,七曰《依地德》,八曰《总禽兽之极》。
>
> 昔黄帝令伶伦作为律……黄帝又命伶伦与荣将铸十二钟,以和五音,以施《音韶》。以仲春之月,乙卯之日,日在奎,始奏之,命之曰《咸池》。②

上述种种都讲述了诗、乐、歌、舞是用于仪式活动,以此来沟通神人,调和天地阴阳,而且它们可以统称为"乐"。《礼记·乐记》说:"故听其《雅》、《颂》之声,志意得广焉。执其干戚,习其俯仰诎伸,容貌得庄焉。行其缀兆,要其节奏,行列得正焉,进退得齐焉。故乐者,天地之命,中和之纪,人情之所不能免也。"③所谓"乐"并非仅指现代意义的"音乐",而是同时包含着诗、乐、歌、舞,并含有"使天地相和""使人(神)愉悦而有所得(德)"之义。至于精致的纹饰图像则主要出现在仪式所用的礼器上。因此,我们今天所谓的文学艺术原本就围绕着仪式活动紧密结合在一起,是多模态的符号相互共存的,与人类生存活动密切相关,有着明确的功利目的性。"共情""移情"则是其主要特征,即行为语言占据着主导地位,使仪式参与者全身心投入其中,融而为一。所以,《礼记·乐记》说:"乐者为同,礼者为异。同则相亲,异则相敬。乐胜则流,礼胜则离。"④

如果我们进一步追问,仪式又是如何建构的,其根据何在? 那么,就不

---

① 王小盾:《经典之前的中国智慧》,北京,北京大学出版社,2016年,第354~356页。
② (汉)高诱注,(清)毕沅校《吕氏春秋》,上海,上海古籍出版社,2014年,第101~103页。
③ 胡平生、张萌译注:《礼记》,第758页。
④ 胡平生、张萌译注:《礼记》,第720页。

得不回到人类符号建模活动。人类文化活动本身就是象征符号活动,而所有的符号都建立在言语行为与行为语言这两种原生性符号系统的基础上,是双方相互协作的成果,因此,最终都可以用这两者间的张力关系加以说明。一方面,行为语言强势贯通并融合了人与世界,把人的生命结构赋予世界;另一方面,言语行为却将人与世界相区分,把世界设立为人之意识对象。由于双重建模的协同作用,对象世界已然成为拟人化、生命化的世界,对象也因享有生命性且具有神秘力量而转化为至高无上的"神灵"。这就是万物为神的泛神论世界。仪式就是人类为了自身生存,祈求和利用神灵而建立的特定行为程式,吟诵歌舞则是对神灵的敬献和企盼,是不同类型的符号建构、共生及整合。只不过这些符号活动还是原始仪式的有机组成部分,是全体成员共同参与体验的集体活动,并没有从中分化出"观赏者"而成为现代意义的文学艺术。

在《艺术社会史》中,阿诺尔德·豪泽尔(Arnold Hauser)又进一步对巫术与礼仪做出区分,对旧石器时代的自然主义映像与新石器时代几何图形风格做了比较分析。他认为,旧石器时代还处于巫术观念笼罩之下,人们尚未萌生神的观念,艺术与现实的界限是模糊的,映像就是现实对象,是施展魔术的手段,巫术对映像的操控,就是运用魔力对现实对象本身的操控,两者是同一的。这也要求艺术风格是自然主义的,需要有熟练技巧的巫师来制作,模仿过程本身就具有巫术功能。新石器时代,农耕和畜牧替代了狩猎,分散的人群改变了群龙无首的状态,集聚为更加集中的、受统一领导的社群,泛灵论成为主导性世界观,礼拜和祭祀取代了巫术和魔术,映像逐渐演变为象征图像,风格则趋向于形式化、抽象化。

> 巫术的世界观是一元的,在它看来,现实世界的万事万物全都密切相连,是一个无间隙、无跳跃的连续体;泛灵论是一种二元世界观,它把知识和信仰纳入一个由两个世界构成的体系。巫术具有感觉论倾向,着眼于具体事物;泛灵论具有二元论倾向,喜欢抽象思维。前者关注此岸,后者关注彼岸。正因如此,旧石器时代的艺术模仿生活和现实,新石器时代的艺术则塑造出一个经过风格化和理想化并且和经验现实相对立的超验世界。①

---

① 〔匈〕阿诺尔德·豪泽尔:《艺术社会史》,黄燎宇译,北京,商务印书馆,2020年,第11页。

豪泽尔很好地从人类生存状态变化的角度来阐释原始艺术的演变,但是,假如结合符号系统二维张力结构的变化,便可以更明晰地看到背后隐含的要素。巫术是人类早期的智慧。语言的产生才刚刚破除了混沌蒙昧,开启了人类意识。但是,在符号活动整体结构中,由于行为建模仍然占据着压倒性地位,人也就难以从一元关系中摆脱出来,他尚未从混沌的世界中完全超越出来,更未享有由语言构建的形而上世界,未能真正享有精神生活,万事万物依旧是相连相缠、相互感应的。这还只是个巫术世界。只有当经验不断累积,社群逐步扩大,越来越强调语言交流的重要性,语言在使用中愈益增强其规约性、抽象性及相对独立性,这才逐步夺取了应有的权力。语言的相对独立性,使其具备了超越现实、构建形而上世界的能力。于是,不仅人与物、物与物被明晰区分,经验世界与超验世界、看得见的世界与看不见的精灵世界、肉体与灵魂也发生分裂。前者是身体可直接经验的,后者则主要是由语言对经验重构,只能通过想象来体验。尽管行为建模将人自身的影像投射给了现实对象,并赋予对象以生命性,却已经无力彻底弥合双方的间距,只能由语言建模把它设立为藏匿在现实对象身后、高高在上的神灵。这就是泛神论的世界,一个既朝夕相处、近在咫尺,又具有神秘力量、难以企及的神灵的世界,一个需要祭拜仪式才能支撑生存信心的世界。与此同时,语言还将具体映像加以概括、抽象、再造,使"艺术"趋向于观念化、风格化、普遍化。

三、仪式式微与文学艺术的流亡、散逸

维谢洛夫斯基(Alexander Veselovsk)指出:原始诗歌的特征是"混合性",它被运用于仪式和祭拜活动。他说,"我把这种混合艺术理解为有节奏的舞蹈动作同歌曲音乐和语言因素的结合"[1],并认为,其中的语词只起辅助作用,主要是节拍和旋律的载体,是呼喊和情绪的表达,缺乏内涵意义。随着人的精神和物质需求日益复杂,也就促进了表达内容因素所需的语言的发展,于是,才逐步孕育出诗歌。只有在这种条件下,原先用于仪式操演的神话,也开始以话语方式成为对神灵的礼赞,并愈益占据重要地位。

语言是区分,是抽象。自从人类享有了语言,他就再也无法停止自己的理性化脚步。随着言语行为在原生性符号二维结构中日趋强势,也就势必推动人类不断地区分世界和认识世界,使原本浑融的世界日渐澄明,人类理

---

[1] 〔俄〕维谢洛夫斯基:《历史诗学》,刘宁译,天津,百花文艺出版社,2003年,第264页。

性日益健全,物我一体的融贯状态遭逢崩溃瓦解。人与世界的分裂、人对世界的认知又渐次破解了神秘,驱逐了神灵。神灵开始从物的世界中撤离,遁入一个遥不可及、不可知的世界,一个由语言构建的形而上世界。这就是"世界的祛魅",也是原始仪式消亡和宗教诞生的根本原因。于是,仪式中的吟诵歌舞因其激发情感的娱人作用而流落民间,它们不再仅仅被奉献给神灵,而主要成为人类自己观赏、享乐的艺术。① 失去仪式的支撑,各种艺术类型间的维系纽带也就注定断裂了,文学艺术相互交融的关系也分崩离析。纹饰图像由于依附在独立的物质载体上,并依赖于偏重理性的视觉,势必最容易从仪式中分离出来。

柏拉图对待文学艺术的矛盾态度,就缘于他处身仪式逐步解体的理性化时期。对于作为仪式有机部分的文学艺术,柏拉图十分推崇,认为诗人可以借此进入迷狂状态而与神灵相沟通,并因此把握真理。可是,对于沦为娱乐观众的东西,他又认为文学艺术是蹩脚的模仿,应该驱逐出理想国。柏拉图自相矛盾的二元态度,正显现了文学艺术逐渐脱离仪式而进入民间娱乐的漫长的过渡性阶段。

在分析语言对视觉文化的影响时,麦克卢汉说:

> 柏拉图(而不是亚里士多德)所谓的模仿(mimesis)是视觉方式从听觉-触觉互动的感官罗网中分离出来时,必然要产生的结果。这一过程是在有声语言教育的经验中产生的。正是它把"神圣的"即宇宙的时空世界托举起来,使之上升到非部落化或"世俗"的世界之中。②

仪式活动取决于各种感官感觉的协同和融合,以使参与者如痴如醉地深度参与;而语言教育则扩大了人与世界的间距,使视觉的作用凸显出来而与其他各种感官感觉相分离,使世界成为人的感知对象和模仿对象,进而促成了人的理性化,这就导致仪式衰落和文学艺术流入民间。

在《日知录》中,顾炎武说:"歌者为诗,击者、拊者、吹者为器,合而言之谓'乐'。对诗而言,则所谓'乐'者,八音'兴于诗,立于礼,成于乐'是也,分诗与乐言之也。专举乐,则诗在其中,'吾自卫反鲁,然后乐正,《雅》、《颂》

---

① 在民间祠堂里往往建有戏台,举行祭祀时演出戏剧原本是对祖先和神的祭献,以后才逐步演变为大众娱乐。参见王国维:《宋元戏曲史》,上海,上海古籍出版社,1998年。闻一多:《神话与诗》,北京,中华书局,1959年。

② 〔加〕埃里克·麦克卢汉著,〔加〕弗兰克·秦格龙编:《麦克卢汉精粹》,第218页。

各得其所'是也,合诗与乐言之也。"又说:"《诗》三百篇,皆可以被之音而为乐。自汉以下,乃以其所赋五言之属为徒诗,而其协于音者则谓之'乐府'。宋以下,则其所谓'乐府'者,亦但拟其辞,而与徒诗无别。于是乎诗之与乐判然为二,不特乐亡,而诗亦亡。"①

　　在古代,诗、歌、乐、舞是共生的,它们都围绕着礼仪活动展开。孔子正处在"礼崩乐坏"的年代,周王权衰落,王纲解纽,仪式式微,采诗制度失去了重要性,诗歌乐舞也就散逸了,所以孟子说:"王者之迹熄而诗亡。"所谓孔子"删诗",一方面收集、保存了散逸的诗歌,另一方面又为诗与歌的分裂埋下伏笔。尽管《诗经》仍然可以被之以音乐,以正其声,弦歌传唱,而历时久远的书面化流传却不能不令诗歌逐渐遗忘音乐。"诗亡然后春秋作"②正意味着:诗歌随仪式废弛而衰落,于是,记载并规范行为的历史著作也就窃取了诗的重要位置。书面文化的兴起,更贬低依赖口头传唱的诗歌的地位,导致散文化的《春秋》诞生。可以说,散文化的历史取代诗歌地位的过程,彰显了人类对自身行为反思能力的增强,以及理性能力的增强。③ 及至汉代发明纸张,唐代以诗取仕和宋代出现印刷术,书写文化、印刷文化日益蔓延、流行,物质化的文字成为一种重要的、间接的交流媒介,压倒性地逐步取代口耳相传的口头传播,诗才终于从诗歌乐舞一体中渐次独立出来而成为"徒诗",由"唱"改为"吟"。一种特殊的艺术接受方式"阅—读",也从文字的实用性中挣脱出来,并在艺术感知中日益突显其重要性。④ 诗作为敬献辞,在仪式中已经逐步取得重要地位,并成为诗乐歌舞的核心和灵魂,诗的离去,也就导致歌、乐、舞相互分裂。

　　虽然在民间文化中各类艺术仍然相互纠缠,这种分离状况主要局限于雅文化中,因为文字仅为少数文士所占有,但是,由于长时段的流传主要依赖于文字,因此,对文学艺术的走向构成了巨大影响。在这一文化变迁背

① (清)顾炎武著,(清)黄汝成集释:《日知录集释》,北京,中华书局,2020 年,第 263~264、261~262 页。

② 杨伯峻:《孟子译注》,第 177 页。

③ 《孟子·滕文公章句下》:"世衰道微,邪说暴行有作,臣弑其君者有之,子弑其父者有之。孔子惧,作春秋。春秋,天子之事也;是故孔子曰:'知我者其惟春秋乎! 罪我者其惟春秋乎!'""孔子成春秋而乱臣贼子惧。"(杨伯峻:《孟子译注》,第 141~142 页。)"史鉴"观念是以理性反思能力为前提的。

④ 《晋书·文苑》记述了左思作《三都赋》所引起的社会反响:"豪贵之家竞相传写,洛阳为之纸贵。"[(唐)房玄龄等撰:《晋书》(第八册),中华书局,1974 年,第 2377 页。]可见,在西晋,文字书写对文学传播的重要性。宋朝印刷文化的繁荣又为市民文学,特别是后来的小说叙事的兴起奠定了基础。

后,又潜隐着文字对人类理性的助长。书写文化的繁荣加速了人的理性化进程。

四、书面化、理性化与文学艺术蜕变

在讨论人类理性发展过程的问题时,让-皮埃尔·韦尔南(Jean-Pierre Vernant)指出语言从口头向书写转变的重要性。他认为,在口头文明中,诗歌作为一种有节奏、能伴舞的歌唱,占据着智力舞台的前台。"这一口头体系建立在某一种同情活动的基础上,它使听众像中魔一样被诗行流露出的激情所打动。"散文的出现是一个重大改变,它意味着从口头歌唱到文字作品的转化。这是个根本性转变。文字书写不仅开创了话语逻辑的一种新方式,还开创了作者与公众交流的新方式。文字作品是可以反复阅读的,在某种程度上会激发批判性思索。

> 作品不再是叙述(narrations),而是陈述(exposés),它有一个自诩为解释性的形式,然而却是以一种与诗歌的方式截然不同的方式。由此,人们不是把纯粹的混沌放在起源,不是让一个强加秩序的至高无上者在这一混沌中诞生,而是探索事物的本原都是些什么,或者作为一切之基础的那个本原(principe)是什么。①

如果说,口头文明因其发声行为的二重性而仍然沾染着身体行为的某些特性,并与行为语言维持着交缠的暧昧关系,那么,文字书写则因其独立性,彻底清洗了发声行为残留的特征。文字以其物质性、间接性、经久性,以及严格的线性连续性,改变了口头语言的直接性、现场性和倏忽即逝的特征,强化了语言的独立性,有效拉开人与语言的间距,人与自我思想的间距,人与语言所构建的世界的间距,以使批判性反思和逻辑推理有了可能。在此过程中,以共情为基础的神话叙述日渐衰微,一种趋向于客观化的全新的陈述诞生了,人类理性及具有自我同一性、主体性的个人成长了,叙事也因往昔神圣性的消退而蒙上人世尘埃。理性化过程势必导致人类活动领域的细分,导致学科畛域的界定,也导致不同艺术类型的划分和感官感觉的分工。尽管如此,文学艺术仍然与宗教保持着又即又离的关系。

---

① 〔法〕让-皮埃尔·韦尔南:《理性,希腊理念》,载《神话与政治之间》,余中先译,北京,生活·读书·新知三联书店,2001 年,第 240~241 页。

在《讲故事的人》中,本雅明曾从另一个角度讨论了口头语言和书面语言对文学形式及感受方式的不同影响。他认为,故事依赖于口头传播经验、听众的直接在场及"忘我"的精神状态;而小说则只是印刷发明以后的产物,无论作者还是读者都是"孤独的个人"。

> 讲故事的人所讲述的取自经验——亲身经验或别人转述的经验,他又使之成为听他的故事的人的经验。小说家把自己孤立于别人。小说的诞生地是孤独的个人——是不再能举几例自己所最关心的事情,告诉别人自己所经验的,自己得不到别人的忠告,也不能向别人提出忠告的孤独的个人。写一部小说的意思就是通过表现人的生活把深广不可量度的带向极致。小说在生活的丰富性中,通过表现这种丰富性,去证明人生的深刻的困惑。①

本雅明所说的"经验"就源于以行为为主导的建模活动,这种经验只能通过面对面的口耳相传,并且应该在"忘我"状态中达成共鸣。语言的书面化则强化了语言自身的独立性,强化了人的反思性和理性,也割裂了人与人、人与事之间的直接关联,造就了孤独的个人,造就了一个独立的理性主体。这一理性个体不再盲目地投身于故事所传授的经验之中且引发共鸣,而是热衷于反思自我,寻找生活的意义,从而在丰富的生活中揭示出人生的深刻困惑。显然,书面语言的流行推动了人类理性化进程,也必然引起文学形式和感受方式的变化。

麦克卢汉曾经引用约翰·威尔逊(John Wilson)亲身经历的一件事:卫生检查官拍了一部短片教育非洲原始村落讲究卫生。影片用慢镜头拍摄了如何填平水凼、清理垃圾、消灭蚊子的过程。可是,当威尔逊询问土著观影者看见些什么时,他们却回答:"看见了一只鸡。"他们没有看到整个画面,没有看到主要事件的过程,却注意到角落里的一只鸡,一只闪现了一秒钟的鸡。他们的观察就像电视摄像机的扫描,很快就扫一遍,却不会总览整个画面的框架。据此,麦克卢汉分析说:

> 识文断字的能力使人能够在形象的前面聚焦。所以我们能够将整个形象或画面一览无余。非文字的民族没有养成这种习惯,他们看客

---

① 〔德〕本雅明:《讲故事的人》,载陈永国、马海良编:《本雅明文选》,第295页。

体的方式与我们不同……他们没有与客体拉开距离的观点,他们完全与客体浑然一体。他们很强烈地融进去。眼睛也用,但不是用来透视,而是仿佛用来触摸。欧几里得空间在很大程度上要依靠视觉和触觉、声觉的分离,他们没有欧几里得空间的生活经历。①

在麦克卢汉看来,人类感官原本是相互作用下的触觉和谐,而视觉的世界是一个相当冷静、中性和理性的世界。拼音文字因具有很大程度的抽象性,它从原先相互浑融的各种感官感觉中把视觉剥离出来,突出了视觉,造成了视觉与听觉、触觉的分裂,使人享有了纵深感,并能够从整体上把握画面。因此,他认为,感官彼此剥离,它们在触觉通感中的互动关系被切断,高强度的具身参与被取消,这很可能是谷登堡技术的影响。

可以说,拼音文字以其抽象性改变了言语行为与行为语言间的张力关系,增强了人的理性,重塑了人的感官,分离并廓清了浑融的通感,将人的视觉纳入新的组织方式和框架之中。就如卡尔·波普尔(Karl Popper)所强调的,"每一次观察都是我们向自然提出一个问题的结果,每个问题都暗含了一个试验性的假说。我们寻找某些东西是因为假说使我们期待某些结果,看它是否符合假说"②。观察电影画面的整体框架、欧几里得空间及三维透视就是人类理性建立的一种"假说",缺失这一假说,人就无法掌握整体性观察方式。

人类理性的诞生扼杀了种种神灵,扩大了主体与对象间的裂隙,却无法抹去人类自身的无意识经验,无法抹去行为语言记忆,无法祛除贯通、融合人与世界的凝聚力量。只不过它们不再作为仪式活动的基础,而成为文学艺术活动的必要条件,并在理性的照耀下日渐丧失了神圣性。恰恰是潜藏在无意识深处的行为语言记忆,蓄积着最深刻的生存经验;也正是行为语言所具有的融贯人与世界的聚合力,赋予文学艺术如痴如醉的无限魅力,以及无法言说的深长韵味。言语行为与行为语言深度协作,开创了一个想象的世界,正是在这里蓬勃着人类深沉、古老而又鲜活的经验。

在文学艺术活动中,言语行为与行为语言的深度融合所形成的张力关系,使创作者或欣赏者与审美世界之关系总是处于不即不离、又即又离的张力关系和过渡状态。在对艺术活动的分析中,梅洛-庞蒂曾力图弥合观看与

---

① 〔加〕埃里克·麦克卢汉著,〔加〕弗兰克·秦格龙编:《麦克卢汉精粹》,第199~201页。
② 〔英〕冈布里奇:《艺术与幻觉——绘画再现的心理研究》,第297~298页。

被观看、把握与被把握、记载与被记载、主体与客体的分裂状态,他将主动性与被动性视为浑然一体、无法区分的共在,把创作视为"任由存在"(sein lassen),或者是"空窍"自行敞开,是我们与世界的肉身相遇,突出艺术的肉身性,以此克服二元对立。究其实,梅洛-庞蒂始终没有真正跳出主客二元论的陷阱。人与艺术世界之关系是极其复杂多变的,双方既是二元的,又是一元的,时时刻刻处于张力关系和过渡状态。在文学艺术活动,乃至所有审美活动中,只要我们能够意识到符号活动的独特性,意识到在所有符号背后都潜隐着行为语言与言语行为,双方相互博弈、深度融合,这种复杂关系也就得到了阐释。

第二节　语言、符号的虚拟意指与审美隔离机制

一、虚拟意指与审美隔离机制

在万物为神的世界中,言语意指指向了神、物合一之对象,而在神、物关系解体之后,言语意指则发生了分裂:其一,指向现实的物质世界;其二,指向不可知之神灵,并且由于吟诵歌舞最终与仪式相分离而失却神灵的依托,言语意向也就不得不指向虚无。这就是文学艺术活动中具有独特意指的言语行为。言语的意指意向终于发生了分化。因此,文学艺术并非"说假话",它并没有做真假判断,只不过其言语意向不再指涉现实对象,而是指向虚无,指向一个虚拟世界,由此诞生了言语的虚拟意指,一个瑞恰兹(I. A. Richards)所说的"非指称性伪陈述"(nonreferential pseudo-statement)。语言的这一向度为人类构建了一个非现实的生存维度,一个精神得以安顿、灵魂受到庇佑的家园。

在日常活动中,人们运用语言与他人、他物打交道,言语意指也就必然纠缠于人和物,这势必难以避免功利目的性以及社会规训。"社会性的存在意味着,我们必须考虑这样的现实,即这个游戏的严肃性和规训一直是凌驾于现实之上的。"①特别是语言在构建人际关系时,总是自觉不自觉地将权力带入其中,以命令、祈求、告诫、规劝、承诺等语力来构建利害关系。可是,一旦言语意指虚无,其功利性就失去效用,失去目标,无所附丽,不得不注销言语意指本身的功利性。因此,在人与作品世界之间,言语的虚拟意指行为

① 〔德〕格诺特·柏梅:《感知学:普通感知理论的美学讲稿》,第183页。

本身就是无关功利性的。①

约翰·塞尔对虚构话语的逻辑状态做了很好的分析。他认为,日常话语中的断言,需要符合语义学和语用学规则,即遵循真实性和真诚性规则,这些规则构成话语与现实世界的纵向关联。虚构话语则不同。虚构话语虽然需要遵循横向惯例,即语言内部的组织惯例,却中止了话语与现实相关联的纵向规则,即真实性和真诚性,解除了话语与客观世界的直接关联。"虚构话语构建一部虚构作品是由于存在一套惯例而成为可能,这些惯例悬置了联系言外行为与客观世界关系的规则的正常运作。"②言语的意指性也就是语言使用者(创作者或欣赏者)的意识意向性。从言语的虚拟意指来看,由于它放弃了人与现实世界的关联,又遗失了人与神灵世界的关联,重建了人与虚构世界的联系,其现实的功利性、目的性也因此丧失殆尽。可是,从虚构话语构建一个虚构世界来看,它又必须遵从既成的横向惯例,否则,话语就会失去结构功能和交流功能,丧失可理解性。而这些惯例本身是在漫长的社会交流过程中塑造成型的,反映着现实社会的权力关系。因而,虚构话语本身就体现着双重性:对于语言使用者来说,它指涉一个非现实的虚构世界,也因此失去了现实的功利目的性;而话语自身的惯例却早已被权力所玷污,沾染了功利色彩,展露了话语背后的权力关系。虚构话语的双重性也决定着文学艺术与现实的双重关系:文学艺术本身并没有直接的功利性,但是,构成它的话语惯例却折射出现实的权力关系,折射出现实社会的不平等,因此,又隐含着对现实的间接评判。

"语言通过其词汇、语法、句式以及冻结在其中的整个精神,决定了我们如何去体验,以及哪些经验能够进入我们的觉知。"③当语言发展出虚拟意指行为,也就为人构建了一个虚构世界,一个马尔库塞所说的"异在世界",一个现实压抑被撤销、无意识经验得以充分涌现的世界,一个深层次行为语言记忆复苏的世界。于是,言语行为与行为语言交相生发、深度融合,自由想象的审美世界诞生了。一方面,言语行为以其意指区分了现实世界与虚构世界,展开了一个形而上的精神空间;另一方面,深层次的行为语言记忆因获得释放而融贯了人与虚构世界,令人不能不醉身于这个虚构世界。这

① 在此,我们所说的虚构话语不同于假话。虚构话语只是放弃了现实维度,不再指涉现实对象,而假话却仍然指涉现实,它有意识地以扭曲的方式来指涉现实、构建现实,以此达到欺骗他人的目的。

② John R. Searle. *Expression and Meaning: Studies in the Theory of Speech Acts*, p. 67.

③ 〔美〕弗洛姆、〔日〕铃木大拙、〔美〕马蒂诺:《禅宗与精神分析》,第122页。

是人的无意识经验充分敞开的境界，是渗透着最原初、最深刻的生存经验的境界，是人体验自身解放和自由的境界，是人的肉身亲临其境的状态，也是庄子之所谓"游心于淡"的精神状态。正如梅洛-庞蒂所说：

> 当我们创作出（inventer）一段旋律，就好像是旋律自己在我们身上唱响，而不是由我们在把它唱出来；它从歌者的喉咙流泻而出，就像普鲁斯特写的那样……身体似乎系于歌声之上，那旋律在他身上获得了生命，令他成为一种仆人般的存在。[1]

这不仅是人类感觉的重大更新，也是心灵的重大提升。

符号意指是与其背后的言语意指密切相关的。[2] 正是语言的区分功能，语言意指的分化及虚拟意向的产生，使审美无功利性、文学艺术独立性成为可能。当言语虚拟意指解除了人与现实的关联而指向一个虚构世界，功利目的性也就无所附丽，审美隔离机制就形成了。在现代化进程中，当社会分工和商品交换成为一种普遍的生活形态，强调审美无功利性和文学艺术独立性，也就不仅成为文学家、艺术家摆脱宗教和贵族附庸地位的有力口号，而且为他们提供了一种谋求自保自重的生存策略，一种"自我救赎的修辞"，试图挽救自己的"神圣"地位，以此来保证他们"永久的文化特权"，言语虚拟意指的无功利特征也得到了片面强调。于是，文学艺术趁机谋取了独立身份，审美与日常态度终于发生了分裂，审美世界成为一块独立的精神飞地。直至后现代思想来临，学者们将目光转向语言、符号的具体用法，转向语言、符号所遵循的文化惯例，虚构话语与权力的复杂关联才重新显露出来。新历史主义、后殖民理论、女性主义和文化批评就抓住文化惯例来展开批判，从中揭示出篡改、扭曲、操纵惯例的隐蔽权力。

其实，现代主义强调文学艺术独立性与后现代主义强调历史性之间的

---

[1] 〔法〕莫罗·卡波内：《图像的肉身：在绘画与电影之间》，曲晓蕊译，上海，华东师范大学出版社，2016年，第164页。

[2] 符号意指与言语意指密切相关，但又有其复杂性。正如我们所说，任何符号都由行为建模与语言建模协同建构，因此，其意指意向与两者相关。行为语言的趋向性随外来刺激的变化而改变，与刺激的新颖性、陌生化（即新刺激）密切关联，可是，一旦它贯通双方，融为一体，也就取消了趋向性。行为语言的趋向性也必然影响着言语行为的意指意向。但是，从符号意指来说，最终取决于言语意指。因为言语意指即语言使用者的意识意向，而人的意识意向又与符号意指相统一，所以，言语意指、意识意向、符号意指有着内在统一性。"本质上，意向性的范畴是关乎言语行为的语义范畴。"（Wiffrid Sellars. *Empiricism and the Philosophy of Mind*, p. 94.）为表述方便，我们省略了行为语言的相关性。

抵牾,就起因于理论双方着眼点不同:现代主义强调文学艺术独立性、无功利性,所着眼的是符号所构建的独特世界,强调符号为文学艺术活动的参与者提供了一个区别于现实的虚构世界,由此使参与者摆脱了现实关系,赢得了心灵的解放和自由;而后现代主义否定文学艺术独立性,强调意识形态性,它所着眼的则是文学艺术符号本身的具体用法,也就是文化惯例,因为符号之所谓符号,就必须遵循文化惯例,而惯例就来自社会实践,受到权力的扭曲和意识形态污染。双方所说并非同一对象,各有理据,不能相互否定。随着后现代致力于弥合艺术与日常生活之间的界限,符号惯例也就愈益扩张了自己的势力。

二、审美独立与感觉解放

席勒十分推崇审美教育。他痛感于社会等级和分工所带来的人性分裂:人被束缚于整体中一个孤零零的断片上,自己也成为断片了,并因此造成感性与理性、自然与自由、多样性与普遍性之间的分裂。席勒认为,唯有借助于文学艺术的审美教育,人才能重新弥合种种分裂,恢复人性的完整性。

对席勒的美学观,沃尔夫冈·韦尔施(Wolfgang Welsch)提出了严厉批判。他将席勒的美学思想指斥为"反感性的独断主义""剔除了世界的独断主义"和"审美独断主义",并认为,其背后的系统错误是对审美需要的误解。这种美学"没有发展认识和解放感觉的策略,而是发展了控制感觉、消灭感觉和严格管理感觉的策略。这是传统美学最内在的悖论"[1]。其实,是韦尔施误读了席勒。在席勒美学思想中,人类感性被放在极其重要的地位。席勒认为,对于人类总体而言,感性是"先于"理性而存在的,我们应该"给予自然以决定性的最后发言权"[2]。然而,在现实社会中理性对人的企望过高,它褫夺了人身上的动物性,这等于在法则之前撤掉了人脚下的自然阶梯。因此,艺术作为自由的女儿,就必须摆脱现实,越出需要,在"游戏冲动"中,将"感性冲动"与"形式冲动"结合在一起,席勒称此为审美心境的"零状态",同时又是"最高的实在状态"。席勒所谓的"零状态",即感性与理性尚未分裂的原初状态,也就是"感性在先"的状态。在此状态中,理性不再是凌驾于感性之上的权威力量,而成为服务于自然感性的理性智慧。"只有当他的形

---

[1] 〔德〕沃尔夫冈·韦尔施:《重构美学》,陆扬、张岩冰译,上海,上海译文出版社,2002年,第90页。

[2] 〔德〕席勒:《美育书简》,徐恒醇译,北京,中国文联出版社,1984年,第47页。

式活在我们的感觉里,他的生命在我们的知性中取得形式时,他才是活的形象。"①因而审美心境的"零状态",又必定是"最高的实在状态"。

在日常生活中,人是不可能处于"零状态"的,他必须"摆脱现实",进入彼岸的虚构世界。这是一个"无规定性"的世界,又是"无限规定可能性"的世界。在这里,虚构话语构建着一个虚构的可能世界,描述着虚构人物,赋予这个世界以某种形式,而行为语言记忆却因此获得了释放,它将丰沛的无意识经验投注于这个虚构世界,注入虚构人物,使形象成为凝聚着湿漉漉的生存经验、洋溢着自然的生命感的"活的形象"。席勒所说的"零状态"正是行为语言优先,而言语行为放弃自己的独断,双方相互平衡、相互交融的状态。

朗西埃则指出"余暇"的重要性:余暇不但让人放空心思,静下心来,卸下企盼和伪装,停止各种算计和投机,而且让人从既定的社会秩序中解脱出来,抹去地位和身份印记,蜕去社会规约的局限,其功能类似于虚构世界。"把人身份悬置起来的这个状态,让人的利欲和层级在感觉中消解,让人的认识和享受不再有特别的限定……人在感觉上的平等可以塑造出一种全新的自由。"②这是感觉的解放和生命的敞开,也是在一个崭新层次上实现感性与理性的自由合作。

生命总是行动着的身体,正是行为语言充分体现着生命自身的自然特征。而行为语言与言语行为的深度协作,则维护了身体与精神、感性与理性、自然与自由的统一。一方面,人通过言语行为来构造一个形式世界,理解和解释这个世界,他无法背弃逻辑和理性;另一方面,人又充分调动了行为语言投身这个世界,体验这个世界,他回归自然的存在状态,回归身体,回归生命本身,并且这种回归又赋予他一个区别于日常状态的立足点,一个开启与世界崭新关系并充分享受生命自由的立足点。当他从生命本身出发来解释世界时,一种深刻的人性批判就生成了,理性也不得不服从于生命而做出自我修正。文学艺术活动体现着席勒所说的"审美教育",体现着马尔库塞所说的"审美解放"和"新感性",促进着感觉的更新和人性的完整完善。

三、审美能力:区隔能力和转换能力

在人类发展过程中,不仅物质世界被不断认识和开发,人的想象力更赋

---

① 〔德〕席勒:《美育书简》,第87页。
② 〔法〕雅克·朗西埃:《美感论:艺术审美体制的世纪场景》,第61页。

予虚拟世界以无比强大的扩张力,它一边在现实世界之外开疆拓土,另一边又不断侵入物质世界的领地,赋予物质世界以虚幻的光环。

当我们将注意力聚焦于某个现实对象,这一对象也就可以从具体环境中突出出来,甚至剥离开来。认知科学称此为"注意瞬脱与心理不应期"。迪昂说:"一旦注意首先集中在前一项信息上,我们便对其他信息视而不见了。"①注意力的这种特点,与言语意指意向是分不开的,它使意识所聚焦的对象与所处现实的功能性环境相脱离,凸显出来,形成叔本华(Arthur Schopenhauer)所说的"孤立"状态。这就促成我们去营造一个虚拟语境来弥补空缺,使对象陷入"互文性"之中,萦绕着虚幻、迷蒙的光晕。我们的无意识潜能因此得以释放,行为语言记忆得以复活,它们既成为展开想象的推动力,又直接参与想象的构建。就如乔纳森·克拉里(Jonathan Crary)所说:"当注意力把一个特定的内容从一个更大范围的认知中隔离出来时,这种分离的活动能够成为一种生产性活动的开端。"②因此,在伍尔夫(Adeline Virginia Woolf)凝视墙上的"斑点"之际,她也就敞开了自由舒展的意识流,联想不由自主地联翩而至,将她带入想象的虚拟世界。

> 自主活动是神经系统的主要特征。内在的神经元活动凌驾于外界刺激之上。因此,我们的脑不会消极地感受环境,而是主动产生自己的随机激活模式……我们的"意识流",也就是那些组成心理世界并在脑中不断出现的文字和图片,其实源自我们一生中受教育和成长过程中形成的数以万计的突触中的随机锋电位。③

在此状态中,个体并没有与外界完全丧失联系,而是改变了关联方式,改变了感受方式:原生性符号系统的二维张力结构发生了改变和倒转,行为语言重新占据了主导性地位,凝视转换为想象及体验。

虚拟世界的扩展力使人的审美能力得到了极大开掘。在日常生活与审美活动之间、日常用品与文学艺术作品之间不必再划出明确的界限,也不必跨越物质疆域,只需要改变人的态度,改变言语意指方式,改变人与对象世界的关联方式和感受方式,就可以在现实世界与虚拟世界之间实现自由转换,把日常的观看转变为自由的艺术观赏。这正是杜尚创造"现成品"《泉》

---

① 〔法〕斯坦尼斯拉斯·迪昂:《脑与意识》,第196页。
② 〔美〕乔纳森·克拉里:《知觉的悬置:注意力、景观与现代文化》,第107页。
③ 〔法〕斯坦尼斯拉斯·迪昂:《脑与意识》,第220~222页。

的奥秘,也是行为艺术的奥秘。同时,预示着"日常生活的审美化"和"审美的日常生活化"。"非艺术的事物可以被人自由看待,这才是艺术的生命所在。"①

因此,除了艺术家需要掌握各种艺术符号独特的性质之外,对于普通人而言,审美能力既是一种区隔能力,又是一种转换能力,是两者的协同作用,并且只有经过必要的审美熏陶和训练,才具备这种可能性。在《论悲剧》中,韦尔南列举了一个惊人事例:公元前 5 世纪,一出讲述米利都陷落的悲剧初次上演,竟引发一场骚乱。由于这场戏剧演出时间距离悲剧真实发生的时间不远,观众被悲剧场面震惊了。他们开始哭叫,妇女们揪扯自己的头发,于是,评审团处罚了演出者。古代希腊人认为,悲剧故事应该"来自一个十分遥远的往昔","虚构从一开始就被设置了",并与观众拉开了距离。"悲剧方式是一种悲怆的方式,它提出关于人的问题,它自我询问——而不是询问当代的事件。"②韦尔南正确地强调艺术欣赏与现实之间的间距,其中,最简便有效的途径是设置时间间距,同现实拉开距离,给观众提供一个自由想象的空间,迫使观众不得不运用自己的想象力来进入艺术世界,并与现实世界相分离。特别是对于尚未将审美与现实生活做出明确区隔的古代希腊人来说,这种时间间距就更为必要,可以瞬间迫使观众进入想象的虚构世界,避免混淆两个不同的世界而引发骚乱。这种区隔能力是需要通过审美实践来培养的。

> 作为取消日常急需且搁置实践目的的普遍化了的能力,作为无实践功能的一种持久的实践倾向和才能,审美配置只有在一种脱离迫切需要的对于世界的体验中,且在本身就有其目的的活动如学校训练或对艺术作品的静观中,才能形成。换句话说,审美配置意味着与世界的距离(戈夫曼提出的"与角色的距离"是这种距离的一个特定维度),这种距离是资产阶级对于世界的体验的根源。③

因此,具备审美能力的感官只能在审美实践中才能塑造成形,并且与言语意指意向的分化密不可分。

审美活动中的区隔能力根源于言语行为对现实世界与虚拟世界的区

---

① 〔法〕雅克·朗西埃:《美感论:艺术审美体制的世纪场景》,第 51 页。
② 〔法〕让-皮埃尔·韦尔南:《论悲剧》,载《神话与政治之间》,第 434~435 页。
③ 〔法〕皮埃尔·布尔迪厄:《区分:判断力的社会批判》,第 89~90 页。

分,是语言意指方式的分化,而转换能力则来自语言意指方式的自由转换,及其与行为语言二维张力结构的变化。在日常活动中,人总是启动现实行为来应对具体处境,尽管这种行为受到无意识经验和意识的双重掌控,但是,行为毕竟是真实行为。但是,在虚构话语的虚拟指涉中,一方面,现实的身体行为因失去真实目标而被中止;另一方面,潜意识经验却受到激发而得以复苏,行为语言记忆被充分激活,它协同言语行为共同构建一个想象的虚构世界,并且由于行为语言记忆不再受到现实的社会规约压制而体验到充分的自由。从这里就可以看到,审美活动与日常活动间的差异:日常活动所启动的是现实世界的真实行为,它得到人的意识(言语行为)的授权,受制于现实活动的目的性及规约性;审美活动所激发的则是虚构世界的行为语言记忆,它复现了深层无意识经验,让欣赏者充分体验审美情境,产生一种身临其境的感受和共鸣,体悟了深刻、纯净的生命感,却并非启动真实行为本身,并且行为语言记忆的充分激发恰恰是以虚拟世界与现实世界的区分及转换为前提。

"言谈可以成为起点,因为它本身就是一种构造行为,构造不同于行动;行动是一种反应,它直接指向我们对之作出应答的对象;而构造是丰富的,并不直接指向激发构造的对象,而是指向别的事物。"①在文学艺术活动中,言语行为收敛了指涉现实的功能,放弃了要求直接干预现实的目的性指令,而转向建构行为,并构造了一个虚拟的可能世界,同时邀请行为语言记忆参与共同构建。当人放弃了日常的目的性行为,而转变为对深层的行为语言记忆的召唤,也就必然摆脱了社会规约的束缚,使行为变身为虚构世界中的想象的自由行为。这就是所谓的"审美抑制"和"审美自由",它抑制了现实的身体行为,却开启了想象的自由行为。因此,唯有语言的意指发生明晰的分化,虚构世界(虚拟语境)与现实世界之间确立了边界,人类审美能力得到显著提升之后,审美活动与日常活动之间的自由转换才成为可能。自此,文学艺术创造者和欣赏者都能够自由穿行于审美与日常两个世界,而不至于造成淆乱。

> 注意力意味着,认识已经不再是围绕着感觉材料的无需中介的给定性而被感知到的东西。用皮尔斯的话来说,它使得先前的主体-客体

---

① 〔美〕萨缪尔·亚历山大:《艺术、价值与自然》,韩东辉、张振明译,北京,华夏出版社,2000年,第28页。

之间的二重体系，转化为一个三重体系，第三个要素则由"解释的共同体"构成：一个与主体的知觉经验相关联的，由社会来加以阐述的生理学功能、体制律令，以及大规模的技术、实践和话语的不断转移和介入的空间……现代社会里的注意力是由这些外部事物(exteriority)的形式，而不是由一个自律主体的意图构成。注意力不是某个早已成形的主体的一项官能，而是一个符号，与其说是主体的消失的符号，还不如说是主体的不稳定性、偶然性和非实体性的符号。①

在文学艺术活动中，作为"解释的共同体"实质上就体现于艺术符号上，它同时隐含着两个对立共存的要素，即行为语言与言语行为及其惯例，它们是人类感觉、感受世界的共同尺度，规定着感觉、感受的方式和秩序。正是符号及惯例的共享性，为"解释的共同体"提供了基础。

因此，当语言意指尚未发生明晰分化，虚构世界与现实世界之间尚未形成边界，审美教育尚不普及之际，人为地设立艺术与非艺术的边界是文学艺术欣赏的必要条件。特别是戏剧往往需要"第四堵墙"协助造成区隔，因为戏剧直接以人体作为表演符号，更容易与现实情境相混淆。随着观众审美能力的提升，导演们也就可以在"实验戏剧"中不断尝试翻越这堵墙，乃至拆除这堵墙。

第三节　语言、符号的自我指涉与感觉配置及重构

一、自我指涉与艺术注意力转移

语言所具有的相对独立性，使它获得了对象化能力，这不仅可以将世界设立为对象，而且可以将语言自身设立为对象，致力于将人的注意力吸引到语言本身，让语言重新焕发生机。此际，语言指涉对象不再是语言之外的世界，而是语言自身，甚至指涉语言的形式，语言的组织结构方式。当然，这种状况只可能出现在文字成为重要的传播手段之后。文字强化了语言的独立性，并将语言自身凸显在意识之前而成为自我指涉的对象。这是语言的自我指涉和自我意识。就如扬·穆卡洛夫斯基(Jan Mukarovsky)谈到诗歌语言时所提出的"突出"(或译"前推")：

---

① 〔美〕乔纳森·克拉里：《知觉的悬置：注意力、景观与现代文化》，第36页。

在诗歌语言中,突出达到了极限程度:它的使用本身就是目的,而把本来是文字表达的目标的交流挤到了背景上去。它不是用来为交流服务的,而是用来突出表达行为、语言行为本身。①

在文学艺术活动中,当语言和符号本身成为关注的焦点,文学艺术所传达的内容已不再具有压倒性分量,处于前景位置的往往是文学艺术的形式,它的符号结构方式或组织法则,也就是惯例,文学艺术于是成为"纯诗",成为"纯形式"。

在古代中国,无论诗歌作为仪式的组成部分,还是察知民风民情的诗史,或是熏陶品性的诗教,其所指内容都具有相对重要性,而语言本身的声律形式则并不是关注重点,所以,沈约解释说:"若斯之妙,而圣人不尚,何邪? 此盖曲折声韵之巧,无当于训义,非圣哲立言之所急也。是以子云譬之'雕虫篆刻',云'壮夫不为'。"②

一方面,魏晋以降,权力更替频仍,儒家的地位受到冲击,儒、道、释同时并存。玄谈之风和山水诗流行,显示了文士逃避现实的心理状态,这同时令诗人逐渐厌倦对现实的关怀,转而以赏玩的心态竞逐诗歌的语言形式,特别是声韵之美。另一方面,在诗乐一体的状态下,诗歌语言本身所具有的音乐性往往湮没于乐音之中,并没有显示自身的独立价值,虽然在实际创作中语言声韵一直被广泛采用,却只是音乐的附庸,并不需要作者刻意而为;而随着书面交流成为重要的传播方式,诗歌与音乐也逐步分离而成为徒诗,为了吟诵之畅之美,语言自身音乐性的价值就凸显出来。诗歌语言指涉从所指转向能指自身,语言能指的声律开始成为诗人目光审视的焦点和特意修饰的鹄的。于是,佛经的模拟转读之声适巧为诗歌语言提供了启示和借鉴。③

---

① 〔捷〕扬·穆卡洛夫斯基:《标准语言与诗的语言》,邓鹏译,载朱立元主编:《二十世纪西方美学经典文本》(第1卷),上海,复旦大学出版社,2000年,第293页。

② (南朝梁)沈约,陈庆元校笺:《沈约集校笺》,第137页。

③ 在讨论佛教与"四声"之关系时,陈寅恪说:"南朝文学界极重要的发明为四声。四声,除去本易分别,自为一类的入声以外,复分别其余之声为三声——平,上,去。之所以分别其余之声为三声,是依据并摹(模)拟当日转读佛经的三声。而中国当日转读佛经之三声,又出于印度古时《声明论》的三声……中国语的入声都附有 k、p、t 等辅音的缀尾,可视为一特殊种类,最易与其他声相分别。而平、上、去三声,其声响高低相互距离之间虽有分别,但若分别为若干数的声,则殊不易决定。故中国文士乃据当日转读佛经之声,分别定为平、上、去三声,合入声适成四声。"(陈寅恪:《陈寅恪魏晋南北朝史讲演录》,万绳楠整理,天津,天津人民出版社,2018年,第300页。)

甄琛曾批评沈约"不依古典,妄自穿凿"。沈约则答复说:

> 经典史籍,唯有五声,而无四声。然则四声之用,何伤五声也。五声者,宫商角徵羽,上下相应,则乐声和矣;君臣民事物,五者相得,则国家治矣。作五言诗者,善用四声,则讽咏而流靡;能达八体,则陆离而华洁。明各有所施,不相妨废。①

这一段辩驳,很清楚地显示:在诗歌与音乐尚处在逐渐分离的过程中,诗歌、音乐两种不同的声律要求在当时仍然有所混淆。甄琛所言"不依古典"强调的是音乐的宫商角徵羽五音,而沈约提出的四声则明确指语言的平上去入。前者指音乐的音阶,后者指语词的调值。沈约明了这一区分,所以他说"各有所施,不相妨废"。但由于诗歌仍然与音乐相纠缠,也由于文士常常借用音乐用语来比喻语言声律,势必延续了这种误解。

语言的自我指涉,凸显了诗歌语言声律的重要性,塑造了感性对形式的敏锐性。在《谢灵运传论》中,沈约提出:"夫五色相宣,八音协畅,由乎玄黄律吕,各适物宜。欲使宫羽相变,低昂舛节,若前有浮声,则后须切响。一简之内,音韵尽殊;两句之中,轻重悉异。妙达此旨,始可言文。"②这种强调语言声律的做法,给诗歌发展带来极其重要的影响,这虽然是文学语言的自觉,却难免堕入形式主义泥潭。

叙事作品的话语转向则是在现代小说中才发生的,它从讲述神灵和英雄的故事到普通"无名之人"的故事,再转向叙事话语自身,这是一个艰难而漫长的历程。自此,语言的自我指涉造成了对叙事话语的关注,使叙事人称、叙事视角、叙述声音、叙述层次、叙事时间及空间构造、叙述文体、话语与权力之关系、互文性诸问题凸显出来,不仅为小说叙事学、修辞学及后现代叙事学的诞生提供了条件,而且造就出热衷于形式实验的新一代先锋作家和读者。就在西方学者批判语言中心主义的众声喧哗中,语言却变得愈加飞扬跋扈了,批判似乎成为内心惊恐的表征,事实上已经退化为无可奈何的呻吟。从史诗到小说,再到先锋小说、后现代元小说的变化轨迹就展示了这一漫长的蜕变过程。

朗西埃对黑格尔关于"理想对自然的关系"的论述做了进一步阐发。他

---

① (南朝梁)沈约:《沈约集校笺》,第 468~469 页。
② (南朝梁)沈约:《沈约集校笺》,第 484 页。

指出,在文学艺术转向非功利的过程中,艺术题材的变化产生了重要的过渡性作用。弗莱芒、荷兰画派的题材不再是宏大事件和尊贵人物,而转向了日常生活和普通人:自然界的每个现象、日常生活的每个情景、人群中每个阶层,诸如衣衫褴褛的吃葡萄小孩、喂马的仆人、上年纪的妇女、手拿着旧烟斗的农夫等等,都被纳入绘画之中。一旦任何现象都可以进入作品题材,题材的重要性就丧失了。于是,绘画不再包含某种深刻寓意,不再颂扬某个威严的人物,不再是一种道德示范和劝诫,作品好像只能展示画面的造型和光亮、画线和上色,只是供人欣赏表面的游戏,供人享受纯粹的乐趣,因此趋向于"无关用途",趋向于"自治"。"作品的自治,首先意味着其中这些人物的自治。他们不再参与某种情节,不再带有某种寓意,摆脱了其中限定的位置和功能。正是这些无名之人,这些本身无足轻重的人,让作品不再阐释某个主题,而拥有纯粹的展现之力。"①如果说,语言及符号的虚拟意指从根本上为文学艺术的独立提供了可能性条件,那么,言语和符号的所指从尊贵、威严的题材转向日常普通题材恰恰起到过渡性作用。作品题材价值的贬损自然使自身流失了受关注度,它与现实相关联的纽带松懈了,作品逐渐走向"自治"了。当语言和符号的所指内容不再重要,并进而解除所指与现实的联姻,一个脱离现实语境的能指就占据了前景位置,非现实的虚拟意指也借机凸显出来,这就为文学艺术活动带来了更大的精神自由,也使注意力发生了迁移。

二、自我指涉与艺术"去人性化"

"语言要述说物,就必须远离物,并将自己孤绝在自我指涉的语言世界中。"②西方现代主义文学艺术就朝着自我指涉这一方向演变,由此造成人的注意力从作品所描述的内容向形式转移,造成感觉的重新配置和重构。这种对文学艺术符号本身的关注,强化了艺术形式及其肌理的重要性。"正是这种肌理,让一个形式、一抹色彩、一段激调、一处留白、一发动作、一层平面上的一点闪光,给人带来了感动,让其成为事件,然后才联系到艺术创作的理念。"③这一转向使得文学艺术脱离了普通大众的生活经验,脱离了日常的行为语言记忆,脱离了他们所熟悉的日常感受和情感,成为那些精通艺

---

① 〔法〕雅克·朗西埃:《美感论:艺术审美体制的世纪场景》,第43~44页。
② 〔意〕罗伯托·埃斯波西托:《人与物:从身体的视点出发》,邰蓓译,武汉,长江文艺出版社,2022年,第55页。
③ 〔法〕雅克·朗西埃:《美感论:艺术审美体制的世纪场景》,第2页。

术符号的专家的专利品,成为文学家、艺术家小圈子内部"自恋式"的自我欣赏。凡是没有经受过专门训练,缺乏对艺术符号及惯例的熟悉和理解的人就被拒斥于文学艺术殿堂门外,失去欣赏文学艺术的资格。

在《艺术的去人性化》中,加塞特指出:对于大多数人来说,美学享受与日常生活中通常的好恶态度没有本质区别。当人们对一部戏剧中的人物命运产生兴趣,他们就喜欢上了这部作品。人物的爱恨情仇打动观众心灵,他们与人物同悲共喜。在诗歌中,读者感兴趣于诗人的内心生活。在绘画中,人们寻找自己熟悉的人物和景象。加塞特认为,这些并非审美感受。真正的审美感受存在于新艺术中,这些艺术趋向于"纯艺术"。

> 即使纯艺术不可能存在,艺术纯粹化的趋势无疑是存在的。这种趋势将会逐渐剔除掉那些人性化的、太过人性化的因素,这些因素曾在浪漫主义和自然主义创作中占主导地位。在这个过程中,最后总会有那么一刻,作品中的人性化成分会减少到几乎看不出来,而这样的作品,便只有具有那种特殊艺术感的人才能有所理解了。这种艺术只属于艺术家,而不属于人民大众;它将是小众艺术,并不通俗……新艺术是艺术化的艺术。①

加塞特所说的"新艺术"抽空了艺术所要叙述的日常内容,以形式创新迫使欣赏者的注意力不得不转向艺术的形式因素,符号的意指意向不得不转向符号形式自身。这些失却所指内容,抹除人物的作品不再引起人们所熟悉的情感,不再具有熟悉的人性。但是,这并非说艺术从此成为单纯的艺术形式,恰恰因为它已经从日常生活语境中超脱出来,因此能够更深入地激发行为语言记忆,释放无意识经验。只不过这种经验不是个人在日常生活活动中习得的经验,不是那种浅层次的无意识经验,而是更深层次的无意识经验。由于这种深层次的无意识经验来自生物体,历时久远,对于人类来说已经显得意义模糊、难以解释,它们从熟悉的日常生活和具体物象中抽离出来,只留存着生命体对光、线、色、声音、运动、节奏、形式肌理的生物、生理反应,这些反应已经被"去人性化"了。

以加塞特的角度来看,音乐是艺术中最先"去人性化"的门类。特别是无标题音乐,符号的所指内容被彻底淡化,含义已经漫漶不清而只剩余音乐

---

① 〔西〕奥尔特加·伊·加塞特:《艺术的去人性化》,第10～11页。

的符号形式,只剩余音素、音响、节奏、旋律及和声,成为艺术"去人性化"的范例。现代抽象画则追随着音乐去寻求自己的独立性,与现实物象解除联姻而专注于绘画符号自身,以此来回应摄影技术对写实的威胁。蒙德里安所热衷的"格子"就显示了反自然、反模仿、反实在的艺术主张。"格子"以其抽象的意义取代自然物象的丰富含义,使符号所指意义遭受贬值,由此迫使注意力转向能指本身,强调了符号能指的独立性,凸显符号结构本身。在抽象画的背后,言语行为发挥了一种特殊作用:既强势地迫使意指意向转向能指自身,又弱化和模糊了绘画符号的概念意义,以使绘画表现"纯粹的可见性",表现无意识经验,表现绘画的"本质"。然而,这种超越历史、探索抽象本质的做法恰恰又导致绘画的观念化和普遍化。

一旦绘画转向符号结构,立体主义就进而将物体视为可以拆卸的结构零件,加以重新组装和构建,打破视觉习惯和理性观念,将物体的不同侧面恣意拼合在同一个平面上。"立体主义拼贴画把自然的物的视觉世界换成人造的法典化的符号语言。"①舞蹈的身体动作也逐渐摆脱描摹生活、叙述情节、塑造人物、抒发情感这些目标,转向探索身体运动本身的可能性,不断挑战动作极限,展现"力"的多样形式。就如朗西埃所说:在这种舞蹈中,身体抽离了肉身,消融在形式之中,转化为一种力量的回旋。它描摹飞翔而不画鸟,描绘旋涡而不画浪,描述绽放而不画花。"这种新艺术,是新身体的艺术,它除去了肉身的重负,简化至线条和色调的游戏,在空中旋回。"②凡此种种,都促成人的注意力的转移,特别是无意识经验从个人转向深层次的原初经验,转向生物体行为建模"力"的结构模式,造成对感性的重新发掘,构造了一种崭新的观看方式。

比较而言,文学则举步维艰。语言几乎难以洗清所指内容,即便将能指形式推向前景,也无法彻底清除概念意义,难以抹去语言所指所表述的人或物或事,难以彻底地去人性化。保尔·瓦莱里(Paul Valery)就深切体会到这种艰难。一方面,他提倡"纯诗",致力于改造作为"实践工具"的语言,赋予它以虚构的理想秩序,将音乐"纯粹的音素"和"纯粹的组合"视作诗歌的目标;另一方面,他清楚地知道,语言本身是一个五光十色的"大杂烩",只能把"纯诗"视为一种努力的趋势和希望的境界,一个不可思议的典范思想。托马斯·艾略特(Thomas Stearns Eliot)也将语言"意义"比作"小偷"为"看

---

① 〔美〕罗莎琳·克劳斯:《前卫的原创性及其他现代主义神话》,第25页。
② 〔法〕雅克·朗西埃:《美感论:艺术审美体制的世纪场景》,第109页。

门狗"准备的"肥肉",是诗人为实现创作目的而随时可以丢弃的手段。与此不同,罗伯特·潘·沃伦(Robert Penn Warren)则明确批评"纯诗论",他指出"凡是在人类的经验可获得的东西都不应该被排斥在诗歌之外"。"那种企图从诗中排除概念的努力破坏了我们的存在的统一和我们的经验的统一。"①尽管如此,文学仍然义无反顾地汇入了这个注重形式的总趋势,语言张力、象征、隐喻、含混、悖论、反讽……都备受关注地登上前台,并培养了欣赏者的"细读"习惯。"指意的书面语言与令人陶醉的口语语言之间的分化在坚固的语言意义的大厦里打开一条鸿沟,迫使人们去审视语言的深处。"②

这种新艺术运动,"首先是对各种艺术不作分别的艺术,也可以说,是融合它们的艺术。但这种艺术不是把诗歌、交响乐、造型艺术、舞蹈编排的资源组合起来。这种艺术,可以呈现一个'同质和完整的场所',反而是因为它否定了材质和手法所谓的特性,因为它呈现的是先于这些特性的力量和形式的展开:舞蹈之前,先有运动;绘画之前,先有姿态和光线;诗之前,先有各种记号和形式的形迹:即世界的姿态,世界的构图"③。归根结底,各种不同的艺术符号都有着共同的源头:行为建模。正是深层次的无意识经验,那种生命体行为的共同积淀,使不同艺术类型趋向于同一个方向:一种展现生命形式的纯粹力量。事实上,当艺术符号(或其背后的言语行为)指涉符号自身之际,它已经向最深层的行为语言记忆发出热切召唤了。这也正是艾略特主张"非个性"和加塞特指出"去人性化"的根源。

三、自我指涉与质疑"惯例"

当艺术符号本身占据前景位置,艺术家不再醉心于表现现实生活,而是热衷于尝试艺术形式本身,热衷于玩弄艺术符号。符号指涉不再是现实物象,而是艺术符号自身,于是,符号惯例就成为艺术家有意识地违犯、挑战和革新的对象。以勃勃雄心来篡改和废除既成惯例,谋求建立新惯例的合法性,不断地进行形式创新,以及向人的感觉、感受挑战,成为文学艺术自身的历史使命。

只有经过特殊训练,熟悉艺术符号惯例的专家才能专注于艺术符号本

---

① 〔美〕罗伯特·潘·沃伦:《纯诗与非纯诗》,蒋一飔、蒋平译,载赵毅衡编选:《"新批评"文集》,天津,百花文艺出版社,2001年,第202~203页。
② 〔德〕本雅明:《德国悲剧的起源》,载陈永国、马海良编:《本雅明文选》,第154页。
③ 〔法〕雅克·朗西埃:《美感论:艺术审美体制的世纪场景》,第120页。

身,并且仔细捉摸特定艺术品与符号惯例的紧张关系,体验艺术符号的意味。就如布迪厄所说:艺术作品只对懂得它的编码的人产生意义并引起兴趣。

> 这种能力往往是无意图训练的产物,经由家庭或学校获得合法文化而获得的一种配置,使得这种无意图训练成为可能。这种可移植的配置配备着一整套可普遍应用的认识和评价模式,它是倾向于其他文化经验的东西并允许以其他方式认识、划分和记录这些经验……后者在他们所属的群体(通过"你看过……"或"应该看看这个……"这些要求遵守秩序的话)和这个群体委任的整个批评机构的帮助下,找到了什么是值得看的和看它的正确方式,从而产生了合法分类和一切名副其实的艺术鉴赏必然伴随的话语。①

布迪厄所说的"一整套可普遍应用的认识和评价模式"是艺术训练的成果,其中,符号惯例起着核心作用。惯例是艺术圈协商所形成的"公约",普遍的认识和评价模式就是适应艺术符号惯例而建立起来的。符号惯例的稳定性保证了认识和评价模式的普遍有效性;惯例的变革则导致艺术风格、流派的演变,艺术认识和评价模式的更新。

对传统艺术作品的解读,自然也不能脱离对艺术符号及惯例的了解。艺术"有属于自己的'语言',人们需要努力了解隐含的复杂意图、惯例、风格、技巧,才能真正理解它"②。譬如提香·韦切利奥(Tiziano Vecelli)的《神圣的爱与世俗的爱》,其中两位女性一位裸体,另一位穿着衣服,如果观赏者懂得 16 世纪意大利绘画符号,那么就可以一目了然:裸女象征神圣之爱。19 世纪维多利亚的文化观念发生了变化,人们对裸体有了偏见,如果以这个时期的绘画符号惯例对画作做出解读,就会造成误释。即便如此,在传统绘画中,符号知识对欣赏者的影响并非决定性的,作品所表达的重点还是人们熟悉的日常情感和日常经验,因此,对作品的解读并不存在不可克服的困难。但是,随着现代艺术转型,艺术符号及其惯例已经占据前景位置,本身成为欣赏和评价的核心,并且惯例也已经发生重要变化,假如缺乏对符号及其惯例的掌握,也就完全失去艺术欣赏和评价的可能性。

---

① 〔法〕皮埃尔·布尔迪厄:《区分:判断力的社会批判》,第 40~41 页。
② Francis Haskell. *Historry and Images:Art and Interpretation of the Past*. New Haven, Yale University Press,1993, p. 10.

在文学艺术演化过程中,言语行为与行为语言总是处在张力关系中,双方相互博弈,关系不断调整。阿尔伯托·贾科梅蒂(Alberto Giacometti)借鉴非洲造型风格,从原始艺术中汲取灵感,以大胆的变形和更替来创作《夫妇俩》《勺形女人》(图 11)等作品,助推了原始主义思潮。乔治·巴塔耶(Georges Bataille)将原始主义艺术解释为"非形"和"更替"。他认为,原始艺术风格中的更替,同时兼具双重意义,既指尸体的分解过程,又指成为圣灵的过程,既恐怖又欢快,就像是献祭仪式所体验的双重状况。

图 11　贾科梅蒂《勺形女人》

艺术的起源是表达献祭,用象征的手法体现对人体的肢解⋯⋯艺术从那里起源,但不是自我复制的行为——虽然将绘画的起源与那喀索斯的神话联系在一起会让人以为绘画就是复制。绘画的诞生,始于人拒绝复制他自己,并且试图使自己残缺。①

很显然,在原始主义艺术中,行为语言重新占据了主导地位。这是一个充斥无意识本能的领域,一个意义模糊的地带,交织着死亡与再生的冲动。恰如灵光闪现,原始主义并不能阻滞艺术的整体走向:就在艺术强调深层无

---

① 〔美〕罗莎琳·克劳斯:《前卫的原创性及其他现代主义神话》,第 63～64 页。

意识经验,强调行为语言之际,言语行为却暗中袭取了优势地位,并强化了语言和符号的自我指涉。

四、自我指涉与"元艺术"

当语言、符号的自我指涉愈加凸显符号惯例,当符号惯例的变革不仅仅涉及艺术风格、流派的革新和嬗变,而是直接指向艺术观念、艺术制度,并对艺术观念和制度提出尖锐质疑,甚至对艺术"定义"做出重新阐释,乃至解构,"元艺术"就诞生了。艺术家更为大胆地颠覆传统艺术,打破艺术与非艺术的边界,向艺术观念和制度发起突击。观念创新则成为艺术家的癖好。杜尚的《泉》(图12)、曼·雷伊(Emmanuel Radnitsky)的《礼物》、马格利特的《这不是烟斗》、安迪·沃霍尔(Andy Warhol)的《布里洛盒子》、罗伯特·劳森伯格(Robert Rauschenberg)的《共鸣版》、罗伯特·莫里斯(Robert Morris)的《自发声响的盒子》,以及种种行为艺术等,都意图动摇、解构,乃至抛弃"什么是艺术"这一基本信念,对艺术观念和制度造成巨大冲击。然而,无论观念还是制度的变化,都主要是言语行为建构或解构的成果,这种转向充分显示出言语行为在艺术活动中的强势地位。

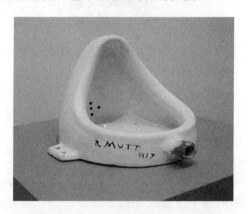

图 12　杜尚《泉》

"艺术不择手段地采取各种伪装以避免貌似艺术。"[1]杜尚的《泉》之所以被誉为"20世纪最具影响的艺术作品",原因就在于他对"现成品"未作任何改动,仅仅加上"R.MUTT,1917"这一签名后就送去展览,这一举动彻底瓦解了艺术惯例,颠覆了传统的艺术观念和制度。其实,杜尚站在一个矛盾

---

[1]　〔美〕吉姆·莱文:《超越现代主义:70年代和80年代艺术论文集》,常宁生、辛丽等译,南京,江苏美术出版社,1995年,第152页。

的立场上：他采用"现成品"的目的是要打破艺术品及艺术创作的惯例；而他将《泉》送去展览，事实上就已经向公众发出吁请——承认"这是艺术品"，这又不得不依赖于既成惯例。只不过这一惯例不再是艺术符号本身建立的惯例，不再是艺术制作的成规，它迁移到文本之外，迁移到它的语境：艺术家以签名来彰显作品所有权，以及展览厅的展示空间所具有的制度性惯例（体制）。尽管最初《泉》并没有被组织者"独立艺术家协会"所接纳，它的展览被"延迟"了，但是，杜尚的举动本身就是对展览组织者的艺术"共识"的解构，对艺术界的一次大胆宣战，对艺术接受的一次颠覆和考验。① 这个"现成品"小便器就是闯入艺术领地的"恐怖分子"，以不屑的姿态，恣意摧毁既成的艺术观念大厦，粉碎藏匿其中的意识形态偏见，争抢文化权力，宣示桀骜不驯的叛逆性格，企图剥夺组织者做出裁决的合法性。在后来的展出中，由于"现成品"日常所处的功能性环境被展览厅这一观赏性环境所置换，它似乎悬浮于展览厅洋溢着的艺术氛围之中，为虚幻的氛围所萦绕，这一新环境及氛围引诱观赏者改变态度，采取了一种"艺术"的，或者更确切地说是"反艺术"的观看方式。"杜尚挑战的是要唤起观者去面对，去用不同的方式思量艺术。"②观看态度和解释方式的转变，开启了新的想象空间，将杜尚命名的《泉》与安格尔的名作《泉》构建为"互文本"，建立起多维度的"反讽"关系：杜尚以承接男性"污秽之液"的机械制品来对照安格尔精心创作的纯洁少女的胴体及清冽泉水，颠覆了安格尔所追求的"标准的美"和传统的艺术法则。同时，也以现成品《泉》来对抗所有的经典艺术，瓦解既有的艺术观念，破除艺术与美的内在关联："现成品放在那里不是让你慢慢去发现它美，现成品是为了反对视觉诱惑的，它只是一个东西，它在那里，用不着你去作美学的沉思，观察，它是非美学的。"③

正是艺术家的签名和展览厅的展示行为，它们所具有的制度性惯例，悬置了器具原有的功用性，邀请人们以欣赏艺术的眼光来看待《泉》，于是，"现

---

① 1917 年，成立不久的纽约"独立艺术家协会"举办了第一届展览。展览对展品不设规则，"没有评委，不设奖项"，以此对抗美国国立设计学院的保守观念。作为组委会主席的杜尚以"R. MUTT"的签名送去一个陶瓷小便器，组织者并不知道真实作者，他们认为"它的位置不在艺术展厅，从定义看，也不属于艺术"，因此拒绝了它。由于观念分歧，杜尚辞去组委会职务，并创办《盲人》杂志，刊登未署名来稿《理查德·穆特事件》和由 291 号画廊摄影师斯蒂格利茨拍摄的作品照片，以一种嘲讽的方式让《泉》重新现身艺术界。后来，《泉》的原件不知所终，分别在法国国立现代艺术美术馆、法国麦约美术馆展出及美国费城艺术博物馆收藏的《泉》都是复制品。2004 年，杜尚的《泉》被英国艺术界评为"20 世纪最具影响的艺术作品"。
② 〔意〕金姆·托福莱蒂：《解读艺术：鲍德里亚》，郭立秋译，重庆，重庆大学出版社，2020 年，第 48 页。
③ 〔法〕卡巴内：《杜尚访谈录》，第 158 页。

成品"仿佛被贴上了"艺术"标签,变身为艺术品。杜尚的《泉》颠覆了艺术活动中艺术家与观赏者之间的关系:艺术家不再是创造者或制作者,他只是个选择者,并且不是依仗意识意向,而是凭借无意识直觉做出选择;观赏者却占据了重要地位,观赏成为一种主动性活动,观赏者的观看态度和解释方式赋予对象以艺术意味,由此褫夺了艺术家的特权。关于《泉》,杜尚所重视的已经不再是艺术符号自身的"语法",而是"语境",他从符号"语法学"转向了"语用学"①,借用现成品《泉》完成了一次"宣示性言语行为",以此宣告:拆除原有艺术与非艺术间的藩篱,让现成品直接成为艺术品,并且让任何东西不经改变就可以成为艺术品,进而与艺术界,乃至公众达成新契约。自此,区分艺术与非艺术的客观界限已然消泯,它让位于人的主观态度,取决于观者如何观看,乃至让位于语境,而非文本自身。杜尚以选择性的态度来对待艺术惯例,他利用艺术外部(即展览厅和美术杂志)的制度性惯例来废除艺术符号自身的惯例,以此凸显原本隐身于艺术符号惯例阴影下的制度性惯例,解构传统的艺术定义,把关注点从琢磨感性形式转向功能操纵,造成艺术观念和感知配置的改变,开启了艺术不断自我否定和自我异化的魔箱,终于让《泉》成为 20 世纪新艺术的标志性事件,成为一个新时代的象征。

至于行为艺术则将意识意向直接引向身体行为本身,授予观者一个新的观看角度,让观者从对行为的体验和反思中领悟行为的意义。那些在日常生活中司空见惯的现象,经过行为艺术家加以固定、突出、强调而成为重新凝视的对象。这不但挑战了传统的艺术观念和惯例,而且揭开了现实社会的面纱,从日常的身体行为中揭露出令人震惊的秘密:身体行为历来经受着权力规训,烙印着意识形态或反抗意识形态的痕迹,从中可以窥探微观的"生命政治"。

其实,无论作家艺术家具有多大创新勇气,他们都不能毫无依凭地全然抛弃惯例,往往总是利用某一潜在惯例来对抗另一显在惯例,以出人意料的方式给观赏者带来惊喜乃至震撼。由于符号惯例是社会群体间争辩、协商的成果,其中就凝聚着不同文化权力的纷争,曲折体现了特定的社会关系。譬如高雅文化与大众文化的区分和命名,就是文化权力操纵符号惯例的结果。对惯例的质疑,本身就包含着不同文化权力间的博弈。

在文学领域,元小说、历史元小说则成为时髦。约翰·马克斯韦尔·库

---

① "惯例"不同于"语法",它没有明确的规则,无法如语法那样做出明确的归纳,而是范例性的。因此,我们所说的"语法学"和"语用学"只是一种譬喻性表述。

切(John Maxwell Coetzee)的小说《福》以《罗宾孙漂流记》的成书过程作为反思对象,揭示隐匿于叙述话语中的殖民主义思想倾向。朱利安·巴恩斯(Julian Barnes)的《福楼拜的鹦鹉》则抓住一个细节来颠覆福楼拜传记的历史叙事,重新审视历史叙事与现实的关系:究竟是历史叙事如实描述了现实,还是现实模仿了历史叙事?作家和读者的注意力做了重新配置,"叙述话语"则从隐蔽走向前台,成为新历史主义、后殖民理论、女性主义、文化批评挖掘各种隐形权力的焦点。

当符号指涉的是艺术观念和艺术制度,艺术就回到了艺术概念本身,艺术成为关于艺术的"理论",成为一种观念化的哲学,成为不断受到艺术自身批判、攻击和解构的事物。艺术开始决绝地废黜和谐和美,抵制平庸,它以虚幻而任性的方式恣意反叛各种惯例,颠覆各种制度,挑战一切既成秩序,突破种种界限,甚至仅仅为制造"反叛事件"而存在,以此凸显个人感受的独异性和自由精神。创新则成为针对一切创新观念的不间断反对,成为无止境的冒险实验,成为对生存极限的体验,以及与生命自身的戏谑。艺术与非艺术之间的物理界限被拆除,艺术自我防护的甲胄被撕烂,坚固的围墙土崩瓦解了。"艺术家不再是创造者,他们变成了批评家,评论家和缺席的表演者,恰似一个受着无形力量控制的木偶。"①对这种艺术状况,阿瑟·丹托(Arthur C. Danto)做了这样概括:"我们所看到的却是某种越来越依赖理论才能作为艺术存在的事物",这些作品显示了另一种特色,"那就是对象接近于零,而其理论却接近于无限,因此一切实际上最终只是理论,艺术终于在对自身纯粹思考的耀眼光芒中蒸发掉了,留存下来的,仿佛只是作为它自身理论意识对象的东西"②。艺术本身成为理论,成为对艺术观念和制度的反思、商讨、辩论和批判,趋向黑格尔所说的精神发展的终极阶段——"哲学"。隐藏于艺术符号阴影下的言语行为急欲直接现身,以非凡胆识和嚣张气焰来宣示己见。因此,丹托仿照黑格尔的说法,称艺术的这种状态为"艺术的终结"。

---

① 〔美〕吉姆·莱文:《超越现代主义:70年代和80年代艺术论文集》,第160页。
② 〔美〕阿瑟·丹托:《艺术的终结》,第101~102页。

第六章　行为语言、规范性与可能世界叙事

人的世界不仅是符号建构的,还被人们不断地用符号加以解释,特别是以叙事的方式加以解释,它们构成了一个皮尔斯、艾柯所说的符号无限衍义的过程。当这些叙事专注于既成的往昔世界,并从已知的事实出发,力图使解释切近真相,这种叙事就成为历史叙事;当叙事离开业已逝去的世界而急匆匆讲述正在发生的当下事件,这种叙事就成为新闻叙事;而当叙事并不刻板地显现真实世界本身,却着眼于另行构建一个可能世界,叙事就进入了文学的领地。作家的叙事活动就是对业已符号化的世界所做的不断衍义的再解释,他们绞尽脑汁地构建一个又一个可能世界来诠释爱情与死亡、冲突与和解、喜剧与悲剧……

在这一章中,我们将集中探讨叙事文学中行为(行为语言)及其规范性问题,这个被忽略的空白地带却可以揭示出极其丰富的美学及社会学意义。那些已经被学界反复论及的叙述话语及其与权力、意识形态之关系,本书不再讨论。

把社会历史因素引入叙事学,是后经典叙事学重要的理论贡献,但是,这种尝试主要还局限于话语分析层面。巴赫金的"时空体叙事学"曾对文学时空进行了历史化,遗憾的是在他的理论框架中,人物仍然是功能性的,并且人物与时空体的关联机制及内在逻辑也尚未得到揭示。我们认为,叙事理论的历史化,除了要重视话语分析之外,还存在一个更加重要的层面,即行为(行为语言)及其规范性。正是行为贯通人与世界,塑造着人的内心世界与外在世界,抓住行为(行为语言),也就抓住了描述人物性格和建构故事情节的关键,行为(行为语言)理应成为叙事理论的另一个逻辑起点。

行为(行为语言)处在三种规范性——生命的规范性、社会规约、智性规范——构成的张力场中,受到三者的共同制约。其中,社会规约折射着特定的社会秩序,隐含着权力关系和意识形态性,最充分、最集中、最敏锐地体现着社会历史特征,是文学可能世界与现实世界共同的结构要素,是双方相互映射和沟通的桥梁。叙事作品对待生命的规范性、社会规约、智性规范三者

关系的不同态度和处理方式,就决定着作品的类型特征,决定着人物的性格特征,决定着所构建的可能世界的特征,同时,决定着文学叙事的社会历史特征。

第一节 叙事理论及其历史化

一、后经典叙事学:修复叙述话语的历史维度

在叙事文学研究领域,经典叙事学(结构主义叙事学)致力于文学研究的"科学化",由于它寻求叙事作品共同的结构特征,一味追求形式化,不断抽空文学的历史内涵,使自己日渐丧失对文学作品的阐释力而陷入生存困境。特别是它将文学文本视为客观对象,效仿科学方法论开展研究的做法,更受到严厉批评。后经典叙事学就是在吸收后结构主义、解构主义思想的基础上,反思经典叙事学的局限性,并着眼于具体作品的阐释,意图纠正经典叙事学非历史化倾向而出现的。申丹和王丽亚就指出:

> 经典叙事学的主体是叙事诗学(或语法),只有少量叙事作品阐释。正如通常的诗学和语法研究一样,叙事诗学探讨的是叙事作品共有的结构特征,无需考虑语境,因此脱离语境的叙事诗学研究直至今日,还不断出现在叙事学的论著中。就具体叙事作品的阐释而言,则需要考虑作品的创作语境和接受语境。正因如此,很多后经典叙事学家把注意力转向了作品分析。①

或者可以说,经典叙事学的学术旨趣在于构建一门"诗学",着重讨论叙事文本共有的结构规则,探讨叙事语法,并不在意构建文学"解释学",即如何解释具体文本的意义。但是,当文学结构观受到解构主义、后结构主义的无情冲击,后经典叙事学在反思过程中就不得不放弃初衷,于是,它把注意力转向了"解释学",转向对具体文本意义的解释,以及对元叙事做出解释。这也就是说,叙事学的理论范式开始从"语法学"转向了"语义学"和"语用学"。

相对于经典叙事学,后经典叙事学最主要的理论贡献在于引进了社会历史语境,它把作家和读者重新接纳到理论视野中,并广泛吸收女性主义批

---

① 申丹、王丽亚:《西方叙事学:经典与后经典》,北京,北京大学出版社,2010年,第6页。

评、新历史主义、后殖民理论、精神分析学、修辞学、社会语言学、话语分析等等，以此来修复叙述活动的具体语境。面对文学作品意义解释的诱惑，语境自然成为一个不可或缺的要素。但是，从总体来看，后经典叙事学对社会历史语境的关注主要还局限在话语分析层面，至于故事层面的历史化则尚未取得突破性成绩。

二、故事研究的两难：结构化与历史化

在叙事作品中，故事原本蕴含着更加丰富和显豁的社会历史内容，可是，由于叙事学热衷于寻找故事背后的逻辑规则，意图构建叙事作品共同的故事语法，也就必定要挤干其历史性因素。无论是普罗普（Vladimir Propp）把叙事"功能"作为民间故事最基本的结构单位，通过归纳人物角色不同类型的行动功能来讨论故事组合的逻辑规则，还是阿尔吉达斯·于连·格雷马斯（Algirdas Julien Greimas）借鉴语义学方法提出六种"行动素"（actant），分别组成三对行动者关系——主体/客体、发出者/接收者、辅助者/反对者，以此建立意义矩阵来揭示故事深层的"行动素模式"，或如罗兰·巴尔特把叙事"功能"划分为"核心"（kernel）和"催化"（catalyzer），以此阐释故事序列的组织结构，这些对叙事作品高度抽象的形式化，都把作品的社会历史内涵彻底剥除了。杰拉德·普林斯（Gerald Prince）则把转换-生成语法理论移植到叙事作品分析上。在《故事的语法》中，普林斯对"最小故事""核心简单故事""简单故事""复杂故事"逐层展开分析，寻找故事建构的普遍规则，通过综合转换来解释任何复杂故事的结构，并以此论证"有限数目的精确规则，能够解释所有的，且仅能解释所有被普遍地、直觉地认定为故事的群组"①。这种对故事深层结构的挖掘，固然有助于理解故事的本质及思维的特征，却因为脱离历史语境，丧失了对具体作品的理论阐释力，更清洗了社会历史性。

在描述当代叙事理论的变化时，马克·柯里（Mark Currie）指出："从发现到创造，从一致性到复杂性，从诗学到政治学，这是对 20 世纪 80 年代叙事学理论转折的简要概括。"②经典叙事学是把叙事作品预设为具有稳定结构的"客体"来开展科学分析的，而后结构主义，特别是解构主义则将这一理论基础消解了。如果说，对话语的叙事学分析还可以通过转变语言学研究

① 〔美〕杰拉德·普林斯：《故事的语法》，徐强译，北京，中国人民大学出版社，2015 年，第 1 页。
② 〔英〕马克·柯里：《后现代叙事理论》，第 4 页。

范式来做出修正,努力推进叙事理论向社会历史方向迁移,而故事层面的探究却因为故事本身的稳定性被解构,失去了确定的研究对象,令叙事学面临尴尬的境地。即便如普林斯那样把研究对象限制在"最小故事"乃至"事件",由此出发去构建多样化的"复杂故事",也仍然难以弥补历史维度的缺失,无法从根本上摆脱两难的困窘。

事实上,解构主义对意义确定性的解构,并没有因此使叙事理论放弃话语和故事的研究:话语仍然是人类交流最有效的手段;故事也没有因此受到冷落,它不再仅仅属于文学独享的专利,相反地扩张到其他领域,与各种人类文化活动密切关联,并且愈加凸显其文本性和多样性。更为重要的是,从此,故事不再被叙事理论视为一个有待发现的稳定结构,而是在历史语境的制约下由作者通过叙述者建构的,有一个选择与排除事件的过程,本身就隐含着具有价值取向的解释结构,而且还必须经特定语境中读者的重构和发明。于是,历史性因素、权力及意识形态问题也就势必被引入故事建构之中。如果从这个角度去重读此前的巴赫金,我们反而从他早先的著作中发现某些后经典叙事学的特征。

三、通向历史化的旅程:巴赫金的"时空体"理论

巴赫金不仅以"面具"来丰富"叙述者"的社会历史内涵,以"对话性"来揭示话语内在的权力关系和意识形态性,他所提出的小说"时空体",在某种程度上赋予"故事"以具体的历史形态。"时间在这里浓缩、凝聚,变成艺术上可见的东西;空间则趋向紧张,被卷入时间、情节、历史的运动之中。"①故事总是在具体的历史时空中发生、展开、发展,并得到具体化的,因此,原本在叙事学中被极端抽象化,仅剩下一副逻辑骨架的故事形态,在巴赫金描述的"时空体"中获得了自己的肉身,获得了社会历史内容。从这个角度看,巴赫金构建了一门具有历史认知特点的"时空体叙事学"②。

在《小说的时间形式和时空体形式——历史诗学概述》中,巴赫金依次分析阐述了希腊传奇小说、传奇世俗小说、传记和自传、民间文学的时空体结构特征。他认为,传奇小说的情节及情节中的一切事件和奇遇都不进入历史时间,也不进入日常生活时间,并与人物的生理时间无关,它置身于所有这些时间之外。实际上,传奇小说的时间就是"机遇时间",是一种在非理

① 〔俄〕巴赫金:《小说的时间形式和时空体形式——历史诗学概述》,白春仁译,载钱中文主编:《巴赫金全集》(第三卷),石家庄,河北教育出版社,1998 年,第 275 页。

② 孙鹏程:《时空体叙事学概论》,北京,中国社会科学出版社,2017 年,第 1 页。

性力量干预下生成的特殊时间,它并非有机的连续体,而是纯粹利用技术建立起来的机械性的抽象关联,其中所发生的事件完全取决于"机遇"。传奇时间总是和异国他乡相融合,它固然展现了种种异国风情,但主人公的生理年龄及性格却不会随所经历的时空变化而改变。主人公是私自的、孤立的、绝对消极、绝对不变的,他只能在空间里被迫移动,被动承受命运摆布。他与这个世界没有实质性联系。虽然他活动于这一时空体之内,实际上却游离于时空体之外,就像突然被抛入一个充满奇遇的世界,被抛入传奇故事中"他人的时间"和"他人的世界",而他自身却维持着始终如一、依然故我的特征。在传奇小说中,"道路"时空体具有特殊意义,几乎所有的相逢、离别、出逃、寻获、丢失、考验、结婚等情节都发生在道路时空体中。时间序列可以移易,空间上可以更换,但是,在传奇小说时空体中,世界的确定性和具体性程度是极其有限的。任何在地域、社会历史、政治、经济、生活习惯诸方面的具体化,都会衍生出生活自身的内在逻辑,从而束缚传奇的随意性,限制"机遇"的绝对权力。因此,希腊传奇小说的时空体是最抽象的时空体,同时也是一种最静止的时空体。

在另一类希腊小说,即传奇世俗小说中,时空体的构建规则发生了重要变化。不像传奇小说中的时间是一种抽象的机械结构,是由偶然性所决定的,在传奇世俗小说中,时间已经不再具有那种抽象性和偶然性,而是服从于另一种逻辑必然性:过错—惩罚—赎罪—幸福。在这一时间序列中,主人公不仅证明自己性格的内在统一性,而且发生了蜕变,成为经历了净化和再生的新形象。因此,"蜕变"与"统一"就成为传奇世俗小说主人公的重要特征,其性格已经融入具体的时间和空间,与时空体相关联了。原先在传奇小说中抽象的"道路时空体",在传奇世俗小说中则和实际的空间旅程相融合,"人生道路"也从隐喻转变为现实,由此展开的生活空间影响着主人公及其命运,也充满了实在的生活意义。传奇世俗小说开启了小说的世俗化进程,其中一个关键要素就是它不再仅仅关注公共生活,而是引入了私人生活,一种纯粹私人性的、不予公开的生活,其核心常常是淫乐生活。生活世界也因此变得支离破碎,它开始瓦解小说线性的时间逻辑,展开了与之垂直相交的琐碎的生活图景。私人生活的出现造成小说叙事的矛盾,即文学形式的公开性与文学内容的私密性。这就需要一个特殊人物,一个私人生活中的"第三者"——仆人、小偷、妓女、冒险家、暴发户等。他们的特殊身份和特殊兴趣赋予其独特功能,才使其具备窥探并揭示私人生活的可能性。

第三类是传记和自传的时空体。在雄辩体的传记和自传中,"广场"时空体具有重要意义。在广场中,不可能有任何私下的隐情和个人的秘密,没有任何内向的和纯属个人的东西。这里的人是坦荡无私的,他的自我意识全然是公开的,甚至没有无语的内心生活、无语的悲痛、无语的思索,一切都只能由外在的行为表现出来,而且除了外在表现,并不存在所谓内在的东西。这种外在化生存,也就是为别人、为集体生存,他从属于这个集体,这个民族。因此,人的这种外在整体的统一性,就具有公共的性质。但是,一旦出现自传,也就意味着公共性必然要经受挑战和解体。特别是其中的书信体,它从"广场"时空体转换为"私室"。正是在幽室的隐秘空间,私下生活的琐碎细节开始获得了意义,人的形象失去了庄重的仪态和公共外在性,他真正复归人本身,培植起真正的自我意识。在传记和自传中,个人隐秘的生活事件开始取代公共的社会政治事件而赢得重要价值。

再一类是民间文学及拉伯雷型小说的时空体。巴赫金深入阐释了拉伯雷小说不同寻常的时空体:拉伯雷打破了时空体的习常秩序,破坏一切习惯的联系,破坏事物或思想间的种种毗邻交接,重建一种意想不到的关联,以及难以预料的逻辑关系和语言关系。正是在这种看似违背习惯、违背常识、违背理性的新联系,形成"怪诞"的幻想,造就了"怪诞"的艺术形象,反衬出这个世界原本存在的虚假的秩序及等级关系、虚假的思想和被扭曲的精神,展露出长期受到遮蔽的中世纪真实的民间生活,而组织各种关系的出发点则是人的躯体。这种新关系颠覆了由精神确定的价值等级,颠覆了官方文化设定的严肃的形式,弥合了各种人为的鸿沟。拉伯雷是从解剖学、生理学和自然哲学的角度来叙述躯体的。所有因素、所有事件、所有的生命,都渗透着肉体特性,从而揭示出人的肉体在现实的时空世界中的新地位、新意义。同人的肉体相对应,整个时空世界也因此获得了新含义,获得了具体的现实性、物质性,并与人建立起直接的物质联系;作为物质的、肉体的人本身则成为衡量这个时空世界的唯一尺度。正因如此,死亡与新生命的诞生相衔接,死亡与欢笑相毗邻,因为"快活之死"就是让活泼的肉体贯穿于生命全过程、充溢于时空世界的最好方式。

巴赫金还分析了骑士小说、牧歌田园诗的时空体,描述并归纳出不同体裁小说的叙事特征。在巴赫金看来,时空体"是组织小说基本情节事件的中心。情节纠葛形成于时空体中,也解决于时空体中。不妨干脆说,时空体承担着基本的组织情节的作用"。

时空体作为主要是时间在空间中的物质化,乃是整部小说中具体描绘的中心、具体体现的中心。小说里一切抽象的因素,如哲理和社会学的概括、思想、因果分析等等,都向时空体靠拢,并通过时空体得到充实,成为有血有肉的因素,参与到艺术的形象性中去。这就是时空体的描绘意义。①

在《小说的时间形式和时空体形式》中,巴赫金的研究视野不再停留于故事和话语,而是着眼于时空体,着眼于时空结构以及时空体中的人物塑造特征,他不仅赋予不同的文学时空体以不同的历史内涵,还建立起"西方小说时空体历史谱系"②。

第二节 行为语言:叙述学历史化的逻辑起点

一、叙述学历史化的逻辑起点

早在后经典叙述学出现之前,巴赫金时空体理论对小说叙事就做出了杰出的历史概括。其主要缺陷在于:由于他以时空体作为理论出发点,对人物的关注仍然相对薄弱,人物还仍然是功能性的,并没有找到深入阐释性格特征的有效途径,没有建立相应的研究范式。人物与时空体之间内在关联的"机制",以及逻辑关系也尚未得到揭示。时空体只不过是人物活动和故事展开的场域,并没有与人物有机相连,真正成为"属人"的时空体。

历史归根结底是人的历史,是人的活动构建起人类社会,创造着全部人类历史。所谓历史性就显著地体现在人的活动上。历史的根本特征也就是人的活动,特别是由活动所建构的人之社会关系的特征。"事实上,由于完整的个人就反映在他的每一行为中,他也可以将自己的特点带入他置身其中的那个系统。"③人及其活动,或更具体地说,人物"行为"本身才应该是叙事理论的逻辑起点,离开这个起点来谈故事情节或时空体的历史化,只能是舍本求末。但是,巴赫金却把核心问题颠倒了,把逻辑起点定位于时空体,这就无法在时空体与人物之间发现深刻的内在关联。采用巴赫金的时空体理论尚不能解决经典叙述学所存在的问题,不能改变叙述学偏重故事而忽

---

① 〔俄〕巴赫金:《小说的时间形式和时空体形式——历史诗学概述》,白春仁译,载钱中文主编:《巴赫金全集》(第三卷),第451~452页。
② 孙鹏程:《时空体叙事学概论》,第206页。
③ 〔德〕狄尔泰:《精神科学中历史世界的建构》,第150~151页。

视人物的弊病。在叙述学中,真正意义上的"人"恰恰是缺席的。

对于叙事学来说,故事与人物难以得兼这种两难状态,也是不少学者试图解决的问题。在《故事与话语:小说和电影的叙事结构》中,西摩·查特曼(Seymour Chatman)指出:叙述学"认为人物是情节的产物,其地位是'功能性'的;简言之,认为人物是参与者或行动元(actants),而不是人(personnages),认为把人物视为真正的人是错误的……他们只想分析人物在故事中做了什么,而不想分析他们是什么"①。查特曼认为,在小说中情节与性格同等重要,应该建立一套开放的人物理论。他把构成故事的事件定义为"叙事谓语",把人物特性定义为"叙事性形容词",并且借用雅克布逊的术语,把性格视为"纵向聚合",故事则是"横向组合",以此为基础来尝试故事与人物的统一。米克·巴尔(Mieke Bal)则把小说的"行为者"与"人物"做出区分,并认为行为者只是一个结构上的状态,而人物却是一个复杂的"语义单位"。在这里,"人物并不是人,但类似于人。它不具备真实的精神、容貌、思想或行动的能力,但是它具有那些使读者认定它具有的特征,使精神和意识形态描写成为可能的特征"②。叙述学就应该同时重视语法结构与语义单位,把小说看作在叙述故事的过程中,同时叙述了人物的复杂性格。问题在于这种既注重故事,又注重人物的想法并不能付诸叙述学理论实践,就像语法学与语义学、语用学的研究对象迥然不同一样,如果找不到一个合适的逻辑起点,就无法真正实现双方的统一。

申丹就明确意识到这一矛盾,即故事与人物的两极,情节性与心理性的两极,并主张应该找到故事与人物的结合点。其实,这个结合点就是"行动",或者更准确地说,是"行为语言"③。正是行为贯通着人物与故事,行为既引起事件、建构故事,拓展时空体,又塑造着人物性格及心理,只有行为才是故事与人物的结合点。如此,我们又不得不重新返回亚里士多德的《诗学》。

① 〔美〕西摩·查特曼:《故事与话语:小说和电影的叙事结构》,徐强译,北京,中国人民大学出版社,2013 年,第 96 页。
② 〔荷〕米克·巴尔:《叙述学:叙事理论导论》(第三版),谭君强译,北京,北京师范大学出版社,2015 年,第 107 页。
③ 在此,我们把"行为"与"行动"视为两个既区别又相通的范畴:"行动"主要指有目的、有指向的行为,强调"做什么";"行为"则不仅指"做什么",同时还强调行为方式(行为形式),包括姿态、动作、表情等,强调"怎么做",也就是把"行为"同时看作意义表达,是一种"行为语言"。

二、重新解读亚里士多德的"模仿论"

亚里士多德提出悲剧六要素,就包含了"情节"和"性格"。他认为,人物性格取决于模仿"行动中的人",只有这种人才具有品格。悲剧和史诗是对行动的模仿,因此在构建情节的同时也就表现了人物性格。从中可以看到,亚里士多德是将行动视为作品构建情节和展现性格的逻辑起点。既然行动不止于构建情节,同时又表现性格,那么,在亚里士多德眼中,行动就不仅仅是功能性的,它还有自身的重要价值:行动展现自身,也就是展现人物性格,而一旦行动成为人物性格的表征,它也就成为一种符号,成为"行为语言"。事实上,唯有行动(行为语言)才能把故事情节与人物性格联系起来,也唯有在人的行动(行为语言)中才能充分地体现出一个时代的社会风貌。但是,在古希腊时期,人除了被区分为好人与坏人,人的个性特征并不是关注的重点,不仅许多诗人的作品中缺乏人物性格,甚至在古希腊哲学中也缺少关于个性的明确观念,人们更感兴趣的是故事情节。所以,亚里士多德把"情节"视为六要素中最重要的成分。他说:

> 悲剧的目的不在于模仿人的品质,而在于模仿某个行动;剧中人物的品质是由他们的"性格"决定的,而他们的幸福与不幸,则取决于他们的行动。他们不是为了表现"性格"而行动,而是在行动的时候附带表现"性格"。因此悲剧艺术的目的在于组织情节(亦即布局),在一切事物中,目的是至关重要的。[1]

在亚里士多德看来,性格、言词、思想并不能产生悲剧效果,而只有布局,即情节的安排,才必定能产生悲剧效果。基于此,他把《诗学》的重点放在探讨情节的安排上。

应该说,亚里士多德以行动作为逻辑起点的思路包含着深刻的洞见,以此为出发点,原本可以把人物性格与故事情节相统一,把人的内心世界与外在世界相统一,进而通过行为来展现历史性,但是,由于时代的偏见,他相对忽视了人物性格。"行动"或者说"行为语言"本身包含着极其丰富的历史内涵,而一旦把行动片面地视为建构情节的因素,它就已经被贬低为一个结构

---

① 〔古希腊〕亚里士多德:《诗学》,罗念生译,载亚里士多德、贺拉斯:《诗学·诗艺》,北京,人民文学出版社,1962年,第21页。

"功能",简化为一个附属于情节的空洞贫乏的结构因素了。"'功能性'人物观的偏误在于认为人物在情节中的功能是人物的全部意义。"①这种偏误长期存在于叙事学研究中,实际上是对亚里士多德的误读,甚至将他所说的"模仿"也误释为对现实行动的简单复制和拷贝。

其实,亚里士多德所说的模仿包括按照人"应当有的样子"和"本来的样子"去描述,那么,这种模仿既非刻板的依葫芦画瓢,也非任意的无所凭据,虽然"应当"可以含有"理想"的语义,但更重要的是强调以人的行动作为"范例",实质上,也就是对行为规范的把握和分享。只要诗人掌握人物行为(行为语言)的种种规范,他就具备了描述的主动权,能够按照"应当有的样子"或"本来的样子"来描述(模仿),并创造出生动多样的人物形象。行为规范并非固定不变的模子或规则,而是可供示范的"范例",不同人物以不同方式来分享这些范例,由此形成各具特色的个性。正是行为规范赋予形象以"普遍性",并且这种"普遍性"又绝不会造成呆板的同质化或类型化,而是以千姿百态的生动形式来展现某一社会群体中的独特的个性形象。因此,亚里士多德所说的"模仿",本身就蕴含着"创造"。并且行为所具有的意义则使其成为表达意义的行为语言,成为最集中地展现个人性格的特殊"语言"。其中,作为行为语言重要组成部分的"表情"更是如此。

> 面部是灵魂的镜子。这句格言如此根深蒂固,以致我们看到一个人的面部,还没有通过任何其他方法得到这个人的情况以前,往往不由自主地稍加注意就能对这个人的精神状态形成一定的看法。人们常常看了第一眼就这样说:某某看上去是个好心人,某某的面部表情真挚坦率,或者:他是一个狡猾的人,一个老奸巨猾的人,或者:这是一个聪明人,这是一个傻瓜,等等。②

只有从行为(行为语言)及其规范性入手,我们才能正确理解亚里士多德的思想实质。其实,当亚里士多德将"行动"视为构成人物性格的关键因素,他就已经把视线转向"行动"所包含的人性意义,也就是把"行动"视为"符号",视为"行为语言"了。与亚里士多德相比较,巴赫金虽然为时空体理论注入了历史性内涵,而由于他尚未抓住行为(行为语言)这个关键要素,也

① 申丹:《叙述学与小说文体学研究》(第三版),北京,北京大学出版社,2004年,第73页。
② 〔英〕威廉·荷加斯:《美的分析》,杨成寅译,北京,人民美术出版社,1984年,第111页。

就无法弥合时空体与人物之间的裂隙,无法揭示种种叙事现象背后的内在逻辑,其理论仍然是零散的、缺乏深度的。

詹姆斯·费伦(James Phelan)说:

> 如果你对行动的形成如何在文学文本中反映或影响社会现实……感兴趣的话,那么,情节明显地就是更为重要的。如果你对将文学视为精神心理的窗口感兴趣的话,那么,人物便是更为重要的……即便从修辞叙事理论的角度来看,一旦我们将人物和情节定位为文学内在动力的成分,它们相互的重要性就取决于所考虑的叙事的特定进程。
>
> 在任何确定的叙事文,或在叙事文任何确定的节点上,人物性格诸成分间的关系取决于制约叙事进程的潜在目的。①

很显然,费伦对人物与心理、行动与情节之关系的阐释是重要的。他还从三个组成因素来看待人物:模仿的(作为人的人物);主题的(作为观念的人物);综合的(作为艺术建构的人物)。② 这一阐释框架为讨论人物本身,以及人物与文本整体的关系提供了可能性。遗憾的是:费伦并没有进而发现行为与心理的内在关联,没有把关注焦点转移到人物行为上,没有发现行为语言所隐含的规范性,以及制约行为语言的历史性因素。

"行为"是关联人物与故事的中介,问题的关键是如何看待"行为":究竟是把行为仅仅视为一种叙事的结构功能,还是行为自身具有本体地位,一种具有丰富意义的"行为语言"。一旦赋予"行为"以本体地位,把"行为"同时视为表达意义的"行为语言",并将其作为叙事的逻辑起点,那么,"行为"就既表征着自身的社会历史意义,又表征着人物性格及心理,还赋予行为所构建的社会关系及世界以意义,进而决定着冲突的展开和故事的建构。

在行为语言中,最富有情感表现力的是"目光",就如布鲁墨所说:"我们把目光接触看得这样有价值,以至于我们根据一个人的目光就能判断出他的禀性。以我们的文化说来,我们认为一个人能直视你,那么他说的就是真话。而一个人眼珠转动,那么他准有心机暗藏、不可告人。你对目光接触是

---

① 〔美〕戴维·赫尔曼、詹姆斯·费伦等:《叙事理论:核心概念与批评性辨析》,谭君强等译,北京,北京师范大学出版社,2016年,第112页。

② 〔美〕詹姆斯·费伦:《作为修辞的叙事:技巧、读者、伦理、意识形态》,陈永国译,北京,北京大学出版社,2002年,第4页。

这样的敏感,一旦它离开,你立即便能觉察。"①逻辑起点的转移及对"行为"本身看法的转变,把"行为"从简单的结构"功能"中解救出来,同时视为表达人格意义的"行为语言",也是西方命运悲剧逐步转向性格悲剧的内在原因。

当我们把叙事理论聚焦于"行为"本身,行为就不再仅仅是"行动",而是包括姿态(动作的初始状态)、动作、表情等所有身体行为,在某种意义上,还可以包括言语行为。"个性不是实体,而是行为,是创造的行为。一切行为都是创造行为,非创造的行为就是消极性。"②深入探究行为本身,以此为出发点,我们不难发现:行为既积淀为人的内在经验,塑造着人的心理和性格,同时,又向外构建着故事情节,构建着时空体,成为个体与世界打交道的必然中介,并由行为及行为所展示的人际关系,进而构建起整个社会秩序,反映着社会历史状貌。从终极根源来说,人的内外两个世界都是由行为来塑造和建构的,行为是内外两个世界的中介。同时,也正是行为本身最为显著地体现着人的心理和个性,体现着社会历史性,体现着权力关系和意识形态规训。行为即人本身,它生动、具体地体现着人之关系的总和。人的所有一切,包括人的内在性,都经过行为的塑造并可以通过行为特征展现出来。"君子所性,仁义礼智根于心,其生色也睟然,见于面,盎于背,施于四体,四体不言而喻。"③当我们聚焦于"行为"本身,把它同时视为有意义的表达,实际上已经把"行为"作为"行为语言"来看待了。人自身,包括肉体和心灵就是由行为(行为语言)塑造的。叙事理论不得不抓住人之行为(行为语言),并以它作为自己的逻辑起点。

第三节　行为语言及其规范性

既然"行为"应该作为叙事理论研究的逻辑起点,那么,我们不得不暂时离开叙事学,先来讨论行为本身,并且由于行为同时被视为符号表征,视为"行为语言",它与规范性的关系就更加鲜明地凸显出来。在此阐释过程中,我们应该避免重蹈西方行为主义、新行为主义的覆辙。

---

① 〔美〕卡洛琳·M.布鲁墨:《视觉原理》,第 15~16 页。
② 〔俄〕尼古拉·别尔嘉耶夫:《论人的奴役与自由》,张百春译,北京,中国城市出版社,2002 年,第 24 页。
③ 杨伯峻:《孟子译注》,第 286 页。

一、阿尔都塞的"意识形态询唤"

行为(行为语言)作为个体与世界相关联的中介,它既体现着个体性,又体现着社会性。人的社会化实质上就是行为的社会化、角色化,是人在进入社会的过程中逐步接受了社会规训,进而习得了"社会规约"。这一过程是将原本外在的社会规约予以内化、习惯化、无意识化的过程,这也就是所说的耳濡目染、潜移默化。阿尔都塞把这一过程称为意识形态询唤和规训。在阿尔都塞看来,意识形态并非纯粹的幻觉和梦想,而是在历史上无处不在、无时不在的现实,具有现实的结构和功能。他特别强调意识形态的物质性,认为意识形态"具有一种物质的存在",并提出了"意识形态机器"这个概念。人作为社会性存在,不得不被嵌入物质的实践,这些实践受到物质性仪式的支配,而仪式本身又是由物质的意识形态机器所规定的,因此,他必然被纳入某种意识形态结构而受到规训,他的行为必须得到规范,必须符合他所处的社会位置,符合他的社会角色。

> 这个个人具有这样那样的行为方式,采取了这样那样的实践的姿态,而且,更重要的是参与了特定意识形态机器的某些常规实践,他作为主体在完全意识到的情况下自由选择的观念就"依赖于"这个意识形态机器。①

所谓的"主体"也就是意识形态询唤的结果,因为主体的"观念"存在于他的行为中,而只有按照意识形态体系所规定的角色规范,他才行动。除此之外,别无选择。因此,意识形态询唤功能就是构成"主体",是社会性对个体的入侵。所谓自由的主体就是"自由"地服从主体的诫命,"自主"地接受臣服的角色地位,只不过是"屈从体"。他自由自主地施行自己的行为,实质上,却遵循着早经社会设定的方式。他的姿态、动作、表情、言语,以及所有外在的行为方式或身体表演方式,乃至身体塑造都符合角色的要求。人的社会化就是行为的社会角色化。

二、戈夫曼的"文化构型"和布迪厄的"习性"

欧文·戈夫曼(Erving Goffman)则从符号学角度阐述了人类行为的符

---

① 〔德〕路易·阿尔都塞:《意识形态和意识形态国家机器(研究笔记)》,孟登迎译,载陈越编:《哲学与政治:阿尔都塞读本》,长春,吉林人民出版社,2003年,第357页。

号特征。他认为，不仅在舞台上演员扮演角色，即便是日常生活，每个人也都在表演社会赋予他的角色。

> 不同的社会群体都以不同的方式来表达诸如年龄、性别、地区、阶级地位等特征，并且，所有这些外显特征都是通过复杂的文化构型精心制作而成的，这种文化构型体现了一种适当的自我引导方式。因而，作为（be）一个特定类型的人，不仅仅要拥有那些所需的特征，而且还要维持他所在社会群体所附属的行为标准和外表标准。维持标准也属常规程序之列，表演者在一以贯之地表演这些常规程序时的那种不假思考的从容自如，并不能否认他是在表演这一事实，而仅仅只是他还没有意识到他已经在表演了。①

当人的言行举止成为一种有意义的符号化表演，行为在实质上也就成为"行为语言"，必须遵循"常规程序"，顺应复杂的"文化构型"，或者更确切地说，遵循特定角色的"社会规约"。如此，人才能成功地适应社会秩序，成功地与他人构成交流互动，成功地进入社会生活。只有习得特定的社会规约，人才能成为一个合格的日常生活的"表演者"，才能得心应手地扮演社会角色，才算名副其实的社会成员。

社会规约不仅对社会角色的行为（行为语言）做出规训，同时，也对不同的社会阶级、阶层做出区分。布迪厄就对西方世界的民众阶级、小资产阶级、资产阶级的不同习性做了深入分析。他列举了大量具体事实，进而指出："资产阶级举止的最典型风度是把风格置于首位，它可以通过动作、步态的某种幅度，尤其是一种克制的、节制的和坚定的速度被辨认出来，这种幅度通过在空间中占据的地位表明一个人在社会空间中占据的地位，这种速度与民众阶级的匆忙或小资产阶级的急切截然相反，体现了资产阶级使用语言的特点，在这种速度中显示出有理由从容不迫和占用他人时间的自信。"②社会规约既是社会结构、关系秩序的产物，塑造着不同阶级、阶层人员的身体和行为，反过来又成为区隔社会阶层的标尺，再生产着社会结构和关系秩序。

迈克·费瑟斯通（Mike Featherstone）沿袭了布迪厄关于"习性"的观

---

① 〔美〕欧文·戈夫曼：《日常生活中的自我呈现》，冯钢译，北京，北京大学出版社，2008 年，第 60～61 页。

② 〔法〕皮埃尔·布尔迪厄：《区分：判断力的社会批判》，第 337 页。

点,强调习性是人的"无意识的品性"和"分类的图式"。他说:

> 习性不仅在日常生活知识层面上运作,而且还铭刻在人们的身体
> 上……它流露于身体及其活动的各个方面:身材、体积、体形、姿势、步
> 态、坐姿、饮食的方式、个体可以宣称的对社会空间与时间的占有量、对
> 身体的尊重程度、声腔声调、说话方式的复杂性、身体姿态、面部表情、
> 对自己身体的安静感。所有这些都是关于一个人社会出身的习性的自
> 然流露。简言之,身体是一个人阶级品味(位)的物化特征;阶级品味嵌
> 入在身体上。①

习性就烙印着社会群体和阶级的社会规约,它以特定的社会位置和角
色规范制约着人的行为,塑造着人的身体,体现着纵横交错的社会关系,体
现着特定群体和阶级的品位。社会规约为每个个体的外表及姿态留下不可
抹去的社会标志。"这些社会标志从它们在区分的符号系统中的位置获得
它们的意义和它们的价值,它们构成了这个符号系统,而这个符号系统本身
与社会位置系统是同源的。身体乃符号的持有者,也是符号的生产者,这些
符号由与身体的关系记录在它们可被感知的实质里……作为社会产物,'人
格'的唯一可感的表现,身体被公认为内在本质的最自然的表现。"②个体的
习性和人格,个体与社会的整体关系都烙印在他的外表及姿态上,表现在他
可感知的行为方式(行为语言)上。

确如批评者所言,阿尔都塞的意识形态理论具有泛化倾向。我们提出
"社会规约"③的目的,就是避免意识形态的泛化。作为社会群体性存在,人
类从一开始就受到社会规约的规范,只有接受并内化种种规约,人才真正成
为人。社会规约充斥于社会的每个角落,贯穿于整部人类历史,始终与人类
为伴。意识形态的形成则需要条件,它只是在人类群体出现分化而构成阶
级之后才产生的,并且意识形态就渗透在社会规约之中,它扭曲并利用社会
规约来规训人。正因如此,意识形态才无处不在,又隐蔽不彰。它被纳入身
体内部,不知不觉地规范人的行为(行为语言),塑造出特定社会历史中特定

---

① 〔英〕迈克·费瑟斯通:《消费文化与后现代主义》,刘精明译,南京,译林出版社,2000 年,第 132
页。

② 〔法〕皮埃尔·布尔迪厄:《区分:判断力的社会批判》,第 300 页。

③ 我们提出的"社会规约"以及其他"规范性"都并非指抽象的"规律"或"规则",而是指"范例性"。
具体见〔美〕尼尔森·古德曼:《艺术语言》第二章第三节"例证关系",褚朔维译,北京,光明日报
出版社,1990 年。

群体的行为特征。

三、社会规约：行为语言与社会秩序的枢纽

福柯提出的"文化权力"则从另一个角度阐述了身体及其行为的塑造。他认为，主体只能处于人际关系之中，这种关系背后交织着极其复杂的权力关系。在评述福柯思想时，皮埃尔·马舍雷（Pierre Macherey）指出：成为"主体"，其意思就是"服从于"，这不仅是在纯粹的支配关系中服从于外在秩序，也服从于个体嵌入"规范性装置"的秩序。正是这个装置将个体生产和再生产出来，并将他们转化为主体。

> 在生产和再生产主体的过程中，规范从来没有表现为一种特殊的指令……因为规范是深深扎根于主体之中，以主体的名义普遍地反映出主体，随后规范还"命名"了主体，即把他们任命为主体，给他们指定行动的准则，主体还认识到这是他们自己要遵循的准则。①

社会规约具有巨大、隐蔽的规范力量，人只要踏进社会，也就嵌入了"规范性装置"，他自愿自主地行动，却融进了这个装置，其行为适应了这个装置。阿尔都塞所说的意识形态或福柯所说的文化权力就隐藏在这个装置中，隐藏在社会规约中，它们无所不在，暗中有效地发挥作用，并且这种作用不仅是限制性的，还是建构性、生产性的。当我们把行为（行为语言）视为人与社会的中介，也就意味着行为（行为语言）不仅受到社会规约的规训，同时向内塑造着人的心灵，塑造着人的无意识，塑造着人的身体，塑造着人的个性。行为及社会规约转化为人的内在性，积淀为人的"第二自然"，构成了人本身。因此，意识形态和权力关系就已经镶嵌在人的行为（行为语言）中，随同人的行为（行为语言），自动地得到了实施、播撒、扩散。

社会规约是历史性、多元性、语境性的，它本身是复杂交织的多维度的网状结构。由于社会规约本身是按照社会秩序来调节人际关系，因而，不同的关系也就规定了不同的行为规范。譬如，在父母面前你是儿子，在妻子面前你是爱人，在儿子面前你是父亲，与朋友相处你则是友人，如果你是位教师，那么在学生面前你就是老师……在不同关系中你承担着不同角色，你同

---

① 〔法〕皮埃尔·马舍雷：《从康吉莱姆到福柯：规范的力量》，刘冰菁译，重庆，重庆大学出版社，2016年，第97页。

时兼具各种角色规范,不假思索、自然而然地会按照特定语境中的角色规范行事。随着语境及关系的变化,你不必刻意而为,而是无意识地按照特定规约自动改变自己的行为方式。从这个角度看,社会规约并非一个个独立的角色规范,它不仅仅受到历史传统的塑造,也不仅仅是社会群体内部相互效仿而生成,而且受制于各社会群体之间的关系,是不同群体、不同角色相互关系的产物,是社会协商的成果,本身就体现着社会秩序和纵横交错的社会权力关系。不同的行为方式就取决于人在社会结构中的位置,与社会关系、社会秩序密切关联,交相影响。其间,社会规约是枢纽和关键:社会秩序通过社会规约来规训人的行为(行为语言),维护既定社会秩序,而人的行为(行为语言)的变化又通过改变社会规约来调整社会秩序。社会规约最充分、最集中、最敏锐地体现着特定社会的历史特征。所以,《礼记》说:"无节于内者,观物弗之察矣。欲察物而不由礼,弗之得矣。故作事不以礼,弗之敬矣;出言不以礼,弗之信矣。故曰:礼也者,物之致也。"①

安东尼·吉登斯(Anthony Giddens)则进而阐述了社会结构与人之行为彼此建构的关系。他认为,一方面,社会结构是通过社会行动者的持续行动所构建的,行动再生产或修改着社会结构;另一方面,社会结构为人的行动设定了规则,对行为做出规范。其实,连接行为与社会结构的枢纽正是社会规约。无论是社会结构对行为的塑造,还是行为对社会结构、社会秩序的影响,都通过社会规约起作用,社会权力则借助于改变社会规约来改变社会结构、社会秩序和人的行为。社会规约是协调人与社会的中介,也是文化权力操纵的关键。

四、康吉莱姆的"生命的规范性"

从根本上说,人的个性是在行为中得到表达的,或者说,是由行为语言表达的。人的经历的不可重复性和处境的不可复制性,是个性独一性的根源。在人的社会化过程中,社会规约固然规训着人的行为,但是,每一个人却是以独一的方式体认社会规约,并以独一的方式分享社会规约的。"如果人仅仅是同一个模子无休止的重复和复制,其本性或本质像任何其他东西的本性或本质一样,对所有人来说都是相同的和可预见的,那么行动就是一场不必要的奢侈,一次对普遍行为规律的任意干预。"②社会规约并非作为

① 胡平生、张萌译注:《礼记》,第 463 页。
② 〔美〕汉娜·阿伦特:《人的境况》,王寅丽译,上海,上海人民出版社,2009 年,第 2 页。

一种外在的固定模子来模塑统一规格的个体，它本身就是在社会关系中被生产出来的。社会关系既生产着规约，也生产社会化的人，反过来又作用于社会关系本身。社会规约就存在于具体的社会关系和社会秩序中，处于历史传统与现实关系的交接点，并以独一的方式体现于每一个具体的人的具体行为，也就是行为语言中。当每一个人都以独一的方式分享社会规约，也就只能成为不同的个体，因而人是复数的。除此之外，在每一个人身上总是残留着未被社会意识形态驯服的独立的东西，一种抵抗既定社会秩序的残存，甚至与社会秩序格格不入的残存。"复数性是人类行动的境况，是因为我们所有人在这一点上都是相同的，即没有人和曾经活过、正活着或将要活的其他任何人相同。"①人是以自己独一的方式参与社会活动，独一的方式处理社会关系，独一的方式分享社会规约，因而表现出独特的个性。人的行为虽然不得不适应社会规约，却总是内含着某种个人独一的东西，某种未曾被社会驯服的东西。这种未被社会意识形态和权力驯服的行为语言所体现的，就是与社会规约相对的另一种"生命的规范性"。

乔治·康吉莱姆（Georges Canguilhem）提出"生命原初的规范化"这个概念。他认为：

> 并不是生命服从于规范，规范从外部作用于生命；而是生命的运动内在地生产出了规范……作为规范的创造者，生命体本质上就具有一种规范化的性质，这些规范也就体现出了构成生命体的正负极性（polarité）。②

显然，这种与生命体同时生成的规范性是不同于社会规约的，是生命体在适应自然的长期过程中自然而然形成的，即生命体顺应自然环境及节律而生成的自身约束和规范行为的机制，是维持生命存续的依据，事实上已经内化为生命的本能结构。生命的规范性不仅是人类种族遗传的结果，甚至还包含着丰厚的生物性。这是与社会规约具有不同的生成方向的规范性：其一以自我生命为出发点，另一以社会为出发点，但两者却并非总是相互对立的。在人类成长史中，社会规约是对生命的规范性的再生产、再构造。正如阿甘本所说的"赤裸生命"与"形式生命"，两者既相区别，又不能截然区

---

① 〔美〕汉娜·阿伦特：《人的境况》，第2页。
② 〔法〕皮埃尔·马舍雷：《从康吉莱姆到福柯：规范的力量》，第125页。

分,赤裸的生命无法从形式生命中剥离出来,生命的规范性也同样受到社会规约的压抑和塑造,一旦进入特定社会关系,生命规范性总是已经体现在人的社会行为中,它被重新构造和生产了。但是,对于每个个体来说,重构的方式是不同的。戈夫曼曾指出人的社会化的两极:个体完全投入自己所扮演的社会角色,或者是对之采取玩世不恭的态度。前者彻底内化了种种社会规约,随时在不同角色关系中征用不同规约,如鱼得水般适应了特定社会,他变得圆滑而世故、四处逢源,相反地往往忘却自己的自然本性。后者又是另一种状态,这并不是说,玩世不恭者的行为完全脱离了社会规约,而是说明他没有很好地内化规约,对于他的生命而言,生命的规范性具有至高权力,而社会规约则仍然还是"他者",是外在的、有距离的,甚至是个累赘和异数,与他的生命相抵触,于是他采取了不屑的玩弄态度。由于这种态度,他无法被纳入既有的社会秩序而成为玩世不恭的"零余者"。

由于社会规约是在社会关系、社会秩序中生产出来的,有着极强的语境性,它总是特定语境中的行为规范,离开特定社会语境,规约就不再起作用。因此,当个人从社会关系中逃逸出来,孤身独处,他往往也就不再受到规约的局限而听命于生命的规范性。生命的规范性是人类最为基本,也最为顽强的规范性,它时时寻求机会和空隙,企图突破社会规约的束缚而自由地实现自身。卢梭对孤独情有独钟,就因为孤独让他摆脱了种种社会关系和社会规约而充分体验着个体生命的自由(《一个孤独的散步者的遐想》)。与卢梭不同,《礼记·中庸》说"君子慎其独"则是担心:当个人独处而脱离社会语境和社会关系,各种社会规约也就不再具有强制性效力,一旦处在社会规约缺失的状态下,他就很容易放任自己的欲望,仅仅按照生命的规范性行事,因而丧失道德理性,所以必须时时提醒自己,警醒自己,即便孤身独处,也要惴惴然正襟危坐、道貌岸然。从这个角度看,生命的规范性与社会规约之间构成了张力关系,并且其关系主要是由语境调节的。从中也可以看到中西方不同的民族性格。

五、道德自律与智性规范

其实,人的实际行为的规范性还存在另外一种自主设定的类型,其中包含着康德所说的道德自律。人区别于其他生命体的主要特征就在于人有自己独特的语言。语言作为一种特殊的行为,即言语行为,是具有相对独立性的。独立性赋予语言以对象化能力。当人用语言叫出某物的名字,就已经把该物设立为人的"对象",人类意识及反思和理性能力也因此形成。由此,人才可以把自己的行为作为对象来反思，并为行为设立理由、目的和准则，使行为摆脱无意识状态和被动顺从环境的状态而具有自主自觉筹划的可能性，这就是人的道德自律性或超越性，是一种智性的规范性。这一过程也就是人按照自己的理想、信念和实践目的（或道德的或政治的或经济利益的或其他实用目的），运用言语行为对自我行为发出指令，有意识地干预行为，矫正行为语言，意图让自己成为"应该成为"的人（图 13）。正是言语行为的干预，打破行为的无意识的内在过程，改变行为的自动化，把无意识过程转变为有意识过程，重新调整和修正外在过程，使人有可能依据自己的信仰或自我设定的主观目的及规范来掌控自己的行为，以自由意志来决定自己的行为。

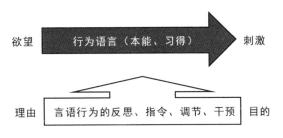

图 13　在人的行为过程中，言语行为对行为语言的干预

　　在这里，我们看到了行为语言与言语行为间的差别及联系，无意识与意识间的差别与联系。行为语言是由无意识启动的行为形式，它同时受到生命的规范性的制约和社会规约的规训，而言语行为则是人对行为的有意识干预。言语行为不仅为人之行为做出了解释，提供了理由，设定了目标和准则，还通过言语行为来影响，乃至指令、调节、干预行为。如果说，生命的规范性是生命体适应自然而形成的固有规范，社会规约则是人类参与社会活动过程的无意识习得，是不知不觉、潜移默化的社会化过程，那么，智性规范却是人类有意识地为自己设定的行为准则。它或体现为生命的规范性与社会规约之间发生矛盾冲突时所做出的协调，或直接表现为对社会规约的反思、对人性的理解和对理想信仰的追求而为自身行为设立法则。唯有人之行为才不是完全被动地适应环境，而是可以超越环境，人按照"应然"的方式为自己的行为立法，人成为有理性的生命体。因此，讨论人类行为及规范性问题，既不能以动物作为研究对象，又不能仅仅依据人的主观意愿，不能从单一角度去探索原因。这就是西方行为主义、新行为主义无法有效解释行为的原因。当然，言语行为的干预还可以来自他人，诸如命令、规劝、诱导

等,即奥斯汀所说"语言的取效行为"。

约翰·塞尔批判了大卫·休谟(David Hume)从经验论角度对"自我"所做的质疑,他认为:

> 自我是一个纯粹的形式概念……确切地说,它只是一种在合理性限制之下牵涉到组织其意向性之能力的形式概念,这些合理性限制包括采取意愿性的与意向性的行动,而在这些行动中,相关的行动理由并不足以从因果角度充分地确定行动自身。

在塞尔看来,人的行动不能单纯从因果角度做出充分解释,因为行动还受到自我意识的限制,正是自我对合理性的理解限制着意愿性和意向性的行动。"当我参与行动的时候,我就承担了责任。"[①]这就是说,人的行为并非无意识的本能行为,只遵循必然性的制约,也非只是不自觉地顺从社会规约,而是同时受制于自我,这个自我应该同时具有意识、知觉、理性、参与行动的能力,以及组织知觉与理由的能力。具体地说,自我能够按照合理性为将来做出筹划,依照目的对自身行为发出指令,干预和重塑无意识行为,自觉自愿地以行动实施计划,并为行为承担责任。唯有人才具备自由意志。这也就是让-保罗·萨特(Jean-Paul Sartre)所说的"自由选择",并为自我选择承担责任。

人的行为选择总是包含着对预期结果的理性考量。"一名参与人可能选择的行动所产生的结果取决于其他参与人选择什么样的行动……每个人都必须根据他对其他人会如何做的预期来选择采取什么行动。"[②]在此,大卫·刘易斯(David Lewis)按照博弈均衡理论分析所提出的行为"惯例",就是我们所说的"智性规范",并且这种规范性是在人际互动的过程中构建起来的,同样离不开特定的社会历史语境。正是基于规范性(惯例),每个人才可能对其他人的行为做出预期,并对自己的行为做出选择。

马克斯·韦伯(Max Weber)曾将人类行为取向的根据划分为三个方面:"惯例、功效—规范成分和合法性—规范成分。完整的具体的秩序一般

---

① 〔美〕约翰·塞尔:《心灵导论》,徐英瑾译,上海,上海人民出版社,2008年,第259~260页。

② 〔美〕大卫·刘易斯:《惯例:一项哲学层面的研究》,方钦译,上海,上海财经大学出版社,2021年,第7页。

都同时包含这三个成分。"[①]其中,"惯例"相当于我们所说的"社会规约",而"功效—规范成分""合法性—规范成分"都属于"智性规范",是人自主地为自己设定行为规范,只不过其目的分别侧重于功利或伦理道德。在此,我们把两者归并为智性规范,不仅强调它对行为取向的规范,同时从整体上突出了人类意志对行为方式(行为形式),即行为语言的规范,是言语行为对自我行为(行为语言)的有意识干预,并且认为,即便智性规范是人理性地为自身设定的,它仍然自觉不自觉地以既成的社会规约为参照,并且不得不以社会现实作为自己的出发点。在长期的实践过程中,当人有意识地为自身设立的智性规范逐渐被某一社会群体所接纳,并被内化而形成群体习惯,转化为社会无意识,也就成为社会规约的组成部分。制度对风俗的塑造过程,就是智性规范转化为社会规约的过程。

六、三重规范性:生命的规范性、社会规约、智性规范

于是,在人身上就同时体现着三类不同性质的规范性——生命的规范性、社会规约、智性规范。这三者又都交集于人的实际行为,体现于人的实际行为,它们间的张力关系总是随着社会语境的变化而变化,进而决定着人的具体行为方式。反过来,这三种规范性间的博弈又成为推动人际关系调整和社会秩序演化的动力,同时引起社会规约自身的调整和变化。其中,生命的规范性是在生物体漫长的生存活动中积淀而成的,它构成了人的深层无意识经验;社会规约则属于社会无意识,人在社会化过程中,逐步接受了社会规约,重塑了自身的规范性,但始终无法穷尽无意识经验,无法完全取代生命的规范性,因此,相对于生命的规范性,它仍然是浅层次的无意识经验;智性规范则主要处在意识层面。尽管三者处于经验的不同层面,却又相互关联、相互渗透,共同作用于人之行为,并形成了张力关系。生命的规范性、社会规约、智性规范三者之关系与所处的社会历史语境密切相关。在特定的社会语境中,这三类规范性所构成的张力关系最终决定着人的实际行为,成为决定人之现实行为的内在逻辑及性格的内在逻辑。"具有特定结构和行为的个体,它的存在形态取决于有着特定结构的社会,因为只有在这样的社会里,发展出它的某些特征才是有利的,反过来说,社会秩序又是个人

---

① 〔美〕塔尔科特·帕森斯:《社会行动的结构》,张明德、夏遇南、彭刚译,南京,译林出版社,2012年,第731页。

在社会中发展出来的这些行为常规的结果。"①如果说,生命的规范性是行为动力及原初形式的来源的话,那么,社会规约则重塑人的行为形式,引导着人的社会化,而智性规范则超越既成的生命规范和特定的社会规约,成为人类实践自己的自由意志,提升自我品格的根据,并最终促成社会规约的变更。

人们所说的理智与情感的矛盾,实质上,往往是个体生命的规范性与智性规范之间的冲突。一方面,这种冲突导致行为(行为语言)不再仅仅听命于生命的规范性,无法依从无意识经验顺畅、自然地施行,个体生命力受到阻滞;另一方面,智性规范又欠缺实施指令的意志和强制性力量,因此堕入内心矛盾。这也就是本然与应然的冲突。冲突双方形成了不可缓和、不可调解的张力,人之行为也处于难以抉择的两难困境。

原生性符号活动,包括行为语言和言语行为,是关联人的内外两个世界的中介,它同时塑造和构建着这两个世界,不仅是人的外在世界,人的内心世界也必须借助于符号活动,以及各种规范性来做出解释。

第四节　社会规约:打开叙述学新的历史视野

一、三重规范性构成的张力与人物性格逻辑

在叙事作品中,人物之行为(行为语言)同样关联着他的内外两个世界,行为(行为语言)所包含的三重规范性之间的博弈关系则决定着人物的行为走向,不仅决定他"做什么",还决定他"怎么做",三者间的张力关系就构成了人们所说的人物性格逻辑。维特根斯坦说:"所有画像的可能性,我们的表达方式的全部的图像性质的可能性,都在于描画的逻辑。"②对于人物形象而言,"描画的逻辑"就根源于三重规范性间的博弈,它们构成了人物行为及性格的复杂性,却又凸显出"这一个"的独特性。托尔斯泰笔下的安娜·卡列尼娜、鲁迅笔下的阿Q最终脱离作者原先的设想而按照形象自身的逻辑发展,背后正是这些规范性在起作用。作家在写作伊始一旦设定人物,人物的行为(行为语言)就已经不再完全听命于作者的主观意愿,而是同时由

① 〔英〕弗里德里希·冯·哈耶克:《关于行为规则体系演化过程的若干说明》,载《哈耶克文选》,冯克利译,南京,江苏人民出版社,2007年,第479~480页。
② 〔奥〕维特根斯坦:《逻辑哲学论》,第33页。

人物内在的规范性所规定。如果作家罔顾人物行为所特有的规范性,而是单凭自己的臆测展开描绘,人物就可能蜕变为任人摆布的木偶,作品则成为巴赫金所批评的"独白"。作家对体现于特定人物身上的三重规范性及相互博弈的把握程度,就决定着人物描写的生动程度,也决定着人性刻画的深度。而规范性中所包含的社会规约又最充分、最集中地蕴含着社会历史内涵,体现着人物的社会关系和身份特征,因为社会规约不仅是在社会群体内形成,而且如布迪厄所说,是社会阶层区分的准则,由此构建起社会秩序,因而社会规约最敏锐地预示着社会秩序和权力关系的变化,叙述学应该以行为(行为语言)及其规范性作为建构故事理论的逻辑起点。

梅洛-庞蒂说:

> 动作的沟通或理解是通过我的意向和他人的动作、我的动作和在他人行为中显现的意向的相互关系实现的。所发生的一切像是他人的意向寓于我的身体中,或我的意向寓于他人的身体中……动作如同一个问题呈现在我的前面,它向我指出世界的某些感性点,它要求我把世界和这些感性点连接起来。当我的行为在这条道路上发现了自己的道路时,沟通就实现了。①

个体的行为(行为语言)是"间性"的产物,总是体现着交际双方的具体关系,体现着行为的规范性,特别是特定语境中的社会规约。在文学叙述活动中,作家之所以能够写出活生生的人物,读者之所以能够理解人物,并且作品诸人物之间能够形成互动交流,不仅只是双方对语言意义的理解,最根本的原因就在于行为本身是包含着意义且可理解的符号活动,是行为语言,它们都分享了包含着社会规约的规范性。

"个体是一定社会群体的成员,他的行为只有根据整个群体的行为才能得到理解,因为他个人的动作包含在一个范围更大的、超出他自身并且牵涉到该群体其他成员的社会动作中。"②米德所谓"社会动作",实即遵循社会规约的行为。正因为人之行为隐含着规范性,特别是其中的社会规约,作家的叙述和读者的阅读才有了基础,双方才可能对人物的一举一动、一颦一笑都心领神会,从而实现有效的交流。这也决定了当作家缺乏生活体验,不熟

---

① 〔法〕莫里斯·梅洛-庞蒂:《知觉现象学》,第 241 页。
② 〔美〕乔治·H. 米德:《心灵、自我与社会》,第 6 页。

悉某个社会群体,不了解这个群体的行为规范,也就无法描述他们的生动形象。只不过社会规约是在人们日常活动中习得的,它不自觉地规范着人的行为语言,深嵌于每个人的身体,塑造每个人的身体,成为一种集体无意识,以致人们虽然每时每刻都与它打交道,每一举动都体现着它,却常常未能意识到它的存在。

在《论艺术的假定性类型和文学的真实性形态》中,钱中文阐述了文学艺术的假定性与真实性之间的关系。他认为,文学艺术利用了象征、比喻、夸张、变形、幻想、荒诞、神话传说等各式各样的假定性手段。一方面,假定性是文学艺术存在的必要条件。没有假定性,也就无法实行创造,因为如果文学艺术等同于现实本身,它就成为现实的累赘,失去存在的理由了。另一方面,文学艺术又源自生活,包含着生活的真实。失去真实性,文学艺术的感染力就丧失殆尽了,也就无法引起欣赏者的心灵共鸣。那么,如何才能将假定性与真实性相互结合,主要桥梁就是行为的规范性。在文学艺术作品中,行为可以进行夸张和变形,甚至变得荒诞不经,却不能完全抛弃包含其中的规范性,即生命的规范性、社会规约、智性规范三者间相博弈共同形成的逻辑轨迹。只要人物行为符合这一逻辑轨迹,它就可以获得欣赏者的理解和认可,就可能引起共鸣。"假定性动作、声腔、表情,都是与人物的心理紧密结合着的,或者可以说,它们是一定的心理状态的特定表现形式,观众注意的重点,是假定性动作背后的人物心理变化。"[1]行为的结构也就是人物的心理结构。正是它的逻辑轨迹显示出人物的性格逻辑,也例证现实生活的逻辑,从而获得真实性。欣赏者就是依据其逻辑轨迹与自己的经验结构是否吻合来评判作品的真实性的。抓住这一逻辑轨迹,才能创造出具有真实性的文学艺术作品,并且越是深入地洞悉并揭示出各种规范性之间的紧张关系,就越加深刻地展示社会生活及人物的生动性、丰富性。

作家或读者常常是无意识地遵循行为的规范性,特别是社会规约来叙述和阅读,一旦完全脱离规范性及社会规约,叙述和阅读都将成为无法顺利完成的事情,或者使人物成为不食人间烟火的空洞符号。从这个角度看,行为语言及其规范性,特别是社会规约是叙事理论历史化不得不重视的要素,甚至是叙事研究的理论焦点和起点,它不仅深入揭示了文学与社会历史间的关联,还回答了叙事文学中人物描述何以可能的问题,回答了文学可能世

---

① 钱中文:《论艺术的假定性类型和文学的真实性形态》,载《钱中文文集》,上海,上海辞书出版社,2005 年,第 98 页。

界的构建问题。

　　比较复杂的是：社会规约固然是人物行为的结构要素，却只能体现在现实行为中，体现在具体的社会关系中，不能脱离行为和语境而被概括为抽象的规则，更不具备固定不变的法则，它是难以定义和描述的，是一个复杂多元的网络结构。社会规约处在历史传统与社会关系的交集点，既通过具体范例的传承而建构，又经特定群体内部相互认同及不同群体间相互协商而形成，由此成为同一群体成员凝聚和联系的纽带，并且体现着群体内部，特别是不同群体间的权力关系。只要个人踏入社会，他就已经处于错综交织的社会规约之网，同时，也不自知地处身各种权力关系之中。他可能身兼多种角色，种种规范都在他的行为上打下印记，在不同场合、不同的人际关系中，他不必刻意而为，往往自然而然地遵循着特定规范。同样，只要文学叙述涉及人物，作家也就无法避免社会规约，他总是自觉或不自觉地参照社会规约来描述人物及其行为语言。一旦作家抓住人物行为的独特性，也就抓住了行为所隐含的社会规约，抓住了历史传统与社会关系的聚焦点，在其背后展开了无限丰富的关系之网。从这个角度看，规范性，特别是社会规约是人物描述的重要依据，社会规约与生命的规范性、智性规范间所构成的张力关系主导着人物独特的行为，这就是人物性格的内在逻辑，也是人物与社会相关联的桥梁，并以个体独一方式充分体现着社会历史特征。由于社会规约具有普遍性，而人物又以自己独有的方式分享社会规约，因而，作品人物也就具备了"具体的普遍性"而成为文学"典型"。应该说，典型并非仅仅体现着普遍性概念的具体形象，而是以独有方式聚焦着极其复杂的社会关系和历史线索的生动形象，在他身上蕴含着各种规范性构成的张力关系，他以在场的有限形式展现不在场的无限意义，以独特的个体暗示错综复杂的社会矛盾，以所构建的可能世界例证现实社会。作家就是通过聚焦于这个交织着各种规范性的形象来照亮整个社会历史的。

二、《训子记》：人物性格及故事的历史内涵

　　在苏童《训子记》中，主人公"马大头"马骏富有个性的行为特征，就鲜明地体现着改革初期的时代性。马骏有一套喝酒解酒的秘诀，他放弃了厨师职业去海鲜城当"陪酒员"，还特地印制了名片。尽管只是陪酒，却可以因此周旋于一群刚刚发家的小老板之间。他身穿绛红色制服，胸挂陪酒员小牌子，忙碌地穿梭在各个包厢中，也懒得搭理自己的街坊邻居，就像个大明星耍大牌的做派。可是，就因为"职业"的变化，马骏与盲人父亲马恒大发生了

冲突。自从眼睛瞎后,马恒大不得不由"外交"转为"内政",专心监督儿子、孙子的生活,终于,他发现儿子竟然去干陪酒的行当。马恒大生性粗鲁、凶悍,却有着自己的做人准则,在他看来,马骏去当一个不干活白喝别人的酒白吃别人的菜吃大户的"酒司令"。"祖宗的脸面都让他丢光了!"马恒大摸黑去酒馆教训马骏,当众扇儿子巴掌。马骏即便再爱面子,再不愿意在人前认输,也只能老实承受父亲啪啪啪的巴掌,因为他是个"孝子"。马骏继承了父亲的性格,爱扇巴掌,爱骂人,爱充硬汉,讲究面子。他三个巴掌扇跑了老婆,为赌酒扇朋友巴掌,对自己的儿子也扇巴掌,唯独老老实实地挨父亲的巴掌。邻居帮他被打跑了的老婆说和,却被他痛骂一通,自己又不声言地去帮老婆推销假酒,最终因喝假酒过量而身亡。临终前,他唯一的愿望是打回父亲一个巴掌,发泄压抑了一辈子的情绪,但他举起的手还是软软落了下来:"不能打,你是我爸爸。"

其实,马骏所谓的"面子"就是他给自己的角色定位,他以这个想象的角色规范要求自己,只要自己的行为在别人眼中符合这一角色想象,他也就有了面子。他的所有言行举止都是以自己特有的方式执行的:他打老婆与爱老婆,反抗父亲与顺从父亲,甚至独特的陪酒方式,都显示了马骏为自己设定的角色特征,以自己的方式扭曲了既有社会规范。"生活情况、行动和命运的总和固然是个人的形成因素,但是他的真正的性格,他的思想和能力的真正核心却无待于它们而能借一个情境和动作显现出来,在这个情境和动作的演变中,他就揭露出他究竟是什么样的人,而在这以前,人们只是根据他的名字和外表去认识他。"[1]在马骏身上,既保留着传统的孝道和男尊女卑思想,又已经变色变味;既残存着民间底层的粗鲁,却又讲究身份和面子。他的角色本身就是个矛盾体:混迹于"有身份""有面子"的人中间,却做最没面子的白喝白吃的"陪酒员"。这是一个社会变革的过渡性年代,是个人身份瞬息沉浮,社会秩序和社会规约处于动荡重构的年代。社会秩序的重组造成社会的失序和混乱,以及社会规约的调整和改变,社会行为的失范。特别是市场经济对个人欲望的张扬,强有力地冲击着原有的行为规范。当金钱成为衡量人的价值的重要尺度,行为本身的人性意义就势必遭受贬抑。而所有这一切又都集中表现于人之行为,及其行为与种种社会规约的紧张关系中。同时,也只有在既定社会规约的背景下,那些失范的行为才有可能得到认识、评判和叙述。"由于身体可以变形,它也有利于弹性灵活的身份。

---

① 〔德〕黑格尔:《美学》(第一卷),朱光潜译,北京,商务印书馆,1979 年,第 277 页。

改变外表就是改变个性,这是整体中被改变的自我。给自己一个全新的'外貌'不仅重塑自我也是重塑内心。"①马骏这个人物之所以让人感到可笑可恨又可爱,就因为他以自己特有的方式或迎合或违犯了原有的社会规约。

"人类行为是作为整个社会系统的一部分而程序化——因此这种程序化具有历史和社会规定性。"②作家苏童也正是自觉不自觉地以特定的社会规约为参照,才塑造了马骏及其他人物,才构建了这个故事,并且从这些人物的行为中展示出一个变革时代活生生的历史性。在小说叙述中,马骏并非直接指称现实社会中某个真实的人,而是作者创造的人物,一个具有个性的虚构人物。他的自相矛盾的行为不但赋予自身以鲜明性格,而且行为语言所揭示的社会规约例证了变革时期处于身份变动中的人群的特征,例证了这一特定社会的历史性。社会规约既体现在具体的、个别的人物行为中,又具有普遍的社会共享性,在其背后隐含着无限复杂的社会历史关系,为读者同时提供了明晰的想象线索和广阔的想象空间,它才是塑造人物、叙述故事、展示社会历史的最为关键的要素。比较而言,历史著作只重叙述故事而轻描述人物的具体行为,因而,也就不能揭示人物行为所隐含的社会规约,不能以具体生动的行为语言来例证普遍的社会现象,不能充分展示深层次的社会历史特征。正因如此,亚里士多德说:"诗比历史更具有真实性。"

三、"扁形人物"与"圆形人物"

"我们给予事物可表达性的根本模式是人体、人脸的表现性和行为方式。"③在小说叙述中,人物本身完全可以子虚乌有,而其行为却遵循包含着社会规约的规范性,如此,他的言行举止也就势必是合情合理的,人物形象则是有真实感的,并成为一个"熟悉的陌生人"。由于小说叙述抓住了人物行为背后的社会规约,而不是简单地模仿某个特定人物的行为,因此,作品所叙述的人物虽然不是某个真实对象,却又生动地例证了现实,深刻揭示了特定的社会历史现象,并且具有普遍意义。

假如文学作品着重遵从某一特定社会规约来叙述人物的行为,那么,这个人物就展示出相对单一的性格特征,他的所有行为都受到单一社会规约

---

① 〔法〕帕斯卡尔·迪雷、佩吉·鲁塞尔:《身体及其社会学》,马锐译,天津,天津人民出版社,2017年,第108页。

② 〔意〕苏珊·彼得里利、奥古斯托·蓬齐奥:《打开边界的符号学:穿越符号开放网络的解释路径》,第210页。

③ Anne Sheppard. *Aesthetics: An Introduction to the Philosophy of Art*. New York, Oxford University Press, 1987, p. 30.

的规范而成为福斯特所说的"扁形人物"。可是,人总是处在错综复杂的社会关系中,兼有多个不同的角色,这也就决定着他扮演不同角色时分享了不同的社会规约,分别展现出不同的行为方式。"在认定各种可察觉的身份、被赋予的或是自我界定的身份时,都存在着十分繁杂的游戏规则,规则如此之多,似乎并无规则可言。"①因此,所谓"圆形人物",也就是在叙述人物时,作家充分注意到人物本身就兼具多种角色,享有不同的行为规范,体现着多面的性格特征。当人物能够将诸多角色规范整合统一于己身,他就具备了性格的丰富性;而一旦各种规范之间发生冲突,人物也就患了性格分裂症。

从另一个角度看,决定人物性格多面性的原因,还在于人本身就存在不同层次的规范性——生命规范性、社会规约、智性规范,三者间构成了张力关系。这三类规范性之间的冲突,往往造成人物自相矛盾的行为方式和多面的性格特征。② 也正是这种冲突使原本处于无意识状态的社会规约得以彰显。唯当在社会规约被违犯时,规约才可能引起人的注意。"由成千上万的细节构成的全套行为系统代代相传,但谁也说不出其中的规律。只有在这些规律被打破的时候,我们才能意识到其存在。"③此际,规约不再被我们看作理所当然、自然而然的东西,不再属于我们自身,而成为行为的外在束缚,一种异己的东西。作家的敏感性就取决于他自身的生命规范性或智性规范与特定的社会规约构成尖锐冲突,于是,原本淹没于日常生活中被无意识化的习惯行为,开始凸显为意识关注的对象,展现出特有的意义深度,吸引他去捕捉和揭露那些转瞬即逝的行为及其规约,发掘种种规约所隐含的权力关系和意识形态性。

作家之所以需要"童心""赤子之心",就因为他尚未完全被社会所同化而变得圆滑、世故,各种社会规约尚未彻底内化而成为他的"第二自然",对他而言,社会规约仍然有着某种程度的外在性,与生命的规范性发生抵牾,以致构成冲突。如此,他才可能敏锐察觉原本隐形的社会规约,发现社会规约所具有的某些违背人性、戕害生命的弊端,发现包含其中的意识形态规训,并抓住具体行为对它做出描述、剖析和批判。自然,我们所说的规范性,

---

① 〔法〕阿尔弗雷德·格罗塞:《身份认同的困境》,王鲲译,北京,社会科学文献出版社,2010 年,第 6 页。

② 美国社会学家路易斯·A.泽克区分了"自我"的四个主要类型或模态:自然型自我、社会型自我、反思型自我、海洋型自我。(〔俄〕科恩:《自我论:个人与个人自我意识》,佟景韩等译,北京,生活·读书·新知三联书店,1986 年,第 221 页。)其实,这四个不同类型或模态的自我,正是由三种规范性不同的张力关系所造成的。

③ 〔美〕爱德华·霍尔:《无声的语言》,第 55 页。

包括社会规约，并非抽象的存在，而是嵌入于具体的身体行为中，成为本能和习惯，以个人独有的方式体现出来；作家对它的感受也仍然是对具体现象的感受，是生动而又朦胧的体验，是一种心灵受到强烈触动却又难以言说的觉悟，他被它深深吸引。至于人物心理也是行为塑造的成果，既来自生物体行为建模的塑造，又来自个体独有的经历。前者积淀为深层无意识经验，体现着生命的规范性；后者则构成个体独特的经验，是以个人独有的方式分享社会规约的成果。

第五节　规范性与可能世界叙事

一、文学的"可能世界"

哲学可能世界理论为文学叙事和文学虚构研究打开了新视野，文学世界不再被视为现实世界的模仿或反映，而是通过叙事构建了一个可能世界，这就有力破除了柏拉图、亚里士多德以来把文学当作现实附庸的观念。较于现实世界，文学的可能世界是一个更为辽阔、更富有创造性的领域，它为人的生存提供了更为多样的可能性。在概括模态虚构论的主张时，丹尼尔·诺兰(Daniel Patrick Nolan)说：

> 可能世界不是真实的存在，这也就是说，非现实的状态或非现实的情境是不存在的，当我们讨论可能世界之时，我们确实是做出虚假的断言(至少当我们讨论非现实世界之时)，可是，在我们所讲述的故事里，这些断言又是真实的，对于我们处理模态而言，这些故事是有效的。[①]

卢伯米尔·多勒泽尔(Lubomir Dolezel)则认为，文学的可能世界与现实世界虽然是相互平行的，但可以通过语义学通道建立"跨界"联系。可是，关键问题在于只依靠语义学通道是无法成功地跨界的，对人物、事件和可能世界的理解不仅是个普通语义学问题，更重要的是对可能世界结构原则的把握，即对行为(行为语言)及其规范性的理解。正是行为(行为语言)及其规范性既体现着现实的社会结构，又成为文学可能世界的结构原则。符号

---

① Daniel Patrick Nolan. *Topics in the Philosophy of Possible Worlds*. London and New York, Routledge，2002，p. 78.

活动,特别是行为语言及规范性才是现实世界与文学可能世界共同的结构要素,是双方相互参照、相互跨越、相互映射最重要的桥梁,只不过学者们把这个前提视作理所当然,并无意识化、自然化了,没有意识到这个不可或缺的要素。

"人类这一动物的特点是拥有建构无限可能世界的能力……只有人类可以建构无数真实或想象的、具体或幻想中的世界,而不是囿于一个单一的世界。"①文学的可能世界同样是由符号活动,特别是人物行为构建的。人物行为的可能性就决定着文学世界的可能性,人物行为所受到的制约和极限也就是文学可能世界的边界。② 据此,我们不难发现生命的规范性、社会规约、智性规范与构建文学可能世界(虚拟时空体)之间的密切关联。规范性既体现作品人物之行为、性格和心理,又揭示了特定的人际关系,揭示了社会关系及社会秩序。在文学创作中,三种不同规范性间的对话、协商和冲突,就体现在人物独特的行为(行为语言)中,体现在文学可能世界的结构特征中,并使虚构世界与现实世界相互贯通和映射。规范性是连接作品人物与现实人物、文学可能世界与现实世界间的纽带,是文学作品例证现实世界的关键因素。

二、现实主义文学世界与规范性问题

正如前文所述,人之行为(行为语言)同时受到生命的规范性、社会规约、智性规范的制约,由三者间构成的张力场所决定,并因此制约着人物行为逻辑,制约着故事情节的走向,制约着文学可能世界的建构。这三者间的张力关系就决定着文学可能世界的特性。这种复杂的张力关系不仅塑造着文学可能世界,同时塑造出特定的文学流派和文体,反过来,特定流派、文体的文学又对这种张力关系做出规定。尽管作家握有创作主动权,而当他一旦选择某种流派或文体,实际上就受到它的限制,进而受制于流派、文体预设的三种规范性之关系。譬如,现实主义小说就必须特别注重其中的社会规约,作品通过人物行为的细节描述,突出表现了生命的规范性、智性规范与社会规约间的冲突,凸显人物行为背后隐藏着的社会规约,揭示社会规约中的权力关系及意识形态性,及其对生命的压抑,由此实行深入的社会批

---

① 〔意〕苏珊·彼得里利、奥古斯托·蓬齐奥:《打开边界的符号学:穿越符号开放网络的解释路径》,第334~335页。

② 在此,我们把言语行为也包括在人的行为内。人的各种感觉,包括看、听、触、闻等,其背后都包含着建模活动,离不开行为语言、言语行为,都与各种规范性密切相关。想象同样如此。

判,因为社会规约本身就是在特定的社会结构、社会秩序和权力关系中被塑造的,深刻体现着各种社会关系、矛盾和冲突。

"一方面,社会规范决定了社会中的各种角色,通过社会等级制分出贵贱;另一方面,人们认识到他们具有共同的人性,这是一种'普遍的社会关联'。"①与此同时,也反过来体现着特定的社会结构、秩序和矛盾。社会规约恰恰处于社会结构、社会秩序与个人行为的中介位置,社会秩序通过设立规约来规训个人行为,而个人行为对规约的遵循则稳固着既定秩序,相反,对规约的违犯又必然冲击、瓦解着既定秩序。社会规约本身就是既定社会关系的规范,具有极强的语境性。因此,在作品人物展开自身行为之际,行为所包含的社会规约既内化为人物形象的社会性,又展示了特定的社会关系和社会秩序,构建了一个具有鲜明社会历史特征的可能世界。②

由于社会规约侵入身体行为之内,隐蔽不彰,在日常生活中被无意识化了,叙事就势必需要特别重视"细节"描述来聚焦、突出和放大行为本身,让行为语言凸显于眼前,揭示、彰显行为语言所隐含着的社会规约,揭示、彰显社会规约背后的社会权力关系,并予以评判。因此,细节描述对于现实主义小说有着非同凡响的重要价值。而作家对社会规约的敏感性和理解深度,就决定着文学作品的历史深度。

鲁迅小说《离婚》有这样一段描写:庄木三携女儿爱姑刚跨下航船。

> 船里面就有许多声音一齐嗡地叫了起来,其中还有几个人捏着拳头打拱;同时,船旁的坐板也空出四人的座位来了。庄木三一面招呼,一面就座,将长烟管倚在船边;爱姑便坐在他的左边,将两只钩刀样的脚正对着八三摆成一个"八"字……合船都沉默了,只是看他们。③

鲁迅举重若轻地描述了庄木三下船及乘客们的反应,寥寥几笔就把他们之间不平等的社会关系凸显出来:庄木三在乡里显然是颇有身份的角色。

---

① 〔美〕大卫·科泽:《仪式、政治与权力》,王海洲译,南京,江苏人民出版社,2015 年,第 84 页。
② 在西方学界存在一种以"转喻""隐喻"来区分现实主义与浪漫主义的观点,认为转喻通过相邻派生以达到写实效果,而隐喻则通过词汇变化以达到想象或超现实的效果。这种观点固然有一定的合理性,但仍然未能抓住不同类型小说世界的实质,更不能揭示文学可能世界与现实世界之间共同的结构原则。区分不同类型小说的核心要素在于规范性,正是规范性体现着现实世界和文学可能世界的结构原则。作家对规范性的不同理解决定着人物描述的特征,同时决定着文学可能世界的根本特征。
③ 鲁迅:《彷徨》,北京,人民文学出版社,1952 年,第 184 页。

乘客的殷勤态度,恭敬的言语和行为,特别是自觉地为父女俩让出"四人的座位",都体现出双方地位差别很大。父女俩的身体对船舱空间的占有方式,就已经宣示他们不同于普通乘客的特殊身份。爱姑那双"钩刀样的脚"表明她出身富裕、不必下地劳动的日常生活,但"摆成一个'八'字"的坐姿又透露出缺乏教养、漠视他人的骄纵个性。父女俩乡间土财主形象跃然纸上。待到庄木三和爱姑跨进慰老爷家的黑油大门,形势已完全倒转。面对团头团脸,身材魁梧,大圆脸上长着两条细眼和漆黑的细胡须,头顶是秃的,红润的脑壳和脸油光光地发亮,摩挲着"屁塞"的七大人,这位平时沿海居民对他都有几分惧怕的庄木三已经嗫嚅着说不出话来。原本要闹得"小畜生"家败人亡的爱姑也"打了一个寒噤,连忙住口,因为她看见七大人忽然两眼向上一翻,圆脸一仰,细长胡子围着的嘴里同时发出一种高大摇曳的声音来了……她觉得心脏一停,接着便突突地乱跳,似乎大势已去,局面都变了;仿佛失足掉在水里一般,但又知道这实在是自己的错"。[①] 对于庄木三和爱姑来说,七大人漠视他人的傲慢态度、不动声色的威严神情、高深莫测的姿态和动作,构成了一个陌生的神秘世界,更彰显着他的威权及双方的不平等关系,不得不令父女俩战战兢兢地屈辱服从。相对而言,庄木三与慰老爷两家之间虽然存在地位差距,但毕竟还可以攀上亲戚,爱姑甚至敢谩骂丈夫为"小畜生"。可是,他们与七大人的阶层相差悬殊,因此,父女俩的行为态度顿时全然改变,甚至畏葸地收敛起所有言行,俯首帖耳,恭敬局促,茫然僵立。社会规约是在社会群体间长期的权力较量和协商过程中建构起来的,正是社会规约与社会秩序、权力关系的内在关联,使双方根本不构成相互对峙的关系。

在《离婚》所构建的世界中,航船上的乘客、庄木三和爱姑、慰老爷和七大人,他们不同的行为方式都隐含着不同社会阶层的行为规范,并且这些社会规约体现着社会秩序和权力关系,用不着些微直接的正面冲突,就已经注定了谁优谁劣、谁胜谁败。社会空间本身就是交织着各种社会规约的网络,形成了既定的权力关系,并规训和塑造着空间内的每一个体,因此,无论是航船还是慰老爷家的厅堂都是一个"身体的等级空间,这个空间除了生物学的偶然之外,倾向于按照它自身的特定逻辑再生产社会空间的结构"[②]。

尽管现实主义小说所构建的世界并不等同于某个现实世界,仍然是文

---

① 鲁迅:《彷徨》,第 195 页。
② 〔法〕皮埃尔·布尔迪厄:《区分:判断力的社会批判》,第 301 页。

学可能世界,可是,由于作品人物行为(行为语言)所隐含的社会规约就来自现实世界,并折射着特定社会关系,因此,这个可能世界也就和现实世界建立了密切关联,并例证了现实世界,集中地反映着现实世界的权力关系和社会矛盾。两个不同的,乃至相互平行的世界,却因为存在社会规约这一桥梁,双方之间就可以相互映射和越界。

在鲁迅的小说世界里,我们看到中国现代小说的特征和整个时代的缩影:关于人物行动的叙述渐渐弱化,姿态、表情的描述愈加丰富,这也就是说,作家不但将关注焦点从"行为"转向行为表征的意义,即转向"行为语言",而且对行为语言本身的关注点也已经从"行动"转向"姿态"和"表情",特别是在那些抒情味浓郁的诗化小说中更是如此。如果说,动作的施行与故事情节的生成密切相关,动作总是引出事件,构成冲突,展开外在的故事情节,而姿态、表情则更多地表征着人物的内在状态,萦绕着情感氛围,促成小说表达的"诗意化"。并且原本随动作展开的时间之维,也因动作的弱化而趋向萎缩,让位于姿态、表情的空间展示,这也就为现代小说的"空间化"创造了条件(如鲁迅《示众》)。但是,它们都受到规范性的制约,透露出特定的性格特征及社会历史性。"有时候,一个手势或一个词即已足够。这就是生命的风格。它永远是暗含的,它使我们构成了这样或那样的人。"①这种转变充分体现着现代小说的特色,即从外在的故事情节转向关注人的内心世界,关注人本身,人及其心理而非故事成为小说的核心。这一转变恰恰又是现代社会来临的象征:个性觉醒、新旧思想冲突,势必凸显人本身的价值和内心世界的价值。同时,也是预示心理小说、意识流小说的前奏。当作家不再仅仅把自己的注意力从行动转向姿态和表情,而是越过了人物所有外在的行为语言,直接把叙述焦点对准内心世界,心理小说、意识流小说就出场了。

三、浪漫主义文学世界与规范性问题

浪漫主义文学则不同,对人物行为的描述往往更注重智性规范或生命的规范性,或者说,作品被置于智性规范或生命规范性的立场。浪漫主义小说中的人物行为往往超凡脱俗,或者返归生命本原状态,蔑视各种外在的社会规约而特立独行。对于他们而言,智性规范或生命的规范性有着至高无上的崇高地位,是个人行使自由意志或赢得生命自由而不得不遵循的。当

---

① 〔法〕吉尔·德勒兹:《在哲学与艺术之间:德勒兹访谈录》,第 136 页。

智性规范或生命规范性与社会规约发生冲突之际,为了反抗社会规约,个人甚至值得为此付出生命的代价,在这些人物身上或展现出英雄的神圣,或道德的辉光,或生命力的坚韧,或情感的忠贞,如歌德笔下的维特(《少年维特之烦恼》)和浮士德(《浮士德》)、雨果笔下的加西莫多(《巴黎圣母院》)和冉·阿让(《悲惨世界》)、德·缪塞笔下的福屠尼欧(《蜡烛台》)、郁达夫笔下的翁莲(《迟桂花》)……浪漫主义文学或为读者讲述了奇特浪漫的故事,或抒写了挑战社会陋习的独立情怀,或描绘了逃离现实拘囿的恬静的田园风光及异域风情,或演出了人性和理想遭受无情摧折的悲剧。即便人物的肉体遭到毁灭,人的生命本质和精神力量却因此得以彰显和永存。

席勒把文学区分为两类,指出它必须要么在感觉世界里,要么在理想世界里;前者即"素朴的诗",后者是"感伤的诗"。

> 在自然的素朴状态中,由于人以自己的一切能力作为一个和谐的统一体发生作用,他的全部天性因而表现在外在的生活中,所以诗人的作用就必然是尽可能完美地模仿现实;在文明的状态中,由于人的天性的和谐活动仅仅是一个观念,所以诗人的作用就必然是把现实提高到理想,或者换句话说,就是表现或显示理想。[①]

席勒把诗的世界划分为"感觉世界"与"理想世界",对于叙事文学来说,其核心在于究竟是按照现实还是按照理想来塑造人物,即人物的行为与三种规范性之间的张力关系如何调整。理想世界中理想化的人物,其行为势必以自己的智性规范(观念)为准绳,并置世俗的社会规约于不顾。施勒格尔(Friedrich von Schlegel)则把"自我限制"的价值,视为艺术家及每个人首要的和至关重要的、最必须的和最高的,他说:"因为无论何处,只要人们不对自己进行限制,世界就限制人们;从而人们就变成了奴隶。之所以是最高的,是因为人们只能在人们具有无限的力量,即自我创造和自我毁灭的问题和方面中,才能实施自我限制。就连一次不能随时随地、完全出于任意而自由中断的友好谈话,也具有某些不自由的成分。"[②]在现实社会中,人只能是某个特定角色,受到社会规约的规训,这是外在的限制,是与内在自由相悖

---

① 〔德〕席勒:《论素朴的诗与感伤的诗》,曹葆华译,载刘小枫选编:《德语诗学文选》,上海,华东师范大学出版社,2006年,第118页。

② 〔德〕施勒格尔:《批评断片集(〈美艺术学苑〉断片集)》,载《浪漫派风格——施勒格尔批评文集》,李伯杰译,北京,华夏出版社,2005年,第48~49页。

的东西,甚至与朋友、亲人相处也难以完全避免。唯有当人物按照自我意志行事,也就是以自我设定的智性规范对自我行为做出规定,才真正摆脱了奴隶地位,于是,他终于成为自己想要成为的人。浪漫主义文学就推崇这样以自我意志傲视各种社会规约的心灵自由的人物,由此构建一个理想世界。

四、怪诞世界、喜剧世界与规范性问题

巴赫金曾盛赞拉伯雷笔下的"怪诞世界"。他指出,中世纪和文艺复兴时期的民间笑文化形成了悠久的历史传统,在狂欢节广场庆典上,平民按照笑的原则组织节日生活,物质和肉体因素是作为包罗万象的全民的东西被看待的。人们摆脱了原有身份、等级关系、特权、禁令,摆脱了官方和教会的观点和立场,也摆脱了理性构建的秩序,怪异的身体、饮食、排泄、性生活在这里公开得到了渲染,神圣的被世俗化,崇高的被贬低化,精神的被肉体化,抽象的被物质化,价值被颠倒,世界秩序被解构了,由此构成了"怪诞世界"。在这里有着自然的、自由的、宇宙的性质,因为民间广场文化消解了种种习以为常的社会规约,颠覆了凝固的等级秩序,重新赋予人享受生命自由的机缘。

> 在狂欢节的广场上,在暂时取消了人们之间的一切等级差别和隔阂,取消了日常生活,即非狂欢节生活中的某些规范和禁令的条件下,形成了平时生活中不可能有的一种特殊的既理想又现实的人与人之间的交往。这是人们之间没有任何距离,不拘形迹地在广场上的自由接触。[1]

狂欢节广场的解放性质就起因于对种种社会规约的悬置和破除。人作为社会性存在,其行为无往不受到各种社会规约的制约,唯有私密场所才似乎为他留下了缺口,在这里,他可以仍旧享受着生命的自由,尊奉生命的规范性。自由的生命存在已然被压缩在局促狭窄的私密的洞穴内,而狂欢节广场却为人打开了另一个广阔的自由空间,一个看似怪诞的世界。在此,人的行为不再受到约束,既不必为自己设立智性规范,也没有外在的社会规约及种种强制性力量,唯有生命自身的规范性才享有至高无上的地位,并且在

---

[1] 〔俄〕巴赫金:《弗朗索瓦·拉伯雷的创作与中世纪和文艺复兴时期的民间文化》,夏忠宪译,载钱中文主编:《巴赫金全集》(第六卷),石家庄,河北教育出版社,1998年,第19页。

文学叙述中获得张扬和夸大。权力已经让渡给生命本身，人终于可以完全按照生命的节律行动，充分享受着随心所欲的自由。民间广场文化为我们提供了另一种生存方式，一种规约解体、生命解放的生存方式。正是在这种无拘无束的生存方式比照下，日常生活的不合理性，以及社会规约对行为的扭曲和对生命的戕害才得以凸显，隐含在社会规约中的权力关系才遭逢挑战。

表面上，民间文化似乎表现了社会底层怪诞的非理性生存方式，而实质上，却以夸张的方式吟唱生命之歌，赞美了真正的人性，以此揭露日常所谓"理性"的反理性实质，揭露习以为常、隐蔽不彰的社会规约所内含的荒谬性，揭露权力对人性的戕害。民间文化以"怪诞"的方式质疑并颠覆了习常所谓的"理性"，揭露出其中包含的"反理性"，重新恢复了身体、生命应有的地位。

相对于巴赫金所说的"怪诞世界"，喜剧作品则往往利用了"规约错置"。社会规约具有极强的语境性，总是与特定的社会历史语境、特定的人际关系密切相关，只能是特定语境及关系中的行为规范，它随时间、地点、环境背景、交往对象的变化而变化。喜剧人物则罔顾具体社交语境而我行我素，误用了与语境及关系不吻合的规约，由此陷入交往困境，凸显出行为的不合时宜而遭受挫折和嘲讽。

极为典型的是塞万提斯（Miguel de Cervantes Saavedra）笔下的喜剧人物堂吉诃德。他迷恋古代骑士精神，不合时宜、不顾场合，一概身体力行地履行骑士的行为规范，以至于四处碰壁，受辱受伤。与堂吉诃德的遭遇不同，恩斯特·凡德奎斯特（Ernest van der Kwast）小说《老妈的旅行箱》中的"我妈"恩斯特·凡德奎斯特太太却生活得有声有色。

凡德奎斯特太太出身于印度贫穷的大家庭，随丈夫移居富庶的荷兰而进入中产阶层，但是，少年时的经历所养成的行为习惯却始终追随着她。她虽然生性善良，却坚守一贯的生活习惯：买房子、买家具，买一切东西必定一再地讨价还价，绝不退让，砍价砍得工作人员几乎要晕倒；当从租客的口中听到"租户保护政策"，她气急败坏，愤怒地以印度特有的咒语和古怪手法撵走了租客；见到废弃的电器、旧自行车和各种各样废弃物，她都珍惜地捡回家，满足疯狂的"收集癖"，梦想有朝一日送给远在印度的亲友，还因搬运费太高而放弃来之不易的新居；她待人真诚，却把公寓看门大叔视为印度有钱人家的"高级家奴"，时不时地差遣他；她总是携带几只装满便宜货的大箱子旅行，还囤积了大量特价猫粮，却精心包裹，用作回馈邻居邀请她做客的礼品;她为智障的大儿子逐一向五十二个印度神灵祈祷,又遍求圣母、巫师、灵媒、骗子,内心深处始终有一座存储着希望的矿山;炫耀是典型的印度作风,每次她都要把"我"赢得的竞赛奖杯再三地向同学、老师、超市顾客和邻居炫耀,命令丈夫使劲按喇叭,开车在巷子里来回奔驰,自己像女王似的挥着手,让"我"把奖杯高举在窗外;为了证明自己曾经是很优秀的田径运动员,光着脚赢得了很多奖杯,还当众让别人看她脚上的老茧;甚至手握敲打人的擀面杖,撕碎丈夫"无用的"论文,把他喊作"新德里的一只老鼠"……印度文化及底层生活养成了"我妈"特有的行为方式,却与荷兰的中产社会形成了龃龉、碰撞,上演了一出喜剧。除了治愈智障儿子的奇迹没有出现之外,二儿子娶了穆斯林妻子,"我"退学当了作家,都让"我妈"十分愤怒,但是,由于她的固执、坚定和强势,几乎无往而不胜,她以固有的行为方式对待变化着的社会情境,以可笑的形象独自抵御众人的目光,令人既爱又怕。"不要把外界事物,尤其是别人的话当回事"——这是一条她一直遵奉的信条。① 正是这种行事原则使得她与周围环境扦格不入,凸显出行为的滑稽和可笑。

只要我们适应了生活环境,那么环境就会被我们习惯化和无意识化。恰恰是行为与环境不相协调,才使双方都得以凸显。因此,"规约错置"往往是一把双刃剑,它造成行为与环境间的冲突,既显示出人物不谙人情世故的行为的可笑性,反过来也质疑特定语境,揭示社会关系和秩序,以及社会规约本身的不合理性。"在观看喜剧时,引起观众发笑的唯一合理原因就是:观众在欣赏剧中的幽默。观众不会随着剧中人物一起笑,也不会取笑他们,而是对他们的戏剧动作——对戏剧情境、对剧中人物的举止和表情发笑,而且常常对他们的沮丧发笑。"②"规约错置"所造成的矛盾令欣赏者站在一个"外位性"位置,赋予欣赏者以反思的距离,这不仅衬托出人物行为的别扭、失衡,击中观众的笑感和幽默感,还在矛盾撕扯开的裂隙间迸放出强劲的生命力,让欣赏者洞悉真实的人性,由此对凝固的社会生活构成了冲击。

其实,所谓"规约错置"仍然是立足于既定社会立场做出的价值判断。当我们转而站在主人公的立场,主人公已经不再是嘲笑对象,相反,社会及其规约本身则成为剖析、批判的对象;而当作家把主人公的身体行为进一步放大,推向极端,也就进入了怪诞世界。正是怪诞世界将生命的规范性与社会规约的冲突推向极致,令我们不得不回归生命本身,以新的眼光评判既定

---

① 〔荷〕恩斯特·凡德奎斯特:《老妈的旅行箱》,孙远译,上海,上海文艺出版社,2020 年,第 112 页。

② 〔美〕苏珊·朗格:《情感与形式》,第 394~395 页。

的社会规约。在女性主义作家眼中就出现了许多"女性怪诞",如美杜莎、干瘪老太婆、胡须女人、矮人、疯女人、吸血鬼等。"女性身体在狂欢化中居于一种矛盾地位……女性怪诞身体的上和下之分具有绝对而严格的形构意义。上是天,下是地,地也是吞纳因素(对应阴性的坟墓、肚子)和生育、再生因素(母性的怀抱)。在这里,生命在其双重性及内在矛盾的过程中得以展现。这里没有任何现成的东西;这就是未完成性本身。和历史上无数对身体结构的贬低相比,狂欢化的身体赞美则更多来自对官方强制身体观念的消解与嘲讽。所以怪诞身体的表现形式不只是手段,还是一种要达到女性自我解放的目的。"①对身体结构和行为的分割、定义及褒贬,就来自文化权力,并借道于符号化及其社会规约隐蔽地施行。因此,狂欢化的怪诞身体就是对既定观念、权力、符号规约的抗争和解构,对身体的解放,以生命的规范性颠覆社会规约,让身体展现出它的多义性和未完成性。

五、童话、寓言世界与规范性问题

对于童话故事和寓言来说,三类规范性间的张力关系又迥然不同。童话往往有意简化、弱化社会规约,更重视生命的规范性,这就使人物行为更容易被缺乏社会知识的儿童所理解。即便叙述动物故事,这些动物的行为也分享了人的生命规范。童话世界就是一个讲述着天真的生命故事的世界。儿童之所以喜欢童话故事,就因为生命规范性早就烙印在幼小的心灵上,本身就是一种天赋,可以天然地引发儿童心灵的共鸣。这也是儿童更喜欢看动画片的原因。

比较而言,生命规范性往往是所有叙述活动必须遵循的基底,缺乏这个基底,人物的一举一动、一笑一颦都将变得莫名其妙。社会规约则相当于外在修饰,它重塑了行为,为行为添加了特定的社会地位、社会身份及角色的印记。而智性规范又是个体有意识地对自身行为的矫正,刻意地按照自己的理想来设计行为,充分体现着行为人的自由意志。正是这三者间的差异,使童话必须以最简化的方式抓住基底来描述人物,叙述故事,构建世界。从麦克卢汉的角度来看,较于"高清晰度"的现实主义作品,童话属于"低清晰度"的"冷媒介",需要儿童高度参与。这也就是说,它会充分调动儿童天然的行为语言记忆,使他不自觉地扮演"角色",陶醉其中。②与此同时,童话

---

① 曾军:《巴赫金对当代西方文学理论的影响研究》,北京,社会科学文献出版社,2021年,第239页。

② 此"角色"并非真正的"社会角色",而只是一个被极端简化的"角色"。

也恰当地传授某些智性规范,试图潜移默化地熏染儿童的习性,就如本雅明所说:"童话因为曾经是人类的第一位导师,所以直至今日依旧是孩子们的第一位导师……无论何时,童话总能给我们提供好的忠告;无论在何种情况,童话的忠告都是极有助益的。"①

和童话相仿,在寓言中,社会规约也受到简化。因此,寓言并不把自己局限于某个特定的社会语境中,其象征意义几乎笼盖了整部人类历史,成为人类生活的教科书。譬如卡夫卡的《变形记》对人之行为做了智性设计②:人变成了一只甲虫。这种变化超出了人类行为的可能性,违背了生命的规范性。但是,恰恰是这种违背构成人的生命力受阻、行动遭遇困境,以致本性被扭曲的深刻体验。小说并不注重种种现实的社会规约,人物行为已经从现实语境中抽离出来而进入一个不可能世界。然而,这种智性设计所造成的痛苦体验却又类似于社会规约对人的生命的压抑和摧残,并且是对现实压抑、摧残的极度夸张。因此,小说叙事就超脱于具体的社会历史语境,以更加显豁和博大的意义,成为隐喻整个人类困境的宏大寓言,而束缚生命本性的社会规约恰恰成为寓言所喻示和批判的抽象对象。

在三类规范性中,生命的规范性归属于最深层次行为语言记忆,是生物体长期的生命活动留给人类的遗赠,它可以超越地域和种族限制而具有全人类性。尽管生命的规范性不断受到人类社会的规训和重塑,却仍然沉睡在深层无意识之中,荣格称其为"集体无意识"。他说:"它与个性心理相反,具备了所有地方和所有个人皆有的大体相似的内容和行为方式。换言之,由于它在所有人身上都是相同的,因此它组成了一种超个性的心理基础,并且普遍地存在于我们每一个人身上。"③这种深层无意识(集体无意识)的内容又被荣格称为"本能行为的模式"或"原型",它不仅体现在古老的神话中,还由于它蕴含着深刻的生命特征和丰富的普遍意义,可以引发广泛而久远的共鸣,既容易吸引儿童,又成为伟大作品的标志。文学艺术作品只要表现了这种品质,成年读者也可以不断地从中挖掘出不竭的生命价值和生存智慧。因此,荣格说:

---

① 〔德〕本雅明:《讲故事的人——尼古拉·列斯科夫作品随想录》,载陈永国、马海良编:《本雅明文选》,第 309 页。

② 人有意识地为自己设立行为规范,并通过自由意志调整自己的行为,我们把这种规范性称为"智性规范"。与此稍有不同,作家不是顺从角色自身的行为方式,而是有意识地设定其行为规范,我们则称其为对规范的"智性设计",以此表示两者间的联系与区别。两者的共同点在于:它们都是人有意识地主观设定的。

③ 〔瑞士〕荣格:《集体无意识的原型》,载《心理学与文学》,第 52～53 页。

一个用原始意象说话的人,是在同时用千万个人的声音说话。他吸引、压倒并且与此同时提升了他正在寻找表现的观念,使这些观念超出了偶然的暂时的意义,进入永恒的王国。他把我们个人的命运转变为人类的命运,他在我们身上唤醒所有那些仁慈的力量,正是这些力量,保证了人类能够随时摆脱危难,度过漫漫的长夜。

真正伟大的文学家、艺术家就应该能追溯到无意识深处的原始意象,以此补偿我们今天的片面和匮乏,帮助我们寻找一条返回生命的最深的源泉。"这就是伟大艺术的奥秘。"①

六、神魔、科幻、心理世界与规范性问题

神魔小说和科幻小说又是另一番面目。作家对角色行为做了智性设计,甚至这种设计违反了生命的规范性,超越了生命规范性所设定的行为极限。譬如《西游记》中的孙悟空、猪八戒等,其神奇的行动能力都是人类或动物远不可及的。可是,即便他们有着猴子或猪的外形,其喜怒哀乐又仍然符合人性,符合人类的生命规范性。从这个角度看,种种对生命规范性的违反还仅限于对行为能力限度的超越,而非行为方式,即不是对行为语言的总体违反。否则,这些形象就不会获得读者的理解和同情。与一般小说相比较,传统科幻小说在对待生命规范性、社会规约、智性规范的关系上并没有特殊之处。它只是利用外在的技术手段来拓展人的行为能力。但是,关于后人类的叙事则不同。人-机结合的"赛博格"已经改变了人自身,也就是说,当机器植入人的身体,并成为人的身体的一部分,也就必然改变了人的行为能力及行为方式,不过,这些作品仍然类似于神魔小说,它们都通过对人物行为语言及规范的重新设计,最大限度地开拓了文学可能世界的疆域。

相对复杂的是意识流小说。当小说叙事从外在行为转向内在心理,注重人物心灵世界,似乎各种规范性也失去了存在的理由。"一旦叙事艺术家最终深入到心理的迷宫之中,便会发现那里面所装着的并非机械性的神奇之物,而是一个神话和魔怪的世界。幸亏有了弗洛伊德和荣格,弥诺陶洛斯(Minotaur)依然还活在那迷宫的深处。"②只要我们看到人的所有无意识和意识都来自行为建模和语言建模的塑造,是行为经验碎片、语言经验碎片积

---

① 〔瑞士〕荣格:《论心理分析学与诗歌的关系》,载《心理学与文学》,第122页。
② 〔美〕罗伯特·斯科尔斯、詹姆斯·费伦、罗伯特·凯洛格:《叙事的本质》,于雷译,南京,南京大学出版社,2015年,第213~214页。

淀的结果,那么,各种规范性对于作家的叙述和读者的阅读都仍然是不可或缺的,是我们理解这个"神话和魔怪的世界"的依据,只不过它们之间的关系相对间接和复杂。

> 意识通过符号活动而发展,这个过程的导向从外面到里面,从外在到内在,从公众到私人,反过来却不是如此。因此,意识是内在化过程的结果;这也就暗示着,为了了解意识,我们必须将眼光放到外在化过程,朝向社会世界和人际关系,而不是朝内。①

从根本上说,这一内在化过程的符号活动主要是由行为语言(行为)和言语行为(语言)共同承担的,它们共同塑造了人的内在性和私人性,我们只能通过行为语言和言语行为来领悟内在的、私人的隐秘心理,领悟意识流小说,因此,也仍然离不开规范性问题。在意识流小说中,外在形态的故事业已解体,实际上,无论外在世界还是内心世界都已经消解、融合于文学话语之中,通过话语流动来展现。

七、可能世界:三重规范性相交集的张力结构

在作家构建文学可能世界的过程中,同时交织着三类不同性质的规范性,它们构成了张力关系,分别烙印下了三种不同的逻辑轨迹,从而使文学世界变得极为复杂纷繁。而各种不同文体类型的小说对三类规范性之关系的态度和处理方式不同,则会创造出性质迥异的故事形态和文学可能世界。比较而言,这些色彩斑斓的可能世界与现实世界的联系也各不相同。小说叙述越是重视社会规约,所构建的可能世界与现实世界的关联就越密切,其蕴含的社会历史性就越深厚,对特定现实的批判力也越强。即便智性规范,也无法脱离特定的社会历史语境,它总是基于特定社会语境的规划,是对已有社会规约的回应或理性再造,是对生命规范性与社会规约相冲突的调解或刻意激化,在某种程度上体现着社会历史特征。这并不是说,在写作过程中,作家有意识地处理各种规范性,相反,他往往只关注那些感兴趣的人物行为。正是这些深深吸引他的行为,以及背后潜藏着各种规范性的复杂作用,构建起色彩各异的文学可能世界。一方面,作家的思想和文学习性决定

---

① 〔意〕苏珊·彼得里利、奥古斯托·蓬齐奥:《打开边界的符号学:穿越符号开放网络的解释路径》,第44页。

着他在三类规范性之间的立场选择,尽管这种选择常常出于无意识,却往往规定了他对文体类型的选择;另一方面,文体一旦确定,又反过来制约着作家的写作立场,制约着他对人物行为的描绘和可能世界的特征。

我们不难发现,在社会历史的断裂处,生命的规范性、智性规范与社会规约间的冲突最为尖锐。正是社会巨大变革导致原有的社会秩序重组和社会规约重构,于是,生命的规范性赢得了张扬自身的机缘,智性规范也夺得了重新自我设计的可能,各种社会矛盾和冲突因此更加白热化,并展演了一出出惊心动魄的生活戏剧,这一切恰恰为文学叙述提供了极为珍贵的"事件"。巴迪欧说:

> 在事件发生的源起中,真理的程序或者说类性程序,迥异于知识领域的积累⋯⋯真理包含着如下悖论:这是当下的某种新事物,某种极其少见的事物,某种例外的事物,这种新事物正好触及了真理的存在⋯⋯很明显,真理之源(origine)就是事件的秩序。①

在巴迪欧看来,事件出现在历史的断裂处,是一个例外。正是在历史断裂的缝隙间,各种规范性构成了明显的对立和冲突,它深刻地揭示着特定社会的历史性,触及了真理的存在。作家的敏感性就在于机敏地抓住历史裂隙中绽出的事件,以此来叙述自己的文学故事,构建文学的可能世界。

当然,这并非说文学话语分析已经不再重要,话语仍然是叙事理论分析不可或缺的层面,只不过话语分析也必须参照特定的社会规约,依据文本独特的叙述话语与特定社会规约间的紧张关系来做出剖析,从而窥见渗透其中的权力和意识形态性。② 这也就是说,权力和意识形态通过话语行为得以施行,而它的施行力必须依仗特定的社会规约获得保障,权力和意识形态就隐身于社会规约中。至于后现代"元小说"和"历史元小说"则是对小说和历史叙述的再叙述,其叙述话语被推到了前景位置,成为理论分析的主要对象。正是社会规约不仅为叙述话语的特定方式设立了规范,还为叙述话语的有效施行提供了条件,因此,社会规约也仍然是文学话语分析的理论

---

① 〔法〕阿兰·巴迪欧:《哲学宣言》,蓝江译,南京,南京大学出版社,2014 年,第 15 页。
② 文学话语作为一个有自身传统的特殊系统,与日常话语既相联系,又相区别,它所分享的社会规约(文化惯例)也就有所差异,或者更准确地说,文学话语分享了文学典范的话语惯例,这种惯例虽然继承了文学传统,而从源头来看,仍然来自社会规约。权力就是通过改变惯例来实现意识形态规训的。详见马大康:《文学行为论》第二章、第六章、第七章,北京,中国社会科学出版社,2017 年。

焦点。

可是，当后现代主义文学突出强调语言能指游戏，造成"话语膨胀"，弭平了文本深度，宣布了作家的死亡和解释的不确定性，瓦解了话语的规范性，于是，批评也就成为另一种语言游戏。即便如此，话语仍然无法完全摆脱规范性。反规范仍然要以规范性为背景和参照。恰如布鲁姆所指出的，其实，德里达对语言规范性持双重态度：既要解构规范，而又不得不依赖规范，否则，他只能放弃言说。离开规范性，语言就失去对话交流的能力，人就丧失言说的可能性，语言也就不复存在了。

第七章　数字媒介:符号生产与经验转向

麦克卢汉说,媒介是身体的延伸,媒介即讯息。这一广为人知的说法仍然需要我们做出重新阐释:媒介作为符号的载体,它在变化的同时就改变了符号结构,改变了人与世界的关系模式,并由此改变了人的世界和人自身的生存方式及经验结构。我们已经反复阐述了语言的诞生是人诞生的标志。文字和印刷文化的出现则助长了人的反思性,有效促进人的理性化进程,分裂了人的感官感觉,强化了人的思考能力和历史感,并使科学知识和历史知识得到迅速生产和积累。电子媒介则又修复了人的感觉融合。特别是数字媒介的出现是划时代的。它将全面更新人的存在及人的世界,重组时间和空间,重塑时空感,改变文化实践、文学艺术及审美活动。数字媒介对人类的意义是难以估量的,本书仅对此做出初步、简略的描述。

第一节　符号泛滥与意义、价值转移

一、物·媒介·符号·价值

认知符号学认为,符号首先是人与世界之间的"关系模式",是人把握世界的方式,这是人类,乃至生物体在长期的生存活动中积淀的经验,由此构成不同的关系类型,我们称之为"建模系统"。与"建模活动"相对应,"符号活动"则强调了符号作为意识对象的存在方式,凸显了符号的形式特征及意义,譬如身体行为、音响形象和文字,以及其他形式化的物理对象。所有这些媒介都以特定的符号形式体现着人类经验,包孕着人与世界的关系模式和解释方式,因此,人类不仅可以运用各种符号来把握世界,还可以运用它们来表述世界和创造世界。

媒介技术的发展不仅会带来符号生产和传播方式的变更,还会直接影响人与世界的关系模式和解释模式,影响人的感知、感受方式。"所有的科学(或者说技术科学)都是由人制造的,并且直接或间接地暗含了身体行为、知觉和实践。"①特别是媒介发生重大变革,就必然改变人际关系模式,改变社会组织秩序,改变人与世界的关系,不仅延伸了人的身体和感官,还将重塑人的感觉,改变人的经验和人的世界。

建模活动和符号活动只不过是同一活动过程的不同侧面,建模所强调的是活动过程的经验建构及经验类型,而符号则指这一活动形式及其解释。两者密切关联、相互依存,侧重点却存在差异。一方面,作为经验类型的建模系统,行为建模、语言建模及其他符号建模,都是在结构化、形式化的行为、语言及其他符号的施行过程中积淀而成的经验类型,它们就建立在结构化、形式化活动的基础上;而具有特定形式的符号活动,又必须依赖经验类型(建模系统)才可能有效施行,意义才可能得以生成。另一方面,人通过建模活动来关联世界、把握世界,是一个模式化、习惯化、无意识化的经验过程,人的世界虽然业已经过人的经验模式(建模活动)的建构,却显现为习惯化、自然化的世界,乃至被视为"本然"的世界。与此有所不同,符号活动往往强调人类借助于符号形式来解释意义及传达信息,或者赋予物质对象以特定的符号形式来重塑世界。这就不再是一种被动的对世界的感受和把握,而是转化为主动地表述世界,改造世界,逐步促成世界按照人的意愿及符号形式发生变迁,重新赋予物质载体以新的意义和价值。正是在这种意义上,人类文化活动才是真正创造意义的符号活动。然而,由于这个被符号活动重塑的物质世界与人的日常生活活动息息相关、相互交缠,符号重塑的世界常常湮没于日常生活世界。

在这种状态下,符号所指涉及解释的只是"物"的世界,以及投射在物上的经验类型,并且它虽然凝聚着人与物之复杂关系和多元经验,却首先体现为物的有用性,因为人从一开始就通过行为与物直接打交道,有着切身的关联,而利弊关系则是生存活动最基础的关系,因此,符号所指涉及解释的物的意义和价值,主要就是物的功用性。符号自身则成为依附于物之上的附庸,它被穿越了,"透视缩短"(加达默尔)了,仅仅体现为物的外观形式,而且形式本身的意义也已经被无意识化,符号则退化为关于物的空洞概念和区分标识。

唯有当符号活动不断强化符号的形式特征,将符号指涉从物转向符号自身,强调符号的在场性,引导人把注意力转向符号形式,凸显符号形式本

① 〔美〕唐·伊德:《让事物"说话":后现象学与技术科学》,韩连庆译,北京,北京大学出版社,2008年,第63~64页。

身的意义和价值,将符号与物质世界相分裂,将物质世界悬置,以新奇的眼光重新看待符号,一个陌生化的符号世界才能与现实世界隔离开来,并从物质世界这一背景中独立浮现出来。当符号世界足以充分诱发人的深层无意识经验,这个世界就不仅蕴含着人的经验、流溢着生命的光彩,还让人深刻体验到生命的丰盈和生存的真谛,体验到符号形式的深厚内蕴,这一世界就显现为文学艺术的审美世界。与此同时,物的身份也发生了蜕变,它丧失了本体地位,降格为符号的物质载体,降格为媒介。符号指涉的变化决定着物的蜕变,它是使物转化为媒介,使物贬值,使符号享有自身价值的根据。在这一过程中,我们看到了符号活动意义、价值与其物质载体的分裂及迁移。因而,任何成为符号及意义之载体,就是媒介。

当然,符号指涉"物"或符号自我指涉两者间并非水火不容,双方往往存在着转换关系。譬如建筑、广场、街景等,其特性往往就取决于人们看待它的方式:当人们被其外观所吸引,也就是符号指涉形式自身,展示形式的风格和意义,它们就成为可供欣赏的艺术,物则成为艺术表达的媒介;当人们整天活动其中,将其作为工作、生活的场所,而对符号形式已经熟视无睹,符号指涉就又重新转向物本身,体现为物的有用性,于是,符号本身也退化为一个空洞的标识。符号指涉的不稳定性,也决定着物与符号关系的双重性:它既是实用品,参与构成现实世界;又是艺术品,引领观赏者进入艺术符号的审美世界。

二、景观社会:符号意义和价值的转移

符号的意义和价值就来自对符号的解释和体验。麦克卢汉说:"价值并不是艺术品的固有属性,价值存在于艺术培养知觉的力量中。"[1]不仅艺术品如此,任何物品的意义和价值都取决于对物的感知、体验和解释,而对物的感知、体验和解释,本身就是物的符号化过程,生成于符号建立的关系之中,其意义、价值就镌刻在符号形式上。

对于早期社会而言,符号的意义和价值既指涉物又超越物,由此赋予物以神圣性,造就一个万物有灵的世界。工业文明彻底改变了这种状况,祛除了符号的灵光。在商品交换过程中,符号形式就依附于物质载体上,无论是物的生产还是消费过程,其符号意义和价值都直接指涉物本身,是对物本身的解释,对物的生产或消费的体验,并主要显示为物的有用性,而且这种价

---

① 〔加〕埃里克·麦克卢汉著,〔加〕弗兰克·秦格龙编:《麦克卢汉精粹》,第 507 页。

值又在物的交换过程得到固定或扭曲。随着后工业社会物质生产不断丰裕和商品交换高度发展，符号形式增值了，其意义和价值开始脱离并溢出物质载体，于是，意义和价值逐渐偏离物的生产或使用，离开物本身。特别是品牌和广告的出现，迅速改变了符号的意义和价值。品牌、广告只是徒具形式的符号，在这里，符号径自表演、飞扬跋扈，物是缺席的。人们解释和体验的纯粹是符号形式，而非物本身。丧失物质载体的符号，其意义和价值就失去其物的根基，因而变得随意和任性。自此，符号意义可以被反复不断地加以任意解释，价值也从物质载体向符号形式转移，物本身的意义和价值愈发萎缩，符号则不再宣示物质载体的有用性，它脱离了物而开始自我炫耀，让自身闪烁着夺人眼目的光辉。

电子媒介的诞生，迅速推进了符号生产和传播。由于符号摆脱了物质载体，而且其意义和价值暴涨，所以符号无止境地繁衍，乃至掩盖了物质世界。符号活动意义、价值与物的分裂和转移，必然导致生产方式的突变，它造就居伊·德波（Guy Debord）所说的"景观社会"和鲍德里亚的"超现实"。

符号活动意义、价值与物的分裂和迁移，无限抬高了符号自己的身价，造成了意义和价值的扭曲、畸变，以至于贬抑和抹杀了物质载体原本的意义和价值。这类似于路德维希·安德列斯·费尔巴哈（Ludwig Andreas Feuerbach）所说的"符号胜过实物"的状态，只不过这里不再是宗教的符号，而是商品的符号，归根结底是资本的符号。人们已经不再与物直接打交道，而热衷于与符号打交道。甚至连人自己也丧失其真正的意义和价值，显现为外在的装饰性符号（服饰、装扮、风度等）之意义和价值。符号与物相分离了，以至于物的世界仅仅残留下"表象"，现实则成为"景观社会"。符号不再是现实的表征，而成为恣意操纵一切的主导性力量。

以往，人的异化主要体现在社会分工，因分工导致人的"碎片化"（席勒），导致人性的片面发展和"异化"（马克思）或"单面化"（马尔库塞），而"景观"则占据了包括闲暇在内的所有时间和空间。正是在这里体现着权力利用符号对人的全面操纵，体现着符号背后更为诡秘、更为有力的意识形态操纵。景观以靓丽的身姿诱惑人心甘情愿地投身其怀抱，接受恩宠，接受爱抚，接受规训。所以，德波说：

> 景观是对宗教幻觉的具体重构。景观技术没有驱散人类将自己异化的力量投射其中的宗教迷雾；相反，它只是将这些迷雾降落到人们生活的尘世，并达到这样的程度——使生活最世俗的方面也日益变得暧

昧不清和令人窒息。代表对世俗生活整体拒绝的幻象天堂不再投向苍天,而被植入世俗生活自身。景观是一种将人类力量放逐到"现世之外",并使人们内在分离达到顶点的技术样式。①

这是资本发展的必然逻辑。当社会生产力愈益提高,产品愈益丰盛并超过必要的生存需求,生存压力就基本消失,匮乏时代已经逝去,生产与消费的关系也发生了逆转:不再是生产决定消费,相反,是消费决定生产。这是一个重大转变,商品过量生产引发更加激烈的竞争和对物的浪费。商品的有用性已经失去其重要性,符号自身的意义却跃居显著位置,符号价值超越乃至取代了物的使用价值。没有形式喧嚣的符号,物只能是缄默的,它湮没于商品的汪洋大海,失去了踪影,失去了现实的存在。符号瓦解了物的价值边界,无限生产和扩张着符号自身的价值。唯有借助于符号夸张地彰显自己的意义和价值,博取眼球,才可能确立物的存在,在竞争中稳操胜券;并且也唯有不断地更新符号形式及其意义和价值,才能造成物的浪费,为生产重新注入动力。符号象征着生活方式和品位,是身份认同的重要手段。符号时尚的更新、递嬗、变幻,刺激着人的消费欲望,成为消费社会极其有力的引擎。这是符号的意识形态规训,是资本隐匿在符号背后暗中操纵。正是在资本的呼唤和怂恿下,符号狂欢着侵占了各个领域而成为"第二自然",社会因此步入后现代消费社会。

德波说:"当经济必要性被无限的经济发展的必要性所取代,这只能意味着人类原初需要的满足(现在已很难遇到)就会被接连不断的伪需要的伪造物所取代,所有这些伪需要最终都被归结为维持自治经济(economieautonomy)统治的单一的伪需求。但是在它从不知不觉所依赖的社会无意识中显现出来的限度内,自治经济失去了与真实需要的全部联系。"②资本的本性是追求不断增值,即便现实的生产状况已经适应人们必要的生存需求,资本却仍旧要追逐经济无限增长。唯一的途径就是贬低产品必要的使用价值,无限抬高符号形式的虚幻价值,以符号的伪价值置换物本身的价值,以不断更新的炫耀的符号形式制造伪需求,最终以伪造物(符号)取代物本身,使物丧失与人的真实需要的联系,使人丧失直接面对物、面对物质世界的能力。不断滋生的广告、影像构成了景观社会,引导、塑造着

---

① 〔法〕居伊·德波:《景观社会》,王昭凤译,南京,南京大学出版社,2006年,第7页。
② 〔法〕居伊·德波:《景观社会》,第17页。

人的欲望,改变着人及其生活方式,于是,不再是景观来自日常生活,也不是景观装饰日常生活,而是日常生活仿效景观,景观塑造日常生活,日常生活本身就成为景观。

三、符号生产与"仿真时代"的新权贵

在《影像与模拟》中,鲍德里亚进一步将符号生产划分为四个连续阶段:仿象是对根本现实的反映;仿象遮蔽和颠倒着根本现实;仿象遮蔽着根本现实的缺席;仿象与现实没有任何关系,它是自身的影像。在这一过程中,符号从最初表现神圣的秩序,逐步演变为不再反映任何现实外观的秩序,而只是存在于模拟秩序中。符号生产失去了摹本与原本之间的联系,它不再需要以现实作为范本,而是符号自身的相互模拟和繁衍,由此开启了一个影像和模拟的时代。符号已经堕落为没有起源和现实性的仿象生产,它既不复制现实,也不指涉现实,而是以符号取代真实。"人为的符号之网与真实元素不可分离地纠缠在一起"①而构成了"超现实"和"仿真时代"。

> 仿真时代就这样通过以前矛盾的或辩证对立的词项的可互换性而全面开始了。到处都是以相同的方式出现的仿象:时尚中美与丑的互换、政治中左派与右派的互换、一切传媒信息中真与假的互换、物体层面上有用与无用的互换、一切意指层面上自然与文化的互换。所有那些伟大的人文主义价值标准,具有道德、美学、实践判断力的整个文明的标准,都在我们这种图像和符号的系统中消失了。一切都变得不可判定,这是代码统治的典型效果,它在各处都安居在中和与随意的原则中。②

如果说,机械复制技术曾经有效改变艺术生产和传播方式,既促成本雅明所称道的艺术的普及化和大众化,又造成阿多诺所抨击的"一体化",但这仍然只是一个渐变的历史过程,那么,电子媒介所带来的改变则是迅疾的:它重塑了人类生存的现实基础,以前所未有的方式和速度动摇了整个文明标准,改变了人文传统。符号的秩序替换了自然的秩序和社会固有的秩序,恣意颠覆了传统文化的秩序,对人类生存活动、文化活动和艺术活动造成了

---

① 〔法〕鲍德里亚:《影像与模拟》,载《生产之镜》,仰海峰译,北京,中央编译出版社,2005 年,第205 页。
② 〔法〕让·波德里亚:《象征交换与死亡》,车槿山译,南京,译林出版社,2006 年,第 7 页。

巨大冲击。尽管自然的秩序和社会的秩序原本都离不开符号建构，但是，这种符号秩序本身就来自人类经验，根植于人的本性，是在人类长期活动中建构而成的。然而，一旦符号离开物而被资本任意操纵，符号建构也就既脱离了物，又脱离了人类经验和人的本性，资本成为藏匿在符号秩序身后真正的谋划者。

在德波的"景观社会"的基础上，鲍德里亚进而提出"符号政治经济学"。他为"需求的意识形态"设定了四种不同的价值逻辑：使用价值的功能逻辑、交换价值的经济逻辑、符号价值的差异逻辑、象征交换的逻辑。并认为，在仿真时代，商品交换价值已经从使用价值转向符号价值。"符号的生产过程，源于对有用性的破坏（'炫耀性消费'，奢侈的价值）。'非生产性'消费（时间的消费，即一种炫耀性的无所事事与休闲），实际上是差异的生产：它的功能性差异成了一种地位上的差异（例如半自动洗衣机和全自动洗衣机）。在此，广告将有用的物的价值转变为符号/价值。在此，技术和知识从它们客观的实践中分离出来，被凸显差异的'文化'体系再发掘。"①自从符号离开物而享有自身的意义和价值，其意义和价值就失去根底而无限膨胀了，它篡夺了商品的解释权，排斥了物本身的使用价值，而以符号的差异性来彰显特定生活方式，区分使用者的地位和身份，施行一种新的身份认同。

自此，对商品的体验已经不再是物的实用性，而是其符号的炫耀性，甚至连符号自身的价值也已经消融于符号与符号相互区分、相互指涉的流通过程中。当商品交换蜕变为符号交换，当符号进入无限制的流通过程，符号的价值甚至已经不再取决于自身的形式特征及审美性，而是取决于符号的差异性，取决于人为（资本）设立的符号与符号间的逻辑秩序。并且这是一种隐蔽的权力操控，它用符号的差异逻辑建立起区分系统，以表面的消费权利平等来掩饰原先建立在资本占有关系之上的赤裸裸的阶级差异。"符码中隐藏了严谨的社会逻辑，虽然它从来不说出来，却可以依据每种社会地位的特殊逻辑来重建和操控。"②

符号的过量生产及对现实世界的覆盖，致使符号世界重新融入日常生活。这是一个符号生产从现实的日常生活世界分离出来，又重新回归日常生活世界的过程，也是日常生活被重新符号化、充分符号化的过程，不过，却是携带着新权力的回归，是秩序重组、颠倒的回归。符号已经由文化资本授

---

① 〔法〕让·鲍德里亚：《符号政治经济学批判》，夏莹译，南京，南京大学出版社，2015年，第157～159页。

② 〔法〕让·鲍德里亚：《符号政治经济学批判》，第17页。

予利用差异逻辑来确认地位、身份的权力,符号成为操控社会意识形态的新权贵。

四、数字媒介与"多重现实"

麦克卢汉曾对"热媒介"与"冷媒介"做出了区分,他认为,热媒介具有高清晰度的信息,而冷媒介则只有低清晰度的信息,更需要人的参与。较于口头语言,文字属于冷媒介,它需要调动个人的主动性,突出视觉的作用,激发逻辑性、理解力和思考力。正是在这种方式的参与过程中,个人的独立性和理性得到了发展,同时使传统的部落遭受瓦解。

因此,麦克卢汉说:

> 传统的部落和封建的等级制度,当它和机械的、整齐划一、重复使用的任何一种冷媒介遭遇时,都会迅速分崩离析。货币、轮子和文字都会分割肢解部落的结构。任何其他形式的媒介,只要它专门从某一个方面加快交换或信息流通的过程,都起到分割肢解的作用。与此相似,一种非常之大的加速现象,比如随电力发生的加速现象,又可能有助于恢复参与强度高的一种部落模式。

电视是不同于文字的"另一种"类型的冷媒介,它并不是如文字那样具有线性连续性,需要调动人的逻辑性、理解力和思考力,而是以大量的空白和统一的"场"来调动人的所有感官,调动人的激情,调动更深层次的行为语言记忆,要求人亲身融入,这就重新构建起一种高参与度的"部落模式"。"电瞬息万里的速度给今天普通的工业和社会行动赋予神话的特点。"①

20世纪80年代以来,随着数字媒介和互联网技术的迅速发展,彻底改变了符号生产和传播方式,进而改变了人类生活、文化实践和文学艺术活动。马克·波斯特(Mark Poster)按照媒介形态做出了阶段区分:在他看来,第一媒介时代是信息制作者极少而信息消费者众多的播放型模式占主导地位的时期;第二媒介时代则打破了信息制作者有限及传播的单向性,完全改变了信息生产和传播模式,改变了人际交往模式,其中数字媒介和互联

---

① 〔加〕埃里克·麦克卢汉著,〔加〕弗兰克·秦格龙编:《麦克卢汉精粹》,第246~248页。

网是导致变化的主要因素。①

数字文化开始全面渗透进日常生活的各个方面,有力地推动工业社会向信息社会转型,符号也因此获得了空前繁荣。电子媒介曾经以高技术门槛限制了大众参与符号生产和传播,而数字媒介则撤除这一技术门槛,使操作变得极其简易,让普通人都可以参与其中,只要拥有一个终端(电脑、手机或平板),就可以直接进行符号生产和传播。数字媒介造就了信息生产者的多元化、分散化,信息处理的智能化、海量化,传播渠道的交互化。数字媒介接纳了不计其数的符号生产者和传播者,他们不分时间和地域,不分地位、身份、种族、性别、知识程度,人人都可以参与信息生产、传播和交互,造就了一个众声喧哗的符号狂欢时代。

第二媒介时代构建拟仿文化(simulational culture)的力量很大。媒介对文化的介入程度变得如此强烈,以至于被介入事物甚至连假装未受影响都不可能。媒介往往会改变其所探讨事物,改变了原本(originals)与指称性之间的同一性,从这一意义上讲,文化越发具有拟仿性。在第二媒介时代,"现实"变成多重的了。②

这个由符号重构的世界是虚拟与真实相混杂并失去边界的世界,是一个无限多重的世界,现实因此丧失其稳固性;虚拟世界则为人提供了充满诱惑和崭新体验的机缘。穿行于虚拟与真实之间的人不仅容易失去身份的确定性,连个性、主体性也遭受解构的威胁。"虚拟现实是人们虚幻的想象之物,与真实的现实终究有所区别,这些想象之物激发游戏与发现,构成了想象的一个新层次。虚拟现实将人置于另类世界'之内',从而把文字的想象性和电影或录像的想象性向前推进一步。拟仿实践直接摆弄现实,它所处的位置就永远地改变了自我身份赖以形成的条件。"③人的身份和主体性是在现实的社会交往中逐步建构起来的,是在话语交流、对话中得以确立的。在交往和对话过程中,人既习得了社会规约(角色规范),又在与他人相互区分和自我认同中建构自我主体性;而虚构世界则奉行另一套交往规则,一套

① "第一媒介时代""第二媒介时代"是马克·波斯特根据媒介生产和传输特征做出的划分。1998年联合国新闻委员会年会把媒体发展划分为四个阶段——纸媒介的传统报纸、电波为媒介的广播、基于图像传播的电视、基于互联网传输的网络,并以"第四媒体"来命名互联网传输的媒体。根据内容需要,本章仍然采用波斯特的划分方法和提出的概念。

② 〔美〕马克·波斯特:《第二媒介时代》,范静晔译,南京,南京大学出版社,2005年,第42页。

③ 〔美〕马克·波斯特:《第二媒介时代》,第42页。

快乐的法则、生命的法则,也就是无法则的法则,离开现实社会,离开面对面的人际交往和对话,人势必失却构建身份和主体性的基础。一方面,多重的世界拓宽了人的生存空间并赋予生存方式以多样性,为人带来更多的发展机遇;另一方面,它往往会造就模糊的角色和分裂多重的人格,造就缺乏自我管理的个人——一个难以做出自我选择且担当社会责任的"非主体"。

> 符号的在场使得现实的不在场成为可能。书写、印刷、电子以及数字媒介各自以其独特的方式,极大程度地拓展了人类对于可能世界和现实世界的想象、表征以及交流的能力。媒介的在场不仅使得现实的不在场以及传播者的不在场成为可能,而且使得现实与传播者同时不在场也成为可能。①

传播技术每一次革命性发展,都大幅度改变着人与世界的关系、人与人的关系,也改变着人自身。当符号的在场和传播取代了人和现实的在场,确定性就消解了。相对于传统的符号生产,以及传播的权力集中和控制,数字媒介和互联网则打破了原有的种种垄断。人们曾乐观地预言,数字媒介和互联网将带给人类批判性思维、主动性、理性、民主、更高的自由度、全球化和文化多元。其实,任何技术都具有两面性:一方面,新技术确实将释放出诸多积极潜能;另一方面,也同样包含着隐忧,包含着非理性、蒙昧,以及更强有力的操控和文化冲突。数字媒介和互联网让人类不得不面对一个迅疾变幻、充满更多不确定性的世界。

第二节　媒介变革与经验的转向

一、"多重世界"中的不同"偶遇"

在评论唐纳德·霍顿(Donald Horton)和理查德·沃尔(Richard Wohl)提出的"类社交互动"(Para-social Interaction)时,唐·韩德尔曼(Don Handelman)认为,这一理论所存在的问题在于:并不存在一个所谓的"终极现实",因为我们的世界总是已经被各式各样的符号、影像所侵蚀和覆盖,实

---

① 〔丹〕克劳斯·布鲁恩·延森:《媒介融合:网络传播、大众传播和人际传播的三重维度》,刘君译,上海,复旦大学出版社,2012年,第7页。

际上,现实已经成为"多重世界",因此,把"类社交互动"与"面对面的互动"相区分的标准建立在区别终极现实与虚拟现实的基础上,也就失去了依据。他建议采用戈夫曼提出的"偶遇"这一概念,并认为可以用"虚拟偶遇"(virtual encounter)来描述观众与电视媒介间的互动。

电视属于一种"冷媒介",其荧屏采用的扫描方式包含着大量空白,它鼓励观众展开想象并做出创造性回应。观众的凝视仿佛像触觉,具有"穿透"电视荧幕的能力,重组了电视影像,打破了现实与虚拟的边界,营造了现实的深度,并充分调动观众内在的社交性与荧幕展开对话,让他享有了高参与度。荧屏不仅对观众完全敞开怀抱,更影响着观众的行为,强化观众重组自我的能力。因此,韩德尔曼说:

> 在我看来,"偶遇"理论的基本假设在于人类这一切存在领域内均具备互动能力;无论人内交流还是虚拟交流,其互动性丝毫不逊于面对面互动……因此,观众与电视屏幕的接触就是"货真价实"的互动行为,原因在于观众不但主动参与了图像的建构,更在自我内部通过人内互动的形式对整个过程作出了回应。[①]

霍顿、沃尔的理论固然存在缺陷,我们确实很难在终极现实与虚拟之间划出清晰的界线,但是,人们对虚拟互动的反响却仍然有别于面对面的现实互动,不能像韩德尔曼那样简单地予以等同。面对电视荧屏,观众虽然需要调动自我内互动形式对虚拟互动做出回应,以此来重构和理解电视影像,可是,虚拟互动并不迫使观众按照面对面的互动要求做出实际的行为反响。对于观看电视的观众来说,他抱有双重态度:既入乎电视荧屏之内,与影像融为一体,并调动了自我内互动形式,唤起了行为语言记忆,成为电视的深度参与者;又超然于影像之外,没有施行真实的身体行为,成为一个游离于电视荧屏之外的旁观者。他总是处身边缘状态和过渡性空间。正是这种双重态度使虚拟互动区别于现实的面对面互动,它虽然拓展了观众对人际互动的理解,开阔了社交眼界,却并没有实现真实的具身互动,没有如面对面的互动那样为双方施加了不可回避的语境压力,更不能让观众充分内化社会规约。这是一种性质有着重要差异的"虚拟偶遇"。这正是某些儿童电视

---

① 〔美〕唐·韩德尔曼:《通往虚拟偶遇之路:霍顿与沃尔的大众传播与类社交互动》,载〔美〕伊莱休·卡茨、约翰·杜伦·彼德斯、泰玛·利比斯、艾薇儿·奥尔洛夫编:《媒介研究经典文本解读》,常江译,北京,北京大学出版社,2011年,第153页。

观众成为"小大人"的原因：在观看电视过程中，他们已经打破年龄界限，踏进成年人的生活空间窥探秘密、展开互动，却依然缺乏真正有效的社会化。

在谈到如何建立人际关系的问题时，齐奥尔格·西美尔（Georg Simmel）指出：几乎没有什么人能够天然地从安全本能的角度确切知道个人心理特性的界限。虽然个人的身体界域可以相互区分，但是，个人的内在界域却无法与他人清晰区分。确立个人内在界域需要一个实际交往过程。"在我们熟悉的关系里，我们凭借渐渐地扩展权利与责任、凭借理解别人与被别人理解，以及凭借考查我们的权力和我们的情绪反应来为自己划定非常明确的区域。"①真实的人际互动建立在划定自我界域与了解相互关系的基础上，而虚拟互动恰恰豁免了双方的权利与责任，因而使参与者无法明晰地确立自我内在界域，无法真正实现社会化。虚拟互动必须结合现实的面对面互动，必须转换为实际的行为建构或成为现实互动的补充，才能为一个人的成长成熟提供帮助。

二、数字媒介的"脱域"功能

在谈到货币对推动现代化进程的作用时，吉登斯提出一个重要概念：脱域。吉登斯说："所谓脱域，我指的是社会关系从彼此互动的地域性关联中，从通过对不确定的时间的无限穿越而被重构的关联中'脱离出来'。"②货币作为一种具有约定价值的"象征符号"，一种便于流通的"一般等价物"，可以连接当时与日后、在场与缺席，因此，使远隔着时间和空间的交易成为可能，使交易能够从具体环境中超脱出来，从而成为一种时空延伸的有效工具。正是货币的脱域功能，有效改变了人与物、人与人的关系。它把农民从对土地的依附关系中解放出来，让他们即便离开土地仍然可以获取粮食及其他生活物资。正是这种变革使城市的聚集成为可能，使劳动分工得以迅速扩展，现代化得到有力推进。人与物的关系发生了变化，人与人的关系也变化了，人不再被永久束缚于家乡故土，不再被限制于有限的熟人社会中，他开始进入城市陌生人群之中，从事各种各样的劳动，扮演着不同的角色。一种全新的社会关系、社会秩序被构建起来了，并孕育出新的生产力。没有货币的脱域功能，就没有城市的诞生，没有真正意义的社会分工及角色扮演，也就不可能出现现代产业工人和现代知识分子。与此同时，人与人之间亲密

---

① 〔德〕齐奥尔格·西美尔：《空间社会学》，载《时尚的哲学》，费勇、吴蔡译，北京，文化艺术出版社，2001年，第41页。

② 〔英〕安东尼·吉登斯：《现代性的后果》，田禾译，南京，译林出版社，1990年，第18页。

的情感纽带却被扯断,被一种简化、抽象的数字关系、利害关系所置换。

相较于货币,数字媒介和互联网则有着更为强大的脱域功能。如果说,货币是从经济(商品交换)入手,然后逐步渗透到其他社会领域,带动各领域内部及相互关系的变化,那么,数字媒介则同时将不同地域、不同领域都纳入数字帝国之内,建立一种全新的普遍联系。

在这个极为短暂的时间内,以这些技术更新作为强大催化剂的第三次媒介形态变化,已经给几乎每个人、社会和文化带来了深刻影响。人类对于距离、时间和现实的观念本身,已经因刚刚出现并扩散到全世界的新媒介形式而发生了急剧的改变。①

媒介作为一种"模式化的强制",它介入人与人、人与物、人与世界的关系之中,以自己的模式强行改变着种种联系。在新建构的关系模式中,人所获取的信息成几何倍数增长,信息交流更加便捷,视野更加开阔,符号体验则愈加丰富多样,并让人具备"拥有世界的新基础"。与此同时,时间被无情压缩,乃至趋向于零,历史感逐渐流失,文化传统遭受断裂,代际交替愈加频繁;空间则无限扩张,行为建模因身体的缺席而遭受阻遏,情感因而被淡化和稀释。当符号失去物的根基,当面对面的交往被数字媒介所入侵,种种直接经验也势必被削弱。这不仅表现在商品交换过程中,还表现在其他领域,人人都生活在自己的网络王国,人与人、人与物的关系被数字媒介"抽象化"了。这是一个真实的人逐步隐失,真实的物渐次离去,只能与符号照面的世界。无论人对社会生活的切身体验,还是对自然的亲近,都被虚拟的符号世界逐渐蚕食。按照米德的观点,个人的身份是在社交互动过程中建构起来,并成为维系日常生活世界的基础,那么,当面对面的交流互动减少,行为建模受阻,身份感弱化,维系日常生活世界的纽带就松弛了。正如金钱的脱域功能推动社会关系和秩序的巨大变化,促成人的孤立化,数字媒介势必以更为宏大的力量全面改变社会关系,构建新的社会秩序。

三、数字媒介与经验的转向

麦克卢汉提出了"媒介即讯息"的观点,这不仅仅是说,媒介携带着新的

① 〔美〕罗杰·菲德勒:《媒介形态变化:认识新媒介》,明安香译,北京,华夏出版社,2000年,第88页。

内容，或者说媒介自身就增添了新的信息，更是强调媒介改变了人与物的关系，改变了人际关系及人与自身的关系，带来了新的感知尺度和模式。他认为，所谓媒介即是讯息只不过是说：任何媒介（即人的任何延伸）对个人和社会的任何影响，都是由于新的尺度产生的；我们的任何一种延伸（或任何一种新的技术），都要在我们的事务中引进一种新的尺度。"'媒介即是讯息'，因为对人的组合与行动的尺度和形态，媒介正是发挥着塑造和控制的作用。"①媒介在延伸人的身体和感官的同时，已经改变了人与自我、人与他人、人与世界之关系，不仅令人以新的尺度和新的模式来感受一切，还以新的尺度和模式重塑已有的经验。媒介重新改造了人的感知方式和经验。正是在这个意义上，麦克卢汉强调指出："媒介即是讯息。"

针对后现代社会，詹姆逊指出：

　　人类开始生活在一个非常不同的空间与时间、存在经验及文化消费的关系中……在这个新阶段中，文化本身的范围扩展了，文化不再局限于它早期的、传统的或实验性的形式，而且在整个日常生活中被消费，在购物，在职业工作，在各种休闲的电视节目形式里，在为市场生产和对这些产品的消费中，甚至在每天生活中最隐秘的皱褶和角落里被消费，通过这些途径，文化逐渐与市场社会相连。现代社会空间完全浸透了影像文化……②

这种变化是全局性、根本性的。我们并不关心由此引起的所有变化，而只是关注人的经验的变化。数字媒介强大的脱域功能，为人提供了从现实中脱身而出的可能性。这并不是说，数字媒介超量生产的符号和所构建的虚拟世界完全取代了现实，而是指这个虚拟世界强力挤压了现实，并且渗透入现实，以另一种符号的规则操纵着现实。它固然极大地开拓了生存的另一个维度，提供了一种崭新的经验，却也影响对现实社会切身而深入的体验。

数字媒介对虚构与现实之间的渗透和穿越，使那些沉迷于虚拟世界的人，几乎任何实际的物质需要都可以借助于网络世界得到满足，不会因此妨碍他们的正常生存。对于那些"宅男""宅女"，那些在手机陪伴下成长起来

① 〔加〕埃里克·麦克卢汉著，〔加〕弗兰克·秦格龙编：《麦克卢汉精粹》，第 227～228 页。
② 〔美〕弗里德里克·詹姆逊：《文化转向》，胡亚敏等译，北京，中国社会科学出版社，2000 年，第 108 页。

的年轻一代,虚拟世界具有非凡的魔力。"有了网络,感兴趣的东西通常只需要点击一下。对宇宙间所有有趣的事情进行评价,并与趣味相投者互相交流,借此对抗无聊,这已成为生命的主要内容。这样的生命造就了我们现在称之为后现代自我的东西——一种没有确切内容或延续性、只是不断接受新的角色的自我。""匿名的评论者无须承担风险。在审美领域的人保持了所有的可能性,却没有可以被失望、羞辱、损失所威胁到的固定身份。"①

尽管在虚拟的符号世界我们可以充当各种角色,享有不同身份,并不受拘束地自由转换,不断地构建新关系,体验新经验,而在实际上已经不复存在真实的社会交往。这是真实身体不在场的交往,因此不再受到社会规约和角色规范的束缚。② 即便视频交流,也仅仅是"非涉身的远程具现"。原本在面对面的社会活动中习得的丰富经验及社会规范,在虚拟的交往过程却成为累赘而被搁置了。人的社会化过程遭受严重影响。一方面,"宅男""宅女"们被虚拟世界所吸引,沉溺其间,参与直接的社会交往的意愿被淡化,社会交往能力被削弱;另一方面,社会交往意愿和能力的弱化,反过来又令他们惧怕深度参与社会,选择耽溺虚拟世界而不能自拔。这是"宅男""宅女"自我幽囚、恶性循环的现象。③ 虚拟世界赋予我们的是一种无拘无束的虚幻经验,而对于人类极其重要的社会经验则开始不断流失、萎缩了。这种虚幻经验并不是对原初经验的回归,而是对原初经验的臆想。在谈到电子媒介时,麦克卢汉说:"电子媒介构成了文化、价值和态度的全局的、几乎是刹那间发生的转换。这种巨变产生巨痛和身份的迷失。"④与此相比较,网络空间所带来的变化则有过之而无不及。

虚拟化对家庭组织产生了重要的影响。施蒂格·夏瓦(Stig Hjarvard)指出:

---

① 〔美〕休伯特·L. 德雷福斯:《论因特网》,喻向午、陈硕译,郑州,河南大学出版社,2016 年,第 100~101 页。

② 在虚拟世界中,虚构人物的言行举止虽然也要符合社会规约,但是,对于真实的参与者来说,由于他的身体是不在场的,因此他就不受社会规约的限制。

③ 卡内基·梅隆大学的研究结果表明:"更好地使用因特网,是与受试者们拒绝跟同一屋檐下的其他家庭成员沟通、与他们社交规模的降低,以及与他们沮丧和孤独程度的上升联系在一起的。"斯坦福大学的研究同样说明:"网络正在美国制造一波新的广泛的社会孤立,制造出一个支离破碎的、缺乏交流与情感的世界。"(〔美〕休伯特·L. 德雷福斯:《论因特网》,第 3~4、63 页。)麦奎尔则指出:"还有另外一种'认同'(identification)现象存在,意指某人深深地沉溺于媒介人物中,感到自己与媒介人物情感与共,声气相通,丧失了与现实社会的联系。这很可能导致个人的'身份遗失'(identity loss),以及对媒介的过度依赖。"(〔英〕丹尼斯·麦奎尔:《受众分析》,刘燕南、李颖、杨振荣译,北京,中国人民大学出版社,2006 年,第 147 页。)

④ 〔加〕埃里克·麦克卢汉著,〔加〕弗兰克·秦格龙编:《麦克卢汉精粹》,第 363 页。

一方面,所有这些意味着居家和家庭这一种制度的日渐重要,它使得我们得以接触和参与其他制度。另一方面,居家与家庭也随之发生了变化,因为尽管家庭成员居住在家里,他们却在精神上完全归属于其他制度。因此,制度的虚拟化意味着家庭失去了规范家庭成员行为的部分能力,而是转而由社会个人来决定他或她参与哪一制度,并据此相应调整行为。这也意味着制度语境不再由其所在的物理地址所定义,而是成为一个日渐由个体决定的问题。①

数字媒介的巨大吸引力,使原先最为稳固的家庭组织及成员发生了变化。尽管居家时间更多了,但实际上各成员却生活在各自的虚拟的符号世界,精神相隔更加遥远,成员间的亲缘情感淡漠了,行为规范被弱化了。这种变化同样存在于社会成员之间。当数字媒介有效拓展每个人的世界,增加相互联系的便利,扩大交往的范围和机缘时,它同时也使这一远程联系的实质性内容相对贫瘠了,并改变了社会成员相互关联的方式,遗失了现实的面对面交往所产生的经验。夏瓦将这种网络社交称为"弱社会联系",他说:"总体上而言,我们认为,媒介化刺激了基于弱社会联系的软性个人主义(soft individualism)的发展……家庭、学校和工作场所的强社会联系面临着来自媒介网络较弱的社会联系的日益挑战。而这些发展至少部分体现了个体的社会性格的形成——其习惯——已受到延伸和交互的媒介网络的影响。"②网络联系的多样化、便捷化与亲缘亲情关系的淡化,以及虚拟关系的理想性与现实关系的平庸性,不断侵蚀着传统家庭,成为滋生"一夜情"及青年人离婚率飙升的原因之一。更值得思考的是:与西方社会原本就强调个体性和契约关系相比较,一个历来注重亲缘亲情关系,缺乏个人主体性的社会,当遭逢网络虚拟关系的解构,将会面临怎么样的境况?

虚拟的符号世界是一个无须承担具体责任和风险的世界,长时间沉迷其中的玩家,很容易逐渐弱化自我道德意识和责任感。道德意识和责任感是在长期的社会关系中建构起来的,它与社会规约相适应,共同维护着特定的社会关系和秩序。社会语境和社会规约的缺席势必导致道德感、责任感趋于扭曲。一方面,网络空间充满着道德言辞,它们可以酿成巨大的网络力量,形成舆论压力,推动社会问题的解决;另一方面,这种道德往往极易变质

---

① 〔丹〕施蒂格·夏瓦:《文化与社会的传媒化》,刘君等译,上海,复旦大学出版社,2020年,第36页。
② 〔丹〕施蒂格·夏瓦:《文化与社会的传媒化》,第141页。

变味,它不再是自我用以自律的道德信念,而是针对他人的道德言说,由于脱离了具体的社会语境、具体的人际关系,以及个人的独特境况,这种挂在口头上的道德可以被拔高至严酷程度,对他人实施道德谴责、道德围殴、道德绑架,道德很可能沦为伪道德。网络建立了一个虚拟的"部落社会",就如麦克卢汉所说:"部落社会在道德上是极其严厉的,它会毫不留情地摧毁或驱逐违反部落价值的人。"①而在现实生活中,恰恰可能促使人蜕化为一个缺乏责任感、缺乏自律性的虚幻的自我,却又以自我为中心的孤独的个人。虚拟世界是一个狂欢化广场,在这里,被压抑的欲望得以偾张,激情得以宣泄,伪道德愈加嚣张,唯有理性却开始离席退场。

休伯特·德雷福斯(Hubert L. Dreyfus)认为:

> 当我们进入电子空间而放弃带有情绪和直觉的、有喜怒哀乐的、有实在性的自我,去追求人类从未有过的超凡的自由,那么同时我们可能失去一些关键性的体验:对事物层次和相关性的感觉,对成功和失败的体验,以及让我们体会到对事物存在的把握的感觉,等等。此外,我们可能尝试着绕过现实存在的风险,因而失去那些给予我们生命以意义的感受。②

我们的切身感受在现实世界中无时不在,归根结底是我们的身体亲身参与世界并赋予事物和生命以意义。失去身体的在场,以及行为建模的缺席,我们的经验不仅变得苍白、残缺,而且所有的经验都因失去根基而变得飘忽不定。我们对自我的感受、对生命意义的体验也将不复存在。就连知识也因缺乏经验的支撑而失去其有效性,甚至变得不可理解,它们成为与自我没有切身关系的零星的语言碎片。因此,德雷福斯说:"如果我们设法让自己生活在网络世界中,我们会失去比面对面的谈话、口头的承诺,以及柏拉图眼中无法被书写替代的记忆的力量。我们将会失去寻找相关信息唯有的可靠方式、获取技能的能力、对现实的感觉,以及过上有意义生活的可能——最后三者是作为人类的基本要素。实际上,如果我们失去了这些,将没有什么别的东西可以弥补,这一点非常明确。"③网络的"弱社会联系"并非取消现实关系,虚拟世界与现实世界之间的边界已经变得模糊,使沉溺网

---

① 〔加〕埃里克·麦克卢汉著,〔加〕弗兰克·秦格龙编:《麦克卢汉精粹》,第382页。
② 〔美〕休伯特·L.德雷福斯:《论因特网》,第7~8页。
③ 〔美〕休伯特·L.德雷福斯:《论因特网》,第165页。

络的人在重返现实"再世俗化"之际,往往弱化自觉履行社会规约的习惯,甚至在现实的社会交往中遭遇困境。网络空间似乎授予人以悖反的习性,它既培养人的参与性和感官感觉的整体性,却又使人变得孤独,与现实社会相疏离。但是,从长远来看,这种困境只是社会秩序调整间隙的过渡性现象,它最终将导致原有社会规约的崩毁和重构,导致社会秩序的变更和重组。

四、自我选择与权力操控

数字媒介所带来的信息终端分散化,确乎给予个人以选择、参与和表达意见的自由;但是,它所具有的交互性又为利用大数据实施强有力的掌控提供了可能。对于大多数普通人来说,他不得不茫然地面对真假混杂的海量信息而丧失了选择的自主性,可是,只要他开始选择,大数据就已经将其记录在案,并即刻按照他的偏爱投送类似信息,以同类信息迁就他,包围他,固化他的嗜好,为他构筑一个"信息茧房",吸引他主动投身符号差异化建立的秩序之中,暗中实施控制。"普通大众不仅被生存所迫的劳动之需所控制,而且还被交换符号差异的需要所控制。个体从他人的角度获得他们自己的身份,其首要来源并不是他们的工作类型,而是他们所展示和消费的符号与意义。"①自由的选择和参与转变为固定的"投喂"。固然,其间仍然存在对控制的反抗,但是,谁掌握了大数据,谁就享有最后决定权。个人对自由的向往只能被局限于他人划定的空间,他的所有自主选择都已经是被预先设计的选择,并成为自我欺骗、自我满足的幻影。大数据与网民的选择之间存在相互调适的过程:大数据掌握了网民的选择偏好,反过来又培植着各类网民的嗜好,制造出一个个网上信息消费社群,将他们强行纳入符号的差异化秩序之中。②

时尚是一种操纵大众的符号力量。西美尔说,人是一种具有双重性的

---

① 〔美〕马克·波斯特:《第二媒介时代》,第145页。

② 在谈到新媒介时,盖恩和比尔说:"空间甚至于身体都已经网络化,而使用者却往往对此一无所知……这一种对于事物、空间和身体的联结具有骇人的后果,特别是如米切尔所观察到的,它能够'持续追踪你的行为,从其间搜集信息,预测你的需求'……权力和隐私的本质正在改变……交互界面正日益渗透到环境之中而令人无法察觉,我们不会意识到我们的身体和所有物也许正在向后台数据库提供关于我们行动和习惯的数据。"(〔英〕尼古拉斯·盖恩、戴维·比尔:《新媒介:关键概念》,刘君、周竞男译,上海,复旦大学出版社,2015年,第59～61页。)眼动软件甚至还可以掌握更详尽的数据,"数据可以帮助设计团队检测用户观看界面内容的秩序和时长,而每个用户的贯穿视觉层级的观看流程会由相机通过追踪视线,将其在界面屏幕上的活动轨迹记录下来"。(〔英〕大卫·伍德编著:《国际经典交互设计教程:界面设计》,孔祥富译,北京,电子工业出版社,2015年,第62页。)

动物,既通过模仿获得普遍性而为精神带来安宁,又追求变化来建立特殊性以造成动感,人就处在普遍性与特殊性之张力关系中。时尚就立足于人的双重性,它把追求个性差异化与社会一致性相互结合起来。

> 时尚是既定模式的模仿,它满足了社会调适的需要:它把个人引向每个人都在行进的道路,它提供一种把个人行为变成样板的普遍性规则。但同时它又满足了对差异性、变化、个性化的要求。①

对西美尔提出的人的"双重性",我们还可以深入一层指出:这种双重性就根源于人类符号活动的双重性。我们认为,所有人类符号活动都基于行为建模与语言建模的基础上,行为建模追求融合,追求同一性,而语言建模则追求区分,即建立差异性。正是这两者共同构成人的双重性,并成为符号创新的内在动力。时尚恰恰充分利用了人的这种符号本性。

数字媒介则有效加速了时尚的更替。数字媒介为符号的生产、传播和操纵带来极大便利:它可以轻易地利用明星、名人制作广告来生产新异的符号风格;同时,又通过网络铺天盖地地迅疾扩散风格,造成语境压力,引起普遍的效仿,并不断地制造时尚和推动时尚的更替,从而实现操纵大众的目的。数字媒介使时尚更为短命,更替更加频繁,也使资本获取更大利润。时尚以外在的符号差异性来掩盖和置换人的个体差异性,以此来扭曲真实的独特个性。对于时尚而言,价值已经不再属于人本身,也不再留驻于符号的审美特征,而在于人为建构的符号系统秩序,在于特定符号在这一秩序中的位置。这正是权力操纵时尚的手段:通过构建或重构符号秩序来为特定符号赋予价值或贬抑价值。数字媒介既是对人的解放,又是对人的操纵和奴役。

第三节 媒介融合与文学艺术生产

一、数字媒介与艺术嬗变

互联网和数字媒介既影响着人的存在方式,同时也影响着文学艺术的存在方式和生产方式,这两者又是交互影响的:人的生存方式的变化对文学

---

① 〔德〕齐奥尔格·西美尔:《时尚的哲学》,载《时尚的哲学》,第72页。

艺术提出了新的要求，而文学艺术本身就直接利用媒介技术来改变自身，进而影响人的生存方式。因而双方的变化是互动的。

在《可技术复制时代的艺术作品》中，本雅明说："在较长的历史时期中，随着人类群体的整个生存方式的变化，感知方式也在变化。人的感知的构成方式——即它活动的媒介——不仅取决于自然条件，而且取决于历史条件。"[①]麦克卢汉则进一步指出：

> 如果从文化内部或外部引进了一种技术，如果它给我们的一种感官加重分量或使之地位上升，那么我们的感知的比率就要变化。我们的感觉不再相同，我们的眼睛耳朵等感官不再一样。我们感官的互动是永恒的，只有麻醉时例外。
>
> 人的任何一种延伸，无论是皮肤的、手的还是脚的延伸，对整个心理的和社会的复合体都产生影响。[②]

每一次媒介的变革，都不仅仅是人的身体和感官的延伸，还会重新塑造感官感觉及经验，改变不同感官间的关系，改变人与自我的关系，改变人与人的关系，改变人与世界的关系，改变人与媒介本身的关系，进而带来文学艺术样式的重大变化。媒介的变化既导致人的生存方式的变化，又促成以特定媒介为载体的文学艺术的变化。这种变化既使传统艺术获得了新的生产平台和传播渠道，也因此促成艺术本身的演变，进而滋生出全新的艺术样式。

相比较于传统媒介，新媒介最主要的特点在于以数字（0、1）作为所有符号的"元语言"来重新编码各种模态的符号，并且享有无可比拟的高速生产能力和传播能力。它将高科技与艺术相融合，并因此享有符号生产、传播、消费的多样性和可操控性、开放性和集成性、多模态整合及沉浸效果、操作简易及广泛的参与性、多中心和交互性、高速传播的同步性和体验娱乐性等显著特征。新媒介不仅可以进入所有艺术领域，它的这些特征有效改变了艺术的生产方式、传播方式、感知品质和体验强度，不断挑战着艺术世界的边界及可能性，极大推进了文学艺术的普及化、大众化，同时，还从根本上改变了创作者与欣赏者之间的单向传播关系，使欣赏者直接参与创作过程，成

---

① 〔德〕本雅明：《可技术复制时代的艺术作品》，载《经验与贫乏》，第 265 页。
② 〔加〕埃里克·麦克卢汉著，〔加〕弗兰克·秦格龙编：《麦克卢汉精粹》，第 181、224 页。

为作品的另一位创作者。只要拥有一部手机,几乎每个人都有成为创作者的潜质。

譬如 YouTube(油管)、快手、抖音等短视频成为深受大众喜爱的符号传播形式。人们可以从中学习音乐、舞蹈,并将自己的作品上传网络供他人欣赏。最受追捧的是"搞笑"短视频,或可称之为"生活小喜剧"。这些生活喜剧为大众提供了有效的心理宣泄渠道,为平庸的生活增添些微作料,使大众备受压抑的情绪和欲望得以表达。那种在现实生活中无法实现的梦幻,终于可以在视频中获得虚幻的体验,在观影者的点赞中得到满足。或者将生活中的艰辛和挫折搬上手机屏幕,以自我嘲讽的欢笑声来化解内心的无奈。或者以农家日常的淳朴生活来满足都市人的乌托邦梦想,抚慰内心淡淡的乡愁。短视频吸引了无数的拍摄者和围观者,甚至连工人、农民等普通人都能够拍摄、编辑、直播自己的生活趣事,以此赢得千百万人的点赞,从而充分开发民间的想象力、创造力和表演才能,使艺术获得前所未有的普及。譬如四川姑娘李子柒拍摄的乡村生活和美食视频,就散发着淳朴、温馨的农家日常风味,深蕴着日渐消逝的田园诗意,让现代都市人从民俗中重拾淡忘的记忆,触及了人们的无意识经验,因此赢得了千万点击率,并于 2021 年 2 月 2 日,创下了"YouTube 中文频道最高订阅量"的吉尼斯世界纪录。

与短视频把创作权直接交付给大众不同,数字装置艺术的创作权虽然仍旧是艺术家的专利,却也为观赏者的参与提供了巨大空间。始于 20 世纪 60 年代的装置艺术是观念艺术的延伸和发展,也是对极简主义"减少,再减少"原则的反叛。与极简主义以最简捷、明晰的方式传达思想的艺术观念相反,装置艺术追求杂乱、含糊和包容。它从传统艺术超越"物化",又重新回归"物化",但是,却以一种完全不同的方式回归,即非线性、非再现、混沌无序的物的重新组合,并让各种物的组合从工业社会快节奏的生活世界分离出来,构成一个慢节奏,乃至相对静止的空间。由此要求欣赏者流连于艺术家所创造的装置环境之中,慢慢品味装置环境与社会生活环境之间构成的张力,打破习惯观念和感觉的钝化,获得思想启迪和生活经验的更新。数字媒介不仅让装置艺术更便利于将各种物质文化产品进行重新组装,还增加了虚幻的维度,并以此将所有元素融合为一体,构成一个亦真亦幻的世界。它跨越了虚构与真实、静态与动态、博物馆与普通空间、艺术与日常生活,以及不同艺术门类的界限,实现了多模态融合,令观赏者深深卷入其中,调动身体及所有感官感觉去切身体验,并且使观赏者可以与环境实现互动。"许多数字艺术装置的目标是创造能够带来不同程度沉浸的'环境',从努力让观众沉浸在投影环境中的作品到让他们沉浸在虚拟世界中的作品。"①数字装置艺术既是观念的，又是身体沉浸的，它充分调动参与者的各种符号潜能，为他们带来更大的心灵震撼。

　　数字媒介对多媒体和现实的穿透及融合，强化了艺术的体验效应。同时，也为分形艺术，包括分形绘画和分形音乐的创作提供了极其有效的手段，使分形获得全新的面貌，如图 14。如果说，数字媒介使装置艺术更加凸显出观念的前沿性，那么，短视频和网络游戏则有效推进艺术的普及化、大众化进程。如 3D 电影、3D 打印雕塑等，都充分利用数字媒介的优势。当数字媒介携带着各式各样的符号形式强力渗透进各个社会领域，渗透进日常生活，塑造和改变着日常生活，艺术与非艺术的界限就"内爆"了，一个审美日常生活化和日常生活审美化的时代降临了。

图 14　意大利西尔维娅（Silvia Cordedda）创作的数字分形艺术《花》

　　艺术从根上处在现实的另一个维度，处身马尔库塞所说的"异在世界"。它通过与现实拉开距离，为人创造了一个新的生存空间，提供了一种新的生存方式，让人从日常生活的庸常化中脱身而出，摆脱现实的权力关系，守护着人的独立性，并对现实展开批判。但是，电子媒介，特别是数字媒介则造成审美的"泛化"，并且对日常生活实施了充分的符号化、形式化，从根本上改造了现实，改变了人的生存基础。现实在审美的光晕中陆沉了，人已经无

① 〔美〕克里斯蒂安妮·保罗：《数字艺术：数字技术与艺术观念的探索》，李镇、彦风译，北京，机械工业出版社，2021 年，第 71 页。

法认识现实、发现真理,由此造成"认识论的审美化"(韦尔施)。这是一种令人沉醉的感性复归,它让人在感官享受中"娱乐至死"(波兹曼)。与此同时,艺术则被淹没于日常生活的审美灵光之中,走向终结了。"'艺术'向'审美化'缴械投降,不再执守于其从前以之为生命的二元对立的形而上学,它蜕变为'一套仪式,仅具仪式方面的作用'。"①可是,这种"艺术的终结"却并非黑格尔所说的精神发展所造成的终结,也非丹托所说的艺术趋向理论化而终结,而是日常生活审美化溺死了艺术。日常生活已经不需要另类的艺术,因为它本身就是"艺术"。然而,我们或许可以从另一个角度来看待丹托所指出的那种状况:艺术走向理论化恰恰是艺术的自我逃生。在日常生活审美化,人沉沦于感性化、感官化之际,艺术以自身的理论化来抵制、抗拒人的沉沦。这究竟是艺术浴火重生,还是艺术在濒死前的无奈的挣扎?

二、影视:重返感觉融合

数字媒介具有吉登斯所说的强大的"脱域"功能,它将人的现实关系抽象化,人与物、人与人直接的身体交往逐渐被数字关系所置换。人的直感经验建基于极其复杂的行为建模,切身交往的减少势必造成沉迷于网络的"上网族"现实的、直接的生活经验的贫乏及兴趣的转移。与此相应,这也将导致新一代电影不断流失浸透着浓郁情愫的生活细节、细腻而深刻的切身感受、湿漉漉的生活气息,以及熟悉和温热的人情味。日常经验的苍白使电影不得不求助于虚幻的未来和深层的行为语言记忆。于是,电影(包括小说)的现实主义风格将逐步走向衰落,转而迈入科幻的黄金时代,日常生活世界则幻化为一个抽空了现实感的"寓言"。类似刘慈欣小说《流浪地球》及同名电影则成为广受青睐的新潮流。数字电影在弱化日常生活经验的同时,又致力于唤起深层次的行为语言记忆来增强沉浸感,运用"本能行为模式"和"原型"引起共鸣,编织着一个个古老的"寓言",令人深陷于虚拟世界之中,以至于有人认为:"数字电影利用摄影的'指涉性'错觉,威胁着我们对世界的理解。它们似乎向我们讲述了现实世界,事实上,却是合成的和虚拟的……其特征是'意义'减弱,变成了模拟和扁平,就如屏幕一样。"②

在《电影的虚拟生命》中,罗德维克(D. N. Rodowick)说:

---

① 金惠敏:《图像增值与美学资本主义》,载《消费他者:全球化与资本主义的文化图景》,北京,商务印书馆,2014 年,第 162 页。

② Martin Lister, Jon Dovey, Seth Giddings, Iain Grant, Kieran Kelly. *New Media: A Critical Introduction*. London and New York, Routledge, 2009, p.134.

数字转换技术已经进步到这种地步,即有关审美特殊性——影像、音响、音乐或者文本——的任何见解都已经完全融入了计算机和计算机过程。

数字运用可以设想的新颖之处不仅是一个新媒体的创造,而且是形成了一个大规模的历史性技术,借助于它,现存的文本的和空间的媒体都可以被转换成为数字形式,通过计算机技术进行操纵,并通过信息网络加以传输。①

数字技术是一种奇特的"元语言",任何其他感觉媒介,诸如视觉、听觉、触觉,乃至语言文字诸媒介都可以换算为数字语言,并因此使各种不同媒介更加便于修改、编辑、整合和传输。原先随着艺术类型分化而分裂的人的感官感觉又重新返回到交相浑融的状态,塑造出麦克罗汉所说的"最原始的心理过程"。

针对电视等电子媒介,麦克卢汉曾敏锐地指出:"电力技术对我们最普通的感知和行动习惯会产生影响,这些感知和习惯正在我们身上重新塑造最原始的心理过程。这些影响并不是发生在我们的思想或意见中,因为我们在这两个领域接受了批判的训练。而是发生在我们最平常的感性生活之中。这种生活创造了思想和行动的旋涡和母体。"②在麦克卢汉看来,原始人的各种感官感觉原本是平衡、融通的。文字和印刷术使视觉从浑融的通感中超脱出来,从与听觉-触觉互动的感官网罗中分离出来,打破了感官感觉间的平衡,强化了人类理性。而电子媒介则重新让人回到"部落社会",使我们恢复强烈的触觉性,使各种感官感觉以触觉为基础交互作用,并将人卷入统觉世界,激发非理性的回应,从而造就各种感觉整合一体的人。麦克卢汉这一预言,最为鲜明地体现在数字艺术中,其中,最显著的特征则是调动了人的所有感官感觉,创造沉浸效果。"当代信息和沟通技术把人类神经系统外在化,并以电子方式进行复制。这推动了我们的感知领域发生转变:表征的视觉模式已经被知觉—神经元的模仿方式所取代。"③一旦数字技术可以直接模仿知觉-神经元的工作模式,直接唤起人的感觉经验,特别是无意识经验,实际上就已经取代了所有感官感觉,实现所有感官感觉浑融一体。

---

① 〔美〕D. N. 罗德维克:《电影的虚拟生命》,华明、华论译,南京,南京大学出版社,2019 年,第 105 页。
② 〔加〕埃里克·麦克卢汉著,〔加〕弗兰克·秦格龙编:《麦克卢汉精粹》,第 190 页。
③ 〔意〕罗西·布拉伊多蒂:《后人类》,第 131 页。

无论是数字电影还是数字游戏都充分挖掘了人的感觉经验,特别是无意识经验,唤醒了深层次的行为语言记忆,突出强调了感觉融合和沉浸效果。

数字化改变了传统摄影机械复制的自动化过程,为作品的不确定性提供了可能,为艺术家发挥个人创造力提供了诸多机缘,那种阿多诺所贬斥的"一体化"倾向得到化解。在电影艺术中,计算机生成的影像正在重新塑造着角色形象,并逐渐取代演员的肉身。数字动画人物则使真人演员日渐失去原有的光彩和不可替代性。"今天在屏幕上体验到的数字电影的规定特征之一就是获取与合成的混合,把从物理现实中录制的影像与仅仅由计算机在没有任何录制或物质参照的情况下所生成的影像结合在一起。"①当数字电影不再是从物理现实中录制影像,而是由计算机生成影像,它就不但可以实现"超级复制",增添比原物更多的信息,可以修正、改变、提高,以及操纵信息,而且可以在物理现实之外合成影像,制作电子信号算法操控的产物。于是,影像与现实间的因果连续性及索引性关系就断裂了,符号表征出现了危机,"真实性"问题不仅受到质疑,甚至被搁置了。

按照罗德维克的说法,在数字电影中,"真实性"不再是与现实世界及其所发生的实际人和事的一致性,它已经转换为按照数字符号构建的空间感知和认知规范的一致。对真实性的衡量准则开始从影像与现实之关系转向影像与文化心理标准间的关系。

> 感知真实性依赖于在评估由计算机成像制作(空间)真实性的效果时所用的认知标准,因此,它把自己的判断建立在造型算法与作为他们基础的认知模式二者之间的契合……这是对于一个精神的或者心理的真实的契合,而不是对于一个物理的真实的契合,它只涉及认知机制,通过这一机制,再现的空间得以被察觉和理解。②

电影合成的影像可以是物理世界并不存在的形象,但它仍然享有真实感,而这种真实感已经不再能够用它与物理现实的关系来衡量,而是如罗德维克所说只能以"认知标准"作为依据。如果进一步深入探讨,可以发现,所谓的"认知标准"其实就建立在符号建模,特别是行为建模的基础上。行为建模不仅是感知感受世界的基础,也是生命活动的依据,正是行为建模积淀

---

① 〔美〕D. N. 罗德维克:《电影的虚拟生命》,第109页。
② 〔美〕D. N. 罗德维克:《电影的虚拟生命》,第111~112页。

为深层的生命经验。只要符合这一经验，无论是人物还是景观都显现为"真实的"形象而具有真实感。它们都可以毫无"违和感"地与欣赏者融为一体，而令欣赏者深深陷入沉浸体验之中。数字电影所制作的影像已经不再局限于对现实的模仿，它运用计算机算法来设计影像，利用数字语言实施控制，完全可以是缺乏现实摹本的"仿真"过程。对于数字电影而言，"摄影不是某种机械中立的逼真性，而是一种创造'现实效果'的表现模式"①。作为符号活动的行为语言则是真实感最为重要的衡量尺度；对行为惯例进行数据采样和算法，则是数字电影构造"真实"形象的主要根据。

罗兰·巴特曾注意到：摄影或电影的悖论表现为在过去的感知与现在的感知之间摇摆。摄影或电影只能生产延时性的作品，它与物理事实之间建立了因果性和索引性关系，因此，摄影或电影所制作的只能是一个"过去的世界"。即便电影讲述未来，也是立足于过去对未来的揣想，仍然是"过去的未来"，因为拍摄过程无法消除因果关系和时间连续性。可是，拍摄的照片或电影却又以现在的方式呈现于观赏者眼前，吸引人融入眼前景象，生成一种身临其境的现时感受，由此造就观赏者在过去的感知与现在的感知之间摇摆。其实，这种悖论是由感知背后隐藏着的语言与行为双重建构的结果：语言建模以其区分性将时间予以切分和定位，并以因果逻辑将摄影或电影识别为时间的延续，将拍摄内容识别为"过去"；而行为建模则以同一性将其作为"当下"沉溺其间，抹去了其中的时间性。

但是，这种情况在数字时代发生了重要改变。智能手机的普及，使得数字的获取、存储、重组、传播极其便利，不仅让每个人都可以成为摄影者和传播者，而且极大地压缩了时间和空间，把录制转变为"现场直播"。对数字的操控又阻断了影像与现实的直接关系，其所有参数的数值都可以任意增添和删改，各种算法可以变形，位置可以改变，并受制于计算机技术和制作者的意图。"数字合成制作一幅现实中从未存在过的影像：它完全是一个想象的和想要的人工制品。"②于是，影像摆脱了现实指涉性和因果关系的束缚，它的时延表达消失了，时间感和历史感逐渐淡化，现时感和现场感则凸显为主要的感知方式，甚至可以通过数字算法直接展现未来。这种感知方式也影响着电影欣赏，塑造着观赏者的态度和立场。特别是数字电影中那些物理现实缺席的合成影像，由于它缺失与现实的因果联系及时间连续性，这就

---

① Martin Lister, Jon Dovey, Seth Giddings, Iain Grant, Kieran Kelly. *New Media : A Critical Introduction*, p. 137.

② 〔美〕D. N. 罗德维克：《电影的虚拟生命》，第 181 页。

剥夺了观赏者"过去"这一立足点,从而赋予讲述未来的科幻影片以新性质:它给观赏者带来的不再是那种过去的感知与现在的感知间的悖论,不再流淌着难以拂拭的怀旧情绪,而是在现在的感知与未来的感知间的摇摆,一种对未来世界的憧憬或疑虑。数字电影为科幻影片提供了新平台和新机遇,打开一个关于未来的崭新的感知空间。在数字科幻电影创造的虚拟空间中,不仅当下的世界成为未来世界,人类也正在进入"后人类"。当计算机技术与创作者的想象相互结合,在挑战世界的极限和人类自身极限,以及探索新的伦理关系的过程中,数字电影的仿真影像似乎总是可以站在前沿。

当数字电影越来越充分地利用交互性主观镜头和网状展开的非线性叙事,观赏者也就不仅是在凝视性接受,还主动参与了电影的叙事建构,扮演了电影内的角色,共同对多种可能性做出选择,探索和体验开放性结局,电影越来越向游戏靠拢了。譬如美国奈福公司(Netflix)制作的电影《黑镜:潘达斯奈基》和索尼互动娱乐(Quantic Dream)的《底特律:化身为人》就利用游戏的操作技术,充分吸收了游戏的交互体验方式,把凝视观赏与任务互动相结合,模糊了消费者与生产者之间的界限。与此同时,游戏也充分利用数字影像和叙事情感来增强沉浸感,角色扮演及代入成为吸引游戏玩家的常用手段。在数字技术的支持下,电影与游戏间的壁垒正在被逐步拆除。

三、游戏:沉浸、认同及迷恋

游戏、电影及所有类型的文学艺术都有共同特征:它们都从现实世界中分隔出相对独立的特殊时空来悬置日常生活,让人在自由的创造中尽情享受欢愉。席勒早就把审美与游戏冲动相联系,他认为,在人的形式冲动与物质冲动之间存在某种联系,即游戏冲动。正是通过游戏,人将实在与形式、偶然性与必然性、受动与自由相互统一,才获得了完整的人性。因此,席勒说:"只有当人在充分意义上是人的时候,他才游戏;只有当人游戏的时候,他才是完整的人。"[①]约翰·胡伊青加(Johan Huizinga)进而把人称为"游戏者",把游戏视为仪式、文学艺术所包含的重要因素,甚至认为文明就是在游戏中并作为游戏而产生和发展起来的,所有文化都与游戏因素相关联。

在胡伊青加看来,仪式是"被表演的某种东西",即行为、行动、一种游戏性表演,表现的是宇宙发生的事件。原始仪式就是神圣的游戏。游戏一开始就包含着特有因素:秩序、张力、运动、变化、节奏、迷狂等。这些同样是仪

---

① 〔德〕席勒:《美育书简》,第90页。

式及文学艺术所需的必要因素。游戏最重要的特征是它与日常生活设立了空间距离,从日常环境中隔离出一个封闭的空间。正是这个空间为仪式的神圣秩序及文学艺术的自由创造提供了可能,使"相信"与"假装"的区别消失了。

胡伊青加说:

> 游戏有某种要成为美的倾向。这种审美的因素很可能就等同于那种创造有秩序的形式的冲动,它把生气灌注给游戏的各个方面。我们用以指称游戏因素的那些词汇,绝大多数都属于我们用以描述美的效果的词汇:紧张、均衡、平衡、冲突、变化、消融、解决等等。游戏迷住我们;游戏是使人"入迷的""吸引人的"。游戏带有我们可在事物中窥见的最高特质:节律与和谐。①

游戏充分地调动了人的身体行为。就在行为展开的过程中,人与世界融为一体,因此,游戏空间也就成为生命敞开的空间,一个与日常生活相区分的空间。游戏为人提供了另一个有别于日常生活的空间,它吸引人投身其中,沉浸其间,并获得了一种自由的生存方式,这同样是文学艺术的生存方式。

在长期的演化过程中,游戏与文学艺术虽然保留并共享了许多特点,却发生了分化。首先,游戏和文学艺术都创造秩序,生成规则,但是,游戏的规则在初始的仪式活动中得到了强化,并在日后延续为游戏自身明确的规定性,必须严格遵守,不容违犯。一旦规则改变,它就成为另一种游戏。文学艺术自从脱离仪式活动,虽然也保留了它的规则,却不断地受到创新冲动的冲击,逐步演化为一种范例,而非刚性的规定。范例是文学艺术共同体在传承过程中自然形成的共识,一种共同承认却又相对模糊的规范,并且常常成为作家、艺术家挑战和革新的对象。其次,游戏中的参与者本身就是游戏的构建者,游戏就是在所有参与者的共同参与下建构和展开的。尽管游戏框架和规则设定了限制,但它仍然为参与者提供了变幻莫测的多种可能性和不确定性。艺术的参与者则发生了分化,分裂为创作者与欣赏者。虽然艺术品离不开欣赏者的再创造,欣赏者也是一位不可或缺的再造者,但毕竟已

① 〔荷〕胡伊青加:《人:游戏者——对文化中游戏因素的研究》,成穷译,贵阳,贵州人民出版社,1998年,第13页。

经不同于原初的创作者,他只是在原有文本基础上再造,缺乏游戏参与者那种充分的主动性,双方存在受动与主动的区别。① 游戏与艺术这种分化,在数字时代正在重新趋于弥合,特别是游戏与电影之间,双方愈加接近:游戏吸收了电影中的仿真影像;电影则增强了观赏者的参与度。其中,最为显著的是它们都充分利用虚拟现实技术,有效强化了沉浸感。

> 在关于虚拟现实技术的技术界定中,沉浸性是最重要的特征。虚拟现实技术的目标是力图使用户感觉不到身体所处的外部物理环境,而将自己置身于计算机产生的三维虚拟环境中,使用户感受到真切地融入虚拟空间中,并使用户与虚拟环境中的各种对象相互作用,就如同在现实世界中的一样。②

与其他各类艺术相比较,游戏的沉浸性更胜一筹。游戏常常利用神话传说中的原型来增强沉浸感,特别是采用遥控器、数字手套、头戴式显示器等传感设备,使参与者可以更顺利地代入角色,更深入地与游戏展开互动。在其他类型的艺术中,角色是由创作者预先设定的,欣赏者只能在作者设定的框架内展开想象,受制于既定的框架和环境背景,而游戏参与者的角色则是参与者自己建构的,并且参与者对角色的控制又影响着游戏环境。游戏者的每一个动作实际上都在改变着游戏本身,身体在游戏世界成为在场的存在,成为真正的创造者。譬如 2017 年获得 The Game Award(颁奖典礼)年度游戏和 Game Spot(游戏点)年度最佳游戏称号的《塞尔达传说:旷野之息》,它没有追求细腻逼真的影像和强烈的光影效果,卡通式的形象却深受玩家喜爱,关键在于它极其充分地与玩家展开了行为互动,带玩家一起进入生命探险的历程。这种互动方式有效增强了游戏世界身临其境的沉浸感。

在多人在线角色扮演游戏中,参与者扮演了特定角色,承担了角色规定的身份,引起了角色认同。认同的核心是行为方式的认同,这是深深嵌入身体经验的认同。一方面,游戏中的角色认同有别于电影欣赏。欣赏电影的过程虽然也存在认同作用,但它所唤起的是欣赏者无意识中的行为语言记

---

① 虽然游戏也可以有观赏者,但观赏者对于游戏本身的构成来说,并非不可缺少。没有观赏者,游戏仍然是完整的游戏,可以说,观赏者属于游戏之外的因素。艺术则不同,没有观赏者就没有艺术,艺术只有包含了观赏者的观赏接受,才成为完整的艺术活动。

② 周逵:《沉浸式传播中的身体经验:以虚拟现实游戏的玩家研究为例》,载何威、刘梦霏主编:《游戏研究读本》,上海,华东师范大学出版社,2020 年,第 72 页。

忆，正是行为语言记忆令欣赏者与电影角色融为一体并产生共情和认同；而在游戏过程中，参与者则必须直接做出身体动作，其动作又必须与角色相互适应，因此，这种认同就具有更重要的意义，它深化了参与者的体验，强化了参与者的情感沟通和共鸣，有效拓展了参与者的身体经验。另一方面，这种认同又有别于日常生活活动中的认同。虽然游戏参与者必须做出身体动作，但他的操控动作并不是游戏屏幕角色的动作，而是被高度简化、程式化、机械化的动作，只不过与屏幕角色行为相对应，游戏角色所唤起的无意识经验是另一种方式的行为语言记忆，两者之间仍然存在差异性和时延性。因此，在游戏参与者的实际操控动作与游戏所唤起的行为语言记忆之间存在着经验断裂，这种经验断裂使游戏者无法彻底抹除虚幻感，无法填平虚拟世界与现实世界间的鸿沟。在游戏中所获得的规则意识固然会增强日常生活中的规则意识，但这种规则与日常行为规范并不相同；同样，所获得的身体体验则只能是日常生活的一种补偿，这种身体经验必须经过转换而不能直接纳入日常生活；游戏认同也不能直接成为日常生活中的身份认同，游戏所构建的是虚拟空间内的身份，只是对原有身份感的拓展，或者说，是对自我身份的创造性探索，一次从自我到他者身份转换的想象性尝试。

但是，恰恰因为游戏中建构的身份是虚拟空间的自我身份，它也就不再受现实的地域、社会地位和身份的限制，不再受制于事实上的不平等关系，其中也没有利益纷争，而是基于共同或相近的兴趣、爱好和价值观，这就提供了一种更为理想的人际交往。由此形成的虚拟身份积淀于游戏者的经验中，也就存在着逐渐变革和瓦解原有社会关系的可能性，使固有的社会秩序和固有的个体自我不再稳定。"虚拟和实体存在之间的关系是一种复杂的相互作用，它影响着我们对身体和（虚拟）身份的理解。"①当游戏中的身份认同不可回避，伦理关系与审美关系就纠缠在一起了。从这个角度看，游戏隐含着变革现有社会关系的潜能，为建立新的社交关系提供桥梁。当新生代的网民成为社会主流，社会秩序也不得不随之改变。事实上，数字技术正在改变现实的生存基础，固有的社会秩序和规约将逐渐无法适应数字文化，社会关系也就势必发生根本性调整，游戏一族倒反将成为社会变革的实验者和先行者。

数字媒介是人的身体的延伸，它可以有效地改变、整合和操纵行为语言，因此，以行为语言为基础的沉浸感也势必成为数字媒介的特有优势。无

① 〔美〕克里斯蒂安妮·保罗：《数字艺术：数字技术与艺术观念的探索》，第165页。

论游戏、影视还是其他数字艺术,它们都把增强沉浸感来吸引受众作为自己追求的目标。特别是 VR(虚拟现实)、AR(现实环境＋虚拟物品)、MR(虚拟环境＋现实物体)、XR(扩张现实)游戏,它们虽然将现实世界与虚拟世界相互叠加,而实质上却将游戏空间从现实生活空间中分隔出来,共同纳入游戏的虚拟空间,以此来增强游戏的逼真感。譬如 Asobo Studio 公司发布的 *Frangments*、任天堂推出的《精灵宝可梦》都致力于消弭现实与虚拟的界限,进一步增强了沉浸感。

麦克卢汉认为,文字和印刷文化是造成人的视觉与触觉及其他感官感觉相分裂的主要原因,因此,对于使用拼音文字的西方民族来说,视觉与触觉等其他感官感觉重新融合相对困难;而对于使用非拼音文字的民族,融合则会更为顺利。麦克卢汉的观点有其合理性。其实,真正的感觉融合只有数字媒介才能有效承担。触觉是所有生物体最原始、最基本的感觉,也是人类视觉、听觉等其他感觉的基础,它融汇了各种感官感觉。由于触觉没有距离感,它和行为密切关联,本身就是由行为所引起,在触觉背后,行为建模显然起着主导作用;视觉则是有距离的感觉,是世界的对象化,语言建模以其优势占据了重要地位。因此,在文字和印刷文化兴起之后,视觉就从触觉及其他感觉中分离出来了,并进而造成人的分裂。电力媒介,特别是数字媒介重新整合了各种感官感觉,造成了感觉的融合,究其实,正是其背后的行为建模发挥了主导性作用。当行为建模处于主导地位,各种感觉的融合也就有了基础。麦克卢汉所谓非拼音文字的民族可以更顺利地实现感觉融合,其根源就在于:较于拼音文字,非拼音文字具有相对较弱的抽象性和独立性。对这些民族而言,行为建模原本就处在重要地位,他们的感官感觉原本就尚未因语言建模而得到明晰区分,因而更容易趋于融浑。问题在于:这种更容易实现的感觉融合并非如麦克卢汉所说更为有利。人类的反思能力及理性建立在语言的独立性之上,由于这些民族原初的反思能力及理性尚未得到充分发展,数字媒介所带来的感觉融合可能更容易阻滞精神的健全,使他无法彻底摆脱蒙昧,乃至重新回归"巫术思维"。当人愈加沉迷于触觉及身体感觉和身体经验,当行为建模成为主导性因素而妨碍了精神的独立,理性和科学就势必衰落了。对游戏的过度迷恋极可能给人类造成负面影响。唯有当视觉与触觉相分离、理性精神得到充分发展,即语言建模愈益获得独立性之后,重新回归感觉的融合才具有崭新意义。

四、"元宇宙""赛博格"与人类命运

自从尼尔·斯蒂芬森(Neal Stephenson)的科幻小说《雪崩》提出"元宇

宙"(Metaverse)之后,"元宇宙"这一概念得到了广泛传播和认可,有人将其定义为:"一个平行于现实世界,又独立于现实世界的虚拟空间,是映射现实世界的在线虚拟世界,是越来越真实的数字虚拟世界。"①如果说,文学艺术早就为人类创造了一个想象世界,一个虚幻的符号空间,那么,数字媒介的出现则使虚拟空间的创造有了质的飞跃,它为人类提供了一种崭新的创造手段。如果说,文学艺术的虚拟世界往往为现实生活提供了一个附属世界,成为心灵休憩的精神家园,那么,数字虚拟世界本身就是一个虚拟的生活空间,一个与现实世界相比肩的更为丰富、更具吸引力的数字化、符号化的生存空间,甚至令人深陷其中,再也无法离开数字虚拟世界(元宇宙)。

一方面,数字媒介支撑的互联网为人类构建了虚拟的符号世界,并不断拓展虚拟世界;另一方面,又利用"数字孪生"(Digital Twin)和区块链(Blockchain)在互联网的基础上构建"物联网"(Internet of Things),以建立虚拟世界与现实世界之间的关联,使两个世界成为相互对应和互补、互动的空间,在虚拟世界中的操作就直接转化为对现实世界的操控,人的物质需求都可以通过虚拟世界中的行为来满足,只不过在现实的物质世界中完成最终的物质交换。人类似乎已经成功地实现了迁移,开始在虚拟世界中工作、生产、消费、休闲、交际,真正居住和生活于元宇宙之中。

于是,我们可以发现人与世界之间展开了多种关系:人借助符号建模来把握物质世界,或按照符号样式来重塑物质世界,并且这个物质世界成为人的生存居所,人与物质世界打交道并从中直接获取物质资源,我们就视其为现实世界。但是,当人按照符号样式塑造的世界不再用于满足物质需求,而是成为精神家园,成为一个平行于现实世界的精神世界,其物质性已经退居次要位置,它降格为承载和传播符号及意义的媒介,人不再直接与物打交道,转而与符号打交道,符号的意义成为人的主要追求,符号的世界从而与现实的物质世界发生了分裂,这个世界就被视为符号建构的虚拟世界,文学艺术就栖身于符号建构的虚拟世界。数字技术的发展又进一步以抽象数字取代了媒介的物质性,这不仅使摆脱了物质媒介的虚拟的符号世界更显轻盈,更富于扩张性,同时也为虚拟世界与现实世界重新关联提供了条件。数字是虚拟的符号世界与现实的物质世界的"公约数",正是以数字媒介为基础的物联网重新在符号世界与物质世界、虚拟世界与现实世界之间搭建了

---

① 朱嘉明:《元宇宙·序一》,载赵国栋、易欢欢、徐远重:《元宇宙》,北京,中译出版社,2021年,第2页。

桥梁。人终于可以不再直接生活于物质世界,而是主要生活在数字化的符号世界,与符号打交道,与数字打交道,同时又操控着物质世界,满足自己的物质需求。如果说,以往虚拟的符号世界与现实世界发生了分裂,造就了迥然不同的两种生存状态,那么,物联网却改变了这种分裂状态,为人类提供了另一种崭新的生存方式,虚拟世界成为人工作、休憩、交际及所有生活生存活动的主要空间。至此,我们应该为"元宇宙"做出进一步限定:只有当数字媒介所构建的虚拟世界不仅成为游戏、影视及其他文学艺术的栖息之所,制造了虚幻的景观,还成为人的日常生活活动及人际交往的空间,成为数字化生存,虚拟世界才真正成为元宇宙。因此,数字化及数字孪生技术、区块链是生成元宇宙的必要条件。

虚拟世界与现实世界的边界逐渐崩塌,虚拟世界的扩张日益挤压着现实世界,人们似乎越来越倾心于生活在虚拟世界,虚拟世界对人的生存方式和行为方式的影响也愈益显著,既改变了物理时空的组织结构,又改变了日常的人际交往及人与物的交流。"新媒介总是将自身融入日常生活中,干扰现有的时空组织模式,产生新的节奏和空间。"[1]数字媒介无限延伸了人的身体及感官,使建立在行为语言和言语行为基础上的时空尺度失去了有效性,瓦解了传统的时空经验。它不仅使人的时空感得到了塑造,还使时空本身也经受了重新组织,"同时性"和全球化问题,以及文化冲突开始受到前所未有的关注。人似乎已经从肉体的牢笼中脱身而出,在辽阔而虚幻的宇宙恣意翱翔。

在元宇宙中,人不再持有原有的地位和身份,他开始以"化身"生活和交际,这是一个不受原有民族、阶级、身份制约的崭新开端,也为构建自由、平等的社会关系提供了可能性。相较于现实世界,虚拟世界虽然已经制定了某些规则,却仍然是一个秩序相对缺失的世界,这既隐含着危险,同时也为建立新秩序提供了一个理想的空间。元宇宙将为人类生存规划新方案。可是,数字资产的私人化,以及数字技能和素养的差异,又预示着新的不平等仍然潜在地威胁着人类。

当数字媒介跨越了虚拟的符号世界与现实的物质世界的界限,谁占有数据库,谁也就实际上掌控了虚拟的和现实的两个世界。共有、共享、共管数据库,或是权力独自霸占,决定着两个世界的特性和人类的命运。在数字

---

[1] Martin Lister, Jon Dovey, Seth Giddings, Iain Grant, Kieran Kelly. *New Media: A Critical Introduction*, p. 238.

技术高度发展的时代,人在增强掌控物的能力的同时,也难免落入被掌控的宿命。特别是人机交互的"赛博格",他的出现已经预示着生物性与数字化相互融合,不可分割。借助于数字技术,人与机器实现了无缝对接、边界开始瓦解。"技术的非人性力量已经进入人体内部。"[1]人与机器相互融合,人正在机器化,机器则在拟人化。人的所有技能几乎都可以被机器所取代,人的生物能力和智力获得了全面突破,开始无止境地延伸和拓展,并且可以利用数字算法开发出无限的创造力,把种种"不可能"转变为"可能"。人正在让自己变得"全能"。一方面,人似乎变得无所不能,他的每一个感觉、每一个欲念都可被即刻检测到,甚至连他自己尚未明确意识之时,欲念就已经得到了满足。另一方面,他已经将自身交给了数字媒介,将自己的权力让渡给数字媒介,他变得赤裸,变得透明,交出了独立性和主体性,他的感觉和欲望也都将成为可测量、可操控、可生产的。任何一种对物的掌控都必然反作用于掌控者自身。尽管独立性、主体性是一种文化建构,而一旦丧失独立性、主体性,自由、平等、民主都将变为没有根基、毫无意义的迷雾,人也将物化为意义不确定的"器具"。

当人类享有利用数字媒介操纵一切的能力,也就意味着他把自己的一切都交托给数字技术,人的一切也将沦为可操纵的。人在无止境地追求自由的同时,也交出了自身的自由,将自由装入囚笼,最终丧失真正的自由;在追求"全能"的同时,也将堕落为"非人",堕落为名副其实的机器。数字技术将必定成为争夺控制权的焦点,并且随着人机结合所带来的技术差异将更为严重地制造出人与人之间新的不平等。网络隐匿和抹除了传统的种族、阶级、性别差异,与此同时,技术的更新换代又不可避免地人为生产出新的群体及个体差异,并给人打上不同技术等级的鲜明标签。技术本身将成为区分等级的符号。

计算机化的神经网络能够发挥意义发生器和结果评估者的作用,至少在原则上,我们在实践中正在迅速接近这一点。基于机器学习的BPL 模型的令人震惊的新研究结果,似乎通过了机器不需要人类进行中途或最终的创造性评估判断来完成产品的门槛:例如一件艺术品。[2]

---

[1] 〔意〕罗西·布拉伊多蒂:《后人类》,第 166 页。

[2] Melinda Campbell. *Unfolding the Layers of Mind and World : Wellner's Posthuman Digital Imagination*. Foundations of Science,2021-03-02.

当人与机器的界限开始瓦解，人工智能越来越接近，乃至代替和超越人的智能，也就重新向人提出了人本身与"非人"的关系问题，尖锐质疑了人类中心主义。它剥除了人自以为是的傲慢，揭穿了"宇宙之精华，万物之灵长"的幻觉，重新定位人在世界中的位置，重新思考"人是什么"。人工智能迫使人不得不放下"唯我独尊"的地位，开始去填平人与动物、人与机器之间的鸿沟，去除不平等关系。"无论未来后人类意味着什么，它都标志着人类自视为统治地球的有理性的特权者的时代的终结。"①

身体的哲学地位也因此凸显出来。历来，身体既不被视为真正意义的人，也不被视为物，它处在人与物之间的模糊地带，并成为沟通双方的桥梁而在两者间来回移动。当假肢、人造器官、人工智能进入人体，身体就愈加成为富有争议的焦点。人与物、人与机器、主体与客体之间的界限更加模糊，乃至被摧毁了。"当技术可以提供假肢，身体不再对自身享有绝对的所有权时，身体与物的交汇贯通就会发生。只有那时，他者的身体部件或者非肉体之物，才会将人的身体变成一个无法被完全独占的空间。那样的身体会超越或者不会落入主体与客体、内部与外部、思想与身体之间的二元分裂。"②这是物通过身体对人的入侵，也是人通过身体对物的入侵。身体成为贯通人与物的真正通道，抹平了人与物之间的不平等性，恢复了人与物的连贯性。其实，真正的主角则是技术。技术就是人的身体行为的延伸，是人类经验的物化和工具化，本身就扎根于行为建模，并将自身经验熔铸于物质工具内。因此，归根结底，仍然是行为建模不断弥合着人与世界的裂罅。

然而，人机融合及人工智能的出现，并非因此否认人与机器间的差异性，而是以此为契机，重新反思人类自身及其在世界中的定位。数字技术及人工智能所延伸、替代、超越的只能是人的技能，只能是无意识化的经验，只能是行为语言。尽管它可以学习、翻译、传播、使用语言，似乎"懂得"人类语言，并按照人的语言指令实施动作，使用语言相互应对和交谈，却仍然只是一种数字算法，是一种数字编码化且简化、单一化了的行为语言，既不能如人那样"理解"语言概念的丰富含义，又缺乏"体验"情感的能力（只能识别表情），无法构建真正意义的人类精神。人工智能的单一算法更无法取代原生性符号系统二维张力结构，无法以数字算法的精确性替代人类智能的变易性、随机性。假如人类过度依赖数字技术，假如数字化存在成为人类生存几

---

① N. Katherine Hayles. *Literary Texts as Cognitive Assemblages*：*The Case of Electronic Literature*. Interface Critique Journal，2019(2).

② 〔意〕罗伯托·埃斯波西托：《人与物：从身体的视点出发》，第 100 页。

近唯一的方式,人类精神势必日渐萎靡;在实现新的感觉融合的同时,又难以避免人类理性及反思能力的弱化,人可能退回到原始状态。这究竟是人类的福祉,还是把人类引向灾难,暗示着人的终结?

数字技术及人工智能有效加强了人的技能,重新凸显了行为语言的重要性,调整了行为语言与言语行为、感性与理性之间的关系,并通过多模态符号融合,赋予人更加强烈的融入感和更加广博的同情心,为人的生存提供了新的可能性。正是这一调整,将"人之本质"问题鲜明地突出出来。这并不是要褫夺人类理性的重要性,而是要求理性放弃权威地位,放弃对权力的追求,包容、谦逊地看待万物,包容、谦逊地看待感性。我们理应对万物怀抱敬畏之心,对所有感性生命怀抱敬畏之心,改变人与万物之关系,善待万物。我们不应把技术看成是万能的,也不应如海德格尔那样将技术放在人的对立面,而应该将数字媒介及人工智能视为人的身体及器官的延伸,视为人的能力的构成部分,视为人与世界之中介,它为人构建了新的宇宙,也改变着人的生存方式和质量,改变着人自身。唯一应该警惕的是理性的独断和权力对数字媒介的独占,防范利用数字技术来操控人类自己,防范数字技术的异化。数字技术(包括其他所有技术)是一把双刃剑,人类的命运最终还是取决于人类自己。

第八章　符号系统结构与"文化基因"

卡西尔把符号活动视为人类生活最富有代表性的特征，并认为文化的所有发展都依赖于这个条件。格尔兹继承了卡西尔的观点，他对文化的解释是"代表了人类学内部的一种发展，与社会科学和人文科学的某些其他发展的汇合"，约翰·汤普森（John B. Thompson）将其概括为："文化是体现于象征形式（包括行动、语言和各种有意义的物品）中的意义形式，人们依靠它相互交流并共同具有一些经验、概念与信仰。"①这也就意味着，文化最基本的构成因素即象征符号，符号系统的特征就决定着文化的特征。或者可以进一步说，人类最原初、最基本的原生性符号系统就是"文化基因"，正是它们决定着人与世界的关系，决定着人对世界的解释，决定着文化的发生、创造和发展，而一个民族最原初、最基本的符号系统结构的独特性就决定着这个民族文化的独特性。因此，抓住"文化基因"，我们就可以对中西方文化的主要特征进行比较，就可以更加深入地认识中华传统文化，更加自觉地吸收传统文化的精粹并开展新的文化创造。

第一节　两种不同的符号建模与不同的关系模式

一、两种不同的关系模式："一元"与"二元"

人类最原初、最基本的符号系统是由行为语言（动作、姿态、表情）与言语行为组成的，其他所有符号活动都以这两者为基础，是次生性符号系统。行为语言、言语行为两者的施行方式、性质及功能迥然不同，它们相互协作、相互博弈，共同构建了一个张力场。正是在这个由两种符号系统建构的张力场中，人与世界之间展开了复杂多变的关系。由于行为语言与言语行为相互结合、相互协作的整体结构存在民族差异性，由此形成的张力结构及倾

---

① 〔英〕约翰·B. 汤普森：《意识形态与现代文化》，高铦等译，南京，译林出版社，2005年，第146页。

向性就从总体上决定着不同民族看待世界的方式,影响着中西方对世界的解释,并为思维方式和文化生产打下鲜明的民族烙印。

人与世界的关系存在着一个发展演变的过程。作为生命存在,人与其他生物体一样,必须通过自己的身体活动与环境建立物质及能量交换关系,以此维持自身生存。在此过程中,那些有益于生命的行为方式在群体间得到不断重复和传播并建模化。正是这些"建模化"的行为让生物体与世界相互适应,连接为一体。对于有着语言(意识)能力的人类而言,行为建模又具有群体共享的意义,由此形成一种特殊形态的符号:行为语言。因此,行为语言实际上就是建模化、符号化的行为,它以"身体信息"(动感)来建立差异性。由于行为语言是在身体与环境打交道过程中构建起来的,不但密切关联着身体和环境,而且本身就是特定环境中的身体状态,它积淀为生物体的共同经验,同时成为生物体内在状态的表征,成为生物体与世界建立关系的中介,成为一种身体行为与表征相合一的符号活动。

行为语言作为一种特殊的语言,它只能依附于身体,本身就是身体表演,行为与身体之间并没有分界线。这种缺乏"独立性"的"语言"无力把人与世界相分离,无力把世界设立为明晰的"对象世界",而是以行为关联世界,在与世界打交道的过程中,以行为建模将世界结构化并纳入己身,以此领悟世界,自然而然地协调身体行为与世界的关系,建立了人与世界关系的最初模型。既然行为语言无法构建人的对象世界,反过来,也就不能构建人类意识,而只能构成无意识经验(行为语言记忆),造就无意识的本能结构。因为意识都是关于对象(包括虚拟对象)的意识,离开对象,意识就无所附丽,失去了存在的依据。由行为语言记忆所积淀的经验只能是无意识经验。①

人类通过行为建模把世界结构化并纳入己身,与世界融为一体,建立非对象性关系来感受世界的方式,正是我们所说的"体验"。这种通过行为建模来直接把握世界的方式,就是"直觉"或"悟解"。人以行为建模将世界结构化,实际上,也就是把人自己的生命形式和情感形式赋予世界,世界因此具有了生命性、情感性,这就是所谓"移情"和"内模仿"。人与世界之间这种"非对象性关系",即古人所说的"物我一体""无物无我"之关系,与此相应,我之经验则是无意识经验,而"非对象"即混沌,即"无"。在这种物我一体的关系中,人无须把世界对象化,无须经过自己的意识或意志,而是直接做出

---

① 在此,我们所说的"行为语言记忆"主要是关于"无意识行为"(本能)的记忆,而非指有目的、有意识的实践的记忆。

身体的"本能"反应。因此,我们所说的直觉、悟解、移情、体验、本能就建立在行为语言的基础上,是各种人与世界相融合的"非对象性"活动。人的身体及行为就直接融入了世界之中,追随着"道"的运行。正是行为语言建构了人与世界原初的一元关系,而体验、直觉、悟解、移情、本能则是我们从不同角度对行为语言的施行方式、性质及功能的描述。在这种物我一体的非对象性关系中,人透彻地了悟了自然,了悟了世界,了悟了非对象的"无",了悟了无形无迹之"道"。由于无意识经验是行为建模长期积淀的成果,甚至包含着生物体的生存经验,因而蕴蓄着巨大潜能,只不过它藏身于意识的阴影下而被遮蔽、被遗忘,甚至被压抑。

言语行为是在行为建模,特别是发声行为基础上生成的。随着人类经验不断积累、活动领域扩大和交往日益复杂,人不得不将行为建模所构建的无意识经验加以筛选、归类和概括,凝聚为更加抽象的"概念",当它与发声行为相结合,也就建构起一个以音响为标志的差异性系统,人类语言就此诞生了。发声行为既与身体密切关联又相对离散的双重性,不但使它成为人类最便利、最主要的交流工具,而且因其日趋抽象化而脱离身体,获得了相对独立性。这是人之为人极其关键的步骤。

具有"相对独立性"的言语行为,其施行方式、性质和功能特征已经迥然不同于行为语言,它以其差异性把世界与人相区分,把万物相区分,并构建了人的"对象世界",与此同时反身构建了人类意识。人类意识、对象世界是在语言生成过程中同时形成的,三者间存在同步建构的关系。言语行为的结构就决定着人类意识的结构,并成为决定"对象世界"的结构及秩序的主导性因素。人与世界间一种崭新的对象性关系形成了,世界开始以"意识对象"的方式明晰地呈现在人面前,这正是西方现代哲学所说"世界是由语言建构的"根源,也正是西方学者念念不忘从语言学中征用研究范式的根源。① 可

---

① "世界是由语言建构的"和"世界是由各种符号建构的"这种观点已经成为西方现代哲学主流。这并非说世界原本不存在,而由语言和符号凭空构建,而是说世界本来不是作为人的"对象世界"而存在,只有当无意识经验经过筛选、归类、抽象,凝聚为具有独立性的语言概念和符号,人类意识才形成,世界才开始以人类"意识对象"的方式呈现。西方现代哲学所忽略的是:在言语行为出现之前,行为建模就已经存在,并且由于行为建模的非概念性、非独立性,以致它只能以行为关联世界,以行为建模把世界结构化而纳入己身,建立生物体与世界相统一、相融合的浑整关系,并构建无意识经验。当代认知科学家瓦雷拉等人提出的"生成知觉观"就认为:"知觉就是身体的行动,知觉的过程就是身体行动在环境中的不断生成,在这个连续过程中,知觉不仅通过身体行动嵌入于环境,而且还参与了环境的生成。"(孟伟:《身体、情境与认知——涉身认知及其哲学探索》,北京,中国社会科学出版社,2015 年,第 134 页。)实际上,当前西方学者所提出的"具身(涉身)认知"就建立在行为建模的基础上。

以说,语言原本就是对无意识经验自动筛选、归类、凝聚而构建起来的,也因此成为人类有意识地用以给世界分类、给万物命名,并构建人的对象世界的差异性系统。

在世界成为人的意识对象的过程中,人自身也就开始成长为具有自觉行动能力的主体,主客体关系就在言语行为中逐步确立了。本维尼斯特就精辟地阐释了人类"主体"究竟是如何在语言交流中,在语词"我""你""他"的具体运用中被建构起来的。主体的位格及体验就取决于言语行为中人称代词的相互关系和反复塑造。自此,人不仅成长为区别于他人、他物的独立主体,可以能动地观察世界、认识世界,大大提高了自身的认识能力,而且同样可以把自己的行为同身体强行剥离开来,抽象出来,作为认识对象和解释对象来看待;可以为自己设立目标,把行为与目的、行为与环境、自我与群体、原因与后果相结合来审视和反思,进而调整和掌控行为,不断改善人的实践能力。在言语行为中,就孕育着人的主体性,孕育着人的观察、认识、反思、批判、分析和推理的能力。也正是在对行为与理由、目的、后果及环境关系的审视和反思中,人对自身行为的合理性做出了判断,有意识地为自我行为做出选择和承担责任,开始向着理性主体迈进,并超拔于其他生物体之上。并且由于言语行为的相对独立性,人终于可以不再匍匐在现实生存的地面,开拓出广阔无垠的精神宇宙,不息地探索玄幻的思想世界。于是,人类不再是自在的存在,而成为自觉自为的存在,摆脱了盲目追随、自动适应自然界的本能活动,展开了有目的的文化创造活动。

言语行为既割裂了人与世界原本一体的关系,造成人与世界间的裂罅,打破人与世界间的适应和平衡,又重新关联着人与世界,以言语行为的结构来重塑世界、重组人与世界的新关系,建立起主客二元的对象性关系,使人可以把自身从固有的、直接的、狭隘的关系中解放出来而赢得巨大自由,有力扩张了人类活动的范围,开阔了人的视界,拓展了人的世界。人终于从有限的、亲身所在的空间和绵延不断的当下时间中超脱出来,有可能同时占有真实和虚拟的无限空间,占有过去、现在和未来,而言语行为本身则成为人用来表征世界、相互交流的最灵活、最有效的工具。恰如吉登斯所说的"脱域"①,语言具有最强大、最基本的脱域功能,是人类自我解放最根本的条件。其他诸如金钱、互联网的脱域功能都建立在语言功能的基础上。从这

---

① 在《现代性的后果》中,安东尼·吉登斯深入讨论了金钱的"脱域"功能。我们认为,更为基本的脱域功能属于语言,语言是造成其他一切具有脱域功能的事物的首要条件。

个角度看,语言能力是人赢得自我解放的最基本的能力。没有语言的建构作用,既不存在享有主体性的理性个体,也不存在无限广阔的精神宇宙。我们所说的分析思维其实就扎根于语言的区分功能,而逻辑推理离不开语言概念运演,反思则又是一种特殊的元语言能力。与之相应,行为语言的地位却因此被贬低和边缘化了,行为语言的具身性及与无意识经验相关联的特点,似乎就注定它被忽视和遮蔽的命运。

然而,言语行为并没有因此而取代日趋蛰伏的行为语言,两种原生性符号活动仍然同时并存,共同建构着人与世界间极其繁复多变的关系。在《我与你》的开篇,马丁·布伯就直截了当地指出:

> 人执持双重的态度,因之世界于他呈现为双重世界。人言说双重的原初词,因之他必持双重态度。原初词是双字而非单字。其一是"我—你"。其二是"我—它"。……由此,人之"我"也是双重性的。①

马丁·布伯所说人与世界的双重关系,其一是指人与世界相浑融的原初关系,即非对象性的一元关系,即"我—你"关系;其二是指人与世界间主客分裂的二元关系,即对象性关系,即"我—它"关系。实际上,这种双重关系就是由两种符号活动,即言语行为或行为语言所构建的。正是这两种不同性质的符号活动赋予人以双重态度,并与世界建立双重关系。马丁·布伯敏锐地注意到人与世界关系的复杂性,可惜限于西方思维习惯,他仍然从语言中心主义出发去阐释原因,无可奈何之下生造了双字"我—你",试图以此摆脱语言困境。

二、语言的区分功能与世界的祛魅

由于行为语言就来自行为建模,它积淀为无意识经验,即本能,因而,行为语言就可以深潜到人类心灵最底层,去探寻极其神秘的无意识本能的奥蕴。言语行为则不仅让人深入解读意识与意识对象的奥秘,还可以携带人翱翔于虚幻的精神世界。正是两种原生性符号活动的协作,人才可能具备上穷碧落下黄泉的无穷能力。

行为语言是巫术思维的基础。当它融合人与自然并给予自然以人性、生命性之际,自然就以神灵的面貌出现了。吕西安·列维-布留尔(Lucien

---

① 〔德〕马丁·布伯:《我与你》,第 17 页。

Lvy-Bruhl)所说原始思维中的"互渗律"、维科所说原始人的"诗性思维"就以行为语言为主导因素。与此不同,言语行为的区分功能则让自己赢得了另一种巨大力量,在把一个千姿百态的对象世界奉献给人类之后,它仍然凭借其惯性分割着各个领域和对象,不止息地为世界祛魅,构建起一个个学科、一门门知识,扫荡着种种神秘和神圣。① 就在各个领域和对象被不断分割之际,神灵被驱逐了,神圣也被剥除了庄严的外衣,灵韵也消散了,世界因此变得毫无生气和诗意,颓圮为散乱的残砖碎瓦。语言的区分冲动是永不止息的,它总是不断分割着对象,甚至连人的生命,以及由言语行为亲手构建的人的主体性也被语言自己所肢解,拆卸为零部件,贬低为"屈从体",凋落为一堆遗骸和空壳,直至遗留下一束 DNA。从终极动因来看,正是言语行为在把人类带入现代性之后,又凛然地把他投入后现代的碎片之中。无论启蒙所肇始的理性还是启蒙所遗留的后果,其背后都潜隐着言语行为的踪影。如果说,语言曾经深情地为人类编织神话、讲述史诗,给人类心灵带来慰藉,那么,同样也是语言以其区分能力和解释能力,拨开了神话、史诗所造成的重重迷雾,祛除迷信,收拾温情,在开启了现代化进程之后,又继而将人类推入了后现代境遇。这是一个不可逆过程,在原生性符号系统张力结构中,言语行为日趋强势则是其原动力。

言语行为与行为语言的性质差异,使两者间发生了分裂,双方虽然相互沟通、相互协作,却不能通约,并造成意识与无意识的分裂,理性与感性的分裂,精神与肉体的分裂。尽管如此,行为语言仍然是人类不可或缺的一种符号活动,它始终静默无声地伴随着言语行为,共同参与人类活动,共同构建人与世界的关系。只不过在两种原生性符号系统的博弈关系中,言语行为以其喧嚣的姿态日益夺得主导性地位。在人与世界的关系中,分裂开始压倒融合,冲突压倒和谐,生态平衡日渐被打破了。审美现代性对启蒙现代性的批判,其实质就隐含着对行为语言的召唤,意图借助于行为语言来弥合人与世界不断加深的裂罅,重建人与世界融洽的亲密关系,重新找回失落的原初神秘体验和诗意存在。

---

① 从本质上来看,知识就是利用语言的区分功能来"分类":对动物的分类、对植物的分类、对天体的分类、对人的身体器官的分类,就产生了动物学、植物学、天文学、医学等。这一过程就是"祛魅"的过程。所谓科学范式的变革,从根本来说,首先是分类原则的变更,即言语行为方式的变更。但是,语言同样可以被用来制造假象,制造神秘和神圣,蒙蔽人心,只不过这是对语言本性的扭曲和滥用。

三、"具身认知"的理论盲点

人类的行为语言和言语行为分别塑造着人的无意识结构和意识结构，并共同成为人类最基本的符号系统，人的所有感觉，无论视觉、听觉、触觉、嗅觉还是味觉，其背后都潜隐着这两种原生性符号活动，其他各式各样的符号活动也都隐含着双方协同作用的身影，只不过是媒介的延伸和拓展，是对象的符号化过程。人无法脱离这两种原生性符号直接与世界建立关联。凡是不能被行为建模与语言建模所结构化的，就不得不被排除于感觉感受之外。

在《具身认知：身体如何影响思维和行为》中，西恩·贝洛克（Sian Beilock）具体阐述了"具身认知"，他指出：

> 当我们看、听、读，甚至想到任何不好的事情时，我们自己就会"体验"这样的经历。这些反应不光出现在大脑中；它们也延伸到我们的面部表情和姿势上。身体的姿态反过来也会向大脑发送信号告诉大脑我们的感受。这就是为什么当我们阅读一则悲伤的故事或者观看悲伤的电影时，总会把情感表现在脸上。但是当我们无法感受到这种经历时——当脸部没有发出能够改变想法的反馈时——情感的处理过程就被阻碍了。解读情感信息的重要一环就消失了。①

研究者借助于实验发现了身体与人类认知活动的关联性，而得出"具身认知理论"。其实，身体之所以能够介入人的认知活动，就在于身体是通过行为语言来构建世界，进而直接悟解世界并为认知活动和情感体验提供基础的。贝洛克所说在阅读故事或观看电影时我们对作品情感的接受总是与脸部表情，也就是行为语言密切关联、相互影响，则进一步说明：对于感觉和认知活动来说，行为语言与言语行为双方同样是不可或缺的。

具身认知理论备受质疑的焦点在于否定认知过程中"表征"是不可缺少的。其主要原因在于这一理论忽视了身体行为同时是一种特殊的表征方式，身体行为与表征符号相互重叠，它既是行为又是符号，一身而兼二任，是一种非中介的中介，一种非离散的具身性"语言"。人就是通过特定情境中

---

① 〔美〕西恩·贝洛克：《具身认知：身体如何影响思维和行为》，第9页。

的行为建模（行为语言）所产生的身体动感，来体验群体间共享的意义的。①具身认知理论的缺陷还在于试图以身心一元论否定和取代二元论，这种做法在打开一个新的理论视野的同时，又刻意制造了另一个盲区。

人与世界的关系最初就是由行为语言和言语行为这两者共同建构起来的，人的生存活动和思维活动就处在两种原生性符号活动共同构建的宇宙内，所有活动最终都离不开这两种符号系统，人类经验主要就建立在这两种符号系统协同作用的基础上。这两种符号系统的张力结构所构建的人与世界之独特关系，决定着人的生存状态，决定着人的感觉，决定着人的思维，决定着人类的所有活动。人类文化的奥秘就隐藏在这两种原生性符号系统的张力结构中，由这一"文化基因"所决定。

第二节　西方思想之符号系统结构特征

一、原生性符号系统整体结构的"极化"现象

由于言语行为与行为语言相互协作而形成的整体结构并非恒定不变，在这两种原生性符号系统之间存在着相互博弈的关系，其张力结构及倾向性，就决定着不同时代、不同民族、不同类型的文化活动及思维活动的独特性，决定着观看世界、解释世界的不同的方式。

索绪尔把语言视为由"词汇"与"语法"共同构成的两极，他认为，不可论证性达到最高点的语言是比较着重于词汇的，降到最低点的语言是比较着重于语法的……在一种语言内部，整个演化运动的标志可能就是不断地由论证性过渡到任意性和由任意性过渡到论证性；这种往返变化的结果往往会使这两类符号的比例发生很大的变动，而各民族的语言就处于其间的不同位置。② 实质上，这种两极关系是两种原生性符号系统相互结合的关系结构所造成的，我们完全可以把这种两极关系更换为由行为语言与言语行为构成的两极，而不同民族的语言就因所处不同位置（不同的分类方式和抽象程度）而与两极发生不同关联，体现着行为语言与言语行为间不同的整体

---

① 与言语行为不同，行为语言主要不是作为可共享的"感知对象"来实现交流的，而主要是借助于共同的体验来达成交流的。只是当人类产生了言语行为之后，行为语言在达成共同体验的同时也成为可共享的感知对象，并真正成为"行为语言"，可是，言语行为往往又遮蔽了行为语言的体验性。

② 〔瑞士〕费尔迪南·德·索绪尔：《普通语言学教程》，第 184～185 页。

结构及倾向性。抽象程度越高的民族语言（譬如使用拼音文字的语言），偏离行为语言就越远，独立性越强，可论证性越低，任意性越大，所具有的反思性也越强，并因此在对语言自身的反思过程中不断完善语言表达的精确性和逻辑性，强化语法结构。相对而言，抽象程度较低的民族语言（譬如使用象形文字的语言），与行为语言的关联就相对密切，可论证性越高，并偏重于词汇。不同抽象程度的语言意味着它与行为语言构成不同的张力结构。不同民族的文化基因就藏匿在言语行为与行为语言相互关联的整体结构中。①

二、从本体论到认识论：无法逃避的"二元论"

在两种原生性符号系统相结合的整体结构中，突出言语行为的重要性，构成了西方文化的特征和思维的特征，影响着对世界本源的看法。古希腊时期，泰勒斯（Thales）提出"基质"、阿那克西曼德（Anaximander）提出"元质"、毕达哥拉斯（Pythagoras）提出"数"，以此来思考世界的本源和万物的基础。但是，种种思考本身就预先把世界设定为"对象"来看待，也就是说，在哲人们开始哲学思考时，就已不经意地运用"对象性"思维，落入言语行为布下的陷阱了。因为只有在言语行为的作用下，世界才呈现为人的"对象世界"，才有可能进而思考如"基质""元质""数"等问题。只要试图对世界"是什么"做出命名，甚或仅仅提出"是什么"这一问题，就已经进入了语言"概念化"。至于柏拉图则直接把"理念"与"概念"（名称）相关联，借助于概念来思考理念。他说："在凡是我们能用同一名称称呼多数事物的场合，我认为我们总是假定它们只有一个形式或理念的。"②这些以世界的本源、本质、结

---

① 在《谷登堡星汉璀璨》中，麦克卢汉引用了卡罗瑟斯（J. C. Carothers）的观点并指出："希腊人是分裂的人即精神分裂的人，正如拼音文字发明以来所有识文断字的人都是精神分裂的一样。然而，并非所有的文字都具备拼音文字那种使人非部落化的特别力量。自从拼音文字把语义从语音中抽象出来之后，自从语音被转换成了视觉编码之后，人就始终和使之发生转换的经验纠缠在一起。象形文字、会意文字或圣书文字，都不具备使人非部落化的力量。除了拼音文字之外，其他文字从来没有把人从相互依存和相互联系的受钳制的世界中解放出来。"另外，麦克卢汉在谈到中文会意文字与拼音文字的区别时说："印刷会意文字和印刷拼音文字是完全不同的两码事，因为会意字是同时调动所有感官的复杂的格式塔完形，比埃及的圣书文字有过之而无不及。会意字不让形声义分割，而这种分割正是拼音文字的关键所在。"（〔加〕埃里克·麦克卢汉：《麦克卢汉精粹》，第178、197页。）拼音文字比中文会意文字的抽象程度更高，独立性更大，在使用拼音文字的语言与行为语言所构成的张力关系中更具有主导性。正因如此，麦克卢汉认为，使用拼音文字的人即"精神分裂的人"。另外，可参阅马大康：《文学行为论》第八章第二节"文字暗示着象征符号系统的整体结构"。

② 〔古希腊〕柏拉图：《理想国》，郭斌和、张竹明译，北京，商务印书馆，1986年，第391页。

构、理念为探讨目标的本体论思考,其实质都是"对象性"思维。柏拉图把思考的重心从具体事物转向心灵世界,转向"概念"(名称)和"理念",更促成了主客二元分裂。凡此种种,都是以言语行为作为前提和基础的。这就注定了西方思想难以逃避语言中心主义和理性中心主义的宿命。

当人们发现,单纯着眼于客观对象去认识世界、寻找真理,或者借用概念去追问概念所囊括的事物的统一性,这些做法并不可靠,因为种种认识、寻找和追问本身就受到人的主观性的制约,从而转身去拷问人自己,探索人的主体性及主观认识能力,试图建立思维与存在的同一性,这就导致哲学的认识论转向。因此,哲学从本体论转向认识论,固然和宗教变革及社会历史境况演变分不开,但是,这种种因素还只是外因,它们只是从外部共同促成学者们把目光转向人自身,实质上仍然是原有思维框架的逻辑发展。尽管思考对象变了,而思考的基础、框架和方式并没有改变,不过是把人自己,以及人的主体性、人的心理因素、人的能力、人的态度、人的认识方式和思维方式剥离和抽象出来,作为"对象"来考察和分析罢了,是原有思考框架和方式的自然延伸,仅转换了思考对象。譬如康德就是依据语言划定的范畴——知、意、情来构建自己的理论大厦。至于人的无意识和行为,学者们也仍然是将其作为分析和研究的对象来对待。

三、现象学、存在论:弥合"二元论"的自我幻觉

胡塞尔的现象学似乎要摆脱主体与客体、意识与对象的分裂状态,然而,他把"先验的普遍意识结构"设定为研究目标,并主张通过"第一人称"主观描述的方式来揭示这种结构,也就仍然暗示着他没能彻底跳出语言及对象性思维的泥潭。至于现象学所说的"主体间性"也绝非"物我合一"的浑融状态,无论这个"主体"是先验的,还是心理的或是交互共在的,它都只能是言语行为对人与世界、自我与他者做出区分、定位和建构的成果。[①] 唐·伊德(Don Ihde)在梳理现象学的历史渊源时就指出笛卡儿和康德对胡塞尔的影响,他说:"在我看来,这种通过使用早期现代认识论的术语来超越早期现代认识论的企图,注定了正统的现象学被理解和解释为'主体'风格的哲

---

① 本维尼斯特精辟地对主体性与语言的关系做出阐述:"语言使主体性成为可能,因为它总含有适合主体性表达的语言形式……语言可以说提供了许多'虚设'的形式,由每个使用话语的说话人占为己有并使之与他的'人称'发生关联,与此同时,他将自己定义为我,将他的对话者定义为你。话语时位就是这样构成了用于界定主体的全部坐标。"(〔法〕埃米尔·本维尼斯特:《论语言中的主体性》,苗馨译,载《普通语言学问题》(选译本),第297~298页。)

学。"①当胡塞尔以"意识"与"意识对象"置换"主体"与"客体"之关系时,表面上似乎搁置了二元分裂问题,而实际上却遗留下两道裂隙:其一是"物自体"与意识(意识对象)间的裂隙,无论胡塞尔实施怎么样的"现象学还原",只要把关注点停留在意识领域,就无法弥合这道裂隙;其二是意识与身体的裂隙,即心、身二元分裂。

现象学美学家罗曼·英加登则是将现象学留下的裂隙进一步明朗化、扩大化了,他直接去探讨作为审美"中介"的语言,分析"意向性客体"的层次结构。梅洛-庞蒂虽然在理论视野中引入"身体的肉身"与"世界的肉身",强调人与世界之间的"可逆性",调和主动性与被动性,思考可见世界与不可见世界的关联,试图解决主客对立,然而,其思路却仍然没有逃出胡塞尔主体间性的思想框架,没有找到弥合二元分裂的真正路径。如同他对胡塞尔的评论,他自己也仍然未能根除"唯智主义残余"。梅洛-庞蒂曾把身体解释为"我能",强调身体对感觉的影响和贡献,指出"我"能够被引导着移动身体回应"可供性"的要求,以使"我"获得对对象的最大把握。可是,在他的理论框架中,身体仍然是围绕感知活动的辅助性语境,而非一切感知感受的基础。因此,他的那种"做法根本没有向我们解释做出某些特殊形式的运动的那种被特殊塑造的身体能力对于我们具有一个世界而言是如何成为本质性的"②。

海德格尔曾以惊人的胆魄宣言传统本体论的谬误,并把问题的核心"存在者"(是者)置换为"存在"(是),从人的生存活动(此在在世)中探索真理,这确实隐含着对主客体分裂状态的嫌恶,对语言概念的疑虑和规避。因为哲学一旦思考"存在者",也就涉及"是什么"这个问题,就势必落入语言概念的圈套,落入对象性思维的陷阱。海德格尔把问题转向"存在",也就避开了"是什么"这个问题,避开了"概念化"和二元思维。与现象学有所不同,海德格尔贬斥"主体性",认为主体性正是人与世界相分裂的根源,因为有了主体,也就势必有客体或对象,二元分裂就势所难免,现代技术恰恰扩大、加深了二元分裂。为了避免这种分裂状态,他提出了"此在在世"的框架来描述存在状态,认为人原本是与世界一体的,人只能在世界中生存,在与世界打交道中有所领悟,大地也因此而敞开,真理因此而显现。"我们在理解和谈论物时,会插入我们和物之间的所有东西必须事先悬搁。唯有这样,我们才

---

① 〔美〕唐·伊德:《让事物"说话":后现象学与技术科学》,第9页。
② 〔美〕休伯特·德雷福斯、〔加〕查尔斯·泰勒:《重申实在论》,第175页。

能沉浸于物的无遮蔽的现身。"海德格尔把这种"与物直接遭遇"视为阐释的首要条件。① 这似乎暗寓着对语言中介的贬斥，因为一旦语言介入，也就必然凭借其差异性实施区分，又重新在人与世界间造成裂隙。但是，海德格尔毕竟未能跳出西方语言中心主义，最终他还是把真理与语言相关联，把语言视为"存在的家园"，由此造成理论内部的矛盾。② 或者说，他只是对"概念化"（存在者）抱有戒心，而并不是否定言语行为，甚至是醉心于富有诗意的言语活动，醉心于"原语"（Sage）。正如佩尔尼奥拉评论海德格尔时所说："因为语言的本质正是'让实体自我被见到'。现象学之所以是解释学，是因为它是与语言不可分割地联系在一起的。"③

在此，我们看到海德格尔与中国古代老庄思想之间的差别：海德格尔虽然从中国古代哲学中得到启示，试图以"此在在世"的解释模型来弥合主客体间的分裂，但他仍然还是不得不借助于语言来寻求澄明之境；而老庄却始终怀疑语言，宁可放弃语言言说，停留于和自然相浑融的关系中来直接把握道。海德格尔用诗一般的语言费尽心机地阐释荷尔德林的诗歌和凡·高的画作，想借此引领欣赏者进入作品，敞开真理；若以老庄的眼光来看，即便这些言说再漂亮、再精粹，也只能是糟粕，越说离开真理（道）越远。

至于加达默尔则进一步强调语言的权威地位。虽然他指出"此在"的运动性构成自身的有限性和历史性，是此在的"全部世界经验"，但最终还是把理解归功于语言，认为语言是理解的"普遍媒介"。他说："语言并非只是一种生活在世界上的人类所适于使用的装备，相反，以语言作为基础，并在语言中得以表现的是，人拥有世界……世界对于人的这个此在却是通过语言而表述的。"④

针对西方理性中心主义，胡塞尔指出："西方的一切非理性主义归根结底仍然是理性的，只是未达到某种（更深层次的）理性的自觉而已。没有理

---

① 〔德〕M.海德格尔：《诗·语言·思》，第 28 页。
② 人是无法避免这种悖论式的生存境况的：语言是人之为人的依据，人离不开语言；语言却又分裂了人与世界，造成人的生存困境，造成生态危机。海德格尔虽然从中国古代思想中汲取营养，却因文化差异仍然与中国文化隔着一层，他依旧信赖语言，尽管他所说的主要是诗性语言，是"原语"，一种似乎与行为语言纠缠不清的"原语"。哈贝马斯就指出："后期海德格尔把语言创造意义的潜力抬举到绝对的高度。"（〔德〕于尔根·哈贝马斯：《后形而上学思想》，曹卫东、付德根译，南京，译林出版社，2001 年，第 41 页。）而老庄虽然深知人无法离开语言，却始终不信任语言，始终怀着对语言的警惕，并试图超越语言。
③ 〔意〕马里奥·佩尔尼奥拉：《仪式思维》，第 167 页。
④ 〔德〕汉斯-格奥尔格·加达默尔：《真理与方法——哲学诠释学的基本特征》（下卷），第 566 页。

性便没有整个西方文化。"①我们可以更深入一步说,没有对语言核心地位的重视,就没有对理性的重视,没有整个西方文化。在行为语言与言语行为相结合的整体结构中,强调言语行为主导作用这一倾向,构成了西方文化基因的独特个性,它规定着西方人的思维特征和文化特征,乃至生存方式。

四、语言论的登场:中介与壁障

哲学的认识论转向,以及现象学的崛起,把人自己以及人与世界之关系推到理论关注的焦点位置,学者们这才发觉,在人与世界之间横亘着一道不可逾越的壁障,一直来遮蔽着世界真相的竟然就是人类自己创造的语言。在人类呱呱坠地之初就始终戴着这副有色眼镜在看世界和人自身,作为认知对象的世界和人本身就是经过语言建构的,人无法离开语言来认识和思考——这就是哲学的语言论转向。语言终于从思想舞台隐蔽的幕后走向前台,从载体、媒介和工具升格为本体和主角,成为哲学思考的核心。

> 这里马上就出现了一些我们要留给哲学家去解决的严重问题,尤其是精神与"现实"是否相符的问题。就语言学家来说,他认为没有语言就不会有思想,并且对世界的认识是由这一认识本身所能接纳的表达方式所决定的。语言重新生成世界,但却使世界受制于语言自身的组织结构。它是逻各斯(logos),是希腊人所理解的既为道说(discours),又为道理(raison)的道。②

本维尼斯特准确地指出了西方现代哲学语言论转向的实质。虽然其后又出现符号论转向,这本应为西方思想摆脱语言中心主义、理性中心主义和对象性思维带来转机,但问题在于:对于西方学者来说,即便存在着许许多多种符号系统,他们也仍然是参照语言学的研究范式来看待和解释这些符号系统,甚至直接用语言来解释这些符号系统,把语言视为符号的最终解释者,这就势必障蔽了符号活动的复杂性,障蔽了行为语言的独特性和重要作用,无法逃脱语言中心主义和理性中心主义的陷阱。

既然遮蔽世界真相的罪魁祸首是语言,分析哲学也就把锋芒直指语言。在他们看来,症结就在于人们天天使用的语言概念和命题。大量的日常概念不是经过精密设定,而是日常习得的,它们边界模糊,意义迁移不定,而命题也往往未经过严格的逻辑拷问,沾染着习惯性、随意性、意识形态性,恰恰

---

① 邓晓芒:《胡塞尔现象学导引》,《中州学刊》1996 年第 6 期。
② 〔法〕埃米尔·本维尼斯特:《普通语言学问题》(选译本),第 12 页。

需要分析哲学去清理和治疗。可是，以往我们竟把它们视为天然的合法性依据，由此出发去思考世界的本源，思考概念（名称）背后的"理念"，思考万物乃至各式各样的语言衍生物的本质和规律，这岂不荒唐？"问题在于，每一个命题都涉及一个世界，展现某种普遍系统的形而上学特性。离开了这个背景，将会形成命题的那些各自分立的实有，以及整个命题，就都成了没有确定性质的东西。"因此，分析哲学要求"哲学对语言也要进行重新设计"①。哲学家们似乎返回到柏拉图提出的问题，只不过他们不再探寻藏匿于概念（名称）背后的"理念"，而是转身直接质疑概念（名称）本身，进而考察命题的合法性和逻辑性。也正是在语言符号中，藏匿着种种权力操纵，暗地里造成遍及所有角落、根深蒂固的思想偏见和社会不公。于是，语言被推上了被告席，成为质询的对象。不仅如此，他们甚至转向语言"能指"，弃置"所指"，龟缩进语言游戏，逃离社会历史。

至此，西方哲学把自己的思考推向极致。它质疑语言，却并未逃出语言的樊笼。如拉康以"语言结构"来描述人的无意识；约翰·塞尔以言语行为来阐释人类文明结构；叙述学溢出文艺学的边界，被简单套用于社会学、心理学、教育学及其他诸多学科领域；"后理论"对语用学的青睐……其实都根源于语言中心主义和理性中心主义，根源于西方文化基因的独特个性。②如果说，语言的区分功能使人类驱逐了迷信和蒙昧，赢得了理性能力，构建了理性主体，那么，恰恰是语言永不止息的区分冲动及反思功能，又不断质疑信仰，质疑理性，亲手解构了人的主体性，将人推入碎片化和信仰缺席的后现代生存状态。语言始终是西方思想及其所有进展的始作俑者。

第三节　中国古代思想之符号系统结构特征

一、老庄之"道"（无）：非概念、非对象

在关于人与世界之关系，以及世界本源的问题上，中国古代哲人似乎站

---

① 〔英〕怀特海：《过程与实在——宇宙论研究》，第21页。
② 言语行为固然可以干预人的行为方式，在某些方面赋予行为以语言的结构，但是，这种干预只能影响表层无意识，而无法深入深层无意识（本能），从总体来说，无意识只能是享有行为结构，而非拉康所说的语言结构。此外，任何叙述都是以语言逻辑来简化、规范、重构、重塑生活事件和人性，因此，叙述过程实质上就是对生活和人性实施制度化和规训的过程，在某种意义上偏离了人的本性。

在西方学者思考的巅峰上，他们从一开始就不轻信语言，而是既尊崇语言，又看到语言的局限性。老子深谙其中奥妙，时刻保持着对语言的警惕。在谈论世界本源和法则时，老子不得不使用语言来表述，不得不勉为其难地以"道"来称呼。"道"，《说文》解释为："所行道也，从辵、首，一达谓之道。"①这种象征性、隐喻性说法强调了关联、贯通着人与世界的"行道"的重要性。唯有借助于道，人才能通达世界，才与世界建立关系，才能在与世界打交道中解悟和把握世界，人的种种行为都发生在道上，也只能发生在道上。② 同时，老子又明确意识到"道"这一"别名"是不可为而为之的权宜之计："吾不知其名，字之曰道，吾强为之名曰大，大曰逝，逝曰远，远曰返。"③世界的本源和法则是道、大、逝、远、返，而同时它又不是任何一个语言概念所能表达的，它不能用语言来表述、用概念来命名，甚至不能用广漠无际的"大"来说明，只能在与世界、与他人、与生命的交往中，在逝、远、返的行动中去领悟。世界本身就是非概念、非语言的。老子将自己置身于悖论式的困境中，试图借用语言来超越语言，通过既命名又否定命名的方式来启示读者亲身去接近道。语言不仅仅如分析哲学所认为的那样是值得怀疑的，需要清理和治疗，它本身就是横亘在人与世界之间必须跨越的壁障，要真正把握道，就不能不超越语言。

道不仅是非语言、非概念的，还是非具象的，人的感官感知无法把握道。老子说："视之不见，名曰夷；听之不闻，名曰希；抟之不得，名曰微。此三者不可致诘，故混而为一。"④这里所说的"混而为一"并非指世界自成一统，而是指人与世界相合一，世界并非人的对象世界。当人与世界融而为一，进入与物俱化、无物无我之境，所有的语言壁障都自行坍塌了，所有的概念界限也都被取消了，世界已经不再作为"对象"而存在。此际，一切声音都将成为希声之"大音"，一切形象都化为无形之"大象"，"非对象"实即"混沌"，即"无"。处于这种"非对象性"的浑融状态，人实际上已然最恰切地置身世界之中，置身道之中，道也同样置于人之中，人与道相同一了，感官也成为毫无

---

① （清）段玉裁：《说文解字注》，北京，中华书局，2013 年，第 76 页。

② 海德格尔对"哲学"做了词源分析，他指出："'哲学'一词现在说的是希腊语。这个希腊词作为希腊词语乃是一条道路。这条道路一方面就在我们眼前，因为这个词语长期以来就已经先行向我们说话了。"（［德］海德格尔：《什么是哲学？》，孙周兴译，载孙周兴选编：《海德格尔选集》，上海，上海三联书店，1996 年，第 590 页。）希腊词中的"哲学"与中国老庄之所谓"道"，都不谋而合地包含"道路"的含义，只不过老庄始终没有离开"道路"来求索，谨言慎行，而海德格尔则滔滔不绝地"道说"。正是怀疑"道说"或依赖"道说"的不同态度导致中西哲学的差异。

③ 朱谦之：《老子校释》，第 101～102 页。

④ 朱谦之：《老子校释》，第 52～53 页。

必要的虚设。这就是庄子笔下未经斧凿的"混沌"。与此相反,语言的区分性则将浑融状态的"非对象性关系"分解为"对象性关系",在人与世界之间制造了分裂。老子感悟到语言的局限性而深陷矛盾之中:他不得不借用语言来言说自己的观点,却又不得不否定语言概念本身,"道""无""大象""大音"等等,正是既言说又否定言说的矛盾产物。

对语言的不信任必然导致对认知的不信任。人类所认知的世界是经由语言区分而构建的对象世界,在人类将无意识经验筛选、归类、凝聚、抽象为语言概念之际,既流失了许多珍贵经验,又夹带进不少偏见,并将人与世界的亲密关系拆解开来且加以扭曲和重新固化了,这就决定着这个由语言区分和构建的对象世界本身并不可靠,那么,人的认知又怎能可靠呢? 人类感官是无法摆脱语言纠缠的。设若我们弃绝语言,那么人与世界就无法被区分,世界就无法被构建为人的对象世界,人类意识也无从产生,尽管世界依然故我地存在着,却只能是以"无",即无言、无声、无形、无象的方式存在。世界并非因此缺席,而是它不再是人的意识对象、感觉对象、认识对象,它本身就是无意识之"非对象"。这种非对象性的世界就是老子所说的"无",是物我一体、唯恍唯忽的混沌状态,它无处不在、周行不殆,却又不可言说、不可感知,唯有借助于行为建模(行为语言)所构建的物我相融关系,人才可以绕开语言,径直去把握世界,把握"无"(道)。正是行为建模(行为语言)以自己独特的具身方式建立与世界的关联,其非概念性、非独立性就决定着它可以将人与世界相融合来体验世界、悟解世界;又由于行为语言建构了人的无意识经验,因而,尽管对于人的意识来说世界依然是"无",而事实上却已然构成了无意识经验,并在直觉上悟解了道。一旦语言介入,认识活动参与,人与世界之间的裂罅就形成了,世界则成为人的意识对象、感知对象,"无"也就转变为"有","万物"虽然由此而生,而道则因分裂状态却隐失不彰了。所谓"道法自然",也就是道本身如此,因此,必须排除语言及所有主观性的干扰,任随自然,才能自然而然地体道得道。人即自然,亦即道,三者融合一体,不可分割,不可究诘。

在谈到王弼《老子指略》时,牟宗三做出这样的阐释:

> 道有双重性,一曰无,二曰有,无非死无,故由其妙用而显向性之有;有非定有,故向而无向,而复浑化于无。其向性之有只是由"关联着万物而欲使之然"而凸显也……而向非定向,有非定有,故可浑化于无

也。有与无,母与始,浑圆而为一,则谓之玄。①

牟宗三准确地指出了道的双重性:"无"与"有"相共存,"有向"(对象性关系)与"无向"(非对象性关系)相变换,并且有无之变化起因于"向性"(意向性关系)的转化,然而,却仍然没有揭示造成"向性"变化的原因。其实,根源就在于:言语行为与行为语言之间构成了相互博弈的张力场,正是这两种原生性符号系统整体结构的变化造成了对象性关系与非对象性关系间的转换。当两种原生性符号系统构成的张力关系发生转换,当行为语言成为主导性符号系统,对象性关系中有形之"象"就转而成为非对象性关系中无形之"大象","有"转化为"无"。反之亦然。

庄子和老子一脉相承,同样认为"道不可闻,闻而非也;道不可见,见而非也;道不可言,言而非也"②。凡是闻、见、言,都只能涉及对象,涉及"有",却与"道"失之交臂。《庄子·天地》讲述了这样一个故事:

> 黄帝游乎赤水之北,登乎昆仑之丘而南望,还归,遗其玄珠,使知索之而不得,使离朱索之而不得,使吃诟索之而不得也。乃使象罔,象罔得之。

郭嵩焘注曰:"知以神索之,离朱索之形影,吃诟索之声闻,是以愈索愈远。象罔者,若有形,若无形,故眸而得之。"③"玄珠"即喻道,而人的理智、感官、言语都无法求索它,乃至愈益远离它,唯有若有形、若无形的"象罔"才可得之。显然,这种脱离理智、感官、言语的"象罔",也就是老子所说的"大象",是一种人与世界间非对象性的浑融状态,它只能由独特的具身性符号系统,即行为语言所建构。在庄子笔下,庖丁解牛、轮扁斫轮、梓庆削木为镰等,都反复强调了这样一种观念:那种出神入化的技艺恰恰需要"以神遇而不以目视,官知止而神欲行"④,甚至应该达到"堕肢体,黜聪明,离形去知,同于大通"的"坐忘"境界⑤。这也是一种天地与我并生,万物与我为一的至境。只有搁置理智和感知,超越现实语境,放逐语言和思想,排除种种外在

---

① 牟宗三:《才性与玄理》,桂林,广西师范大学出版社,2006 年,第 116 页。
② (清)王先谦、刘武:《庄子集解 庄子集解内篇补正》,第 192 页。
③ (清)王先谦、刘武:《庄子集解 庄子集解内篇补正》,第 101 页。
④ (清)王先谦、刘武:《庄子集解 庄子集解内篇补正》,第 29 页。
⑤ (清)王先谦、刘武:《庄子集解 庄子集解内篇补正》,第 69 页。

干扰,彻底改变人与世界的分裂状态,臻于这种至境,无意识经验(行为语言记忆)中蕴蓄着的创造潜力才得以无拘无束地自由喷涌,天机自发,神而明之,才可能在"逍遥游"中进入"道"的境界,真正悟解不可言说之道,而这恰恰又是中国古代哲人不懈求索的至真至善至美状态。唯有成为无意识的行为(行为语言)才是人关联世界,体验和悟解世界,把握道的途径。不仅是老庄,孔子及后来的佛家都有类似观点。熊十力采纳了佛家的说法"证量",他说:"大明洞彻,外缘不起,敻然无对,默然自了,是谓证量。吾人须有证理之境,方可于小体而识大体。于相对而悟绝对,于有限而入无限,是乃即人即天也……证量,止息思维,扫除概念,只是精神内敛,默然返照。孔子默识即此境界。人生惟于证量中浑然与天道合一。"[①]

二、"天人合一"与"一元"思想

对世界本源及道的看法,孔子及儒家与老庄之间并没有根本性分歧,他们同样主张"天人合一"观念。对此,张世英阐述得很明确,他说:

> 中国古代的"天人合一"的思想,使中国传统哲学大都具有与诗相结合的特征,中国古代哲学著作往往就是文学著作,哲学家往往就是文学家和诗人。这是因为"天人合一"本是一种物我两忘、主客不分的审美境,中国传统哲学中也大多是对这种境界的一种理性反思和理论陈述。即使是儒家哲学,以道德境界为人生境界之最高层次,其"天人合一"之"天"主要具有道德含义,但儒家的"天人合一"也含有诗意,它企图通过诗意的审美意识,把道德意义的"天理"变成一种自发的内心追求。[②]

钱穆曾说:"中国人的现实,只是'浑全一整体',他看'宇宙'与'人生'都融成一片了。融成一片,则并无'内外',并无'彼我',因此也并无所谓'出世与入世'。此即中国人之所谓'天人合一'。"[③]可以说,对"天人合一"境界的憧憬和对"道"的追求构成了中华文化思想的精髓。

至于"德"与"道"原本就为一体,恰如一体两面,双方相互映照,并且"德"就扎根于"道"。如果说,"道"即天道,也就是自然之道,那么,"德"则须

---

① 熊十力:《原儒》,上海,上海古籍出版社,2019年,第10～11页。
② 张世英:《美在自由——中欧美学思想比较研究》,第297～298页。
③ 钱穆:《中国文化史导论》(修订本),北京,商务印书馆,1994年,第47页。

顺乎道,德是道在人身上的显现,它体现于人际关系之中,体现于人之行为,具体显现于行为所蕴含的意义,也就是行为语言。"无为"就是随其自然,恰恰是"道法自然"在人身上的体现。所以,老子《道德经》从自然之道展开思考,最终落实于人之德。

《中庸》说:"天命之谓性,率性之谓道,修道之谓教。道也者,不可须臾离也,可离非道也。"①更加具体地说,德本身就是人伦关系之德,行为之德,而关系的设立又取决于行为,因此,行为就应该符合自然之道,体现自然之道,德是道在行为上的具体落实。自然秩序即道德秩序。这种符合道德之行为首先必须防止任何外在目的的诱惑,排除欲望、意念的干预,任随自然才能融入自然,才能须臾不离道,由此抵达至高之德。这正是老子强调"自然""无为"的缘由,也是孔子以"心安"作为衡量"仁"之标准的缘由。② 对行为语言的重视,也就是对行为所包含的意义的重视。儒家之所以特别推崇"礼",就因为"礼"规范着人之行为,规范着行为意义的表达,使其符合"天道",以此为既定的尊卑关系正名,维护传统社会秩序。强调人与世界之非对象性关系,强调符号活动中行为语言的基础地位,正是中华民族文化基因的独特个性。

三、践履与解悟

牟宗三对"名言能尽意与不能尽意"做了细致的辨析和义理疏解。他指出,先秦儒经好言"尽",而道家老子只言"可道"与"不可道",庄子只言"言之所不能论,意之所不能察致",并不从正面言"尽"。然而,儒家经典则恰好从正面言"尽",譬如《系辞传》《孟子》《荀子》《中庸》等都言及尽意、尽心、尽才、尽伦、尽己性、尽人性、尽物性……牟宗三认为:

> 此中所言之"尽",有的是解悟的"尽",有的是践履的"尽"……有时

---

① (宋)朱熹:《四书章句集注》,北京,中华书局,1983 年,第 17 页。
② 南宋淳熙二年(1175),在江西信州雁湖寺举行了朱熹与陆九渊辩论的"雁湖之会"。在论及"教人"之法时,朱熹主张博览群书,强调"泛观博览""格物致知"的重要性;陆九渊则强调"发明本心",两人的观点发生了分歧。其实,在最根本的问题"道"(道理),以及"天人合一"的观念上,他们并无本质差别,分歧的实质只在于:朱熹强调读书格物的重要性,也就是认为圣人可以体道悟道,圣人所著经典也就传达了道(道理),因此应该博览群书、格物致知。陆九渊则认为,"心即理",读书穷理并非成为圣贤的必由之路,而应该去除内心遮蔽,回归自然本心。两人的观点分歧在先秦就已经埋下了种子,孔子既推崇经典和格物,又强调"心安",归本尽性,朱陆双方各自偏重一面。尽管在争论中,陆氏兄弟稍显优势,但由于朱熹强调"经典"(圣人)的重要性,为统治者及知识阶层树立了话语权威,因此受到后世的广泛推崇。

即在践履中有解悟,如尽心是践履,知性知天是解悟;有时即在解悟中有践履,如穷理是解悟,尽性至命是践履……总之,此中所言之"尽",大体是解悟与践履交融而进者,解悟是在践履中解悟,践履是在解悟中践履。①

践履即实际行动,无论知意、知性、知天还是知命,都需要践履与解悟相交织、交融,也就是说,解悟必须经由实际行动,它离不开行为语言。与西方着重于将自然和社会作为对象来观察、调查、分析、认识不同,中国更侧重于对人之行为及品性的体悟,对人伦关系的阐释,强调通过一种非对象性关系的体验,着眼于行为与解悟的统一。

在行为"体验"与"得道"的关系问题上,庄子与儒家众人还是有所区别的:庄子虽然认为道不可言,却并没有将其神圣化,他以为任何人,哪怕是庖丁、轮扁、津人、佝偻者都可以通过娴熟的技能而臻于道的境界,体道得道;而在儒家看来,真正能够悟道传道的唯有"圣人",正是圣人以自身行为垂范后世,为后人树立了道德标杆。前者注重生存实践,后者强调道德规范。

对行为、体验、解悟的重视,开辟了一条独特的思想路径,一条注重实践经验和行为规范的路径。从"道"只能借助于行为来体验和解悟而不能言说这一特征看,中国古代哲人之谓"道",更接近于"经验性"范畴,而非"形而上"范畴,不是西方所说的"理念""本质"或"规律"。② 西方之所谓"理念""本质""规律",都是从探讨作为"对象"的自然中衍生的,是语言可言说的对象,甚至可以说,其本身就是与语言建构密不可分;"道"恰恰是作为"非对象"而存在,直接体现于行为过程之中,需要"践履"与"解悟"相交融。一旦将其视为"对象",或用语言来言说,也就势必与"道"相暌违。因此,对于中国古代思想,不应该套用西方本体论、认识论的框架来做出概括和阐释。熊十力就对西方哲学思想提出严厉批评,他说:"西洋哲学家谈本体者,只是驰逐知见,弄成一套理论,甚至妄以其理论即是真理,而真理直被他毁弃。须知,哲学不当以真理为身外物而但求了解,正须透悟真理非身外物而努力实现之。"③这就十分明确地指出中西方文化思想的根本差别。

---

① 牟宗三:《才性与玄理》,第 213 页。
② 在此,用"范畴"来指称"道",本身就是不合适的说法,也只是对不可言说的言说,因为"范畴"本身就离不开"概念"。
③ 熊十力:《原儒》,第 26~27 页。

四、行为语言与非对象性关系

在阐述庄子美学思想时,彭锋明确指出:"道"是一种非对象性存在。"正因为道不是一种对象,因而任何将道当作对象追求的活动,都是背道而驰。道也不是一种特别的事物,任何事物的自然存在都是道,这在庄子'天籁'概念中表现得非常明显。"①林光华对《老子》中的"道"也做了意义相近的解读,他说:"在道家看来,工具性的语言恰恰会遮蔽'道'。因为工具性的语言是建立在主客二分的认识论基础上的,只要开始用它言说,就预设了主客的二分,此言说一定有明确所指和目的的,是出于人认清对象的需要,因此是对象化的。'道'不是与我们主体相对的对象,在人没有产生时,它的存在与语言无关;在人产生以后,它是我们就生活于其中的那个'世界',人无法从这个'世界'中真正挺立出来,回过头来看'道',如同我们无法点燃一盏灯看看黑暗的模样。否则,我们就像是骑驴找驴,永远找不到'道'。道的玄妙正在于此,在这一意义上,本文用一个现代术语去描述它,即'非对象化'的道。"②彭锋和林光华正确地把握了老庄所谓"道"的"非对象化"特性,我们要继续追问的是:这种非对象性关系是怎样形成的?我们究竟如何把握非对象化之道?追根究底,离开行为建模,人与世界间的非对象性关系就无从构建,人也就无法领悟非对象化之道。

同彭锋、林光华的观点相类似,法国汉学家朱利安则阐释了中国古代绘画"非客体"的特征。在谈到笔墨与形色时,他进而认为,在绘画过程中,占据至高无上位置的并非目光的敏锐和心灵的规划、构思,而首先是内在的聚精会神、洗练雅化、精致真纯的功夫;并且其成功并不怎么取决于执笔之手的敏捷、精确和出色的笔法,而更取决于这样一种运动原理:"它开始于更上游的阶段,将心脏脉动毫无损耗地一直传递到激活形式的张力,于是,操画笔与操斧头或操刀属于同样的操作技艺。"在这一过程中,"身体语言与气息相关,它操控着绘画"③。朱利安敏锐地感觉到"身体语言"与气息相关联,与绘画的笔墨及非客体性相关联,但是,可惜他未能进一步深入探析身体语言(行为语言),没有发现身体语言(行为语言)独特的性质、施行方式和功能特征,没有觉悟到正是身体语言(行为语言)的独特性使画家与自然相契合,令笔墨成为身体语言(行为语言)的自然延伸,并最终赋予画作以"非客体"

---

① 彭锋:《从浑沌、象罔和鸿蒙看庄子美学思想》,《中国美学》2004 年第 2 期。
② 林光华:《非对象化之道:再读〈老子〉第一章》,《哲学研究》2015 年第 6 期。
③ 〔法〕朱利安:《大象无形:或论绘画之非客体》,第 405~406 页。

特征,由此造就中国绘画的独特性,而是把中国绘画归结为"意"的图像,并将根源落实到"气息—能量"。尽管这种"气息—能量"同样是无形无迹、流动转化、生生不息的,却已经被落实为朱利安眼中的"客观实在",而区别于中国文论画论中那种具有象征意味的若有若无的非实体之"气",更远离了不可言说之"道",偏离了中国艺术精神,重新落入语言逻各斯的圈套。朱利安似乎将要逾越中西方艺术的疆界,洞悉中国绘画的真谛,而最终却仍然被阻挡在语言的魔障内,与真相失之交臂。

在中国画史上,固然存在形似、师古、摹古等绘画倾向,但是,体道尚意的写意画则最具中国文化精神和文化特征,在其背后所隐含的原生性符号系统二元张力结构及倾向性明显以行为语言为主导。而书法中的草书作为中国艺术之灵魂,本身就是"生命之舞",是身体行为的延伸,是行为语言的直接展现。

第四节　两条不同的审美回归之路:"迷狂"与"虚静"

一、"自我"与"无我"

在比较中西美学思想时,张世英指出:

> 中国儒家文化以道德为最高人生境界,审美服务于道德,而道德的主要标准是去私,"我""己"("自我")在儒家看来大多是"私"字的代名词,去私等于去我。道家思想是整个中华文化传统中审美观念的主要来源,而道家的审美境界很明显地是一种无我("无己")的境界……与中华传统的审美文化不同,西方传统的审美文化重自我,审美意识是一种自我实现、自我表现的意识……我们很可以说,西方美学史的主线是:"美是自我在感性中的显现。"具体一点说,美就是在感性形象中显现"自我"的"理性、自由、个性诸特点"。[1]

张世英以"无我"与"自我"来概括中西美学思想主线是许多学者的共识。"我"与对象相对,有"自我"势必有对象,物我分裂就在所难免。唯有"无我"才能"无物",进而实现物我相融,天人合一。因此,中国古代美学强

---

[1]　张世英:《美在自由——中欧美学思想比较研究》,第231页。

调通过虚静的无我状态来实现天人合一,以此抵达审美境界;而西方美学则执着于追求自我及主体性,也就难以完全弥合人与世界间主客对立之二元关系。即便强调"自我在感性中的显现",也仍然是将这一"感性显现"视作"意识对象",只不过是另一种隐蔽的二元关系。

其实,在西方美学中同样存在要求主客体相互融合的一元观点,只不过处于非主流地位,并且在如何实现主客融合的途径上,西方更倾向于主张"迷狂"。如果对"迷狂"与"虚静"做一番分析,或许可以更加具体、细致地了解中西方美学思想的差异。

二、柏拉图的"迷狂":神人合一

早在古希腊时期,柏拉图就颇看重迷狂。柏拉图对艺术抱有矛盾态度:一方面,他将艺术视为对现实的模仿,艺术只是理念的影子的影子,和真实体隔着三层,是等而下之的,并且它常常模仿人性中无理性的部分,编造虚假的、不正义、不道德的故事,以情感来迷惑读者和观众,造成坏的影响,因此应该将它驱逐出理想国;另一方面,他又很推崇由迷狂获得灵感的作品,并认为这是诗人借助于迷狂而代神说话,把握了理念和真正的美。在《伊安篇》中,柏拉图借用苏格拉底的话说:高明的诗人都不是凭技艺完成优美的诗歌,而是因为得到灵感,有神力凭附着,感受到酒神的狂欢。

> 神对于诗人们像对于占卜家和预言家一样,夺去他们的平常理智,用他们做代言人,正因为要使听众知道,诗人并非借自己的力量在无知无觉中说出那些珍贵的词句,而是由神凭附着来向人说话……这类优美的诗歌本质上不是人的而是神的,不是人的制作而是神的诏语;诗人只是神的代言人,由神凭附着。[①]

这就是说,柏拉图所看重和赞赏的诗歌并非诗人对现实的模仿,而是能够代神说话的诗歌,实质上就是神在说话。诗人的迷狂状态就是神凭附于诗人,此际,诗人也是神,人神合二为一了。唯有在这种迷狂状态,诗人与神相合一,才能回忆起灵魂随神周游,回忆起真实的天外境界和真正的美,诗歌才能言说真理。

《斐德若篇》以斯忒西斯的名义讲述了四种迷狂——预言术、医术、诗神

---

① 〔古希腊〕柏拉图:《文艺对话录》,朱光潜译,北京,人民文学出版社,1963年,第9页。

凭附和爱情,并特地用故事来解释爱情的迷狂。斯忒西斯把灵魂划分为三个部分,两匹马和一个御车人,他以驯良的马譬喻理性,以顽劣的马来譬喻非理性,在两匹马的相互拉扯和御车人的协调下,最终将灵魂带入爱情的迷狂。诗人的迷狂也正如爱情,同样处于理性与非理性的相互拉扯及相互协调之下。

柏拉图关于迷狂这一观点对后世学者产生了深远影响。关于艺术是对自然的模仿和约翰·约阿希姆·温克尔曼(Johann Joachim Winckelmann)的艺术是创造高于现实的、理想的自然,是表达精神的概念这两种观点,谢林提出了批评,他指出:艺术与一切生物一样,从最初的本原出发,为了获得生机勃勃的活力,必须一再返回最初的本原。在这个过程中,艺术不仅关涉意识,同时必定有一种无意识的力量参与,是两者的完美统一和相互渗透,酿成了情感的激荡和幻想的飞翔。

> 只有当情感激荡时,只有当幻想在起死回生的、支配一切的自然力的作用下展翅翻飞时,艺术才可能得到那种遏止不住的力量,借助于这种力量,不管是早期形成的呆板而深沉的肃穆还是充溢着感性的娴雅的作品,才真正忠实于真,并且从精神上产生出最高的现实,即准于观瞻尘世者的现实。①

在谢林看来,在艺术中,最高的统一性和合规律性是从绝对自由出发来设定自身的,因为艺术是更高的有机组织,是经纬万端的生长物,是绝对的流溢。在艺术过程中,意识活动与无意识活动交相作用所引发的激情,推动创作者返回到本原状态,返回到人与自然的统一,由此获得活生生的事物和无限广袤的自然的真谛。关于谢林的美学思想,凯·埃·吉尔伯特(K. E. Gilbert)和赫·库恩(H. Kuhn)做出了相当概括的阐述:"在谢林理论体系不同的发展阶段上,艺术与自然均处于非常类似的地位。人体体现了有意识活动与无意识活动(或自由与必然)在其未被人的心灵分割开来之前的综合;而艺术则于这两种活动在有意识生活范围内被分割开来之后,又重新把它们统一起来。因此,再现自然的雕刻家或画家,需要在自己的心灵中扫除人们有意识造成的那种分离,应该回复到人与自然合一的一种下意识

---

① 〔德〕谢林:《论造型艺术与自然的关系》,罗悌伦译,载刘小枫选编:《德语诗学文选》,第 161 页。

境界。"①

三、尼采的"酒神精神":人与自然的和解

在尼采笔下,迷狂这一观点得到了充分阐释。尼采认为,艺术的发展是同日神与酒神的二元性密切相关的,两者既矛盾对立又共生并存,相互激发出强劲、丰沛的创造力,艺术仅仅在表面上调和这种斗争。日神是光明之神,也是造型和预言之神,支配着内心幻想世界的美丽外观,就像人生的一个梦,它本身理应被看作个体化原理的壮丽的神圣形象。与日神不同,酒神则是个体化原理崩溃时从人最内在的天性中升起的狂喜,它蓄意毁掉个人,用一种统一感解脱个人,犹如醉所引起的激情,促成主观逐渐化入浑然忘我之境,这是个体融入整体、人融入自然的过程。

> 在酒神的魔力之下,不但人与人重新团结了,而且疏远、敌对、被奴役的大自然也重新庆祝她同她的浪子人类和解的节日……此刻他觉得自己就是神,他如此欣喜若狂、居高临下地变幻,正如他梦见的众神的变幻一样。人不再是艺术家,而成了艺术品,整个大自然的艺术能力,以太一的极乐满足为鹄的,在这里透过醉的战栗显示出来了。②

一切艺术都是日神与酒神对立双方的交织、冲突与和解。日神使我们迷恋个体,剥夺酒神的普遍性,将人生形象一一展示给我们,以形象、概念、伦理教训、同情心等巨大能量,把人从秘仪纵欲的自我毁灭中提升出来,激励我们去领略蕴含其中的人生奥秘。酒神则令我们透过个体、透过现象,在其背后去寻找永恒乐趣,仿佛与原始的生存合为一体,并使我们在短暂的瞬间似乎成为原始生灵本身,沉醉于不可遏止的生存欲望和生存快乐之中,领受形而上的慰藉。

"艺术本身就像一种自然的强力一样借这两种状态表现在人身上,支配着他,不管他是否愿意,或作为驱向幻觉之迫力,或作为驱向放纵之迫力。"③真正的艺术总是通过日神的美的冲动,进入酒神般醉的境界,超越时

---

① 〔美〕凯·埃·吉尔伯特、〔德〕赫·库恩:《美学史》,夏乾丰译,上海,上海译文出版社,1989年,第572页。
② 〔德〕尼采:《悲剧的诞生》,载《悲剧的诞生:尼采美学文选》,周国平译,北京,读书·生活·新知三联书店,1986年,第6页。
③ 〔德〕尼采:《作为艺术的强力意志》,载《悲剧的诞生:尼采美学文选》,第349页。

空及各种现象,通向存在之母和万物核心,将有限个体融入无限自然,体验着原始的冲突和痛苦,体验着生命意志的强劲和永恒,逐渐过渡到奥林匹斯诸神世界的快乐秩序,在直观自身中折射出奥林匹斯众神。尼采把这种陶醉的快乐状态视为高度的权力感,称它是肌肉中的统治感,是柔软性和对运动的欲望,是舞蹈,是轻盈和迅疾,是勇敢行为,是冒险,是对生死的无畏,是生命的所有高级因素在相互激励,是多种力的嬉戏构成一个富有创造性的内部动力。

> 无论日神艺术还是酒神艺术,都在日神和酒神的兄弟联盟中达到了自己的最高目的……谁没有经历过同时既要观看又想超越于观看之上这种情形,他就很难想象,在观赏悲剧神话时,这两个过程如何确然分明地同时并存,且同时被感觉到。……悲剧神话具有日神艺术领域那种对于外观和静观的充分快感,同时它又否定这种快感,而从可见的外观世界的毁灭中获得更高的满足。①

四、老庄的"虚静"及"逍遥"

与西方强调"迷狂"相反,古代中国则钟情于"虚静"。

《老子》十六章说:"致虚极,守静笃。"又说:"夫物云云,各归其根。归根曰静,静曰复命,复命曰常,知常曰明。"②在老子看来"虚静"是道的本根,万物由此而作,因此,只有复归为本根,复归为婴儿,离形去知,柔弱虚空,忘怀应物,才能融入自然,观妙观徼,知天物之常,洞明自然之道,顺应自然之道。牟宗三对此做出自己的解释。他认为,道家是通过"无"来了解道,规定道,所以"无"是关键。"无"所显示的境界,用道家的话来讲就是"虚",也就是荀子说的"虚一而静","就是使我们的心灵不粘着固定于任何一个特定的方向上……虚则灵。心思粘着在一特定的方向上,则心境生命即为此一方向所塞蔽、所占有,就不虚了,不虚则不灵"。因此,虚静就是"有无限妙用的心境"③。

庄子也直接将虚静无为视为万物之本,他说,"夫虚静恬淡,寂寞无为者,万物之本也",并在《天道》中做了发挥:

---

① 〔德〕尼采:《悲剧的诞生》,载《悲剧的诞生:尼采美学文选》,第 104 页。
② 朱谦之:《老子校释》,第 64～66 页。
③ 牟宗三:《中国哲学十九讲》,贵阳,贵州人民出版社,2020 年,第 82～83 页。

> 圣人之静也,非曰静也善,故静也。万物无足以铙心者,故静也。水静则明烛须眉,平中准,大匠取法焉。水静犹明,而况精神!圣人之心静乎,天地之鉴也,万物之镜也。夫虚静恬淡,寂寞无为者,天地之平而道德之至,故帝王圣人休焉。休则虚,虚则实,实则伦矣。虚则静,静则动,动则得矣。①

在老子和庄子的思想中,虚、无、自然、道都密切相关,甚至是一而二、二而一的。所谓"自然"即自己如此,无须施之任何外力便如此,即无为、虚静。天道无为而万物自化。因此,唯有排除人的意识意志,放弃欲望执念,空乏其身,保持虚无心境,知雄守雌,不毁万物,顺应自然,任随自然,以使形物自著,才能得道体道。外物外生,无视无听,万物不足以扰乱心志,回归虚静,回归生命的本然状态,"独与天地精神往来,而不敖倪于万物"②,这才是融入自然,同于大通,实现天人合一境界的先决条件。无为才能无所不为,无用乃成无限之大用。《庄子·达生》所讲述的"梓庆削木为鐻"就是以具体事例说明,唯有通过"心斋",进入无我、虚静之心境,才能以天合天,制作出巧夺天工的木鐻。

与虚静之心境相应,庄子十分看重"游",即"游心于淡"。就如冯友兰所说:"庄子则于言之外,又言'无言';于知之外,又言不知;由所谓'心斋''坐忘',以实际达到忘人我,齐死生,万物一体,绝对逍遥之境界。"③"游"是一种相对于"有待"的"无待"之自由状态。唯有虚静其心,才能让人与世界处在无所待之关系,才能与物俱化,自由自在地作"逍遥游"。

> 夫列子御风而行,泠然善也,旬有五日而后反。彼于致福者,未数数然也。此虽免乎行,犹有所待也。若夫乘天地之正,而御六气之辩,以游无穷者,彼且恶乎待哉!故曰:至人无己,神人无功,圣人无名。④

无己、无功、无名,也就无所待。无欲无求、无知无识、无好无常、无碍无蔽、无物无我、无所依凭和肉身羁绊,以此虚静无为状态遨游于天地之间,恣肆不羁,万化无极,就势必能与天地并生,与万物为一,与道相遇合,忻合无

---

① (清)王先谦、刘武撰:《庄子集解 庄子集解内篇补正》,第113~114页。
② (清)王先谦、刘武撰:《庄子集解 庄子集解内篇补正》,第295页。
③ 冯友兰:《三松堂全集(第二卷)》,郑州,河南人民出版社,1988年,第192页。
④ (清)王先谦、刘武撰:《庄子集解 庄子集解内篇补正》,第4页。

间,因为道已然无形无迹地蕴含其中了。这才是道家的最高境界。逍遥游既是将入于天人合一浑融境界的途径,又是天人合一的自由状态本身。"彼方且与造物者为人,而游乎天地之一气。"①与造物者为伴,化入天地之中,也就别无自我,别无他者,一即一切,即圆满具足,是无挂碍的自由而臻于天和。

如果说,在庄子笔下,"虚静"较多联系于身心涵养、感知心态、应物方式和治世之道,最终不免或直接或间接地关联着目的性,趋向于避害全身或内圣外王的宗旨;而当他将"虚静"与"逍遥游"相联系,又已经悬置了目的性,专注于过程本身,偏向于一种自由自在的生存态度,以及对这种状态的体验,因此成为文学艺术和审美活动的必要前提。"得至美而游乎至乐者,谓之至人。"②所以,徐复观说:

> 老子乃至庄子,在他们思想起步的地方,根本没有艺术的意欲,更不曾以某种具体艺术作为他们追求的对象……他们只是扫荡现实人生,以求达到理想人生的状态……当庄子从观念上去描述他之所谓道,而我们也只从观念上去加以把握时,这道便是思辨地形而上的性格。但当庄子把它当作人生的体验而加以陈述,我们应对于这种人生体验而得到了悟时,这便是彻头彻尾的艺术精神。并且对中国艺术的发展,于不识不知之中,曾经发生了某程度的影响。③

五、刘勰的"虚静":想象的起点

在刘勰《文心雕龙》中,虚静已经主要被用来说明文学创作及其审美心态。《文心雕龙·神思》说:

> 文之思也,其神远矣。故寂然凝虑,思接千载;悄焉动容,视通万里。吟咏之间,吐纳珠玉之声;眉睫之前,卷舒风云之色:其思理之致乎! 故思理为妙,神与物游。……是以陶钧文思,贵在虚静。疏瀹五脏,澡雪精神。……夫神思方运,万涂竞萌。规矩虚位,刻镂无形。登山则情满于山,观海则意溢于海,我才之多少,将与风云而并驱矣。④

---

① （清）王先谦、刘武撰:《庄子集解　庄子集解内篇补正》,第65页。
② （清）王先谦、刘武撰:《庄子集解　庄子集解内篇补正》,第179页。
③ 徐复观:《中国艺术精神》,沈阳,春风文艺出版社,1987年,第43～44页。
④ 王运熙、周锋:《文心雕龙译注》,上海,上海古籍出版社,1998年,第245页。

刘勰将"疏瀹五脏,澡雪精神"而臻于"虚静"之境视为文学构思和艺术想象的关键。一旦排除了种种杂念,心志纯一,平净如明镜,不仅可虚以待物,澄怀味象,融入自然,还能思绪飞扬,神与物游,忘情于山海之间。

老庄以"损之又损""涤除玄鉴"和"吾丧我"的方式实现虚静无为,以此映照宇宙人生之道;刘勰则以虚静作为文学创作、文思神远的起点。从某个角度看,就如王元化所说:"刘勰的虚静说与老庄的虚静说恰恰成了鲜明的对照。老庄把虚静视为返璞归真的最终归宿,作为一个终点;而刘勰却把虚静视为唤起想象的事前准备,作为一个起点。老庄提倡虚静的目的是达到无知无欲,浑浑噩噩的虚无之境;而刘勰提倡虚静的目的却是通过虚静达到与虚静相反的思想活跃、感情焕发之境。一个消极,一个积极,两者的区别是显而易见的。"①其实,从"虚静"与"道"的关系来看,刘勰与老庄的观点是一脉相通的,无所谓积极或消极。老庄着眼于体道得道,只要虚静其心,随顺自然,天人合一,道也就蕴含其中,了然于心;也正是进入这种虚静境界,物我相融,物我两忘,双方不再有界限、有隔阂,宇宙人生皆入我心,交相应和,所以,刘勰把它视为文思神远的重要条件,这实际上是承接老庄的思路,着眼于文学创作这一特殊活动来说。从另一角度看,庄子讲"虚静"常常针对日常行为,如庖丁解牛、梓庆削木为镶等。只要将熟练的技能转化为一种无意识本能,一旦进入"虚静"状态,这种本能行为就得以充分发挥,恰如《桑林》之舞、《经首》之会,行为本身已经"艺术化"了。因此,庄子讲"虚静"所强调的是艺术化的日常行为和审美化的人生态度,相较于刘勰,视野更为开阔。

六、审美回归的不同路径

"诗人之所以是完整的人,就是因为他能发挥自己的能力,把每个特别的可感形式、把语言中的每个字词,都溶(融)进整体的气息。而且他具有这种能力,是因为他借用了集体经验的潜在力量,是因为在他眼中,这片新大陆的蛮荒自然和多种形式,还有各色人群在此探索开拓的活动,这些都是神奇的意象。"②在中西方美学思想中,迷狂或虚静分别被视为文学艺术活动的重要条件,其共同作用就是实现个体与整体相协同、人与自然相协同、有限与无限相协同。唯有进入这种状态,才能臻于文学艺术的至高至美境界,

---

① 王元化:《读文心雕龙》,上海,上海书店出版社,2019 年,第 111 页。
② 〔法〕雅克·朗西埃:《美感论:艺术审美体制的世纪场景》,第 79 页。

充分体现心灵自由。然而,中西方又存在显著的差异性:为通达这种合一状态,双方似乎采取了完全不同,甚至相反的路径和方式,并且出发点和终点也不相同。

文学艺术及审美活动既存在相互对立的二元性,又存在相互融合的一元性,是"对象性关系"与"非对象性关系"的交织,是感知、认识与直觉、体验的统一,是意识与无意识经验的互补,总是处于张力关系和过渡状态之中。正如前文所述,个体与整体合一、人与自然合一、有限与无限合一主要是通过行为语言(行为建模)来达成的。对于西方学者来说,在行为语言与言语行为的张力结构中,言语行为处在主导地位,由此强化了个体性和主体性,致使人与自然的裂罅更为显著,对立的二元关系压倒了一元关系。因此,要改变这种主体与客体、人与自然间的分裂状态,双方势必存在激烈博弈,并且需要经过迷狂的激情状态,以勃发的无意识和强力意志来扭转这种关系,颠覆言语行为的统治地位,以使双方的关系相互倒置,重新以行为语言来调和主体与客体、人与自然的对立,弥合双方间的分裂。对于古代中国哲人而言,在行为语言与言语行为的整体结构中,行为语言原本就已经占据着重要位置,家族而非个人才是社会的基本细胞,个体性往往湮没于群体性之中,并未得以充分发育,尚缺乏强势、明确的主体意识。因此,并不需要借助于强力意志和激情来改变已有状态,甚至要排除强力意志和激情,要如老子所言"损之又损之",不断地淘洗胸襟,涤除玄鉴,向本源回溯,直至抵达虚静无为,其间并不存在冲突,而是自然而然地回归自然,实现人与自然纯然一体。在天人合一的状态下,"心即道,道即天,知心则知道、知天"[①]。

在《作为意志和表象的世界》中,叔本华曾对审美直观做了阐述。他认为,只有把观审对象从现实关系中"孤立"出来,进行"宁静的观审",令它摆脱根据律,忘却所考察事物的"何处""何时""何以""何用"等问题,同时,解除抽象思维和理性概念的纠缠,此际,人们忘记了他的个体和他的意志而"自失于对象之中"。"他已仅仅只是作为纯粹的主体,作为客体的镜子而存在;好像仅仅只有对象的存在而没有觉知这对象的人了,所以人们也不能再把直观者(其人)和直观(本身)分开来了,而是两者已经合一了;这同时即是整个意识完全为一个单位的直观景象所充满,所占据。"只有在主体与客体不容区分,双方相互充满,相互渗透,这才真正构成"作为表象的世界"。于

---

① (明)王守仁著,王晓昕、赵平略点校:《王阳明集》,第 20 页。

是,"意志乃是理念的自在本身,理念把意志客体化了,这种客体化是完美的"①。

表面上,叔本华所说的"直观",主张通过"宁静地观审"来实现主客体相互结合,颇近似于老庄的"虚静"。然而,他所说的"纯粹的主体"却仍然是"意识主体",只要有"意识主体"就必定存在"意识对象",即便这个对象是心灵"表象",也仍然无法彻底弥合二元关系,因为这个主客合一的"表象"仍然是作为"意识对象"而存在,它与身体相分裂。因此,"直观"同"虚静"的"无我"状态,以及无意识经验的"非对象性"(无)状态判然有别。

除了上述路径和方式存在差异之外,中西方的立足点和回归程度也有所不同。柏拉图所说的"迷狂"是从巫术仪式中得到启示的,巫术迷狂也往往成为后世许多学者思考文学艺术活动的出发点,同时也以回归迷狂状态为终点。从这一角度看,西方是以巫术仪式、以人类活动作为立足点来思考迷狂的。老庄的虚静观却远远超越了这一立足点,超越了人类活动,而直溯自然本源,直溯万物一体的混沌状态,直溯"无"之境域。这也就是说,由于在西方的民族文化活动中,言语行为的强势地位难以撼动,即便言语行为与行为语言的关系被颠倒,言语行为却仍然固守着自己的应有位置,尽管其已经处于次要地位。或者换一种方式说,西方哲人是通过强力意志排除意识"自我"而退回到弗洛伊德的无意识"本我";而中国哲人则通过"忘我"直接返回"无我"之境,这是一种既无阻力又更彻底的回归,它不以人为限,不以生命为限,而是"与物俱化"。在这种回归中,是更深层、更原初的行为语言在发挥作用。

强调通过行为语言实现人与自然相融合来体道悟道的特点,决定着中华审美文化的特征,也决定着中国古代诗歌的特征。严格地说,中国古代诗歌不宜采用现实主义或浪漫主义等范畴来加以区分,这种将人与自然、主体与客体相割裂的方式从根本上违背了中国古代诗歌实践。当然,在中华审美文化中,张旭的草书、李白的诗歌和郭沫若的《女神》……也都带有某些迷狂色彩,但是它们并没有成为文学艺术及美学思想的主流。这不仅受到特定文化基因的制约,"中庸""中和"思想也与这种创作态度相异趣。

如果说,言语行为及人类意识不仅分裂了人与自然的一体关系,培植了人的主体性,造成主客体间的对立,还在语言运用过程中由于意义不断发生畸变,愈加严重地扭曲了双方的本原关系,以致人不再生存于海德格尔所说

---

① 〔德〕叔本华:《作为意志和表象的世界》,石冲白译,北京,商务印书馆,1982年,第248~251页。

的"大地"上,不再与神灵相遭遇,不能不与真理失之交臂;那么,迷狂和虚静则重新突出无意识经验的重要性,突出行为语言的重要性,以此弥合人与自然的分裂状态。与迷狂相比较,虚静则又更加深入一层,它进而排除强力意志和欲望本能,召唤最深层、最原初的行为语言记忆,回复到自然的本原状态,这种弥合才是最彻底和完美的,才能真正与道相遇合,才是大美大德之境。与虚静不同,迷狂则立足于强力意志和无意识欲望,而意志和欲望虽然追求物我合一,本身却总是指向对象,仍然残留着分裂的痕迹,并难免遮蔽真理和道。

显然,迷狂与虚静的这种差异,就表现出中西方审美活动及美学思想的细微差别,体现着双方文化心理的差别,体现着符号活动二元张力结构及倾向性的差别。黑格尔认为,艺术的理想是结合两种自由:其一是现代人凭借自身意志创造自己世界的自由;其二是古代的神体现出的无欲无为的自由。尽管艺术融合了这两种自由,但毕竟中西方存在着差异性,各自有所偏重。这种差别还导致在中西方美学思想中,西方更多注目于"崇高",而中国则偏爱"壮美"。

七、崇高与壮美

埃德蒙·伯克(Edmund Burke)曾将崇高的根源归于威胁人之生存的危险可怖的对象,这种对象激发起人的自我保存的本能而形成了崇高感。在伯克对崇高的特征做出阐述之后,康德先后在《论优美感和崇高感》和《判断力批判》中,从主观方面做出更加深入的阐释。康德把绝对大的东西称为崇高,但他认为,对象之所以崇高,并不应该在自然客体中去寻找,应转向判断者内心:这种无限的、绝对大的东西超越了一切感官的能力,甚至超越了想象力。

> 崇高情感的质就是:它是有关审美评判能力的对某个对象的不愉快的情感,这种不愉快在其中却同时又被表象为合目的的;这种情况之所以可能,是由于这种特有的无能揭示出同一个主体的某种无限制的能力的意识,而内心只有通过前者才能对后者进行审美的评判。[①]

在康德眼中,美是在单纯的评判中令人喜欢的东西,而崇高则同时包含

① 〔德〕康德:《判断力批判》,邓晓芒译,北京,人民出版社,2002年,第98页。

着不愉快和愉快,包含着对抗性因素,主体在自身中感觉到感性的障碍,进而激发起克服这障碍的情感。

同样,桑塔耶纳也指出崇高中的对立因素:"以囊括而取得的统一给予我们以美;以排斥、对抗、孤立而取得的统一给予我们以崇高。两者都是快感。但美的快感是热情的,被动的,遍布的,而崇高的快感则是冷静的,专横的,尖锐的。美使我们与世界打成一片,崇高则使我们凌驾于世界之上。"①

与崇高存在着主客体相分裂的对立因素不同,壮美则没有相互对立的因素。在谈到尧时,孔子赞美道:"大哉尧之为君也。巍巍乎,唯天为大,唯尧则之。荡荡乎,民无能名焉。巍巍乎,其有成功也。焕乎,其有文章。"②巍巍乎天之大,有道存乎其间,尧顺应天道以成就伟大功业。"巍巍"虽然也可以解释为崇高,但是,却明显不同于西方美学范畴中的崇高,并不存在对立性因素,而更接近于无对立的"伟大""壮美"。孟子则说:"充实之谓美,充实而有光辉之谓大,大而化之之谓圣,圣而不可知之之谓神。"③正因为以"充实"和"大"为美,孟子也就极力推崇"浩然之气",这种至大至刚,充塞于天地之间的浩然之气,才是最美的品格。它感召人,让人神往,以至于投身其中,融化其内。

以"大"为"美"似乎成为中国古代的共识。"夫天地者,古之所大也,而黄帝、尧、舜之所共美也。"④《庄子·秋水》讲了一则寓言:秋水时至,百川灌河,径流浩大,于是,河伯沾沾自喜,自以为天下之美尽在于己。而当它见到浩渺无涯的大海,才知道自己的丑陋。《逍遥游》则是这样描述鲲鹏的:

> 穷发之北,有冥海者,天池也。有鱼焉,其广数千里,未有知其修者,其名为鲲。有鸟焉,其名为鹏,背若泰山,翼若垂天之云,抟扶摇羊角而上者九万里,绝云气,负青天,然后图南,且适南冥也。⑤

巨大无比的鲲鹏扶摇直上,冲绝云气,背负青天,翱翔于无际的天宇,这是一幅极其壮美的景观。鲲鹏自由自在地"游"于天地之间,其中没有任何隔阂和对立因素。对于进入这一境界的想象者,也同样为这种景象所吸引、

---

① 〔美〕乔治·桑塔耶纳:《美感》,缪灵珠译,北京,中国社会科学出版社,1982年,第160页。
② (汉)郑玄、(清)刘宝楠注:《论语正义》,上海,上海书店,1986年,第166页。
③ 杨伯峻译注:《孟子译注》,第310页。
④ (清)王先谦、刘武撰:《庄子集解 庄子集解内篇补正》,第117页。
⑤ (清)王先谦、刘武撰:《庄子集解 庄子集解内篇补正》,第3页。

所陶醉,他追随鲲鹏融入壮美的自然界,只有由衷的感叹和愉快,而没有任何排斥感和不愉快。

"天道恢恢,岂不大哉!"①对于古代中国而言,文学艺术及审美活动是以体道得道为指归,天道运行本身就是无形无限、壮阔无垠、充溢宇宙的,真正获得对道的悟解别无他途,唯有"游心于淡,合气于漠,顺物自然,而无容私焉"②。以虚静之心遨游于天地之间,与天地合一,在壮美的自然中体悟天地之道。

壮美、崇高都追求统一,两者不同之处在于:壮美并不像崇高那样由对立而趋向统一;并且壮美的统一是一种直接的投身融入,而崇高的统一则需要自我超越的精神。但是,这并不是说西方的美学范畴中没有壮美,中国没有崇高,而是指双方对审美及文学艺术活动的典型形态各有偏好,分别以崇高和壮美为其典型。以"中和"为美的中华民族更偏爱壮美而非崇高。与此相应,中国式"悲剧"也不同于西方式悲剧,常常以大团圆或天理昭彰作为结局,以致鲁迅将其贬斥为"蒙和骗"的文学。

中西方美学范畴中崇高与壮美的差异,与迷狂与虚静的差异是相呼应的,它取决于人与世界之总体关系的差异:在人与世界既相对立又相融合的张力关系中,中西方各自有着不同的倾向性,并且这种倾向性与个体性、主体性的发育程度密切相关。实质上,这就是原生性符号系统,也就是行为语言与言语行为张力结构及其倾向性的差异。正是符号的二元张力结构构成双方的文化基因,决定着审美偏好的民族特征,决定着文学艺术创造和审美活动的民族特征。

第五节　符号系统结构与"文化基因"

一、"文化基因":原生性符号系统的二元张力结构

李泽厚在比较庄子、玄学、禅的关系时这样做出总结:

> 中国哲学的趋向和顶峰不是宗教,而是美学。中国哲学思想的形成道路不是从认识、道德到宗教,而是由它们到审美,达到审美式的人

---

① (汉)司马迁:《史记》,北京,中华书局,2014年,第3885页。
② (清)王先谦、刘武撰:《庄子集解　庄子集解内篇补正》,第71页。

生态度和人生境界。这种审美式的人生态度和人生境界区别于逻辑认识和思辨理性,也区别于事功、道德和实践理性,而且也不同于脱离感性世界的"绝对精神"(宗教)。它即世间而超世间,超感性却不离感情;它到达的制高点是乐观积极并不神秘而与大自然相合一的愉快。①

中国哲学思想形成路径的独特性,就根源于最原初、最基本的符号系统结构的独特性:在这个系统结构中,行为语言起着基础性和主导性作用,由此决定了天人合一的观念,决定了哲学思想的趋向和顶峰。

在此,我们并非要比较中西方文化和思想的优劣,而是辨析双方的差异性,并且这种差异也非绝对的而是相对的,并认为中西方文化和思想差异的根源在于原生性符号系统的结构差异,在于行为语言与言语行为相结合的张力结构及倾向性的差异,由此形成中西方文化基因的微妙差异。这种差异性决定着人与世界的关系,决定着人展开生存活动的宇宙空间的形式和生存活动本身的方式,从而影响着人对世界的体验和认识,影响着文化实践和审美创造。人及人之世界具有"经验主义-超验主义"的双重结构。如果说,行为语言构建着丰富、深邃的经验,那么,言语行为则赋予人以超验性。正是双方的协同作用,才使得人及人之世界具有"经验主义-超验主义"的双重结构;因而,也正是原生性符号系统张力结构及倾向性,决定着一个民族的文化生产和传统。从这个角度看,原生性符号系统的二元张力结构就是一个民族的文化基因。

二、原生性符号系统张力结构及倾向性与民族文化特征

卡西尔说:"全部理论认知都是从一个语言在此之前就已赋予了形式的世界出发的;科学家、历史学家,以至于哲学家无一不是按照语言呈现给他的样子而与其客体对象生活在一起的。这一直接的依存性,较之于任何其他一种由心智所间接创造的东西,都更难为意识着的思维过程意识到。"②本维尼斯特则从另一个角度阐释了文化与语言的密切关系,他说:

> 象征化,就是说语言恰恰就是意义的领域。并且,归根结底,文化的全部机制都是一种象征性质的机制……就好像有一种语义学贯穿着

---

① 李泽厚:《漫述庄禅》,载《李泽厚哲学美学文选》,长沙,湖南人民出版社,1985 年,第 107 页。
② 〔德〕恩斯特·卡西尔:《语言与神话》,于晓等译,北京,生活·读书·新知三联书店,1988 年,第55 页。

文化的这些所有要素,并且将这些要素组构起来,在多个层次上组构起来。①

　　语言的诞生即人及人类文化的诞生。人与其他生物体的根本区别就在于是否具有相对独立性的语言。语言的相对独立性为人打开了无限的可能性空间,于是,世界才以"对象"的方式呈现于人面前,人才可以离开实存而去构建精神世界,并可以为自己的行为设立目的,反思并修正自己的行为而成为理性的存在。人的行为不再是生物性的本能行为,而成为有目的的文化行为。语言的出现使人从生物体中超拔出来,并打破了生态平衡,但恰恰是因此而享有的反思性赋予人类纠正自身行为、重构生态平衡的可能性。与此同时,语言在获得独立性之际也日渐流失原有的生命色彩,弱化与生命的关联,因此,以行为语言为根基的同情心,则是推动人与世界和解并复归生命本身的根本力量,促使人类最终放弃独尊地位。西方学者充分意识到语言在构建人和文化过程中的重要作用,遗憾的是遗漏了行为语言不可或缺的作用。

　　随着人类的迁徙和群体的分化,作为群体内部交流主要手段的语言也发生演变、分化,特别是文字出现之后,更强化了这种分化的轨迹和裂痕。譬如形象文字、拼音文字,它们就有着不同程度的独立性。语言的相对独立性愈强,反思性也随之增强,也就愈加要求规约性和逻辑性,并且它与行为语言之间的张力关系及倾向性也随之变化,语言则愈加夺得强势地位。正是这种张力结构决定着不同民族的思维方式和文化生产方式。这就是人们常常以语言文字作为区分民族的重要尺度的原因。但这并不是说不同文化之间有优劣之分,而是试图说明各有不同的特色。原生性符号系统张力结构的变化,总是在获得某种特色的同时,以丧失另一种特色为代价。

　　对于西方国家来说,言语行为在符号活动的整体结构中居于主导地位,并因此遮蔽了行为语言的独特性和重要性。西方学者并非没有注意到行为语言,而是不可避免地以言语行为的范型来看待和阐释行为语言。本维尼斯特就曾武断地说:

　　　　任何音响、色彩和图像的符号学都不会通过音响、色彩和图像本身来表达。任何非语言系统的符号学都必须借助语言媒介,因此只有通

――――――――――
① 〔法〕埃米尔·本维尼斯特:《普通语言学问题》(选译本),第58页。

过语言符号学,并在语言符号学之中才能存在……语言是所有其他语言系统和非语言系统的解释项。①

用语言范型来解释所有其他符号系统或非语言系统,固然具有某种程度的合理性,却抹杀了行为语言的独特性,简化和扭曲了人与世界间复杂多变的关系,这才是西方语言中心主义、理性中心主义的真正根源。然而,言语行为的区分功能是个体性、主体性获得建构的主要依据,以此为基础,关于自由、平等、民主、权利、契约、法律的意识才得以滋长。同时,言语行为是人获得认识能力、反思和批判能力、形而上思维和超越性的根据,也正是对言语行为的倚重和强调,使西方人能够在反思、批判中突破原有思想,实现超越,构建起一个个宏大的思想体系,把理论认识不断推向新的高峰,并迎来了自然科学的繁荣。

在中华文化和思想中,行为语言显然有着极为重要的基础地位。这一特点使古代哲人没有堕入西方的语言中心主义,精当、正确地把握了人与世界的原初关系,领悟了人与道的微妙关联。唯有借助于行为语言,人才可以与世界相融合,才能真正悟解道,并且行为语言的独特性也决不能靠逻辑分析来发现,它必须借助于体验、直觉和悟解,也就是说,要借助于行为语言自身。因此,正视言语行为的局限性,重视行为语言的特殊性,试图通过"大象""象罔"来把握不可言说、不可感知之道,让我们的先哲从一开始就赢得了先机,但是,也因为反思和批判有所欠缺而迟滞了思想的后续发展。中华民族早在先秦就创造出极其灿烂的文化思想,其后却高峰不再,学者们往往述而不作,这固然与秦汉及以后的思想统治相关,但更主要的是这种靠悟性获得的思想成果无法借助于悟性自身来做出反思批判和逻辑推演。人的认识能力需要依仗批判的砥砺和严密的逻辑推理,需要言语行为的充分介入,而悟性则难以与反思、批判相联姻,更无法与逻辑推理兼容,它仅仅让无意识直觉冲破理智的压抑。"为学日益,为道日损,损之又损之,以至于无为。"②这阻滞了思想批判和进取精神,更为严重的是会阻碍理性主体的建构和自然科学的发展。

对行为语言(行为及其意义)的重视使得儒学最终在中华文化中夺得了

---

① 〔法〕埃米尔·本维尼斯特:《普通语言学问题》(选译本),第133~134页。
② 朱谦之:《老子校释》,第192页。

主导性地位,因为儒学的核心是忠孝节义的纲常伦理①,即关于"行为及其意义"之学,也就是"行为语言之学"。在漫长的历史发展过程中,"儒学既是文化的指导思想,又是文化构成的主干,其核心则是忠孝节义的纲常伦理。这种文化体系的明显特征是其单一性、凝聚性和稳定性;对于外来文化,或抵制摈斥,或吸收融合。因此不难理解,历史上多次较大的外来文化之输入,都未能突破和改变中国传统文化体系,无外乎儒家文化结构自身的衍变和发展"②。这种强调行为语言主导地位,特别是强调行为意义及规范的符号系统结构特征,不仅决定着家族结构的稳定性、社会结构的凝固性、皇权结构的可循环性,也决定着思想观念的封闭性,缺乏不断革新和超越的原动力。儒学这一特征,使得它备受历代帝王的青睐,并赢得了煊赫身份和独尊地位。中华民族原生性符号系统张力结构的特点,容易造就墨守经验的倾向及自我回溯的文化取向,形成文化的闭环自洽,在某种程度上阻滞了对异质文化的接受,成为鲁迅所说能使外来文化变色的"大染缸"。儒学有效发挥社会稳定作用、维护人伦和道德关系,以及文化传统绵延不绝,其结构特征又影响着社会变革和思想更新的进程。

既然中华民族突出行为语言的重要性,强调"天人合一"的自然观,那么,对于自然界也就难以置喙,也毋庸置喙。只要言说自然、思考自然、研究自然,自然就蜕变为与人相分裂、相对待的"对象",不再是那个与人相合一的本原的自然了,"道"也隐失不彰。③ 因此,最明智的选择便是转向人际关系,转向伦理道德,更多地关注行为语言本身,也就是"道"在人身上的具体显现。"道不远人。"体悟人之伦理关系、人之行为如何符合自然之"道",也就必然成为中华民族文化思想的核心旨趣,并且需要设定能够体道悟道的"圣人"(周公)来制礼作乐。熊十力说:"如其实悟吾人之真性即是遍为天地万物本体,天地万物之本体即是吾人真性,则高明悠久无穷者皆吾性分上所固有,孰谓天人对立不得融而为一耶?""然吾人真性恒不泯绝,一旦怵然内

---

① 按照熊十力的观点,三纲五常之说并非出自孔子,而是汉儒篡改所致。他说:"孔子六经,七十子后学必稍有改窜,当未敢大乱其真,及至汉初,群儒拥护帝制,自不得不窜乱孔子六经以为忠君思想树立强大根据。""汉人说经无往不是纲常大义贯注弥满,其政策则以孝弟力田,风示群众。"(熊十力:《原儒》,第59～60页。)无论三纲五常之说始于谁,最终已成为儒学主流,对中华民族的思想产生了深远影响。

② 方维规:《概念的历史分量:近代中国思想的概念史研究》,北京,北京大学出版社,2018年,第12页。

③ 《周易》虽然也言说自然,但是,其目的仍在于为人的行为提供启示和依据(天人合一),并且对自然现象的言说方式也是隐喻性、象征性的。更何况"天尊不可问",将自然视为对象,也就是对自然的亵渎。

省则本来面目赫然呈露。孔子曰:'人能弘道,非道弘人'。"①纵观中华文化史,最发达的不是自然科学,而是聚焦人文社会现象,似乎最有价值的思考就专注于人自身的行为:修身、齐家、治国、平天下。其中,修身是本根。所谓"修身",即按照"礼"对自身行为实施规训;所谓"独善其身"并非张扬自己的独立人格,而是依照"善"的社会准则、依照既定的社会规约自觉地约束自身行为,时时刻刻、自始至终严格遵从传统秩序。正因为"行为"是包含着意义的符号活动,是行为语言,本应符合天地之道,并体现着天地之道,所以"礼"才成为极其重要、最根本的行为规范;又因为"道"笼盖并充溢天地万物、亘古不易,因而"礼"才具有永恒的价值。"礼义并不是强制性执行的律法,礼义是依循天地万物的常情而形成的规范,因此得以收潜移默化之功,建立普世可行的价值观念,产生维系人心的力量。"②修身在儒家心目中具有极高地位,以此为起点,才谈得上齐家、治国、平天下。

　　融国家于社会人伦之中,纳政治于礼俗教化之中,而以道德统括文化,或至少是在全部文化中道德气氛特重,确为中国的事实。"伦理学与政治学终之为同一的学问",于儒家观念一语道着。孟德斯鸠著《法意》,论及中国文物制度而使译者严先生不能不"低首下心服其伟识"者在此。梁任公先生著《先秦政治思想史》所为提出"德治主义""礼治主义"等名词者在此。③

　　行为语言在文化活动中的突出地位,必然赋予中华文化以鲜明的伦理道德色彩;并且行为语言是以身体为载体并受到时空距离制约的,这也就势必造成"爱有差等",而非平等的"博爱"④;当这种关系投射于社会组织秩序,则成为等级观念的重要依据和合法性来源。道德秩序也就是社会秩序、世界秩序。⑤

　　至于中国古代诗论、文论、画论对作品风格及价值的品评源自人物品

---

① 熊十力:《原儒》,第7页。
② 胡平生、张萌译注:《礼记》,第12页。
③ 梁漱溟:《中国文化要义》,上海,上海人民出版社,2003年,第27页。
④ "爱有差等"是行为建模实际建构的成果,而"博爱"则是从观念中推演出来的,依赖言语行为的建构。
⑤ 《礼记·乐记》云:"礼者,天地之序也。"(胡平生、张萌译注:《礼记》,第723页。)

藻,以及审美活动中的"比德说",也都说明行为语言及规范的重要性。① 特别是诗论、文论、画论那种感悟式和评点式的言说方式,以及含义难以界定的范畴和排斥体系化的特征,都充分体现出民族文化特征;并且这种独特的言说方式,正体现着对文学艺术作品的深刻理解,对人与世界复杂关系的把握,并非一种缺陷。凡此种种,都彰显着中华文化独具的特色,而这种特色的形成显然与原生性符号系统张力结构及其倾向性密切相关,与偏重张力关系中的行为语言密切相关。②

即便同样在人文传统方面,中西方也显示出各自的特点。就如钱中文所做的概括:"如果说,中国知识分子的人文精神传统,重在个人修身自立,与人际、社会关系的相互协调,那么在西方,就近代来说,人文精神的着眼点则是以个人为本的,如自由、人权、平等、求知求真等。"③很显然,这两种不同的倾向,正是原生性符号系统张力结构的差异所造成的。在中国人心目中,出发点是社会整体,个人的修身自立是以适应既定的社会关系和秩序,也就是行为规范为准则;西方所主张的独立个体,以及建基其上的其他所有诉求,则只有在语言的区分、对话和反思作用下才成为可能。中国以集体为本位的社会,建立在天然的血缘关系和宗族关系的基础上,强调行为语言的同一化作用,强调行为规范和伦理关系的整合和协调;而西方突出了个人的独立意志和主体性,整个社会的运作就不得不依赖于相互间的契约关系来维系,这就有效促进了权利意识、平等意识、民主意识、契约精神和法制的发展。④

本杰明·史华兹(Benjamin I. Schwartz)对汉文化思想做出这样的阐

---

① 张法说:"随着魏晋之际的权力倾轧,政治气氛日益严酷,士大夫人人自危,哲学上玄学取代经学,生命意义得到重思,学术话语由政治上的清议转为形而上的清谈。人物品藻的主潮也由政治学上的材量人物转为美学上的鉴赏人物……而人物品藻转入审美之后,就为中国把握审美对象提供了一套理论模式,并运用到一切方面,使中国美学的审美对象成为人体结构的审美对象,一个由二到三到多的整体功能的审美对象。"[张法:《中国美学史》(修订本),成都,四川人民出版社,2020年,第216~217页。]其实,较张法所说"人体结构"更合适的说法,应该是人的身体行为及风姿,也就是"行为语言"的结构。

② 参阅马大康:《文学行为论》第八章"中西方文论分歧的符号学根源以及融合重建的机制和路径"。

③ 钱中文:《文学艺术价值、精神的重建:新理性精神》,载《钱中文文集》,第310页。

④ 有学者以商业文明来说明个体主体性及契约精神形成的原因,固然具有合理性,但是,这还不是真正的根源。只有在作为符号活动的语言交往过程中,主体性及契约精神才从根本上得到建构。商品交换离不开符号活动,其本身就建立在人际关系的基础上,并且商业文明的制度就是由宣示性言语行为所构建的。因此,语言才是主体性及契约精神建构的总根源,符号系统整体结构及倾向性从根本上决定着个体主体化的程度,决定着契约精神的构建,商业文明的出现则有效推进了这个进程。

释,他认为,家族和由此形成的祖先崇拜对于构建中华文明起着极为重要的作用,它不仅影响着城市的品质、社会政治秩序、权力结构,还影响着宗教取向和本体论思维,也决定了"礼"的起源。

> "礼"起着一系列的规定(包括从宗教性仪式到适当的社会行为,乃至于我们会称之为礼貌[etipuette]的内容)沟通起来的作用。祖先有可能将好处赐予后代,也可以对不遵守礼仪的后代降予灾祸。为了他们的生存与福利,他们每一个人都高度重视所从属的那个谱系中的适当的礼仪行为。①

如果对此做进一步阐释,我们不难看到:对"礼"的重视,就是对行为规范的重视,对行为所包含的意义的重视,对行为语言的重视。正是日常活动中行为语言的主导作用,使家族关系得以维系和凝聚,并将神圣性投射给祖先,将崇拜对象主要设定在具有神性的祖先身上。这是原始图腾崇拜的自然延续、演化和拓展。西方民族则不同:言语行为所具有的区分功能及对象化、理性化功能,瓦解着家族亲情,培植着个人主体性和理性,并对世界实施祛魅。一切具体的现实存在都因此逐渐丧失神秘性和神圣性,祖先也被降格为一个生物性的源头,唯一将信仰保留给言语行为建构的形而上的上帝。这是人类理性废黜图腾崇拜之后,语言重构的纯精神性的不可知源头,是超越于万物之上的造物主。而当主体、理性、上帝也遭逢语言的反思和质疑、分析和解构,虚无感和焦虑就无可挽回地无限蔓延了。

在比较西方医学与中医时,德雷福斯和查尔斯·泰勒(Charles Taylor)指出,针灸迄今为止仍然拒绝用西方医学的方式做出解释,其中存在两种不同的解释需要:

> 一种解释意在根据自在的自然向超然的观察者显现的那样来描述其各个方面,另一种则根据实在向参与性的人类显现的那样来解释实在……在关于宇宙的问题上,我们的理论描述的是独立的实在,但是我们必须意识到,在自然的运转方式方面不存在那种单一的特许的方式。②

---

① 〔美〕本杰明·史华兹:《古代中国的思想世界》,第30页。
② 〔美〕休伯特·德雷福斯、〔加〕查尔斯·泰勒:《重申实在论》,第164页。

对于身体和宇宙,中西方具有完全不同的解释结构,其根源就在于原生性符号系统张力结构及倾向性的差异:西方科学话语的严密性、逻辑性,愈加强化了言语行为的独立性和强势地位,它将自然(包括人体)相区分并设立为独立自在的客观对象来观察、分析、认识,描述其特征,寻找其性质和规律,并运用实验验证,进而建立起各门学科知识体系;而中国更偏重于行为语言,也就是强调亲身参与到自然之中,在与自然相亲近、相交融的过程中来体验和悟解,以此来构建整体性经验。究其实,中医所说的"阴阳""寒热""经络""穴位""气脉"等就是"非对象",并非指称客观"对象",亦非逻辑化的"概念""范畴",而是"经验性体悟",是以象征的方式"强为之名"。其中,阴阳是最基本的关系。一阴一阳之谓道。唯有阴阳处于平衡态,人也就融入了自然,生命则体现着自然之道,因此,阴阳关系也就决定着身体是否健康。但是,这种关系是无法运用任何仪器和手段来检测的,只能借助于种种"症候"来领悟。① 中医的方法并非西医所说的"治疗",而是通过"调理"让阴阳自行复归平衡态。其医学思想的基础即天人合一,道法自然,医学观也就是哲学观。原生性符号系统张力结构的差异,决定着解释方式的差异,也决定着中西方科技文化的差异。

对行为语言的重视即对体验和悟性的重视,对切身经验的重视,这使古代中国人积累了极其丰厚的经验性知识,促成民族文化的早熟,由此形成的内聚性则赋予文化传统以经久不息的生命力,反过来却又导致其与现代科技文明的隔膜。不仅墨守经验的习性阻滞了对现代科技的接受,而且原生性符号系统张力结构的倾向性也在一定程度上影响着科学思维、批判性及创新性。科学的每一步前进离不开"大胆假设,小心求证",而"假设"是在原有知识基础上展开逻辑推演。正是言语行为的主导作用,促使西方学者不断提出各式各样的科学假说,这就为科学发展插上了翅膀;而古代中国学者强调行为语言的重要性,也就造成墨守经验的习惯,而经验的具身性虽然可以世代传授,却难以超越身体极限的制约,这势必阻碍科技的后续发展。当然,这并不是说,中西方文化只存在差异性而没有共同点。原生性符号系统结构本身并非凝固不变,而是处在不断调整变化的动态的张力关系中。但是,只有在比较中发现双方的总体倾向所存在的差异性,才更有利于深入认识并自觉优化本民族文化。如果说,原生性符号系统张力结构从根本上决

---

① "症候"就是身体状态的符号表征,其特性恰如行为语言。如果说,行为语言偏重心理状态的表征,那么,症候则是生理状态的表征。

定着中西方文化差异性,那么,言语行为、行为语言,以及其他符号活动所享有的"惯例"则赋予不同民族的日常生活及文化以不同风格。

三、从文化差异走向文化融合和创造

要弘扬中华文化,就必须真正认清中华文化的实质,这首先就要有文化比较、文化自省、文化自觉、文化自信,然后才谈得上文化的继承和弘扬。在《文化"一体化"、民族文学与世界文学问题》中,钱中文指出:"文化的价值与精神,也即深层的精神文化的特征,规定了一个国家、一个民族的特征,在国家与国家、民族与民族的共同的交往方式或是仪式中,在高级的精神产品中,凸现出各自的特征来,显示不同国家、民族文化风采的多样性。"①文化的基因就是原初符号系统二维结构。正是原初符号系统张力结构的特征决定着一个民族的生存方式、思维方式的特征,决定着"深层的精神文化特征"。当我们从最原初、最根本的符号活动中找到中华文化的基因,也就有可能辨识、厘清传统文化中的精华和糟粕,改变古代文明与现代的断裂状态,激活古代文化,为已成遗迹的古代文化重新注入新生机。文化的生成、创造和发展离不开两种原生性符号:言语行为与行为语言的协作,双方不可偏废;也只有从符号系统整体结构这个文化基因入手,我们才可能更加深入地比较中西方文化并了解差异性之根源,从而博采众长,充分发掘两种原生性符号系统永不枯竭的潜能,把行为语言中蕴蓄的智慧、原动力与言语行为的反思、批判、超越性更好地结合起来,在双方的协调和互补中,在新的文化创造中,使人自身日臻完善完美。

---

① 钱中文:《文化"一体化"、民族文学与世界文学问题》,载《钱中文文集》,第 539 页。

第九章　中华审美文化传统的符号学阐释

在前一章中,我们从符号系统结构的角度,讨论了中西方文化差异,在此,我们将集中探讨中华审美文化传统的特征及其符号学根源。

我们认为,老庄所说的"大象""象罔"并无神秘,实即"非对象性"之状态,根源于"行为语言"的建构作用。所谓"象"则是某种"意识对象",它处在对象性关系之中,主要是由"言语行为"构建的。人与自然之间从"物我分裂"的对象性关系,经由模拟、想象而建构"物我合一"的非对象性关系,也就进入"大象"(无)之境,由此而体道得意。"立象尽意"就是指由对象性之"象"转换为非对象性之"大象"而体道得意的过程,背后就隐含着两种原生性符号系统张力结构及主导关系的转换。对"道"与"象"之关系的理解深刻影响着中华民族的文化实践。在文学艺术活动中则体现为"象"与"大象"互换互动互生互释,无论"意象""意境"还是"境界"都同时包含着"象"与"大象",背后隐含着"言语行为"与"行为语言"的博弈,是双方共同构成的张力场,或曰"象—大象",并且以后者为指归。"象—大象"是中华审美文化的基因,其独特的张力结构及倾向性生成了中华审美文化的独特品格,也决定着中国古典美学和古代文论独特的思维方式和表述方式。

第一节　言不尽意

一、"言"与"意"

大凡谈到言、象、意的关系,人们往往会列举《周易·系辞》中的一段话。"子曰:'书不尽言,言不尽意。'然则圣人之意,其不可见乎? 子曰:'圣人立象以尽意,设卦以尽情伪,系辞焉以尽其言。变而通之以尽利,鼓之舞之以尽神。'"①《系辞》是对《易》所作的阐释,要真正理解其中的意思,就必须结

---

① 周振甫:《周易译注》,北京,中华书局,2013年,第264页。

合原初语境。

"意",《说文解字》解释为"志也。从心音。察言而知意也"。段玉裁则说:"志即识,心所识也。意之训为测度,为记。训测者,如论语毋意毋必,不逆诈,不亿不信,亿则屡中。其字俗作亿。训记者,如今人云记忆是也。其字俗作忆。"①在《说文》中,"意"与"志"互训,也就是"识",可解释为"测度"和"记忆"。无论作为哪种意义,都是可以"察言而知意",并非"言不尽意"。显然,"意"在《系辞》中不是指普通之意,而是特指"圣人之意",并且只有当圣人之意来自对天意的悟解,那么,这种意才是言不可尽的,因为天意体现着自然之道,而道恰恰是语言无法言说和阐释的。所以,庞朴说:

> 道无疑是一种意,一种非常大的意。有些意是可以用语言表达出来的,而意之所随的道是不能用语言说明的。因此,言不尽意指的是,言语可以充分地表达一些普通简单的意……但是,道是无法用语言来说明的……所谓言不尽意,是说不能把所有的意都表达出来。②

这就是说,"言不尽意"中的言、意之关系,实质上就是言、道关系。

二、"言"与"道"

关于言与道之关系,中国古代圣哲有着极为深刻的思考。他们觉悟到语言并非万能,特别是关于唯恍唯忽之道,语言常常显得无能为力。老子、庄子反复强调语言的局限性。孔子虽然很重视语言,也仍然对言与道的关系有所保留,很少直接谈论道。《论语·公冶长》就记载了子贡的看法:"夫子之文章,可得而闻也;夫子之言性与天道,不可得而闻也。"郑玄注曰:"章,明也,文彩形质著见,可以耳目循。性者,人之所受以生也,天道者,元亨日新之道,深微,故不可得而闻也。"③《论语·阳货》也记录了孔子与子贡的一段对话:"子曰:'予欲无言。'子贡曰:'子如不言,则小子何述焉?'子曰:'天何言哉?四时行焉,百物生焉,天何言哉?'"④在子贡看来,语言是传述思想和经验的唯一途径;而孔子则不然,他强调举本以统末,认为立言垂教、寄旨传辞都有可能会障蔽道,他更看重事件过程本身,认为正是在四季运行、百

---

① (清)段玉裁:《说文解字注》,北京,中华书局,2013年,第506~507页。
② 庞朴:《中国文化十一讲》,北京,中华书局,2008年,第69页。
③ (汉)郑玄注、(清)刘宝楠注:《论语正义》,第98页。
④ (汉)郑玄注、(清)刘宝楠注:《论语正义》,第379页。

物盛衰,人与自然的直接关联中,天之道得以体现,因此主张修本废言。

在《老子指略》中,王弼对老子的言道观做了深入阐释,他说:

> 名必有所分,称必有所由。有分则有不兼,有由则有不尽;不兼则大殊其真,不尽则不可以名,此可演而明也。夫"道"也者,取乎万物之所由也;"玄"也者,取乎幽冥之所出也;"深"也者,取乎探赜而不可究也;"大"也者,取乎弥纶而不可极也;"远"也者,取乎绵邈而不可及也;"微"也者,取乎幽微而不可睹也。然则,"道"、"玄"、"深"、"大"、"微"、"远"之言,各有其义,未尽其极者也。然弥纶无极,不可名细;微妙无形,不可名大。是以篇云:"字之曰道","谓之曰玄",而不名也。①

王弼深得《老子》微旨,他认为,语言总是人为地设定概念来分割自然,并主观地说明各种关系,将原本千丝万缕的复杂关联简单化了,因此,无论运用什么概念和什么方式来言说"道",都不能无所遗漏地予以确切表达,甚至连"道"字本身也一样。作为概念化的语言是无力把握混沌不分、周行不殆之道的。道只能通过人与自然相合一的方式,通过行为建模来体验、悟解,而语言恰恰将这种浑整关系破坏、肢解了。所以,老子不得不勉强用"字之""谓之"的方式旁敲侧击地暗示它,形容它,试图接近它,而不做确定的概念命名和言语阐释。语言分裂了万物间的融洽关系,简化或误释了相生相克的复杂因缘,歪曲了自然的原生状态和生命的本相,阻隔了人与自然的天然交通,也因此遮蔽了道。只要予以言说,道就不再是"常道";一旦使用语言概念,就会远离存在,远离真实。既然语言不能言说道,也就无法用语言以尽天意,无法用语言充分表达圣人对天意的领悟。

杜威则对语言与存在之关系提出了类似看法,他说:

> 存在的直接性是不可言传的。但是这种不可言传的情况丝毫没有任何神秘的地方,它只是表达这样一个事实,即关于直接的存在我们既毋庸对自己说什么,也无法对别人说什么……直接的事物可以用字句指点出来,但不能被描述或被界说出来……自然具有最后性,正如它具有关系性一样。②

---

① （魏）王弼著,楼宇烈校释:《王弼集校释　上》,第196页。
② 〔美〕杜威:《经验与自然》,第56～57页。

杜威认为,人的经验是在生存活动中、在自然内部并与自然的亲密关系中形成的,经验活动与经验对象是统一的、未被分裂的,这种具有连续性的、不可言传的原初经验,其实就是我们对道的领悟。言辞的作用仅仅是将这种领悟指点出来,暗示和引导人去亲身体会,而不能将其直接言说出来。

道只能是在人与自然相交融的过程中,在天人合一的境界中,在一种非对象性的亲密关系中加以体验和领悟的。可是,语言却不仅区分万物,以概念将原本密切关联、浑整一体的自然强行拆分开来,强行加以限制和规范,改变了自然及万物的本相,更为严重的是把自然及生命转变为人的对象,在人与自然、人与生命之间制造了裂罅,并且人为地加以歪曲,因此,语言不仅不能言说道,甚至可以说,正是语言堵塞了体道悟道的路径。

第二节　立象尽意

一、"象",有形之"对象";"大象",无形之"非对象"

言固然不能尽意,那么"象"究竟能否尽意? 其实,只要我们把"象"视作"感性对象""形象",也就在人与象之间构成了一种对象性关系,制造了分裂和隔阂,我们同样无法循此去体道尽意。道本无形,我们是不能通过观察有形之象而把握无形之道的。道是不能借助于感知、观察、分析、认识等对象性活动来把握的,任何对象性活动都只会将人隔绝于道之外。老子说:"道之为物,唯恍唯忽。忽恍中有象,恍忽中有物。窈冥中有精,其精甚真,其中有信。"①那么,"忽恍中有象"之"象"又是什么样的象? 老子也有解说:"是谓无状之状,无物之象,是谓忽恍。"②这就是说,虽然道与象相关,但是,这个能够体道之象却是"无物之象",它唯恍唯忽、无形无状、混沌不分,却又无处不在、周流不息。这不是感官可以感知的感性对象,而是"大象无形"中的"大象",或曰"象罔",只能是"非对象性"之象。当人与自然相谐相融,并臻于物我合一、无物无我之境,此际,自然也就不再是人的感官对象、意识对象,而成为无物无形无象之大象,成为非对象、非客体。这种非对象性的大象与人相混成,相互间消除了所有距离和隔阂,不再是人之对象,人无法依仗观察、分析、认识的方式去把握,也不必依仗观察、分析和认识,而是涵泳

---

① 朱谦之:《老子校释》,第88~89页。
② 朱谦之:《老子校释》,第54页。

其间,沉浸其中,通过体验、直觉来直接悟解道。道融贯于自然之中,唯有人与自然相同一,顺应自然之道,才能悟解自然之道。因此,所谓"大象(象罔)"并非什么神秘的东西,而是指非对象性之状态。在这种物我合一、无物无我之状态中,不仅物与我之边界消融了,任何边界亦不复存在,"象"也就转化为渺无际涯之"大象"。所谓道即"无",也并非指一无所有,而是说,道不是作为人的感知对象、意识对象而存在,道是非对象性存在,只能借助于非对象性关系,也就是大象来把握。对于人之感知和意识来说,道即无,也就是混沌。一旦人以语言来言说道,它就只能蜕变为被言说的对象,或者以人之感官来感知,它也成为感知对象,势必与道相隔。被言说和被感知的只能是对象,只能是"有"(包括实有和虚构),而不是"无",已经不再是那个无形无状无限的非对象性之"大象"了,它与道隔着不可逾越的壁障。

问题在于:《系辞》中所说的象是指有形有状之象。"见乃谓之象。""天垂象,见吉凶,圣人象之。""是故夫象,圣人有以见天下之赜,而拟诸其形容,象其物宜,是故谓之象。"①上述种种,或指感官可以感知的感性对象,或指对感性对象的模拟,或指模拟而成的形象,但是,无论哪一种都属于对象性之象或与对象性之象相关联。那么,这样一种象又如何能够体道尽意?

二、由"象"转换为"大象",即由"对象性关系"转换为"非对象性关系"

象,《说文解字》解释为:"南越大兽,长鼻牙,三年一乳。象耳牙四足尾之形。"②古代乐舞有《三象》或称《象》。《吕氏春秋·古乐》载:"成王立,殷民反,王命周公践伐之。商人服象,为虐于东夷。周公遂以师逐之,至于江南。乃为《三象》,以嘉其德。故乐之所由来者尚矣,非独为一世之所造也。"③《三象》是周公征战于江南获胜后制作的乐舞,以此来彰扬自己的功绩;并且这种乐舞不可能一无所本,而应该是在原先流行于江南民间乐舞的基础上改造的,具有巫术仪式的性质,只不过此后演变为周王朝的礼乐得以传承。《礼记》中对《象》多有记载,如《礼记·内则》:"十有三年,学乐、诵诗、舞《勺》。成童,舞《象》,学射、御。"④《礼记·祭统》:"夫大尝、禘,升歌《清庙》,下而管《象》,朱干玉戚以舞《大武》,八佾以舞《大夏》,此天子之

---

① 周振甫:《周易译注》,第261～265页。

② (清)段玉裁:《说文解字注》,第464页。

③ (汉)高诱注,(清)毕沅校:《吕氏春秋》,第107～108页。

④ 胡平生、张萌译注:《礼记》,第556页。

乐也。"①

　　郭令原认为："《三象》舞可能是南人自己长期使用的舞蹈,并非周公所自作。只是周公征服商人以后引进过来的……古代征服者在征服了敌人之后,往往不仅将对方的财产掠夺过来,同时也附带着掠夺对方的文化精神财富。"②象作为一种大兽,因其巨大的形体和力量而令南人崇拜,并成为原始仪式的模仿对象。就在《象》舞仪式中,模拟者不仅装扮、模拟和想象大兽象,而且当载歌载舞进入高潮时,模拟者在想象中似乎直接就成为象,与象融为一体,因此体验了神奇的力量。在《象》舞中,象同时被赋予三层意义:一是指大兽象或象之形象,也可泛指其他具体可感的形象;二是装扮、模拟、想象大兽象的外形和动作;三是在模仿和想象过程中模拟者仿佛直接成为象。这最后一层意义是指进入沉醉的高峰体验,这种体验令模拟者与想象之象俱化,融为一体,也就是迷狂和直觉状态,以及列维-布留尔所说原始思维中的"互渗"现象,在其背后正是行为语言在起建构作用。当人与象融为一体之际,象也就不再是人的观看对象或模仿对象,而成为人本身。从意向性关系角度来说,这个与人相混成的象已经不再是感觉和意识的对象,而蜕变为与人一体的"非对象",成为"大象无形"之大象,成为无形无状无象之"无",也因此蕴含着自然之"道"。在这个过程中,模拟者想象自己成为象是个极其重要的关键。正是在仪式这一独特空间和独特氛围中,人的无意识经验(行为语言记忆)得到激发和释放,由此生成想象,模拟者终于在想象中与模拟对象相合一,实现了意向性关系的转换,象也就不再是外在于人的对象,象成为人自身,人因此获得了象的力量。

　　古人用卦爻来卜测天意,原本就属于巫术仪式,离不开原始思维,一种物我"互渗"、以行为语言为主导的思维。无论占卜与同属于原始仪式的《象》舞是否曾经互相依附,由于心理过程的相似性,象的这三重意义就很自然地被比附于占卜活动:用卦爻模拟天象和自然物象,就如同模拟象舞,可以引导模拟者与自然融为一体,而一旦与自然相融合,人也就领悟了天意,领悟了道。这就是古代圣哲体道悟道的必由之路。因此,爻、卦之所以又称为爻象、卦象,就因为它是对天象和自然物象的模拟,并且通过模拟和想象,达到与自然相契合,融为一体,由此悟解天意,把握自然之道。在《周易·系辞》的具体语境中,"立象以尽意"之"象"就只能是指同时包含上述多重意义

---

①　胡平生、张萌译注:《礼记》,第949页。

②　郭令原:《先秦时代几个重要文论范畴的研究》,西北师范大学博士学位论文,2003年,第73页。

的爻象、卦象,当然,它也衍生为其他能够引起非对象性活动的象。

庞朴说:"从认识论的角度简单地说,象就是没有形状的想象。有形状的是形;没有形状的形而上的东西是道;在形和道之间,我们可以设定有象。"①庞朴极其敏锐地指出想象之象处在"形"与"道"的中介位置,以及它的关键作用。但是,仅仅"从认识论角度"是无法对"象"做出正确阐释的。人通过想象而进入无物无我状态,由此而直觉地把握道,这恰恰超出了认识论的藩篱;并且也不能简单地把"象"等同于"没有形状的想象",象具有多重含义,它有一个从对象之象、有形之象,经过模拟和想象而转变为非对象之大象、无形之大象的过程。正是以想象为中介,借助于行为语言,人与对象相融合,并导致对象之象转换为非对象之大象。其间,存在着对象性关系(物我分立)转向非对象性关系(物我合一)的意向转换,而想象则起着不可或缺的桥梁作用,并且这种转换就是随着行为语言的激发和想象的展开而发生的。王弼对此有精辟阐释,他说:

> 形必有所分,声必有所属。故象而形者,非大象也;音而声者,非大音也。然则,四象不形,则大象无以畅;五音不声,则大音无以至。四象形而物无所主焉,则大象畅矣;五音声而心无所适焉,则大音至矣。②

人无法凭空地悟解道,恰恰是借助于有分有属有限的象(形、声)的逗引、启发和诱导,激发人的无意识经验(行为语言记忆),展开人的想象,消歇蛮横的理性、主体性,进而融入无分无属无限之大象、大音境界,置身于非对象性关系,直接存在于道之中去领悟道。

海德格尔深受中国古代老庄思想的影响,他痛感到自从人类的"主体性"生成之后,人与自然的关系就被疏离了,自此,自然成为人的"对象",成为"世界图象",不再与人亲密无间。正因如此,世界被遮蔽,人与真理失之交臂。针对这种状况,海德格尔把本体论的核心问题"存在者"更替为"存在",并意图借助于"此在在世"的整体关系来改变人与世界的疏离状态,通过人"亲在"于世界而体验世界,让大地敞开,让真理显现,让人直接领悟世

---

① 庞朴:《中国文化十一讲》,第 73 页。
② (魏)王弼著,楼宇烈校释:《王弼集校释　上》,第 195 页。

界。① 其实,"此在在世"之所以能够领悟真理(道),就因为在此过程发生了意向性关系之转换,人与世界之间由对象性关系重新复归为非对象性关系("上手状态"),世界由对象之象转而变为非对象之大象,从而为人提供了领悟真理的契机。

张世英对海德格尔思想做了进一步阐释,他说:

> 人首先是生活于此万物一体的"一体"之中,或者说天人合一的境域之中,它是人生的最终家园,无此境域则无真实的人生。但人自从有了区分主客的自我意识之后,就忙于主体对客体的追逐(无穷尽的认识与无穷尽的征服和占有)而忘记了对这种境域的领会,忘记了自己实际上总是生存在此境域之中,也就是说,忘记了自己的家园。
>
> 诗意或者说审美意识,就是要打开这个境域,获得一种返回家园之感,也可以说,就是回复或领会到天人合一、万物一体。②

在张世英看来,文学艺术活动和审美活动包含着两次超越:第一次超越是从混沌不分,也就是原始的天人合一的"无我之境"进入主客二分的"有我之境";第二次则是超越主客二分,进入物我两忘之境,实现更高层次的天人合一,也就是"忘我之境",并且他认为在实际的审美意识中,双重超越并不是依照时间先后次第进行的。如果从符号学角度可以更加确切地说,这种双重超越实质是象与大象,或者说,是行为语言与言语行为之间构成张力关系,双方相互转化并始终处在一种过渡状态和边缘状态。只有最终回归人与万物一体的状态,回归天人合一的境域,所有的复杂关联都向着无限展开了,万物才以崭新的面目自行显现,世界才真正向人敞开,由此体道悟道。

第三节 "得意忘象"与"象—大象"

一、"得象"而"忘言","得意(道)"而"忘象"

王弼《周易·明象》说:

---

① 出于西方语言中心主义的思维惯性,海德格尔把人与自然的分裂状态归罪于"技术",并寄希望于诗性语言。其实,语言才是造成人与自然分裂的根本原因,技术是在世界对象化之后,人类为重新弥合这种分裂状态才设立的,尽管事实上它反而加剧了人与自然的分裂。

② 张世英:《美在自由——中欧美学思想比较研究》,第37页。

> 夫象者,出意者也。言者,明象者也。尽意莫若象,尽象莫若言。言生于象,故可寻言以观象;象生于意,故可寻象以观意。意以象尽,象以言著。故言者所以明象,得象而忘言;象者,所以存意,得意而忘象。①

爻象、卦象虽然是对天象、自然物象的模拟,却是高度抽象化的象,它变化多端、模糊不定的内涵,需要言辞加以阐释和充实。言以其相对明确的意义阐明和丰富了象,而象却以其动态的方式接纳这众多错综含义,同时在仪式氛围中激发起无尽的想象,并进入大象之境体道得意。所谓"忘象"即由"象"而跃入"大象",从"有"而跃入"无",从物我分裂的对象性关系转而进入物我合一的非对象性关系。在王弼看来,"象"是具体的、有限的,而"言"则更受到概念的限制,它们虽然为进入大象之境提供了契机,却会限制人,拘囿人,因此必须超越概念化的"言"和具体、有限的"象",由"忘言"而潜入具体生动之象,进而由"忘象"而潜入大象之境,唯此,才能够体道得意,所以他与庄子一样,强调"得意在忘象,得象在忘言"。如果从符号学角度来说,人的两种原生性符号系统构成的张力关系发生了转变,行为语言占据了主导性地位。

对于以"得道"为指归、意在把握"道"的哲学思考来说,作为对象之象总是对道的一重阻隔,是一道必须逾越的壁障。专注或留驻于有形有状有限的对象之象,势必与道相背离,就不可能真正悟道、得道。为此,庄子提倡一种与仪式情境相适宜的"心斋"和"坐忘"状态。《庄子·大宗师》有一则女偊对南伯子葵谈论如何"闻道"的故事。女偊曰:

> 恶!恶可!子非其人也。夫卜梁倚有圣人之才,而无圣人之道,我有圣人之道,而无圣人之才,吾欲以教之,庶几其果为圣人乎!不然,以圣人之道告圣人之才,亦易矣。吾犹守而告之,三日而后能外天下;已外天下矣,吾又守之,七日而后能外物;已外物矣,吾又守之,九日而后能外生;已外生矣,而后能朝彻;朝彻,而后能见独;见独,而后能无古今;无古今,而后能入于不死不生。杀生者不死,生生者不生。其为物,无不将也,无不迎也;无不毁也,无不成也。其名为撄宁。撄宁也者,撄

---

① （魏）王弼撰,楼宇烈校释:《周易注》,北京,中华书局,2011年,第414页。

而后成者也。①

所谓"外天下""外物""外生"即中止自己的感官和心智活动,把社会和自然万物,乃至个体自身的生命存在都排除于意识之外。实质上,这就是悬置了所有对象性活动,因为不仅对外物的感知属于对象性活动,就连对自我生命的意识,也仍然是把自我生命作为"对象"来看待,都必须加以搁置。唯有排除所有对象性关系,才能开启物我合一的非对象性关系,由忘我而进抵与物俱化、浑融一体的澄明之境,洞幽见独,无古无今,不死不生,随任自然,在纷纭变幻之中执持心灵的宁静,这才是体道悟道的不二法门。一旦建立无物无我的非对象性关系,作为对象之象也就不再显现了,它没入了无形无限的混沌(无)之中而转化为"大象"或曰"象罔",道则在非对象性关系中自然降临了;与此相反,凡是拘执于种种对象之象,人势必与道相分离、相隔绝、相暌违。象以自身的寂灭完成了体道悟道的使命。

二、"象—大象":审美的边缘性、过渡性状态

对道的强调和体认不仅是中华民族哲学思想的特征,它几乎渗透于整个古代文化传统,特别是审美文化之中。但是,审美活动却无法离弃具体生动之"象",因此,与上述"忘象"的得意体道状态不同,审美活动则始终处于象与大象互换互动互生互释之中,处于双方往复运动、交相生成的阶段:象给予人以起兴,以激发,鼓动人经由想象而进抵大象之境,体道得意,而大象却又反身赋予象以无限意蕴和无穷意味。审美活动是无法舍弃感性形象的,它本身就是显现之象与隐蔽无形之大象相互诱发和相互生成。那种以放弃象为代价的体道,只能趋向于"艺术的终结",趋向于哲学。因此,审美活动必须往返于象与大象之间,只能是一个边缘性空间和过渡性过程,它处在象与大象共同构成的张力关系中,处在象与大象不断转化的阈限状态中,处在言语行为与行为语言交相激发、交互生成、深度融合中,既授予人以生机盎然、昭晰互进的生动形象,又不止于直观形象,而是同时去领悟心灵启示,品味形象背后的无穷韵味,悟解形象蕴含的生生不息之道。

三、中华审美文化:符号系统独特的张力结构

在象与大象的密切关系中,中华审美文化又秉有自身的独特性:它不放

---

① (清)王先谦、刘武撰:《庄子集解 庄子集解内篇补正》,第61~62页。

弃有形之象,却更注重和强调无形之大象,在言语行为与行为语言之间构成一种独特的张力结构。在《论画六法》中,张彦远说:"以气韵求其画,则形似在其间矣……若气韵不周,空陈形似;笔力未遒,空善赋彩;谓非妙也。"甚至把"传模移写"视为"画家末事"。① "气"虽训作"云气",却与"道"相通,譬如"道分阴阳","一阴一阳谓之气"。或者可以说,气就是道的直接显现,相对于道,气固然具有形而下之性质,却与形而上之道相类似且密切关联,同样是千变万化、捉摸不定、若无形若有形的。从这个角度看,气就是象与大象相互生成的中间状态,既是趋向于道的象,又是蕴含着道的大象。画作之所以能够做到气韵生动,就因为扎根于周流不殆之道,扎根于象与大象相互生成,扎根于言语行为与行为语言的深度融合。画论把气韵置于首位,而把形似当作"末事",也因为以体道为画事之根本。所以,张彦远认为:"意存笔先,画尽意在,所以全神气也。"并进而指出:

> 守其神,专其一,是真画也。死画满壁,曷如污墁?真画一划,见其生气。夫运思挥毫,自以为画,则愈失于画矣;运思挥毫,意不在于画,故得于画矣。不滞于手,不凝于心,不知然而然。②

作画恰如女偊"闻道",必须"守其神,专其一",不拘执于对象的外在形貌,而重在内在气韵,重在体道悟道,做到"意存笔先",然后运思挥毫,这才能画出气韵灌注、画尽意在的"真画"。对道的体悟并非某种认知活动,它是在与自然相混成的境况中体验于心灵、铭刻于身体的状态,这种状态无法言说,不知其然而然。或者如郭若虚所说:"默契神会","得自天机,出于灵府也"。③ 而"真画一划",又恰如鸿蒙初辟,语言之方生,"象"之始创,正处在世界从混沌转向澄明的过渡性阶段,原本蛰伏的无意识经验(行为语言记忆)因此得以喷涌和彰显,勃发出创造的冲动,充溢着生命的气息和灵性。

对于中国绘画来说,虽然感性形象必不可少,但它只是潜入大象,进而体道的一个契机、一种暗示,决不能因象而窒碍进抵大象和体道的途径,所以应该尽量简省,能够做到笔简意足,才是上品。甚至可以离形得似、画意不画形,乃至于计白当黑。同时,这也是中国绘画重视"神会""冥搜",而不

---

① （唐）张彦远:《历代名画记叙论》,载俞剑华编著:《中国画论类编》,北京,人民美术出版社,2016年,第32~33页。
② （唐）张彦远:《历代名画记叙论》,载俞剑华编著:《中国画论类编》,第35~36页。
③ （宋）郭若虚:《图画见闻志叙论》,载俞剑华编著:《中国画论类编》,第59页。

强调"观察"的缘由,因为观察总是一种对象性活动,而神会、冥搜则是人与自然间的沟通和默契,依赖于行为建模。

在《大象无形:或论绘画之非客体》中,朱利安深入阐释了中国绘画的"非客体"特征。他极其敏锐地指出,中国画的独特性正在于不突出确定性,也不让欣赏者深入其在场,相反地倾向于让欣赏者脱离"有"而进入"无",为的是把欣赏者带回到其现实化的上游去体道悟道。因为一切现实化、具体化的同时,也就是个别化,从而剥夺了其他形式,贫乏地作茧自缚,闭塞了其他视角、其他可能。中国绘画之象,往往规定最少,限制最少,窒碍最少,它是通向广漠、通向无限、通向本源的渠道,因此,在中国绘画中,岚气氤氲、雾露浑濛、烟云缭绕往往就成为化解确定性的手法,是虚实交替的过渡性空间,是从有形之象潜入无形之大象的中介。

> 它们并不提供一种再现目标,而是推动构型上的——能量式的-灵性上的(énergético-spirituel)——部署。在我看来,中国文人风景便包括这一点。中国文人并不描画具体物(自然-质料[naturel-matériel]),而是描绘(处于沉析-转变[décantation-trans-formation]中的)种种具体化过程;他所描绘的是生机载体,而非视觉客体。①

中国绘画具有"非客体"特征。朱利安敏锐地抓住了中国绘画的独特性,但其论述过程难免存在片面性。中国绘画固然看重非客体性、非对象性,却仍然必须立足于客体性、对象性之象,无法越过象径直去把握大象,因此它仍然是一个从象而导向大象的过渡性空间,是由绘画之客体而衍生非客体的过程,是象与大象双方相互生成,只不过双方构成的张力关系有着明显的倾向性:更趋向于非对象性之大象,更重视对道的体悟。

不仅绘画,诗歌也一样。《尚书·虞书·舜典》说:"诗言志,歌永言,声依永,律和声。八音克谐,无相夺伦,神人以和。"②诗歌的最高境界就是要以感性形象来实现"神人以和",实现人与自然相通相谐,融合为一,由此进抵体道得意之境。苏轼就把诗与画做了比较:"论画以形似,见与儿童邻;作诗必此诗,定知非诗人。"③在《唐诗别裁集》中,沈德潜提出读诗解诗之法门:"读诗者心平气和,涵泳浸渍,则意味自出;不宜自立意见,勉强求合也。"

---

① 〔法〕朱利安:《大象无形:或论绘画之非客体》,第368~369页。
② 陈经撰:《尚书详解》(第一册),北京,中华书局,1985年,第31页。
③ (宋)苏轼:《东坡论画》,载俞剑华编著:《中国画论类编》,第51页。

在评论陶渊明时则说："渊明诗胸次浩然,天真绝俗,当于语言意象外求之。"①正因为对"言不尽意"的充分认识,中国古代诗歌就不得不强调作品的含蓄性,不仅要运用言语行为来创造情景相融、生动感人的形象,而且要追求言外之意、象外之象、景外之景、韵外之致、味外之旨,要引领欣赏者舍弃主体性,转换对象性关系,进入可涵泳、可浸渍、可体验、渺无际涯的大象之境,一种体道得道的至境。

道融贯于自然和人生。对自然的把握需要融入自然之中来体验、感悟,对人性的把握同样需要融入生命。在《水浒传》第四十二回回批中,金圣叹说:"知喜怒哀乐无我无人无不自然诚于中,形于外,谓之格物。"②金圣叹认为,"格物"之法应以"忠恕"为门,遵循自然的因缘关系,也就是说,要真正把握人物,以一笔而写千百万人,就必须进入"无不自然"的体验、悟解,才能把握人生之道,才能真切地写出人物的精神、状貌和性格,而非如西方作家所强调的观察和认知。

第四节　"意象"即"象—大象"

在分析了言、象、意之关系后,我们有必要重新阐释诸如"意象""意境""境界"等范畴。

一、一种掩饰"二元论"的二元观

人们通常把"意象"解释为主观情志与客观物象相融合的"感性形象",从表面上看,这种解释并没有错,但是实质上,这个所谓主客观相融合的"意象"(感性形象)却仍然被作为欣赏和分析的"对象"来看待,仍然属于"意识对象"。它与人的身体相分裂,舍弃了意象之为意象,其根本特征在于包含着"非对象性"这个侧面,忽略了意象同时蕴含着尽意体道的"大象",并且把审美活动仅仅局限于情志与物象的关系之内,遮蔽了人与世界极其复杂的多元关联,消除了审美活动的张力关系及过渡状态、边缘状态,褫夺了审美活动以有形有声有限之象敞开无形无声无限之世界的能力。这种对意象的解释排除了意象所蕴含的"大象"这一维度,丧失了人与世界实现真正和解、交融的可能性,也就势必与"道"相睽违。因此,这种说法仍然是基于西方二

---

①　(清)沈德潜选注:《唐诗别裁集》,北京,中华书局,1964 年,第 1～2 页。
②　(清)金圣叹:《金圣叹全集》(二),南京,江苏古籍出版社,1985 年,第 125 页。

元观念的影响,即便强调主客观相统一,这个主客观相统一的"意象"仍然是与身体相分裂的"意识对象",表面上弥合了主体与客体,却遗留下"身体"与"意识对象"间的裂罅,留下身与心之间的鸿沟,并没有摆脱西方二元思维的思想框架,是一种掩饰"二元论"的二元观,因而走向谬误。同样,也不能把意象看作头脑中产生的观念形态的形象,既非表象、心象,也非语象,因为这些含义的所谓意象,实质上也仍然是对象性之象,只不过是存在于头脑中的意识之对象。

从根本上说,意象之所以称意象,就在于它同时兼具有形有声之象与能够尽意体道的无形无声之大象,也就是兼具对象性之象与非对象性之大象,是"有"与"无"相反相成,是经验与超验的结合。它体现着人与世界之间既是二元关系又是一元关系所构成的张力。正是在想象展开的过程,象与大象相互转换、交相生成。因此,我们可以将这种边缘性和过渡性状态称为"象—大象",在其背后就隐含着两种原生性符号系统的交汇,也就是语言建模与行为建模协同作用构成的张力关系。就在这边缘性空间和过渡性过程中,人与象相融贯,主观情志与客观物象相融合,有限与无限相生发,象与大象相互转换、协同作用,由此生成既蕴含着不尽之意和无法言说之道,又玲珑剔透、生机葱茏、余味曲包的"象—大象",也就是"意象"。意象实质上就是"象—大象",它同时包孕着人与自然之间既二元分裂又一元融合的转换关系,同时包孕着多重的、变化的意义,并因此成为一个处于不断生成中的具有"生产性"的象。在象与大象相互生成的过程中,作品也就孳乳出无穷之意和不尽之韵,道因而自行置入作品,孕育于作品,体现于作品。这正是中国传统审美文化,以及古典美学、古代文论的根基之所在、精华之所在。而当我们将意象仅仅视作可欣赏、可分析的感性对象,哪怕是主客观融合的感性形象,或视为头脑中观念形态的形象,实质上就已经蜕变为对象之象,也就偏离了意象的本义,丧失了尽意体道的可能,遮蔽了意象范畴所蕴含的最具特色的民族文化特征。

二、"意象"范畴的生成、流变

在《意象范畴的流变》中,胡雪冈详细梳理了意象范畴孕育、形成、发展和成熟的历史。他认为,王充是第一个提出"意象"概念的人,同时也赋予"意象"以新含义,使这个概念具有主观的"意"与客观的"象"交相作用而合二为一的意义。① 陈良运则在更早时就指出一个颇具启示的现象。他是在"意象"与"形象"的对比中来说明"意象"范畴的形成及含义的，并认为，造型艺术所谈的"形象"，是准确意义的形似之象，而"意象"则常常是一个符号，有"象"无"形"。因此，"形象"一词反而比"意象"一词先出现，直至东汉王充《论衡·乱龙》中，"意象"与"形象"在相互有所比较的情况下出现。王充《乱龙》篇说："天子射熊，诸侯射麋，卿大夫射虎豹，士射鹿豕，示服猛也。名布为侯，示射无道诸侯也。夫画布为熊麋之象，名布为侯，礼贵意象，示义取名也。"②对此，陈良运做了解释。他认为，把不同凶猛程度的野兽画在箭靶上，由不同地位的人分别练习射箭，地位愈高，所射之兽愈猛，以权位"示服猛"；反过来说，用不同的兽类来显示权位享有者不同程度的威猛，以此显示权力、权位的大小、高低。

> 很明显，熊麋之象既非权位者的形象，作为图志，它们又超越了本身的意义，于是成了具有象征意义的"象"。君臣上下的礼仪寓于兽象之中，因而"象"以"意"贵——象征权位和礼仪而贵。"示义取名"，换言之即"称名也小，取类也大"，作者立象尽意，观者辨象会意。③

　　其实，王充说的话还包含着更丰富的含义，这段话构成了多重语义映射。除了陈良运所阐释的意义，熊、麋、虎豹、鹿豕既是画在布上的鹄的，又意味着真实的野兽；而"名布为侯"则将画有兽像的鹄的视为"无道诸侯"，射鹄的就是射无道诸侯，降服无道诸侯。因此，君王在习箭时，不仅具有多重象征性意味，而且实际上就体验着降服猛兽、降服无道诸侯的过程，体验到自己的权威和力量。这是真实行为与象征、想象过程相合一，习箭者全身心融入了既真实又虚幻的境界，造就在场之象与不在场之大象翕合无间，由此获得胜利者、权威者的真切的体验。意象既承接象原有的多重含义，又更加突出了象与大象相融洽的意味。王充所说的意象，为后来审美及文学艺术活动中的意象范畴提供了重要基础。

　　把"意象"直接运用于文学活动的是刘勰。在《文心雕龙·神思》中，刘勰说：

---

① 胡雪冈：《意象范畴的流变》，南昌，百花洲文艺出版社，2002 年，第 54 页。
② 黄晖：《论衡校释》，北京，中华书局，2018 年，第 615 页。
③ 陈良运：《中国诗学体系论》，北京，中国社会科学出版社，1992 年，第 175 页。

文之思也，其神远矣。故寂然凝虑，思接千载；悄焉动容，视通万里。吟咏之间，吐纳珠玉之声；眉睫之前，卷舒风云之色：其思理之致乎！故思理为妙，神与物游。神居胸臆，而志气统其关键；物沿耳目，而辞令管其枢机。枢机方通，则物无隐貌；关键将塞，则神有遁心。是以陶钧文思，贵在虚静。疏瀹五脏，澡雪精神。积学以储宝，酌理以富才，研阅以穷照，驯致以绎辞。然后使玄解之宰，寻声律而定墨；独照之匠，窥意象而运斤。此盖驭文之首术，谋篇之大端。①

刘勰极其生动地描述了文学活动中想象展开的过程，并进而主张，写作必须疏瀹其五脏，澡雪其精神，虚静其心胸，进入一种"玄解"的自然、纯粹之状态。这就恰恰为直觉和灵感创造了条件，激发了无意识经验（行为语言记忆），实现了"神与物游"之境界。当此之际，意象（象—大象）就呼之欲出了。在谈到"神思"时，张晶说："'虚静'乃是一种审美的心胸，对于艺术创作的'神思'来说，是一个必要的前提。正是因为创作主体通过虚静的工夫，忘却现实的烦恼与利害，达到没有任何遮蔽的'玄鉴''心斋'，空明澄净，除欲去智，才能与自然对话，与大道玄同。而艺术创作中那种恍惚而来、不思而至，又异常灵妙的思致，却由此而生。"②刘勰把"意象"与庄子笔下的典故"运斤成风"相比，正在于强调意象与虚静、与直觉的相关性：意象是蕴含着幽深玄远之意的象，它不但是可感之象，而且是直觉中可体道之大象，是"对象性"之象与"非对象性"之大象双方相生相成，同样要以体道悟道的"虚静"心胸为前提。

随着仪式活动在日常生活中渐渐褪去原有的神圣色彩，仪式也就式微了，取而代之的是文学艺术的审美空间，"象"在仪式空间所形成的多重意义也逐渐流失了。因此，"意象"取代"象"而成为美学、诗学范畴，就重新凸显出想象之形象和尽意含道之大象的多重意义，以此强调它与"象"之间的区别，强化后两层含义的共存共生。甚至在漫长的历史流传过程中，意象所包含的"非对象性"的体道之"大象"这层意义也日渐淡薄，以致又常常被今人误释为主观情志与客观物象相融合的感性形象。

---

① 王运熙、周锋：《文心雕龙译注》，第 245 页。

② 张晶：《神思——艺术的精灵》，载《美学与诗学——张晶学术文选》（第二卷），北京，中国社会科学出版社，2017 年，第 229 页。

第五节　"意境"的符号学解释

一、"意境"范畴的生成

"意境""境界"①作为诗学范畴的流行跟佛教思想在中国的传播分不开。佛教经典在被翻译的过程中,不可避免地融入中国人自身的理解,这就使得佛教经典更容易为中华文化所接纳。特别是《华严经》的翻译和传播对中华民族审美意识的影响更大,"境""境界"也因此得以流行。钱志熙指出:"使得境从一个实指的地理性的空间名词转化为抽象性虚拟空间,尤其是指称心灵、意识、精神事物性质对象的最重要的词源演变的条件,还是缘由佛学的境说、境界说的流行。境、境界是佛学中的一个重要范畴……其基本的内涵有二:一是指由心识所生的一种对象……二是指修法、悟道的种种境地。"②陈望衡则直接阐述了《华严经》的影响,他认为:"境界,不仅是虚与实的统一,既实又虚,而且这其中极为丰富的一切,也是有序的……自在与秩序、自由与必然的冲突在境界中消失了,自在即秩序,自由即必然。《华严经》讲的这一切,当然是属于佛教的,却也是通向审美的。正是因为如此,佛教的境界观成为中国美学境界观的重要来源。"③境、境界这种既是心识所生之对象,又作为修法悟道之境地,以及虚与实、自在与秩序、自由与必然相统一的特点,使得它与中国古代审美观相互契合。对此,张法做了更为详细的阐释,他认为,"境"的中文本义是"界""域",运用于形象层,指一个范围起来的独自世界;并且"境"还来自与佛学的互动:

> 佛学之境(visay)是人用眼、耳、鼻、舌、身、意去感受外界的色、声、嗅、味、触、法而产生的。前六者为六根,后六者为六识,二者相接,产生六境,强调的也是客观外界因主体的观照而产生出的只与主体相接而

---

① 意境、境界是两个意义有所差别的诗学范畴,张郁乎对其做出这样的辨析:"'意境'略同于虚存义上的'境界',而并不具有'境界'的比喻义。"(张郁乎:《"境界"概念的历史与纷争》,《哲学动态》2016 年第 12 期。)并且两者形成的时间也不同。但是,这并不妨碍本书将它们放在一起讨论。

② 钱志熙:《唐诗境说的形成及其文化与诗学上的渊源——兼论其对后世的影响》,《文学遗产》2013 年第 6 期。

③ 陈望衡:《〈华严经〉对中华审美意识建构的意义》,《西北师大学报(社会科学版)》2016 年第 3 期。

生的境。境，突出了现实与艺术之间的一条界线，由现实之物进入艺术之境，就成为艺术中的景或艺术中的象。①

比较而言，意象之"象"固然可以指称"景象""境象"，却常常局限于单一的感性形象，并难免为物象所牵绊；而"境"则指相对辽阔幽远、可居可游的生存空间，在佛教思想的影响下，更凸显其心灵性，乃至于虚幻空间，并因其巨大魅力而吸引人投身其间，陶醉其中。甚至可以说，境是在人与象、象与大象交互作用中不断衍生的无限世界，"境生象外"，也就是由实而入虚，虚实结合，情与境谐，意与境谐，从有限之象而生成了没有边界、意义丰盈弥漫的境，由此幻化为与人相合一的境，成为混沌无形的大象之境，成为体道悟道之境。从这个角度看，较之于"意象"这一范畴，"意境""境界"似乎更能揭橥审美活动，特别是诗词的本根。所以，王国维说："词以境界为最上。有境界则自成高格，自有名句。"又说："沧浪所谓兴趣，阮亭所谓神韵，犹不过道其面目；不若鄙人拈出'境界'二字，为探其本也。"②

无论意境还是境界，在中国美学和诗学中都不仅仅是指主观情感与客观境象相结合的"审美对象"，还指身心得以安顿的境地，人生臻于得道体道的境界。它召唤人深入其内，逍遥其间，实现人与境相拥相融，境由此转而成为生存活动和身心活动本身，成为"非对象"之境。因此，意境、境界本身即虚实相生、有无相生，是对象性关系与非对象性关系之间交互转换的一个过渡性的动态空间，其背后同样是两种原生性符号活动的博弈和交融。王昌龄有"物境""情境""意境"之说：物境指处身于境，视境于心，了然境象，得其形似；情境指张于意而处于身，然后驰思，深得其情；而意境指张之于意而思之于心，则得其真。③"三境说"分别说明了三种不同层次的诗学境界：形似、情深和真。真即最为玄妙的得道境界，这是一个心与物游，由物境而进入情境，再进入意境的不断衍生和深化的过程，并在物我相融的状态中得道悟道。在这个过程中，境从外在的物境，转化为内在的心境、情境，最终物我相融而成为非对象、非客体的悟道之境。因此，意境就是由对象性之境与非对象性之境共同生成且充满着张力关系的场域。

严羽对盛唐诗人有很高的评价，他说："盛唐诗人惟在兴趣，羚羊挂角，无迹可求。故其妙处莹彻玲珑，不可凑泊，如空中之音，相中之色，水中之

---

① 张法：《中国美学史》(修订本)，第 327 页。
② 况周颐、王国维：《蕙风词话　人间词话》，北京，人民文学出版社，1960 年，第 191、194 页。
③ (唐)王昌龄：《诗格》，载郭绍虞主编：《中国历代文论选》(第二册)，第 88~89 页。

月,镜中之象,言有尽而意无穷。"这种宛若空中音、相中色、水中月的境界并非只是物境、心境、情境或虚境,它同样包含着非对象性之境,我们只可以通过直觉和悟解的方式去把握它,而不可能把它置于眉睫之前。凡是可置于眉睫之前的都是对象性之境,即便是心境、情境、虚境也都仍然是意识之对象,而诗歌的非对象性之境则需要我们沉浸其中,咀嚼品味,亲身体验,追寻直截了当的直觉和悟解,所以严羽说:"惟悟乃为当行,乃为本色。"①对于绘画来说,宗炳所说"圣人含道映物,贤者澄怀味像"②,恰恰也揭示了道与象之间的复杂关联。所有这些阐释都暗示着两种原生性符号系统结构中行为语言的重要作用。

二、"意境":通向"大象"之境

在《中国美学史大纲》中,叶朗指出,先秦出现了"象"这个范畴,到了唐代,"意象"作为标示艺术本体的范畴,已经被文人比较普遍地使用了。唐代诗歌高度的艺术成就和丰富的艺术经验,推动唐代文人从理论上对诗歌的审美现象做进一步思考,提出了"境"这个新的美学范畴,并最早出现于王昌龄的《诗格》中。"'境'作为美学范畴的提出,标志着意境说的诞生。"③叶朗还针对司空图《二十四诗品》,精辟阐述了"意境"的核心内涵:诗的意境必须体现宇宙的本体和生命。

> "境"就是"象罔",也就是司空图说的"象外之象""景外之景"。所以诗的意境不能局限于孤立的、有限的"象",而必须超出"象"。
> "意境"不是表现孤立的物象,而是表现虚实结合的"境",也就是表现造化自然的气韵生动的图景,表现作为宇宙的本体和生命的道(气)。这就是"意境"的美学本质。④

"境"是体现宇宙本体和生命、体现道的"象罔",也就是老子所说的"大象",它从有形有限的对象性之象,转换为无形无限的非对象性之象罔或大象,包孕着自然之道,具有形而上的性质,但是,同时又不离弃具体生动、生生不息之象。在"象—大象(象罔)"构成的张力关系中,它不断地生产着,孕

① (宋)严羽:《沧浪诗话·诗辨》,载郭绍虞主编:《中国历代文论选》(第二册),第424页。
② (南北朝宋)宗炳:《画山水序》,载俞剑华编著:《中国画论类编》(上卷),第583页。
③ 叶朗:《中国美学史大纲》,上海,上海人民出版社,1985年,第265页。
④ 叶朗:《中国美学史大纲》,第274、276页。

育出象外之象、意外之韵、韵外之致、味外之旨……以至于无穷。

在谈到意境时,宗白华列举了人与世界之间的五种不同层次的境界:功利境界、伦理境界、政治境界、学术境界、宗教境界。他认为,学术境界"穷研物理,追求智慧",宗教境界"欲返本归真,冥合天人",而艺术境界则介乎这两者的中间,这也就是意境。宗白华对意境的理解是准确的,问题是,"追求智慧"与"冥合天人"两者间并不存在中间位置,而只能构成张力关系,或者可以说,艺术意境同时兼具两种关系:对象性关系(追求智慧)与非对象性关系(冥合天人),双方形成了相互转换、交相生成的张力结构,即两种原生性符号系统的张力关系。宗白华说:"中国哲学是就'生命本身'体悟'道'的节奏。'道'具象于生活、礼乐制度。道尤表象于'艺'。灿烂的'艺'赋予'道'以形象和生命,'道'给予'艺'以深度和灵魂。"①"艺"之所以能"体道",就因为它不仅是"象",同时包含着"大象"或"象罔",即"象—大象",由此,才能超以象外,得其环中。

朱光潜对意境也有极好的阐释,他认为:诗的"见"必为"直觉",即直接对形象的感性认识,并且诗的境界在刹那中见终古,在微尘中显大千,在有限中寓无限。

> 每一首诗都自成一种境界。无论是作者或读者:在心领神会一首好诗时,都必有一幅画境或一幕戏景,很新鲜生动地突现于眼前,使他神魂为之钩摄,若惊若喜,霎时无暇旁顾,仿佛这小天地中有独立自足之乐,此外偌大乾坤宇宙,以及个人生活中一切憎爱悲喜,都像在霎时间烟消云散去了。纯粹的诗的心境是凝神注视,纯粹的诗的心所观境是孤立绝缘,心与所其观境如鱼戏水,忻合无间。②

诗是具体可感、鲜明生动的画境、戏景,它摄人魂魄,令人忘乎所以,刹那间从直面画境戏景的状态,转而投身境内,如鱼在水,涵泳其间,体验永恒。这就是说,唯有当心与境"忻合无间",唯有建立物我合一的非对象性关系,我们的直觉就把握了道,于是,在刹那中见终古,在微尘中显大千,在有限中寓无限。其实,无论直觉还是悟解都被视为一种非理性的心灵活动,它们犹如大象、象罔,是因人与象、境相互融合,构建非对象性关系之状态,主

---

① 宗白华:《中国艺术意境之诞生》,载《艺境》,第151、159页。
② 朱光潜:《诗的境界——情趣与意象》,载《朱光潜美学文学论文选集》,长沙,湖南人民出版社,1980年,第185~187页。

要是行为语言贯通、融汇的成果。正是在这种非对象性的物我相融关系中，人体验着自然之境，直觉和顿悟了道。

叶嘉莹曾从现象学、阐释学角度解释中国词学，并对"境界"做出现象学的解说。她认为："所谓'境界'，实在乃是专以意识活动中之感受经验为主的。所以当一切现象中之客体未经过吾人之感受经验而予以再现时，都并不得称之为'境界'。"①西方现象学虽然主张消除主客体的分裂状态，着眼于主体与对象间的意向性关系，但是，它仍然瞩目于人的意识活动。正是受到现象学的影响，叶嘉莹也把"境界"纳入"意识活动"中的某种感受经验。但是，作为一位擅长于传统文学欣赏实践的学者，她又觉悟到这种解释所存在的问题，并进而指出："'境界'一词虽也含有泛指诗歌中兴发感动之作用的普遍的含义，然而却并不能便径直的指认为作者显意识中的自我心志之情意，而乃是作品本身所呈现的一种富于兴发感动之作用的作品中之世界。"作者"于不自觉中流露了隐意识中的一种心灵之本质"②。

按照现象学的观念，人的意识总是关于对象的意识，一旦从现象学角度把感受经验视作意识活动，就无可避免地堕入身体与意识（意识对象）相分裂的二元关系之中，尽管现象学反对主客观相互对立和分裂的观点，却始终无法抹去其间的裂隙；而事实上，在诗词欣赏活动中，那种最撼动心灵的状态是那些我们深深融入其内，触动心灵深处又无法言说的状态，这是一种身心与物俱化、无物无我的非对象性关系，在这种关系中，我们所获得的感受经验恰恰也是"隐意识中的一种心灵之本质"，是对道（无）的解悟。这种隐意识中的心灵之本质是在物我两忘的非对象性关系中生成的，是经由大象、象罔而获得的，它就是生命之本质和自然之本相。人对自然的无意识经验，也就是无物无我的相融状态，是人与自然充分交流的状态，人自由地逍遥于自然之中，而道就已经了然于胸了。从中，叶嘉莹觉悟到王国维何以提出"词以境界为最上"并以此作为评词之标准的主旨所在。

很显然，叶嘉莹是极其敏锐的。尽管在理论上她没有跳出西方现象学的樊笼，在欣赏实践中她却准确把握到诗词活动最内在，也最富于民族特征的状况：由物我分裂的对象性之象进抵物我合一的非对象性之大象而体道悟道的境界。

---

①　〔加〕叶嘉莹：《中国词学的现代观》，长沙，岳麓书社，1990 年，第 60～61 页。
②　〔加〕叶嘉莹：《中国词学的现代观》，第 64～65 页。

三、王国维:"有我之境"与"无我之境"

王国维的"境界说"之所以高出于其他论词评词者,之所以是对中华传统文化的创造性发明,就在于他抓住了这个根本。在《人间词话》中,王国维提出了两种境界:"有我之境"和"无我之境"。他说:"有我之境,以我观物,故物皆着我之色彩。无我之境,以物观物,故不知何者为我,何者为物。"①假如换一种术语来表述,有我之境似接近于西方现象学中的"主体间性",而无我之境则等同于中国传统诗学所说的"无物无我"的境界。尽管这两种境界都是从对象性关系向非对象性关系之转换,但是现象学,以及叔本华等其他西方学者仍然拘泥于主体和意识这个角度来思考问题,并没有彻底弥合主客体之间的裂隙。只要目光聚焦于主体和意识,即便把客体或意识对象视作交互共存的平等主体,那也仍然无法消除其间的裂隙。唯有在无物无我的境况下,在非对象性关系中,物我之间的所有隔阂才被完全拆除。王国维确实从叔本华等西方思想中汲取营养,扩大了自己的理论视野,他对两种境界所做的区分,就得益于西方理论的启示,然而,却是以中华民族的智慧和思维方式紧紧抓住传统文学的关键问题和根本特征,其理论仍然隐含着对"象""大象""道"之关系的深刻理解,特别是他的三种境界说,其间流溢着中华审美文化的血脉。王国维所说文学活动既"出乎其外"又"入乎其内",则正是我们所指出的对象性关系与非对象性关系间的交互转换,取决于"象—大象"的交相生发和融汇,取决于言语行为与行为语言构成的张力场。无论王国维从西方获得多少思想启示,只要他抓住中华审美文化的关键问题和根本特征,其理论就已经汇入了中华文化传统,并发展了中华文化传统。

可以说,"象—大象"(言语行为/行为语言)就是文学艺术的"基因",而对"大象"(非对象性关系)的偏重则构成中华传统审美文化最核心的特征,是尽意体道的必然途径,无论意象、意境还是境界都同时包含着"象—大象"这两个方面,并且具有明显的倾向性。它不仅生成中华审美文化的民族品格,生成艺术和文学的独特性,同时也深刻揭示了美学、文学最核心的问题,规定着中国古典美学和古代文论的独特形态。正是"象—大象"这个文化基因独特的张力结构决定了中国古代美学和文论的思维方式和表述方式,决定了美学和文论范畴必须具有象征性、包容性和弹性,并注定它必然放弃理

① 况周颐、王国维:《蕙风词话　人间词话》,第191页。

性分析和逻辑体系而瞩目于体验、品味、悟解、评点和诗性言说。

　　需要说明的是，我们所说"道"是针对道的本义而言，也就是老庄之所谓道。当道变身为"圣人之意"，就已经潜伏着被僵化的危机。"道沿圣以垂文，圣因文以明道。"①尽管圣人有可能体道悟道，但是，一旦将圣人之意等同于道（真意），也就势必放弃对道本身的不懈求索，转而不断地去揣摩和阐释圣人之意，述而不作，把无限的生生不息之道改造为有限的固化之意，由此窒息思想创造，铸就民族心理惰性。而当圣人之意形之于语言和文字，则愈加扭曲了道，对它的反复解释只能离道越来越远，乃至仅剩下糟粕。应该说，文以载道（真意）本身并无不可，而且可以说，它体现了中华传统文化所追求的最高境界，其病只在于把道曲解为圣人之道理，乃至食肉糜者之道理。

---

①　王运熙、周锋：《文心雕龙译注》，第 6 页。

结　语

本书是在中西方文化比较视野中展开理论探讨的。我们从批判西方理论话语中的语言中心主义开始，以探讨中华审美文化传统作为结束，目的不在于比较中西文化的优劣，而在于描述中西审美文化的特征及其演化，揭示其共同性和殊异性，以及它们的根源，从而在"对话"关系中探寻中西文化互通互补的可能性，为文化建设提供参考。既然人类文化是象征符号活动，那么，这种探讨就应该深入文化的根基，抓住符号活动的独特性来思考。

我们最重要的观念是把符号首先视为人与世界的关系模式，在人与世界、人与社会相互作用中来思考符号活动，并从多元的、不断生成的角度来看待符号，从人的生存方式的变化和建模方式的发展来看待符号的演化，并关注生存方式与符号方式交互作用、相互影响的关系。这种符号观不仅着眼于认知发展，还基于人的生存活动。人必须同世界建立特定的关系模式（建模活动），才能感知感受世界，把握世界，符号的表征作用则是建立在关系模式基础上的，因此，我们称这种符号学为"认知符号学"。如果说，既往的符号学主要是为理论研究提供了一种方法，一个视角，那么，由于认知符号学将符号首先视为人与世界的关系模式，因而，它就势必成为准确把握、理解和阐释人、社会、世界的先决条件，是一切理论研究，乃至文化活动无法避开的前提和基础。这也就是说，我们找到一个理解、阐释中西文化的共同的立足点。我们将"建模活动"区分为三组序列，即行为建模、语言建模和其他符号建模，并阐述了它们的发生机制和逻辑秩序；与此相对应，存在着三组"符号活动"序列，即行为语言、言语行为、其他符号活动。我们分别阐述了不同类型符号活动不同的施行方式、性质及功能，它们关联世界的不同方式，并且认为行为语言、言语行为是人类最基本的符号系统，我们统称为原生性符号系统，其他符号系统则是次生性符号系统。

我们最主要的发现是"行为建模"（行为语言）独特的施行方式、性质及功能。我们认为，"行为建模"是生物体关联世界的方式。生物体通过"行为"关联环境，不断调整行为以适应环境。在此过程中，生物体展开了生命活动,积淀了无意识经验,形成了本能,塑造了自身,又把握了环境,通过行为将身体与环境相融合,环境则成为生物体的"生物场""生命场"——这就是"行为建模"。人类接受了生物体这一珍贵馈赠,并且按照人的视角将其视为一种初始的符号活动,视为行为语言。行为建模(行为语言)作为人关联世界最原初的经验模式,将人与世界融合一体,建立"非对象性关系"来把握世界。这是"具身化认知"的根据,也是所有感知感受的基础,体验、直觉、悟解就建基其上。这一发现,让我们接纳了中华文化思想的精髓,不仅摆脱了西方语言论、符号论中的二元论思想,而且摆脱了西方理论话语中的语言中心主义,开辟了一条新的阐释路线。

我们阐述了"语言建模"(言语行为)的发生过程,并认为:语言、意识、意识对象是同步生成的。正是语言以其相对独立性和区分功能,在人与世界之间建立了"对象性关系",让澄明的世界呈现于人面前。唯此,观察、认识、推理、反思才有可能,人才终于成长为理性的存在。原生性符号系统,即言语行为(语言建模)与行为语言(行为建模),共同构建了人与世界之间既相区分又相融合的复杂关系,人与世界之关系就处于"二元"与"一元"、"对象性关系"与"非对象性关系"的张力状态中,处于相互转换的过渡性过程和边缘性空间中。人既观察、认识着,又体验、悟解着,以此把握他的世界,并促成自身的发展。这种双重关系的阐释恰恰得益于中西文化思想的共同启示。关于行为建模与无意识的关联、语言建模与意识的关联,我们已经从脑科学、神经科学的研究成果中取得印证。同时,我们认为,脑科学、神经科学把研究孤立于脑神经之内,势必限制了它的理论阐释力。

符号性质的多样性和符号施行方式的复杂性、复合性,从根本上改变了美学、诗学和阐释学的理论前提,要求我们转变立足点,重新思考美学和文学艺术。以认知符号学为基础,我们尝试澄清美学和文学艺术中诸多有争议的基本理论问题:它们自相矛盾、亦此亦彼的独特性质,创作过程那种神秘的创造力,意义解释中不可言说的困窘,不同模态艺术的独特性质及多模态符号整合的机制,文学艺术与人的感官感觉复杂的互动关系及演变规律,以及难以索解的先验、共通感、审美尺度、文学性、同时性、移情、通感、神韵、氛围等,就可以得到更加合理、明确和有说服力的解释。

符号之为符号,必然具备规范性。我们阐释了三组不同类型的规范性——社会规约、生命的规范性、智性规范,并以三者间交相作用来解释人的行为逻辑和作品人物的性格逻辑,以及文学可能世界的结构特征,揭示出不同叙事文体内在的构成机制。我们认为,规范性是文学艺术世界与现实世界共同的结构要素,正是它成为沟通文学艺术世界与现实世界的主要桥梁,由此揭示文学艺术的虚构性与真实性、独立性与社会历史性、审美性与功利性之间最为深刻的内在关系。

文化作为象征符号活动,只有深入阐明符号活动的内在机制和施行方式,才能从根本上揭示其中的奥秘。我们认为,不同民族、不同时代、不同领域文化的主要性质及特征就取决于原生性符号系统,即言语行为与行为语言所构成的张力结构及总体倾向,这就是"文化基因"。这种张力结构及倾向性总是处于动态变化和调整之中,并且会随着媒介技术的发展而发生显著变化。本研究以此为基础,着重从符号角度来探讨文学艺术及其演变,尝试从这个角度来解释中西方文化差异的根源,以及中华审美文化的独特性。当然,要充分证实上述种种观点,还需要更加丰富的材料分析。

在《后人类》中,罗西·布拉伊多蒂(Rosi Braidotti)说:"人是由生命、劳动力和语言等结构所构建的,是一个'经验主义-超验主义的双重结构',并处在永恒的发展中。"①生命就是在活动中形成和发展的,是一个不断建模和塑造的过程。行为语言既构建了生物体的经验,又塑造着生命本身;而人的言语行为则使人享有了超验性。因此,正是行为语言与言语行为共同构建着人及人的世界,赋予人及人的世界以"经验主义-超验主义的双重结构"。布拉伊多蒂正确地指出人的双重性,可惜她片面强调了人与其他生物体的连续性、自然与文化的连续性,忽略了人的超验性。我们强调原生性符号系统二元张力结构,恰恰是既肯定了这种连续性,又承认了双方的断裂及人的超越性。

除了行为语言和言语行为,其他符号活动又有其特殊性。本书着重研究了最基本的符号活动类型,即行为语言和言语行为及其相互关系,对于其他各类符号虽然也做了探讨,却尚未来得及展开充分、细致的研究。特别是符号活动的规范性(规约、惯例)是个极其重要的问题,本书仅仅在第六章做了粗略阐释,还远远没有揭示其深刻意义。

在"理论之后","小理论"备受青睐。理论绝不应该片面追求普遍性而脱离实践,它必须密切结合具体语境。这显然是理论观念的进步。但是,一旦将这种观念推向极端,实际上就必然导致理论成为"碎片",甚至取消了理论。我们提出"认知符号学"并非要重新回到放之四海而皆准的"宏大理论"。认知符号学将言语行为与行为语言二维张力结构视为所有符号的最

---

① 〔意〕罗西·布拉伊多蒂:《后人类》,第 223 页。

终解释项,就是强调符号活动与语境的关联性,强调这种张力关系及规范性是随着语境变化而调整,并非凝固不变的。这就要求将理论与具体语境、与各种符号不同的作用方式相联系,既避免了理论的碎片化,又强调理论与语境的适应性。

　　总体上看,西方符号学仍然没有摆脱语言中心主义及二元论。虽然认知语言学强调了语言的具身性,却又遮蔽了语言更为本质的特征:相对独立性及超越性。我们提出"行为语言"(行为建模),针对不同类型的符号系统分别阐述其独特性,建构"认知符号学"的主要目的,就是要突破语言的牢笼,破除语言中心主义,改变人与世界之间的分裂状态,重建既"二元"又"一元"的张力关系,探索中西文化及文论互鉴互通互补的路径,从而为美学、诗学、阐释学提供新的理论基础。我们认为,这种尝试不能仅仅死守住几个理论范畴和现成命题,而应该着眼于中西文化的精神内核,首先抓住符号活动。符号学要有所作为,就必须另行开辟出一条新路径。普特南(Hilary Putnam)说:"试想把哲学划分成各个不同部分,标记为'心灵哲学''语言哲学''认识论''价值论'和'形而上学',必定会导致丧失问题是相互关联的所有意识,同时丧失对我们的困境来源的所有理解。"①哲学如此,其他问题的研究同样如此。人是丰富的,文化是多元混杂的,文学艺术是色彩斑斓的,这就要求研究应该跨越不同领域,集聚不同学科门类和派别的资源,探寻一条中西汇通的路径,符号学正是一个极好的切入口。它需要更多人共同关注和努力耕耘。

---

① Hilary Putnam. *The Three fold Cord*: *Mind*, *Body and World*, p.69.

主要参考文献

(汉)高诱注,(清)毕沅校:《吕氏春秋》,上海,上海古籍出版社,2014 年。

(汉)郑玄、(清)刘宝楠注:《论语正义》,上海,上海书店,1986 年。

(明)王守仁著,王晓昕、赵平略点校:《王阳明集》,北京,中华书局,2016 年。

(南朝梁)沈约著,陈庆元校笺:《沈约集校笺》,杭州,浙江古籍出版社,
　　1995 年。

(清)顾炎武著,(清)黄汝成集释:《日知录集释》,北京,中华书局,2020 年。

(清)沈德潜选注:《唐诗别裁集》,北京,中华书局,1964 年。

(清)王先谦、刘武撰:《庄子集解　庄子集解内篇补正》,北京,中华书局,
　　1987 年。

(清)王先谦:《荀子集解》,北京,中华书局,1988 年。

(清)叶燮、沈德潜著,孙之梅、周芳批注:《原诗　说诗晬语》,南京,凤凰出版
　　社,2010 年。

(宋)朱熹:《四书章句集注》,北京,中华书局,1983 年。

(魏)王弼著,楼宇烈校释:《王弼集校释》,北京,中华书局,1980 年。

(魏)王弼撰,楼宇烈校释:《周易注校释》,北京,中华书局,2012 年。

〔奥〕维特根斯坦:《逻辑哲学论》,韩林合译,北京,商务印书馆,2013 年。

〔奥〕维特根斯坦:《哲学研究》,汤潮、范光棣译,北京,生活·读书·新知三
　　联书店,1992 年。

〔澳〕约翰·哈特利、贾森·波茨:《文化科学:故事、亚部落、知识与革新的自
　　然历史》,何道宽译,北京,商务印书馆,2017 年。

〔丹〕克劳斯·布鲁恩·延森:《媒介融合:网络传播、大众传播和人际传播的
　　三重维度》,刘君译,上海,复旦大学出版社,2012 年。

〔丹〕施蒂格·夏瓦:《文化与社会的传媒化》,刘君等译,上海,复旦大学出版
　　社,2020 年。

〔德〕J. G. 赫尔德:《论语言的起源》,姚小平译,北京,商务印书馆,1998 年。

〔德〕M. 海德格尔:《诗·语言·思》,彭富春译,北京,文化艺术出版社,

1991 年。

〔德〕埃德蒙德·胡塞尔著,〔德〕克劳斯·黑尔德编:《生活世界现象学》,倪梁康、张廷国译,上海,上海译文出版社,2002 年。

〔德〕贝托尔特·布莱希特:《布莱希特论戏剧》,李健鸣等译,北京,中国戏剧出版社,1990 年。

〔德〕本雅明:《经验与贫乏》,王炳钧、杨劲译,天津,百花文艺出版社,1999 年。

〔德〕本雅明著,陈永国、马海良编:《本雅明文选》,北京,中国社会科学出版社,1999 年。

〔德〕德克·盖拉茨主编:《认知语言学基础》,邵军航、杨波译,上海,上海译文出版社,2012 年。

〔德〕狄尔泰:《精神科学中历史世界的建构》,安延明、李河译,北京,中国人民大学出版社,2010 年。

〔德〕恩斯特·卡西尔:《人论》,甘阳译,上海,上海译文出版社,1985 年。

〔德〕恩斯特·卡西尔:《语言与神话》,于晓等译,北京,生活·读书·新知三联书店,1988 年。

〔德〕格诺特·柏梅:《感知学:普通感知理论的美学讲稿》,韩子仲译,北京,商务印书馆,2021 年。

〔德〕汉斯-格奥尔格·加达默尔:《真理与方法——哲学诠释学的基本特征》,洪汉鼎译,上海,上海译文出版社,1999 年。

〔德〕黑格尔:《美学》,朱光潜译,北京,商务印书馆,1979 年。

〔德〕卡尔·雅斯贝斯:《时代的精神状况》,王德峰译,上海,上海译文出版社,2013 年。

〔德〕康德:《纯粹理性批判》,邓晓芒译,北京,人民出版社,2004 年。

〔德〕康德:《判断力批判》,邓晓芒译,北京,人民出版社,2002 年。

〔德〕马丁·布伯:《我与你》,陈维纲译,北京,生活·读书·新知三联书店,1986 年。

〔德〕尼采:《悲剧的诞生:尼采美学文选》,周国平译,北京,读书·生活·新知三联书店,1986 年。

〔德〕齐奥尔格·西美尔:《时尚的哲学》,费勇、吴礜译,北京,文化艺术出版社,2001 年。

〔德〕施勒格尔:《浪漫派风格——施勒格尔批评文集》,李伯杰译,北京,华夏出版社,2005 年。

〔德〕叔本华:《作为意志和表象的世界》,石冲白译,北京,商务印书馆,1982年。

〔德〕沃尔夫冈·韦尔施:《重构美学》,陆扬、张岩冰译,上海,上海译文出版社,2002年。

〔德〕沃纳·霍夫曼:《现代艺术的激变》,薛华译,桂林,广西师范大学出版社,2002年。

〔德〕席勒:《美育书简》,徐恒醇译,北京,中国文联出版社,1984年。

〔德〕于尔根·哈贝马斯:《后形而上学思想》,曹卫东、付德根译,南京,译林出版社,2001年。

〔俄〕科恩:《自我论:个人与个人自我意识》,佟景韩等译,北京,生活·读书·新知三联书店,1986年。

〔俄〕列维·谢苗诺维奇·维果斯基:《思维与语言》,李维译,杭州,浙江教育出版社,1997年。

〔俄〕尼古拉·别尔嘉耶夫:《论人的奴役与自由》,张百春译,北京,中国城市出版社,2002年。

〔俄〕瓦·康定斯基:《论艺术的精神》,查立译,北京,中国社会科学出版社,1987年。

〔俄〕维谢洛夫斯基:《历史诗学》,刘宁译,天津,百花文艺出版社,2003年。

〔法〕阿尔弗雷德·格罗塞:《身份认同的困境》,王鲲译,北京,社会科学文献出版社,2010年。

〔法〕阿兰·巴迪欧:《哲学宣言》,蓝江译,南京,南京大学出版社,2014年。

〔法〕阿兰·巴迪欧、〔斯洛文尼亚〕斯拉沃热·齐泽克:《当下的哲学》,蓝江、吴冠军译,北京,中央编译出版社,2017年。

〔法〕埃米尔·本维尼斯特:《普通语言学问题》(选译本),王东亮等译,北京,生活·读书·新知三联书店,2008年。

〔法〕爱弥尔·涂尔干、马塞尔·莫斯:《原始分类》,汲喆译,上海,上海人民出版社,2000年。

〔法〕安托万·孔帕尼翁:《理论的幽灵——文学与常识》,吴泓缈、汪捷宇译,南京,南京大学出版社,2011年。

〔法〕保罗·利科:《从文本到行动》,夏小燕译,上海,华东师范大学出版社,2015年。

〔法〕保罗·利科:《诠释学与人文科学——语言、行为、解释文集》,孔明安、张剑、李西祥译,北京,中国人民大学出版社,2012年。

〔法〕福西永:《形式的生命》,陈平译,北京,北京大学出版社,2011年。

〔法〕高概:《话语符号学》,王东亮编译,北京,北京大学出版社,1997年。

〔法〕亨利·柏格森:《材料与记忆》,肖聿译,北京,华夏出版社,1999年。

〔法〕吉尔·德勒兹:《在哲学与艺术之间:德勒兹访谈录》,刘汉全译,上海,上海人民出版社,2020年。

〔法〕居伊·德波:《景观社会》,王昭凤译,南京,南京大学出版社,2006年。

〔法〕卡巴内:《杜尚访谈录》,王瑞芸译,北京,文化艺术出版社,1997年。

〔法〕罗兰·巴尔特:《符号学原理:结构主义文学理论文选》,李幼蒸译,北京,生活·读书·新知三联书店,1988年。

〔法〕罗兰·巴尔特:《罗兰·巴尔特文集:符号学历险》,李幼蒸译,北京,中国人民大学出版社,2008年。

〔法〕米歇尔·福柯:《词与物——人文科学考古学》,莫伟民译,上海,上海三联书店,2001年。

〔法〕米歇尔·福柯:《知识考古学》,谢强、马月译,北京,生活·读书·新知三联书店,1998年。

〔法〕莫里斯·梅洛-庞蒂:《符号》,姜志辉译,北京,商务印书馆,2003年。

〔法〕莫里斯·梅洛-庞蒂:《知觉现象学》,姜志辉译,北京,商务印书馆,2001年。

〔法〕莫罗·卡波内:《图像的肉身:在绘画与电影之间》,曲晓蕊译,上海,华东师范大学出版社,2016年。

〔法〕帕斯卡尔·迪雷、佩吉·鲁塞尔:《身体及其社会学》,马锐译,天津,天津人民出版社,2017年。

〔法〕皮埃尔·布尔迪厄:《区分:判断力的社会批判》,刘晖译,北京,商务印书馆,2015年。

〔法〕皮埃尔·马舍雷:《从康吉莱姆到福柯:规范的力量》,刘冰菁译,重庆,重庆大学出版社,2016年。

〔法〕让·鲍德里亚:《符号政治经济学批判》,夏莹译,南京,南京大学出版社,2015年。

〔法〕让·鲍德里亚:《生产之镜》,仰海峰译,北京,中央编译出版社,2005年。

〔法〕让·波德里亚:《象征交换与死亡》,车槿山译,南京,译林出版社,2006年。

〔法〕让-皮埃尔·韦尔南:《神话与政治之间》,余中先译,北京,生活·读书·新知三联书店,2001年。

〔法〕斯坦尼斯拉斯·迪昂:《脑与意识》,章熠译,杭州,浙江教育出版社,
2018年。

〔法〕雅克·德里达:《论文字学》,汪堂家译,上海,上海译文出版社,
1999年。

〔法〕雅克·德里达:《声音与现象》,杜小真译,北京,商务印书馆,1999年。

〔法〕雅克·朗西埃:《词语的肉身:书写的政治》,朱康、朱羽、黄锐杰译,西
安,西北大学出版社,2015年。

〔法〕雅克·朗西埃:《美感论:艺术审美体制的世纪场景》,赵子龙译,北京,
商务印书馆,2016年。

〔法〕雅克·朗西埃:《审美无意识》,蓝江译,南京,南京大学出版社,
2020年。

〔法〕余连:《势:中国的效力观》,卓立译,北京,北京大学出版社,2009年。

〔法〕朱利安:《大象无形:或论绘画之非客体》,张颖译,郑州,河南大学出版
社,2017年。

〔法〕朱莉娅·克里斯蒂娃:《符号学:符义分析探索集》,史忠义等译,上海,
复旦大学出版社,2015年。

〔法〕朱莉娅·克里斯蒂娃:《语言,这个未知的世界》,马新民译,上海,复旦
大学出版社,2015年。

〔古希腊〕柏拉图:《理想国》,郭斌和、张竹明译,北京,商务印书馆,1986年。

〔古希腊〕柏拉图:《文艺对话录》,朱光潜译,北京,人民文学出版社,
1963年。

〔古希腊〕亚里士多德、贺拉斯:《诗学·诗艺》,罗念生译,北京,人民文学出
版社,1962年。

〔荷〕米克·巴尔:《叙述学:叙事理论导论》(第三版),谭君强译,北京,北京
师范大学出版社,2015年。

〔荷〕皮特·蒙德里安:《蒙德里安论新造型》,蒋煜恒译,重庆,重庆大学出版
社,2021年。

〔荷〕胡伊青加:《人:游戏者——对文化中游戏因素的研究》,成穷译,贵阳,
贵州人民出版社,1998年。

〔加〕埃里克·麦克卢汉著,〔加〕弗兰克·秦格龙编:《麦克卢汉精粹》,何道
宽译,南京,南京大学出版社,2000年。

〔加〕叶嘉莹:《中国词学的现代观》,长沙,岳麓书社,1990年。

〔美〕C. W. 莫里斯:《指号、语言和行为》,罗兰、周易译,上海,上海人民出版社,2011 年。

〔美〕D. N. 罗德维克:《电影的虚拟生命》,华明、华论译,南京,南京大学出版社,2019 年。

〔美〕H. G. 布洛克:《现代艺术哲学》,滕守尧译,成都,四川人民出版社,1998 年。

〔美〕阿瑟·丹托:《美的滥用:美学与艺术的概念》,王春辰译,南京,江苏人民出版社,2007 年。

〔美〕阿瑟·丹托:《艺术的终结》,欧阳英译,南京,江苏人民出版社,2001 年。

〔美〕爱德华·霍尔:《无声的语言》,何道宽译,北京,北京大学出版社,2010 年。

〔美〕本杰明·史华兹:《古代中国的思想世界》,程钢译,南京,江苏人民出版社,2008 年。

〔美〕大卫·科泽:《仪式、政治与权力》,王海洲译,南京,江苏人民出版社,2015 年。

〔美〕大卫·刘易斯:《惯例:一项哲学层面的研究》,方钦译,上海,上海财经大学出版社,2021 年。

〔美〕戴维·赫尔曼、詹姆斯·费伦等:《叙事理论:核心概念与批评性辨析》,谭君强等译,北京,北京师范大学出版社,2016 年。

〔美〕杜威:《经验与自然》,傅统先译,南京,江苏教育出版社,2005 年。

〔美〕杜威:《艺术即经验》,高建平译,北京,商务印书馆,2005 年。

〔美〕弗雷德里克·詹姆逊:《语言的牢笼　马克思主义与形式》,钱佼汝、李自修译,南昌,百花洲文艺出版社,1995 年。

〔美〕弗里德里克·詹姆逊:《文化转向》,胡亚敏等译,北京,中国社会科学出版社,2000 年。

〔美〕弗洛姆、〔日〕铃木大拙、〔美〕马蒂诺:《禅宗与精神分析》,王雷泉、冯川译,贵阳,贵州人民出版社,1998 年。

〔美〕哈罗德·布鲁姆:《西方正典》,江宁康译,南京,译林出版社,2005 年。

〔美〕汉娜·阿伦特:《人的境况》,王寅丽译,上海,上海人民出版社,2009 年。

〔美〕吉姆·莱文:《超越现代主义:70 年代和 80 年代艺术论文集》,常宁生、辛丽等译,南京,江苏美术出版社,1995 年。

〔美〕杰拉德·普林斯:《故事的语法》,徐强译,北京,中国人民大学出版社,2015 年。

〔美〕杰拉尔德·M.埃德尔曼:《比天空更宽广》,唐璐译,长沙,湖南科学技术出版社,2018 年。

〔美〕卡洛琳·M.布鲁墨:《视觉原理》,张功钤译,北京,北京大学出版社,1987 年。

〔美〕凯·埃·吉尔伯特、〔德〕赫·库恩:《美学史》,夏乾丰译,上海,上海译文出版社,1989 年。

〔美〕凯瑟琳·加洛蒂:《认知心理学》,吴国宏等译,北京,机械工业出版社,2017 年。

〔美〕克里斯蒂安妮·保罗:《数字艺术:数字技术与艺术观念的探索》,李镇、彦风译,北京,机械工业出版社,2021 年。

〔美〕克利福德·格尔茨:《地方知识——阐释人类学论文集》,杨德睿译,北京,商务印书馆,2014 年。

〔美〕克利福德·格尔兹:《文化的解释》,纳日碧力戈等译,上海,上海人民出版社,1999 年。

〔美〕理查德·O.普鲁姆:《美的进化》,任烨译,北京,中信出版社,2019 年。

〔美〕理查德·舒斯特曼:《身体意识与身体美学》,程相占译,北京,商务印书馆,2011 年。

〔美〕理查德·舒斯特曼:《生活即审美:审美经验和生活艺术》,彭锋等译,北京,北京大学出版社,2007 年。

〔美〕鲁道夫·阿恩海姆:《艺术与视知觉》,滕守尧、朱疆源译,北京,中国社会科学出版社,1984 年。

〔美〕伦纳德·泰尔米:《认知语义学(卷Ⅰ):概念构建系统》,李福印等译,北京,北京大学出版社,2017 年。

〔美〕罗伯特·斯科尔斯、詹姆斯·费伦、罗伯特·凯洛格:《叙事的本质》,于雷译,南京,南京大学出版社,2015 年。

〔美〕罗杰·菲德勒:《媒介形态变化:认识新媒介》,明安香译,北京,华夏出版社,2000 年。

〔美〕罗纳德·W.兰艾克:《认知语法导论》,黄蓓译,北京,商务印书馆,2016 年。

〔美〕罗莎琳·克劳斯:《前卫的原创性及其他现代主义神话》,周文姬、路珏译,南京,江苏凤凰美术出版社,2015 年。

〔美〕马克·波斯特:《第二媒介时代》,范静哗译,南京,南京大学出版社,2005 年。

〔美〕麦·莱德尔编:《现代美学文论选》,孙越生等译,北京,文化艺术出版社,1988 年。

〔美〕纳尔逊·古德曼:《构造世界的多种方式》,姬志闯译,上海,上海译文出版社,2008 年。

〔美〕尼尔森·古德曼:《艺术语言》,褚朔维译,北京,光明日报出版社,1990 年。

〔美〕欧文·戈夫曼:《日常生活中的自我呈现》,冯钢译,北京,北京大学出版社,2008 年。

〔美〕皮尔斯:《皮尔斯:论符号　李斯卡:皮尔斯符号学导论》,赵星植译,成都,四川大学出版社,2014 年。

〔美〕乔纳森·克拉里:《知觉的悬置:注意力、景观与现代文化》,沈语冰、贺玉高译,南京,江苏凤凰美术出版社,2017 年。

〔美〕乔治·H. 米德:《心灵、自我与社会》,赵月瑟译,上海,上海译文出版社,1992 年。

〔美〕乔治·莱考夫、马克·约翰逊:《肉身哲学:亲身心智及其向西方思想的挑战》,李葆嘉、孙晓霞、司联合等译,北京,世界图书出版公司,2018 年。

〔美〕乔治·桑塔耶纳:《美感》,缪灵珠译,北京,中国社会科学出版社,1982 年。

〔美〕萨缪尔·亚历山大:《艺术、价值与自然》,韩东辉、张振明译,北京,华夏出版社,2000 年。

〔美〕苏珊·朗格:《情感与形式》,刘大基、傅志强、周发祥译,北京,中国社会科学出版社,1986 年。

〔美〕苏珊·朗格:《艺术问题》,滕守尧、朱疆源译,北京,中国社会科学出版社,1983 年。

〔美〕苏珊·桑塔格:《沉默的美学:苏珊·桑塔格论文选》,黄梅等译,海口,南海出版公司 2006 年。

〔美〕塔尔科特·帕森斯:《社会行动的结构》,张明德、夏遇南、彭刚译,南京,译林出版社,2012 年。

〔美〕唐·伊德:《让事物"说话":后现象学与技术科学》,韩连庆译,北京,北京大学出版社,2008 年。

〔美〕托马斯·A.西比奥克、〔加〕马塞尔·德尼西:《意义的形式:建模系统理论与符号学分析》,余红兵译,成都,四川大学出版社,2016年。

〔美〕西恩·贝洛克:《具身认知:身体如何影响思维和行为》,李盼译,北京,机械工业出版社,2017年。

〔美〕西摩·查特曼:《故事与话语:小说和电影的叙事结构》,徐强译,北京,中国人民大学出版社,2013年。

〔美〕休伯特·L.德雷福斯:《论因特网》,喻向午、陈硕译,郑州,河南大学出版社,2016年。

〔美〕休伯特·德雷福斯、〔加〕查尔斯·泰勒:《重申实在论》,吴三喜译,北京,人民大学出版社,2020年。

〔美〕叶维廉:《中国诗学》,北京,生活·读书·新知三联书店,1992年。

〔美〕伊莱休·卡茨、约翰·杜伦·彼德斯、泰玛·利比斯、艾薇儿·奥尔洛夫编:《媒介研究经典文本解读》,常江译,北京,北京大学出版社,2011年。

〔美〕约翰·R.塞尔:《意向性——论心灵哲学》,刘叶涛译,上海,上海人民出版社,2007年。

〔美〕约翰·布罗克曼编著:《思维:关于决策、问题解决与预测的新科学》,李慧中、祝锦杰译,杭州,浙江人民出版社,2018年。

〔美〕约翰·布罗克曼编著:《心智:关于大脑、记忆、人格和幸福的新科学》,黄珏苹、邓园、欧阳明亮译,杭州,浙江人民出版社,2019年。

〔美〕约翰·迪利:《符号学对哲学的冲击》,周劲松译,成都,四川教育出版社,2011年。

〔美〕约翰·迪利:《符号学基础》(第六版),张祖建译,北京,中国人民大学出版社,2012年。

〔美〕约翰·塞尔:《人类文明的结构:社会世界的构造》,文学平、盈俐译,北京,中国人民大学出版社,2015年。

〔美〕约翰·塞尔:《心灵导论》,徐英瑾译,上海,上海人民出版社,2008年。

〔美〕詹姆斯·费伦:《作为修辞的叙事:技巧、读者、伦理、意识形态》,陈永国译,北京,北京大学出版社,2002年。

〔美〕朱迪斯·巴特勒:《身体之重:论"性别"的话语界限》,李钧鹏译,上海,上海三联书店,2011年。

〔日〕中川作一:《视觉艺术的社会心理》,许平、贾晓梅、赵秀侠译,上海,上海人民美术出版社,1991年。

〔瑞士〕费尔迪南·德·索绪尔:《普通语言学教程》,高名凯译,北京,商务印书馆,1980 年。

〔瑞士〕费尔迪南·德·索绪尔:《普通语言学手稿》,于秀英译,南京,南京大学出版社,2011 年。

〔瑞士〕荣格:《心理学与文学》,冯川、苏克译,北京,生活·读书·新知三联书店,1987 年。

〔西〕奥尔特加·伊·加塞特:《艺术的去人性化》,莫娅妮译,南京,译林出版社,2010 年。

〔匈〕阿诺尔德·豪泽尔:《艺术社会史》,黄燎宇译,北京,商务印书馆,2020 年。

〔以〕马德列·谢赫特:《符号学与艺术理论——在自律论与语境论之间》,余红兵译,成都,四川大学出版社,2015 年。

〔意〕安伯托·艾柯:《开放的作品》,刘儒庭译,北京,新星出版社,2005 年。

〔意〕吉奥乔·阿甘本:《万物的签名:论方法》,尉光吉译,北京,中央编译出版社,2017 年。

〔意〕吉奥乔·阿甘本:《幼年与历史:经验的毁灭》,尹星译,开封,河南大学出版社,2011 年。

〔意〕吉奥乔·阿甘本:《语言的圣礼:誓言考古学》,蓝江译,重庆,重庆大学出版社,2016 年。

〔意〕金姆·托福莱蒂:《解读艺术:鲍德里亚》,郭立秋译,重庆,重庆大学出版社,2020 年。

〔意〕罗伯托·埃斯波西托:《人与物:从身体的视点出发》,邰蓓译,武汉,长江文艺出版社,2022 年。

〔意〕罗西·布拉伊多蒂:《后人类》,宋根成译,郑州,河南大学出版社,2016 年。

〔意〕马里奥·佩尔尼奥拉:《仪式思维》,吕捷译,北京,商务印书馆,2006 年。

〔意〕苏珊·彼得里利、奥古斯托·蓬齐奥:《打开边界的符号学:穿越符号开放网络的解释路径》,王永祥等译,南京,译林出版社,2015 年。

〔意〕苏珊·佩特丽莉:《符号疆界:从总体符号学到伦理符号学》,周劲松译,成都,四川大学出版社,2014 年。

〔英〕安东尼·吉登斯:《现代性的后果》,田禾译,南京,译林出版社,2000 年。

〔英〕安东尼·吉登斯:《现代性与自我认同》,赵旭东、方文译,北京,生活·读书·新知三联书店,1998年。

〔英〕大卫·伍德编著:《国际经典交互设计教程:界面设计》,孔祥富译,北京,电子工业出版社,2015年。

〔英〕丹尼斯·麦奎尔:《受众分析》,刘燕南、李颖、杨振荣译,北京,中国人民大学出版社,2006年。

〔英〕弗里德里希·冯·哈耶克:《哈耶克文选》,冯克利译,南京,江苏人民出版社,2007年。

〔英〕冈布里奇:《艺术的历程》,党晟、康正果译,西安,陕西人民美术出版社,1987年。

〔英〕冈布里奇:《艺术与幻觉——绘画再现的心理研究》,周彦译,长沙,湖南人民出版社,1987年。

〔英〕韩礼德:《语言与社会》,苗兴伟等译,北京,北京大学出版社,2015年。

〔英〕韩礼德:《作为社会符号的语言:语言与意义的社会诠释》,苗兴伟等译,北京,北京大学出版社,2015年。

〔英〕赫伯特·里德:《现代艺术哲学》,朱伯雄、曹剑译,天津,百花文艺出版社,1999年。

〔英〕怀特海:《过程与实在——宇宙论研究》,李步楼译,北京,商务印书馆,2012年。

〔英〕简·艾伦·哈里森:《古代艺术与仪式》,刘宗迪译,北京,生活·读书·新知三联书店,2008年。

〔英〕克莱夫·贝尔:《艺术》,北京,中国文联出版社,1984年。

〔英〕拉曼·塞尔顿、彼得·威德森、彼得·布鲁克:《当代文学理论导读》,刘象愚译,北京,北京大学出版社,2006年。

〔英〕马克·柯里:《后现代叙事理论》,宁一中译,北京,北京大学出版社,2003年。

〔英〕尼古拉斯·盖恩、戴维·比尔:《新媒介:关键概念》,刘君、周竞男译,上海,复旦大学出版社,2015年。

〔英〕尼古拉斯·米尔佐夫:《如何观看世界》,徐达艳译,上海,上海文艺出版社,2017年。

〔英〕特里·伊格尔顿:《理论之后》,商正译,北京,商务印书馆,2009年。

〔英〕威廉·荷加斯:《美的分析》,杨成寅译,北京,人民美术出版社,1984年。

〔英〕维克多·特纳:《仪式过程:结构与反结构》,黄剑波、柳博赟译,北京,中国人民大学出版社,2006 年。

〔英〕约翰·B. 汤普森:《意识形态与现代文化》,高铦等译,南京,译林出版社,2005 年。

陈剑澜:《德国观念论美学中的直观理论》,《北京大学学报(哲学社会科学版)》2021 年第 6 期。

陈经撰:《尚书详解》,北京,中华书局,1985 年。

陈良运:《中国诗学体系论》,北京,中国社会科学出版社,1992 年。

陈越编:《哲学与政治:阿尔都塞读本》,孟登迎译,长春,吉林人民出版社,2003 年。

方维规:《概念的历史分量:近代中国思想的概念史研究》,北京,北京大学出版社,2018 年。

冯友兰:《三松堂全集(第二卷)》,郑州,河南人民出版社,1988 年。

高建平:《中国艺术:从古代走向现代》,北京,中国文联出版社,2019 年。

郭绍虞主编:《中国历代文论选》,上海,上海古籍出版社,2001 年。

何威、刘梦霏主编:《游戏研究读本》,上海,华东师范大学出版社,2020 年。

胡平生、张萌译注:《礼记》,北京,中华书局,2017 年。

胡雪冈:《意象范畴的流变》,南昌,百花洲文艺出版社,2002 年。

金惠敏:《消费他者:全球化与资本主义的文化图景》,北京,商务印书馆,2014 年。

况周颐、王国维:《蕙风词话 人间词话》,北京,人民文学出版社,1960 年。

李泽厚:《李泽厚哲学美学文选》,长沙,湖南人民出版社,1985 年。

梁漱溟:《中国文化要义》,上海,上海人民出版社,2003 年。

刘小枫选编:《德语诗学文选》,上海,华东师范大学出版社,2006 年。

马大康:《现代、后现代视域中的文学虚构研究》,北京,中国社会科学出版社,2014 年。

孟伟:《身体、情境与认知——涉身认知及其哲学探索》,北京,中国社会科学出版社,2015 年。

牟宗三:《才性与玄理》,桂林,广西师范大学出版社,2006 年。

牟宗三:《中国哲学十九讲》,贵阳,贵州人民出版社,2020 年。

庞朴:《中国文化十一讲》,北京,中华书局,2008 年。

彭锋:《从浑沌、象罔和鸿蒙看庄子美学思想》,《中国美学》2004 年第 2 期。

钱穆:《中国文化史导论》(修订本),北京,商务印书馆,1994 年。

钱中文：《钱中文文集》，上海，上海辞书出版社，2005年。

钱中文：《文学理论：求索与反思》，北京，中国社会科学出版社，2013年。

钱中文主编：《巴赫金全集》，石家庄，河北教育出版社，1998年。

钱锺书：《管锥编》，北京，生活·读书·新知三联书店，2019年。

钱锺书：《七缀集》（修订本），上海，上海古籍出版社，1994年。

申丹、王丽亚：《西方叙事学：经典与后经典》，北京，北京大学出版社，2010年。

申丹：《叙述学与小说文体学研究》（第三版），北京，北京大学出版社，2004年。

孙鹏程：《时空体叙事学概论》，北京，中国社会科学出版社，2017年。

孙周兴选编：《海德格尔选集》，上海，上海三联书店，1996年。

王峰：《美学语法：后期维特根斯坦的美学与艺术思想》，北京，北京大学出版社，2015年。

王宁：《"后理论时代"的文学与文化研究》，北京，北京大学出版社，2009年。

王小盾：《经典之前的中国智慧》，北京，北京大学出版社，2016年。

王元化：《读文心雕龙》，上海，上海书店出版社，2019年。

王运熙、周锋：《文心雕龙译注》，上海，上海古籍出版社，1998年。

伍蠡甫：《中国画论研究》，北京，北京大学出版社，1983年。

熊十力：《原儒》，上海，上海古籍出版社，2019年。

徐复观：《中国艺术精神》，沈阳，春风文艺出版社，1987年。

阎嘉：《马赛克主义：后现代文学与文化理论研究》，成都，巴蜀书社，2013年。

杨伯峻：《孟子译注》，北京，中华书局，2010年。

叶朗：《中国美学史大纲》，上海，上海人民出版社，1985年。

俞剑华编著：《中国画论类编》，北京，人民美术出版社，2016年。

曾繁仁：《生态美学导论》，北京，商务印书馆，2010年。

曾军：《巴赫金对当代西方文学理论的影响研究》，北京，社会科学文献出版社，2021年。

张法：《中国美学史》（修订本），成都，四川人民出版社，2020年。

张节末：《比兴美学》，杭州，浙江大学出版社，2020年。

张晶：《美学与诗学——张晶学术文选》，北京，中国社会科学出版社，2017年。

张世英：《美在自由——中欧美学思想比较研究》，北京，人民出版社，

2012 年。

张世英:《哲学导论》(第三版),北京,北京大学出版社,2016 年。

赵国栋、易欢欢、徐远重:《元宇宙》,北京,中译出版社,2021 年。

赵奎英:《中西语言诗学基本问题比较研究》,北京,中国社会科学出版社,
2009 年。

赵沛霖:《兴的起源——历史积淀与诗歌艺术》,北京,中国社会科学出版社,
1987 年。

赵宪章:《文体与图像》,北京,人民文学出版社,2014 年。

赵毅衡:《符号学原理与推演》,南京,南京大学出版社,2016 年。

赵毅衡:《形式之谜》,上海,复旦大学出版社,2016 年。

赵毅衡编选:《符号学文学论文集》,天津,百花文艺出版社,2004 年。

周宪:《美学是什么》,北京,北京大学出版社,2015 年。

周振甫:《周易译注》,北京,中华书局,2013 年。

朱光潜:《朱光潜美学文学论文选集》,长沙,湖南人民出版社,1980 年。

朱国华:《权力的文化逻辑:布迪厄的社会学诗学》,上海人民出版社,
2016 年。

朱立元主编:《二十世纪西方美学经典文本》(第 1 卷),上海,复旦大学出版
社,2000 年。

朱谦之:《老子校释》,北京,中华书局,1984 年。

宗白华:《艺境》,北京,北京大学出版社,1987 年。

Abraham Solomonick, ed. *From Semiotics towards Philosophical
Metaphysics*. Cambridge, Cambridge Scholars Publishing, 2017.

Andrew Bowie. *From Romanticism to Critical Theory: The Philosophy
of German Literary Theory*. London, Routledge, 1997.

Anne Sheppard. *Aesthetics: An Introduction to the Philosophy of Art*.
New York, Oxford University Press, 1987.

Charles Sanders Peirce. *History, Signing In. Essays in History and
Semiotics*. New York, Peter Lang, 1993.

Daniel Patrick Nolan. *Topics in the Philosophy of Possible Worlds*.
London and New York, Routledge, 2002.

Dara Downey, Ian Kinane and Elizabeth Parker, Ed. *Lanadscapes of
Liminality Between Space and Place*. London & New York,
Rowman&Littlefield, 2016.

David Norman Rodowick. *Elegy for Theory*. Cambridge, Massachusetts, Harvard University Press, 2014.

Evripides Zantides, ed. *Semiotics and Visual Communication II : Culture of Seduction*, Cambridge, Cambridge Scholars Publishing, 2017.

Francis Haskell. *Historry and Images: Art and Interpretation of the Past*. New Haven, Yale University Press, 1993.

Giorgio Agamben. *The Open: Man and Animal*. California, Stanford University Press, 2004.

Hilary Putnam. *The Threefold Cord: Mind, Body and World*. New York, Columbia University Press, 1999.

J. D. Johansen. *Dialogic Semiosis*. Bloomington, IN, Indiana University Press, 1993.

Jacques Lacan. *Seminar of Jacques Lacan: The Psychoses*, 1955 — 1956, trans. Russell Grigg, W. W. Norton & Company, 1993.

Jane Elliott, Derek Attridge, ed. *Theory after 'Theory'*. London and New York, Routledge, 2011.

Jean-Michel Rabaté. *The Future of Theory*. Malden, Blackwell Publishers, 2002.

John Deely. *Intentionality and Semiotics*. Scranton, PA, Scranton University Press, 2007.

John Deely. *Descartes & Poinsot: the Crossroad of Signs and Ideas*. Scranton, PA, Scranton University Press, 2008.

John Henry McDowell. *Having the World in View: Essays on Kant, Hegel, and Sellars*. Cambridge, Massachusetts, London, Harvard University Press, 2009.

John R. Searle. *Expression and Meaning: Studies in the Theory of Speech Acts*. Cambridge, Cambridge University Press, 1979.

John R. Searle. *Speech Acts: An Essay in the Philosophy of Language*. Beijing, Foreign Language Teaching and Research Press, 2001.

Karl Leidlmair. *After Cognitivism: A Reassessment of Cognitive Science and Philosophy*. London & New York, Springer, 2009.

Karl-Otto Apel. *Charles S. Peirce: From Pragmatism to Pragmaticism*. Trans. Krois. Amherst, University of Massachusetts Press, 1981.

Marc Champagne. *Consciousness and the Philosophy of Signs: How Peircean Semiotics Combines Phenomenal Qualia and Practical Effects*. Peterborough, Springer International Publishing AG, 2018.

Martin Lister, Jon Dovey, Seth Giddings, Iain Grant, Kieran Kelly. *New Media: A Critical Introduction*. London and New York, Routledge, 2009.

Masako K. Hiraga. *Metaphor and Iconicity: A Cognitive Approach to Analyzing Texts*. New York, Palgrave Macmillan, 2005.

Michael Wheeler. *Reconstructing the Cognitive World: The Next Step*. Cambridge, Massachusetts, MIT Press, 2005.

N. Katherine Hayles. *How we became posthuman: Virtual Bodies in Cybernetics, Literature, and Informatics*. Chicago and London, University of Chicago Press, 1999.

N. Katherine Hayles. *How We Think: Digital Media and Contemporary Technogenesis*. Chicagoand London, The University of Chicago Press, 2012.

Patrick Kiernan. *Language, Identity and Cycling in the New Media Age: Exploring Interpersonal Semiotics in Multimodal Media and Online Texts*. Tokyo, Palgrave Macmillan, 2017.

Paul de Man. *The Resistance to Theory*. Minneapolis, University of Minnesota Press, 1986.

Stanley Cavell. *The World Viewed: Reflections on the Ontology of Film*. Cambridge, Mass, Harvard University Press, 1979.

Susan Blackmore. *Consciousness: A Very Short Introduction*. New York, Oxford University Press, 2005.

Thomas Albert Sebeok. "Ecumenicalism in Semiocs", in *A Perfusion of Signs*, ed. Thomas A. Sebeok, Bloomington, Indiana University Press, 1977.

Thomas Albert Sebeok. *A Sign is Just a Sign*. Bloomington, Indiana University Press, 1991.

Thomas Albert Sebeok. *American Signatures: Semiotic Inquiry and Method*. ed. Iris Smith, Norman, University of Oklahoma Press, 1991.

Thomas Albert Sebeok. *Signs: An Introduction to Semiotics*. Toronto, University of Toronto Press, 1994.

Thomas Albert Sebeok. *Global Semiotics*. Bloomington, IN, Indiana University Press, 2001.

Umberto Eco. *A Theory of Semiotics*. Bloomington, Indiana University Press, 1976.

Valentine Cunnigham. *Reading after Theory*. Oxford, Massachusetts, Blackwell Publishers, 2002.

Verena Theile, Linda Tredennick, ed. *New Formalisms and Literary Theory*. New York, Palgrave Macmillan, 2013.

Vincent Potter. *Charles S. Peiles: On Norms and Ideals*. Amherst, University of Massachusetts Press, 1967.

Wiffrid Sellars. *Empiricism and the Philosophy of Mind*. Cambridge, Massachusetts, London, Harvard University Press, 1997.

后 记

治学既是个人的独立事业，又是人类共同的事业。没有个人独立钻研，就没有深入的思考，也谈不上创新；没有特定的学术氛围和共同的学术圈，没有相互间的切磋，也难以形成相对开阔的学术视野并做出合理的路径选择。

我对语言论的兴趣始于 1992 年。那年下半年，我在中国社会科学院文学研究所跟随钱中文、杜书瀛先生做访问学者，除了每周一次听钱先生主持的文艺学博士课程，我还参加由金元浦、王一川、陶东风、张法几位博士自发组织的学术沙龙。那是个学术氛围极浓的年代，人人都醉心学习，如饥似渴地吸收新知识。活动前事先议定一个主题，然后各自准备发言交流，再分别撰写文章送刊物发表。其中就有关于"语言论转向"的论题。笔谈文章由他们联系刊发在《艺术广角》并被《人大复印资料》转载。给我教诲最多的是钱先生，他使我懂得研究问题必须首先找准逻辑起点。正是这个立足点决定着你如何提出问题，看待问题，并最终能够发现什么。这也是我关注语言的原因之一。自此，我开始意识到语言问题的重要性，它似乎一直纠缠着我，成为拂之不去的心结。趁着余兴，我又撰写了长篇论文《诗性语言面面观》。

一次偶然机会，一位同桌吃饭的年轻人和我谈及语言问题，我们相谈甚欢。听说我撰写了论文，他就向我索要。当我把缮写得工工整整的文章递给他，这才知道他是《外国文学评论》的编辑，名叫韦遨宇。在文学所，我只知道埋头读书、写作，只知道图书资料室，从未接触过《文学评论》《外国文学评论》编辑部，更不愿意打扰钱先生。当然，有刊物编辑主动向我索要文章，自然十分开心和感激。

当你专注于某个理论问题并自以为解答了这个问题，总会引出更多新问题，这也是学术研究最迷人之处。紧接着论文《诗性语言面面观》，我开始撰写专著《诗性语言研究》并申报了国家社会科学基金项目。令人痛苦的是恰巧行政事务缠身，剥夺了我支配时间的自由，使得原本充满乐趣的探索变成慢火煎熬。直至 2006 年卸任，重获自由，回归学术研究，而我却已经垂垂老矣。

当初,真正让我认识到语言符号重要性的并非维特根斯坦,而是古德曼的《构造世界的多种方式》和约翰·塞尔的《人类文明的结构:社会世界的构造》,它们使我从文学领域超脱出来,思考语言与人、语言与世界构造、语言与人类文明结构的关系。直至后来重读维特根斯坦,才逐渐对他那些表面平常的语句所包含的深刻思想有所领悟。

由于生活和浸淫于中国文化,天然地对语言论抱有怀疑,内心始终涌动一股突破"语言牢笼"的冲动。回顾自己的学术经历,从思考"诗性语言"到"文学活动"和"文学虚构",再到"文学行为",背后都隐藏着这样一股冲动。其间,经过奥斯汀的言语行为理论,再转向符号学。但是,它们都无法根除语言中心主义,无法摆脱二元论。认知语言学虽然强调语言的具身性,意图弥合二元分裂,客观上却又遮蔽了语言更重要、更本质的特性:相对独立性及超越性。我提出"行为语言"的目的就是试图从中国古代文化思想中汲取营养,以此破除语言中心主义,跳出二元论。

叶嘉莹、徐复观诸先生曾经从现象学、解释学入手来搭建中西文化互释的桥梁,他们的研究取得了卓著成绩。而如果更细致地看,西方理论资源中的"主体间性"与中国的物我一体、天人合一思想之间依然存在裂罅。梅洛-庞蒂尝试引入"身体"来克服二元论,却尚未进而发现唯有"行为"才能真正穿越人与世界间的壁垒。但是,他们的著作都给我提供了许多启发和丰富的思想营养。

此前,我撰写的《言语行为理论:探索文学奥秘的新范式》在高建平、吴子林教授的支持下发表于《文学评论》,后被《中国社会科学文摘》转载并列为首批外译文章。这固然令我欣喜,却没有让我就此止步。奥斯汀的言语行为理论启示我去探索作为符号表征的行为,这成为我跨越语言论而转向符号论的关键一步。《文学活动中的言语行为与行为语言》是我提交给中国文艺理论学会理事会的会议论文。记得会议中途,赵宪章教授就几次给我发短信,提出自己的见解,茶歇间隙又找我讨论切磋。他那种对学术的真诚,乃至童心令我感动。方克强教授也热心向我约稿,适巧论文已经交给《文艺研究》的陈剑澜教授并得到他和张颖教授的支持,我只好继此话题另行撰稿,这又促使我更加深入地思考。我们这一代人的共同点是对学术的热忱,无论谁有所发现,都会引起大家的兴奋、鼓励和互助,而不是相互诋毁。学界朋友的关心给了我很大鼓舞,专著《文学行为论》就是在上述状况下酝酿成熟的。

　　专著出版后,新问题又开始折磨我,这就是关于行为语言与言语行为的关系问题。我发现,在《文学行为论》中存在一个内在矛盾:一方面,我把行为语言视为最原初的符号活动,言语行为则是从行为语言中孕育和分蘖出来的。另一方面,行为要成为一种符号,成为行为语言,就离不开具有意识能力的人。没有意识,就没有意识对象,就不可能存在真正意义上的解释活动,不可能构成符号关系,不存在行为语言及其他各种符号。而意识又是与语言同步生成的,也就意味着语言势必成为一切符号活动,包括行为语言存在的前提。这就在逻辑上构成内在矛盾。

　　西比奥克提出的"建模系统理论"给了我很大启发。他从认知角度将生物体的"建模"纳入符号活动,由此突破了皮尔斯以现象学为基础的符号学:认知活动是超出意识活动的,它进入了更加广阔的经验领域。正是在西比奥克符号学理论的启发下,我把"行为建模"与"行为语言"作为两个既密切关联又有所区分的不同概念,并彻底修正西比奥克理论中的二元论思想,以此来解决《文学行为论》遗留的矛盾,进而构建新的"认知符号学"。与此同时,也更加明确了符号首先作为人与世界"关系模式"这一观念,并从各类符号不同的施行方式、性质和功能这个角度重新解释文学艺术和审美。这就将符号学置于人类学和生存论的基础上。

　　这期间,为傅修延教授召集的南昌"国际叙事学会议"撰写了《行为、规范性与叙事学新视野》;为朱国华教授在桂林召集的中国文艺理论学会理事会暨"新时代中国文论创新发展方式及路径研究"研讨会撰写了《符号建模与审美创造》;在蒋述卓教授召集的广州会议和曾军教授邀请的"上海浦东论坛"上提交了《"理论""后理论"的症结及其疗救》;在成都《当代文坛》召开的"中国文艺理论前沿峰会"上提交了《多模态符号·具身性·审美活动》;王峰教授在上海主持召开了关于"言、象、意"的小规模研讨会,这又促使我重新学习中国古代传统思想,为改造符号学提供了中华文化资源。学界各位朋友的热情邀请,督促我继续探索,并在上述基础上形成了这本《认知符号学——美学和文学艺术研究新路径》。

　　学术研究要耐得住孤独和寂寞,发现的喜悦是对孤独和寂寞的最好报酬。但是,朋友的关心、勉励和帮助往往又是我在孤独、寂寞中永葆热情,在艰难的思考中获得灵感的重要因素。除了上述提及的师友,曾繁仁、阎嘉、王峰、苏宏斌、刘旭光教授、黄家光博士对初稿提出了宝贵意见。朱立元、张永清、孟春蕊、项义华、王嘉军、刘蔚、李亦婷、刘洋、魏策策、戴庆瑄、陈丹诸学界朋友都曾给予我不少指导和帮助。王正中、邢娟妮、高丽燕、孙鹏程博士帮助查检了部分外文资料并对著作目录及相关论文摘要做了英译。林玉双老师参与了本项目的相关工作。本书责任编辑赵伟热情细心,工作效率高,业务水平好。此外,温州大学人文社科处和人文学院对本项目十分关心,并给予出版经费资助。这些都值得我铭刻于心。

2022 年 2 月 22 日

图书在版编目(CIP)数据

认知符号学:美学和文学艺术研究新路径 / 马大康
著. —杭州:浙江大学出版社,2023.5
ISBN 978-7-308-23782-6

Ⅰ.①认… Ⅱ.①马… Ⅲ.①符号学 Ⅳ.①H0

中国国家版本馆 CIP 数据核字(2023)第 082946 号

认知符号学——美学和文学艺术研究新路径
马大康　著

责任编辑	赵　伟
责任校对	陈　宇
封面设计	周　灵
出版发行	浙江大学出版社
	(杭州市天目山路 148 号　邮政编码 310007)
	(网址:http://www.zjupress.com)
排　　版	浙江时代出版服务有限公司
印　　刷	杭州高腾印务有限公司
开　　本	710mm×1000mm　1/16
印　　张	24.25
字　　数	435 千
版 印 次	2023 年 5 月第 1 版　2023 年 5 月第 1 次印刷
书　　号	ISBN 978-7-308-23782-6
定　　价	98.00 元